2017 蘭州 统计年鉴

LANZHOU STATISTICAL YEARBOOK

兰州市统计局　国家统计局兰州调查队　编

中国统计出版社
China Statistics Press

图书在版编目（CIP）数据

兰州统计年鉴. 2017 / 兰州市统计局, 国家统计局兰州调查队编. -- 北京 : 中国统计出版社, 2017.10
ISBN 978-7-5037-8340-1

Ⅰ. ①兰… Ⅱ. ①兰… ②国… Ⅲ. ①统计资料 – 兰州 – 2017 – 年鉴 Ⅳ. ①C832.421-54

中国版本图书馆CIP数据核字（2017）第217183号

兰州统计年鉴-2017

作　　者 / 兰州市统计局　国家统计局兰州调查队
责任编辑 / 陈越月
装帧设计 / 徐静斌
出版发行 / 中国统计出版社
地　　址 / 北京市丰台区西三环南路甲6号　邮政编码/100073
电　　话 / 邮购（010）63376909　书店（010）68783171
网　　址 / http://csp.stats.gov.cn
印　　刷 / 甘肃鑫统印务有限责任公司
经　　销 / 新华书店
开　　本 / 890mm × 1240mm　1/16
字　　数 / 880千字
印　　张 / 22.75
版　　别 / 2017年10月第1版
版　　次 / 2017年10月第1次印刷
定　　价 / 280.00元

如有印装差错，由本社发行部调换。

《兰州统计年鉴—2017》编辑部

主　　编： 冯月旺

副 主 编： 任大雁　高亚萍　丁建强　赵光辉　张蔓莅　刘　军
于文业　张永斌

责任编辑： 王红霞

编　　辑：（以姓氏笔画为序）

马　晶　栾　娟　水生涛　牛利兵　付　源　刘红卫
牟　静　朱安民　杨晓明　杨淑宁　杨斌泰　张翠青
陈文军　陈　堃　周志红　武　琳　洪江平　高春辉
袁得瑜　唐雅玲　郭永平　韩　莉　管伟琪　薛伊玲
魏怀东　魏　巍

编写人员：（按姓氏笔画排序）

王立杰　王华超　王兆中　左　晴　闫　静　年婷婷
刘　英　刘　洋　刘　娟　许彦辉　关　青　吴丽维
张祖华　张　颖　张远哲　杨津川　杨文选　杨英娟
罗景源　周毓秦　贺　进　娄　玲　高　娜　徐静斌
康旭明　曹　杨　谢友兰　傅　铭　慕芳芳　虢卫东

排　　版： 徐静斌

编辑说明

一、《兰州统计年鉴—2017》是全面反映兰州市经济和社会发展情况的资料性年刊。本书通过大量翔实可靠的资料，全面系统地记录了2016年兰州市经济发展和社会各方面的数据以及历史年份的重要数据，是各级党政部门以及国内外各界人士认识兰州、了解兰州必备的、不可缺少的综合性工具书。

二、《兰州统计年鉴—2017》分为两个部分。第一部分为特载篇，刊载了2016年全国、甘肃省、兰州市国民经济和社会发展统计公报；第二部分为统计资料篇，分综合、人口、工业、农业、固定资产投资等十五单元，反映了2016年兰州市经济指标及直辖市、省会城市、甘肃省十四个州市主要经济指标。为方便使用，每一部分资料后附有主要指标解释。

三、《兰州统计年鉴—2017》统计范围为兰州市行政辖区内全部经济社会活动计算。

四、《兰州统计年鉴—2017》所有价值指标为现价；发展（增长）速度按可比价计算。

五、《兰州统计年鉴—2017》中2008年GDP及增加值为按2008年经济普查口径调整数据；2013-2016年GDP及增加值为按2013年经济普查口径调整数据。

六、由于国家核算制度和调查方法的原因，部分行业区域汇总数与全市数据存在一些误差。

七、《兰州统计年鉴—2017》使用符号说明：#表示其中项。

八、由于时间仓促，编辑水平有限，难免有错漏之处，恳请广大读者批评指正。

《兰州统计年鉴—2017》编辑部

2017年9月

全市生产总值构成（%）

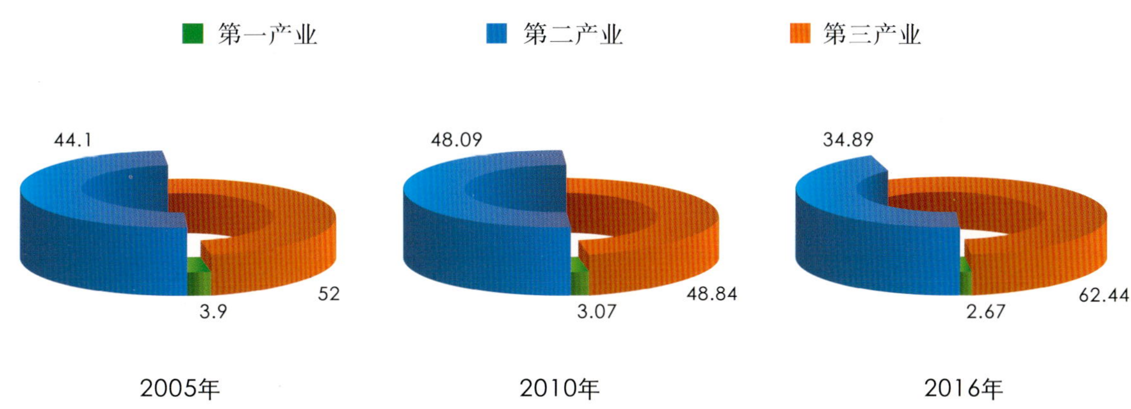

全市生产总值（亿元）

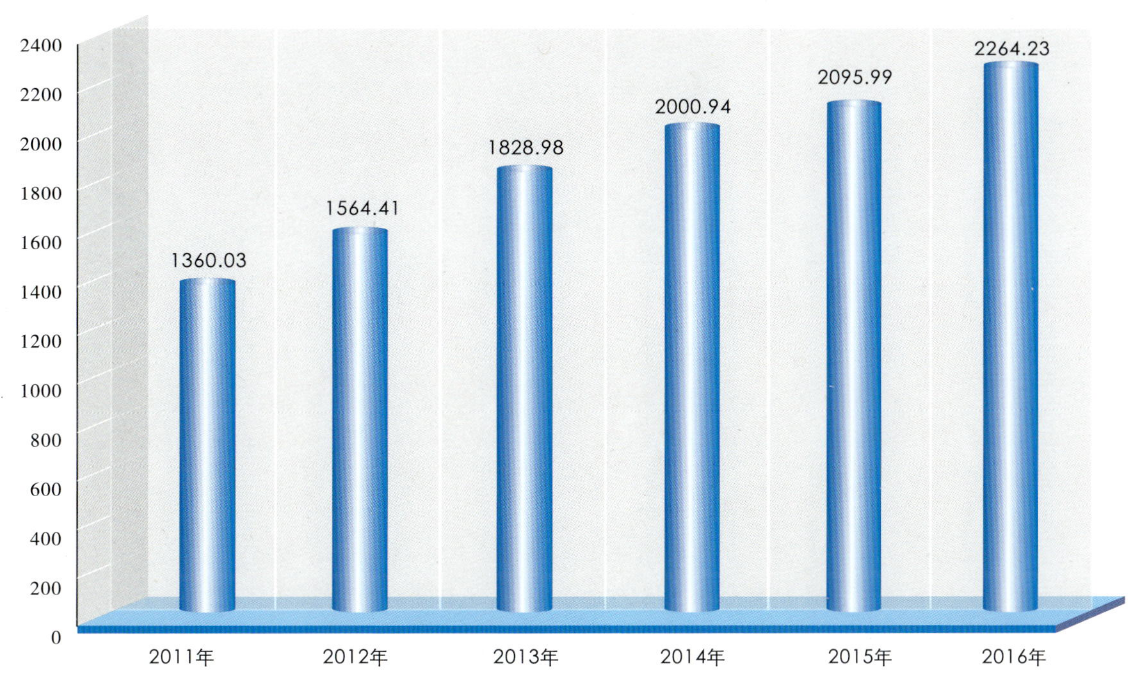

农林牧渔业增加值（亿元）

主要农产品产量（万吨）

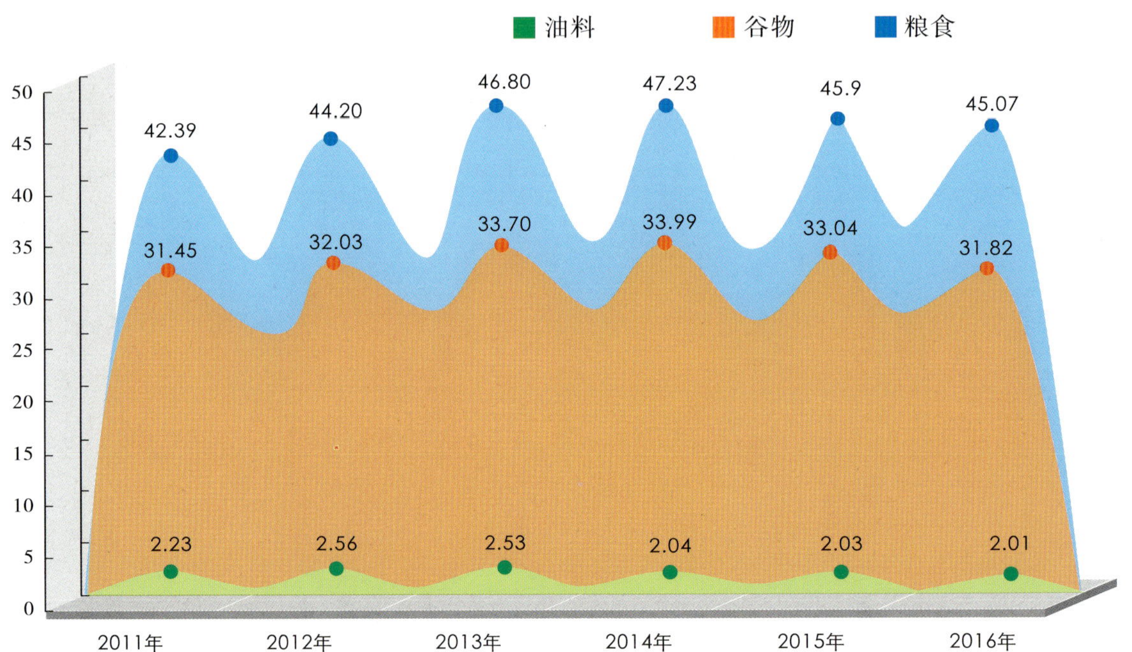

工业增加值（亿元）

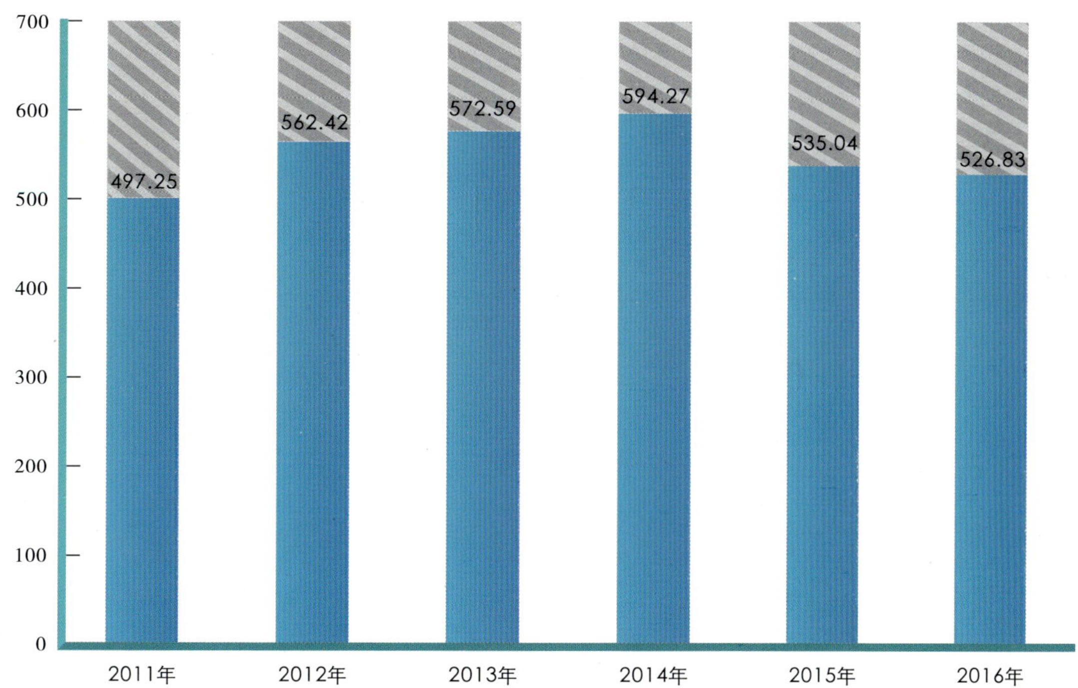

固定资产投资（亿元）

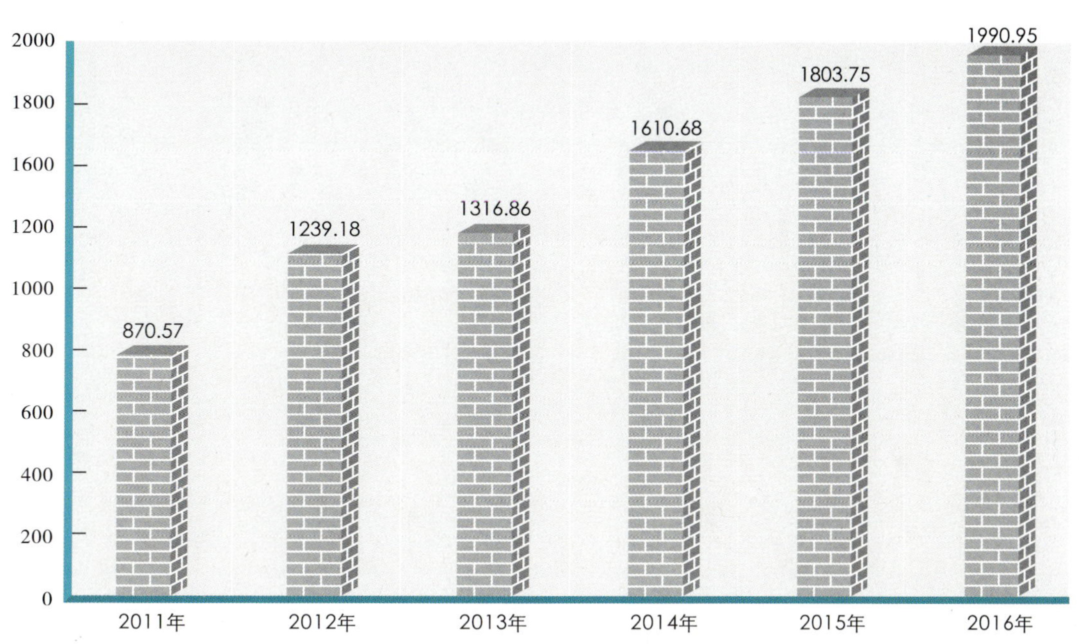

房地产开发投资（亿元）

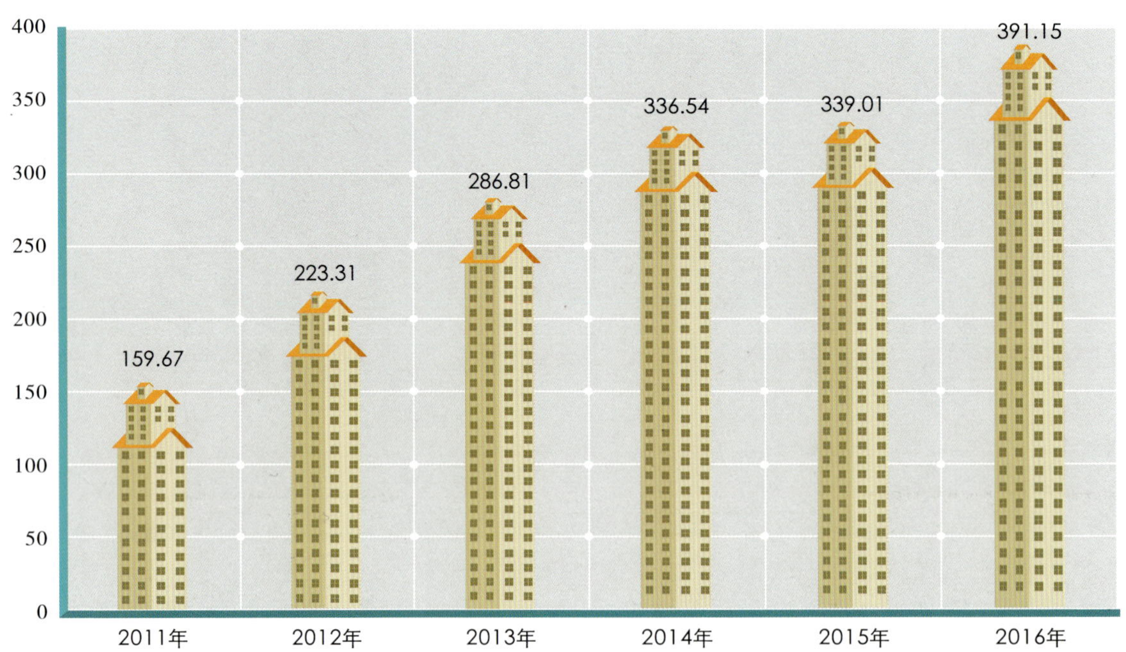

社会消费品零售总额（亿元）

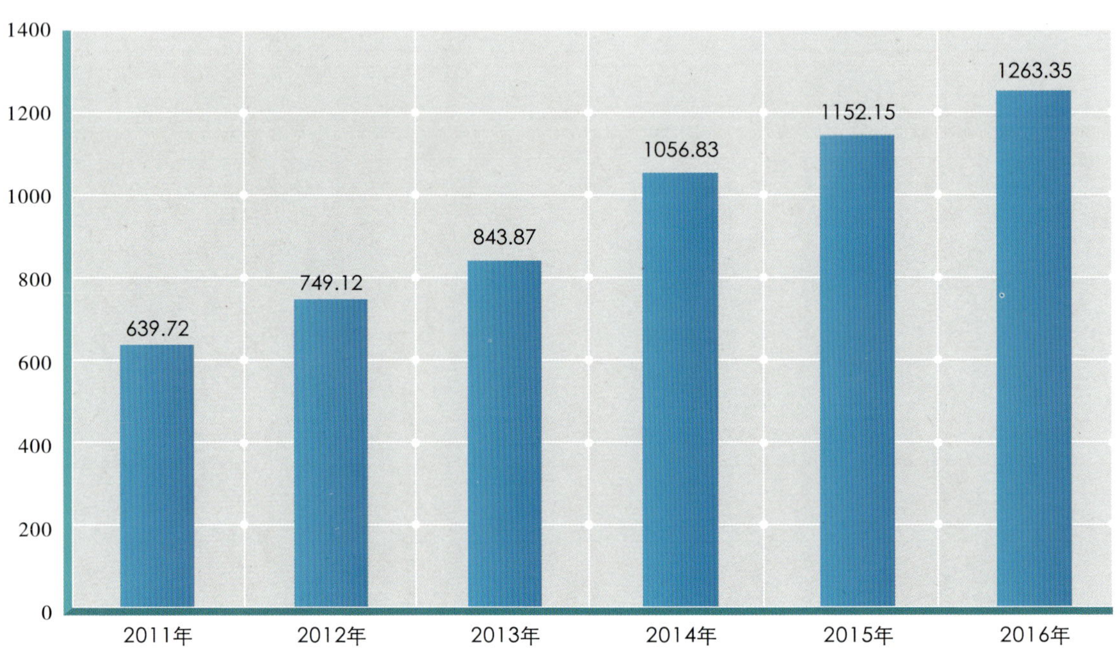

文化产业增加值及占GDP比重（亿元、%）

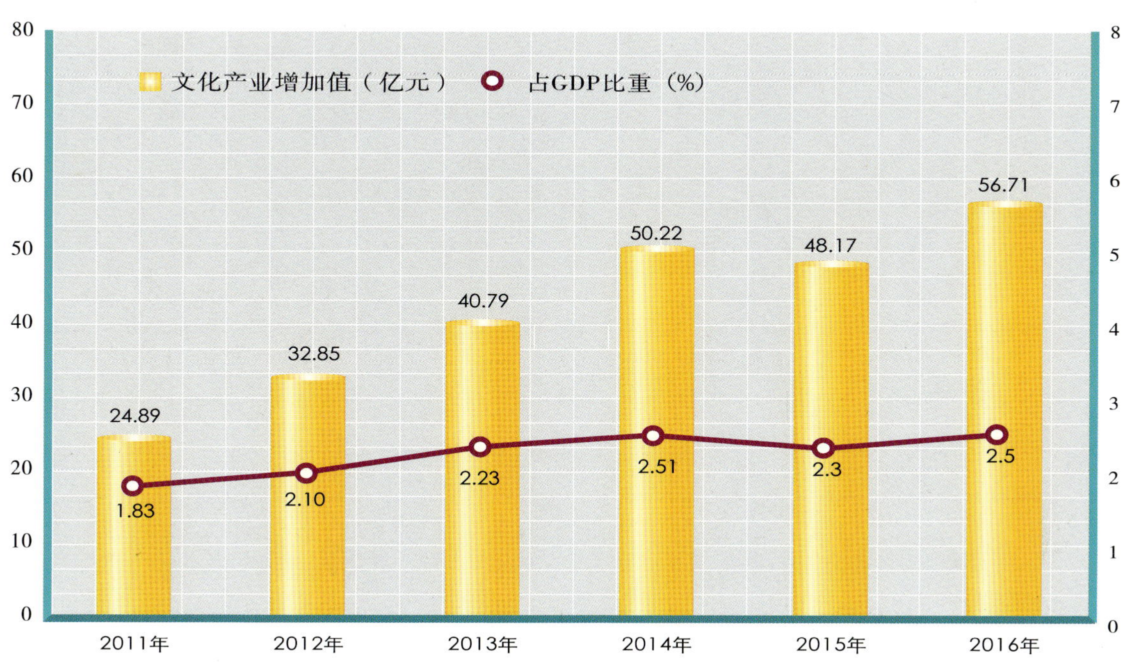

R&D经费内部支出及占GDP比重（亿元、%）

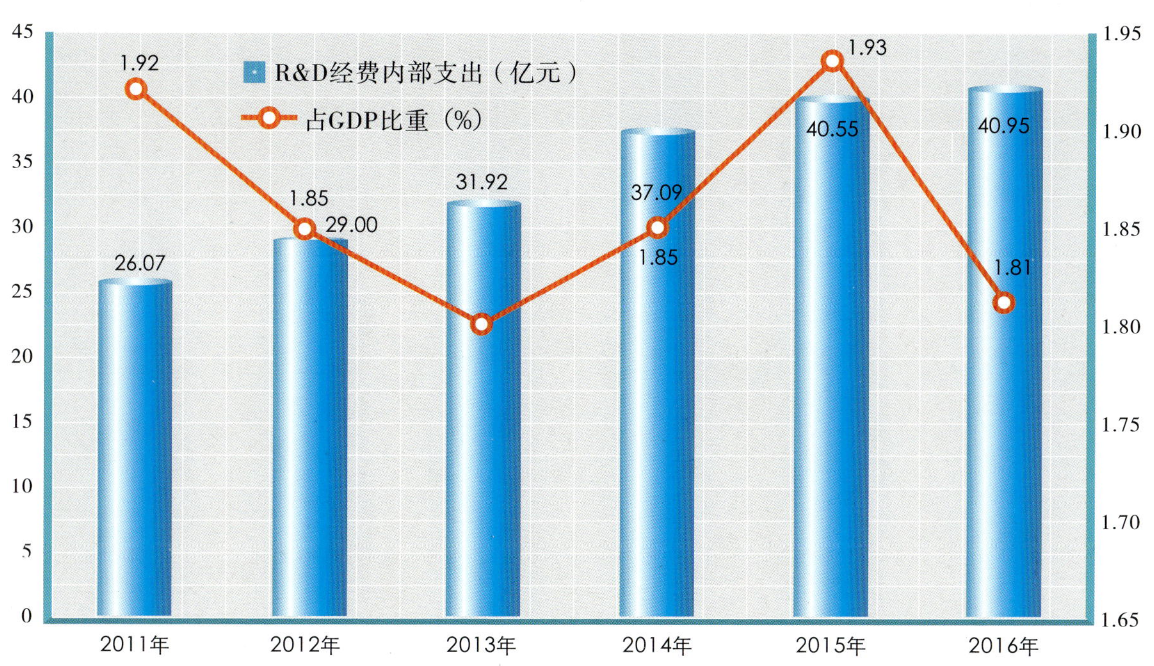

社会从业人数（万人）

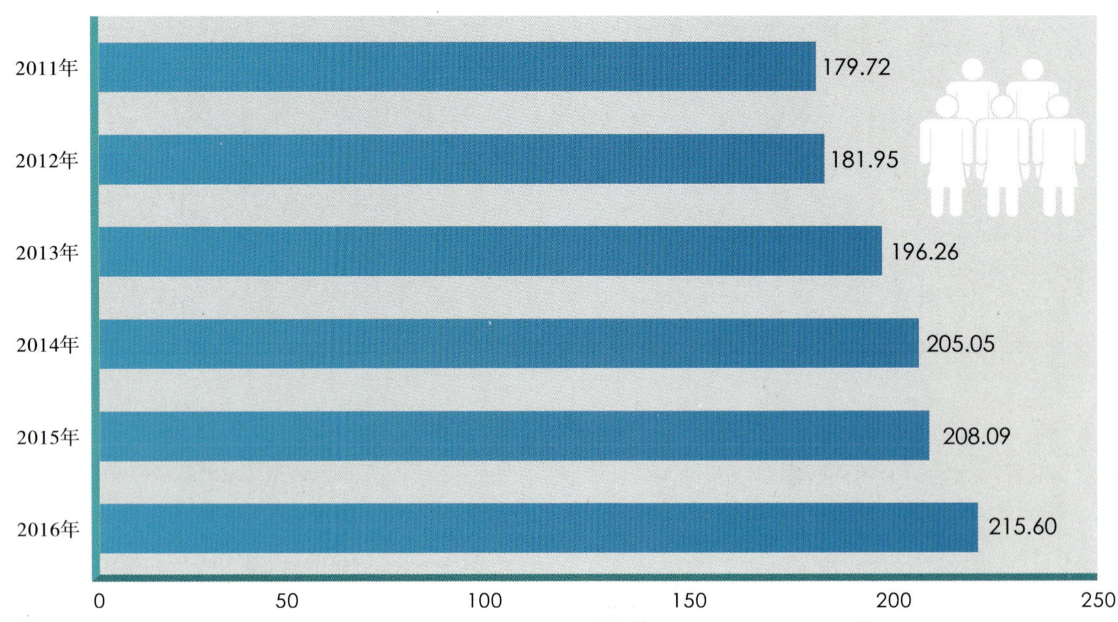

在岗职工平均工资（元）

注：口径为城镇非私营单位。

城镇居民人均可支配收入（元）

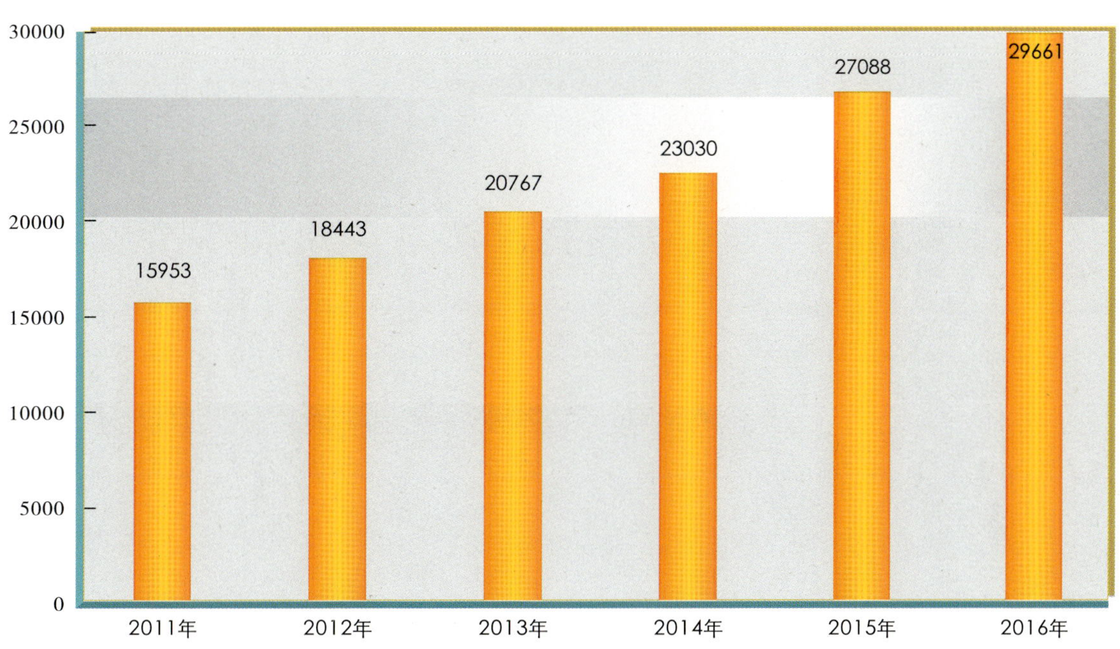

农村居民人均可支配收入（元）

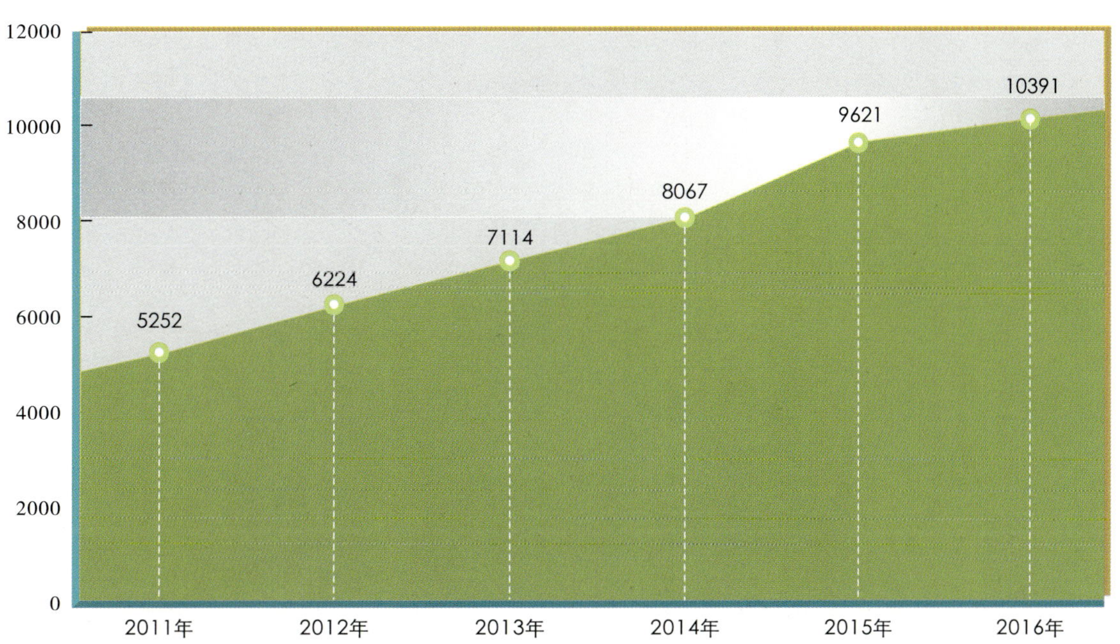

地区财政总收入（亿元）

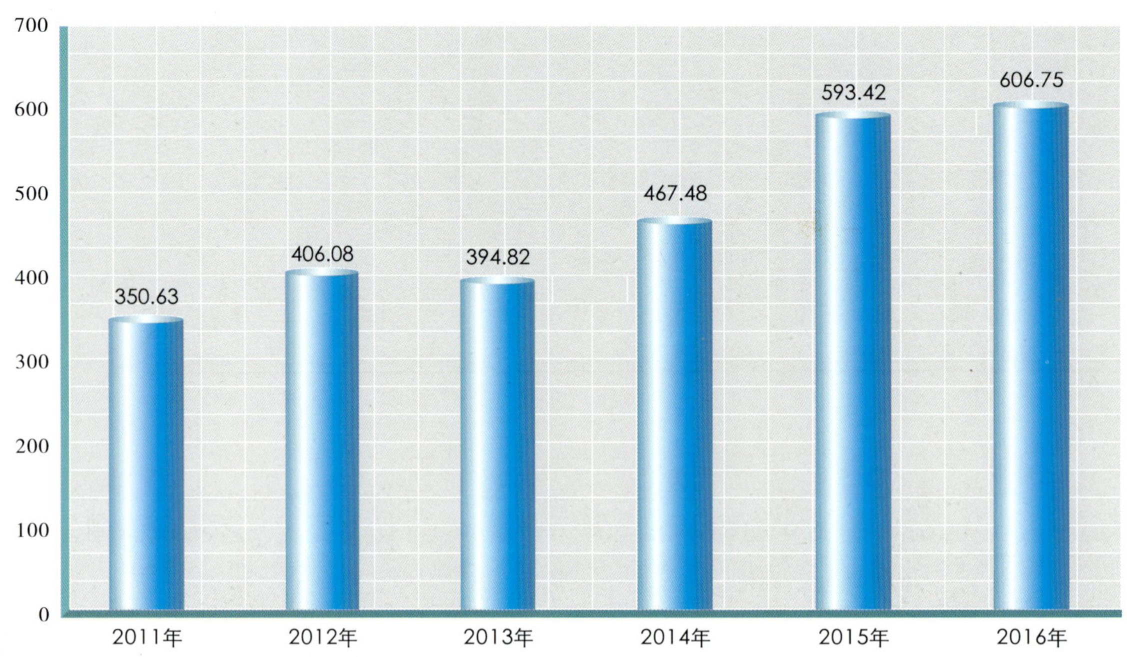

居民消费价格指数（上年=100）

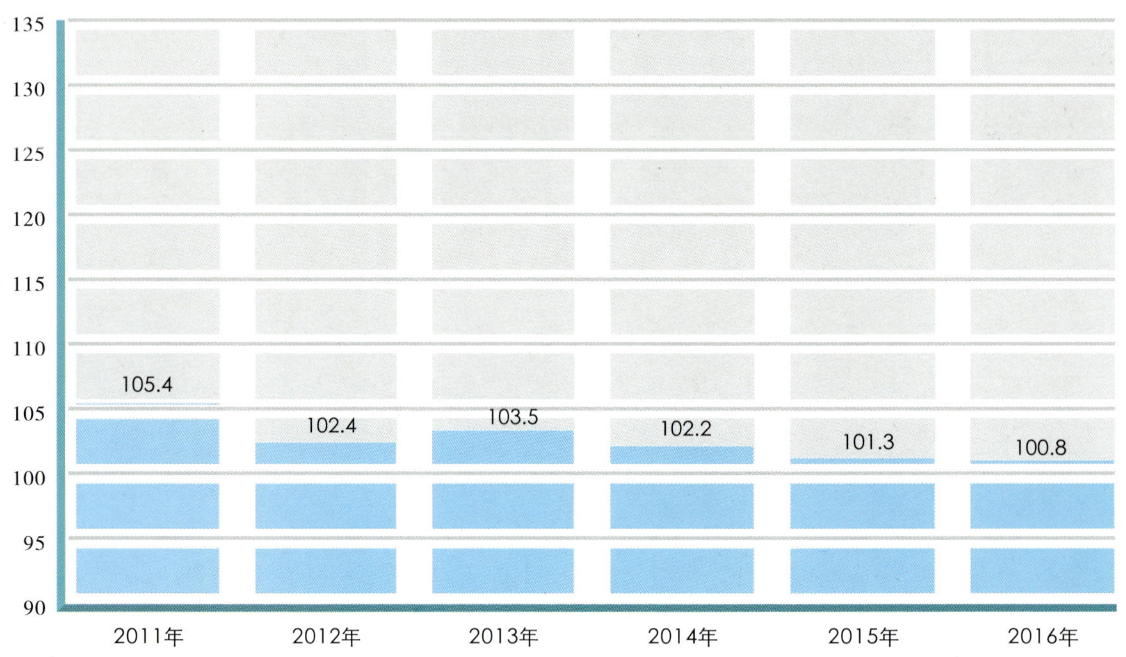

目　录

统计公报

统计资料

一、综　合

二、人　口

三、工业、能源

四、交通运输业

五、农 业

六、投资、建筑

七、城市建设

八、商业、物价

九、财政、金融

十、劳动、工资

十一、教育、科技文化

十二、卫生、司法

十三、人民生活

十四、市州主要经济指标

十五、全国主要指标对比

中华人民共和国
2016年国民经济和社会发展统计公报[1]

中华人民共和国国家统计局

2017年2月28日

2016年，面对复杂多变的国际环境和国内繁重艰巨的改革发展稳定任务，在以习近平同志为核心的党中央坚强领导下，各地区各部门全面贯彻党的十八大和十八届三中、四中、五中、六中全会精神，认真落实党中央、国务院决策部署，统筹推进“五位一体”总体布局和协调推进“四个全面”战略布局，坚持稳中求进工作总基调，坚持新发展理念，以推进供给侧结构性改革为主线，适度扩大总需求，坚定推进改革，妥善应对风险挑战，引导形成良好社会预期，经济社会保持平稳健康发展，实现了“十三五”良好开局。

一、综合

初步核算，全年国内生产总值[2]744127亿元，比上年增长6.7%。其中，第一产业增加值63671亿元，增长3.3%；第二产业增加值296236亿元，增长6.1%；第三产业增加值384221亿元，增长7.8%。第一产业增加值占国内生产总值的比重为8.6%，第二产业增加值比重为39.8%，第三产业增加值比重为51.6%，比上年提高1.4个百分点。全年人均国内生产总值53980元，比上年增长6.1%。全年国民总收入[3]742352亿元，比上年增长6.9%。

图1　2012-2016年国内生产总值及其增长速度

图2 2012-2016年三次产业增加值占国内生产总值比重

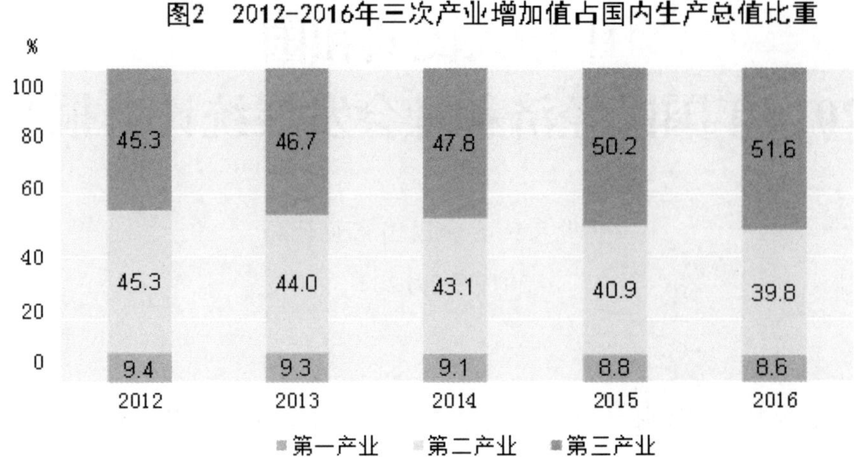

年末全国大陆总人口138271万人，比上年末增加809万人，其中城镇常住人口79298万人，占总人口比重（常住人口城镇化率）为57.35%，比上年末提高1.25个百分点。户籍人口城镇化率为41.2%，比上年末提高1.3个百分点。全年出生人口1786万人，出生率为12.95‰；死亡人口977万人，死亡率为7.09‰；自然增长率为5.86‰。全国人户分离的人口[4]2.92亿人，其中流动人口[5]2.45亿人。

表1 2016年年末人口数及其构成

指　标	年末数（万人）	比重（%）
全国总人口	138271	100.0
其中：城镇	79298	57.35
乡村	58973	42.65
其中：男性	70815	51.2
女性	67456	48.8
其中：0–15岁（含不满16周岁）[6]	24438	17.7
16–59岁（含不满60周岁）	90747	65.6
60周岁及以上	23086	16.7
其中：65周岁及以上	15003	10.8

年末全国就业人员77603万人，其中城镇就业人员41428万人。全年城镇新增就业1314万人。年末城镇登记失业率为4.02%。全国农民工[7]总量28171万人，比上年增长1.5%。其中，外出农民工16934万人，增长0.3%；本地农民工11237万人，增长3.4%。

图3　2012-2016年城镇新增就业人数

全年全员劳动生产率[8]为94825元/人，比上年提高6.4%。

图4　2012-2016年全员劳动生产率

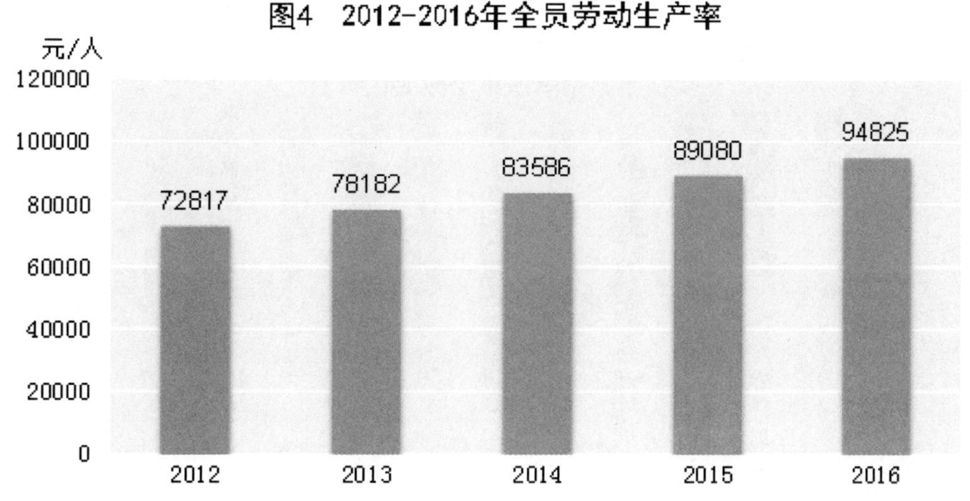

全年居民消费价格比上年上涨2.0%。工业生产者出厂价格下降1.4%。工业生产者购进价格下降2.0%。固定资产投资价格下降0.6%。农产品生产者价格[9]上涨3.4%。

图5　2016年居民消费价格月度涨跌幅度

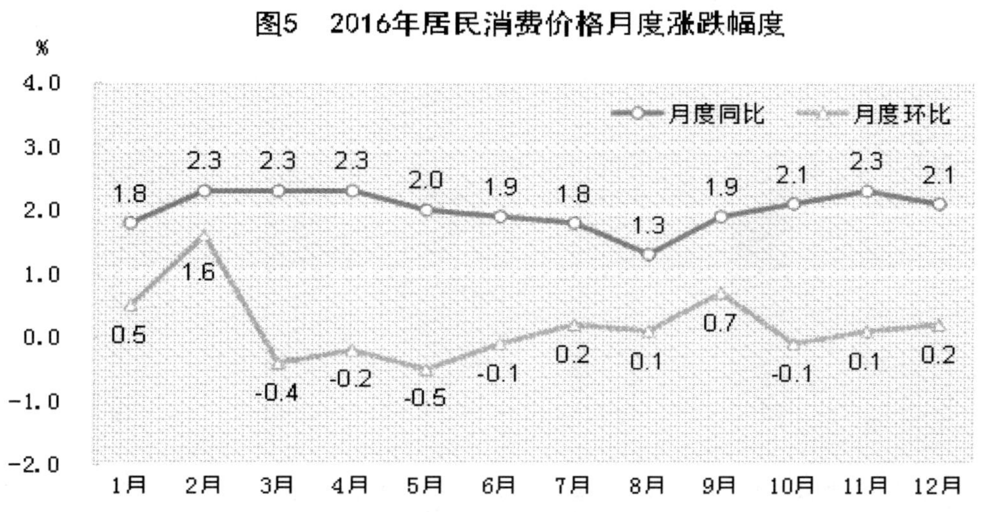

表2 2016年居民消费价格比上年涨跌幅度

单位：%

指标	全国	城市	农村
居民消费价格	2.0	2.1	1.9
其中：食品烟酒	3.8	3.7	4.0
衣　着	1.4	1.5	1.3
居　住[10]	1.6	1.9	0.6
生活用品及服务	0.5	0.5	0.2
交通和通信	−1.3	−1.4	−1.1
教育文化和娱乐	1.6	1.5	1.9
医疗保健	3.8	4.4	2.5
其他用品和服务	2.8	2.9	2.2

12月份70个大中城市新建商品住宅销售价格月同比上涨的城市个数为65个，下降的为5个；月环比上涨的城市个数为46个，比年内高点减少19个，持平的为4个，下降的为20个。

图6　2016年新建商品住宅月环比价格上涨、持平、下降城市个数变化情况

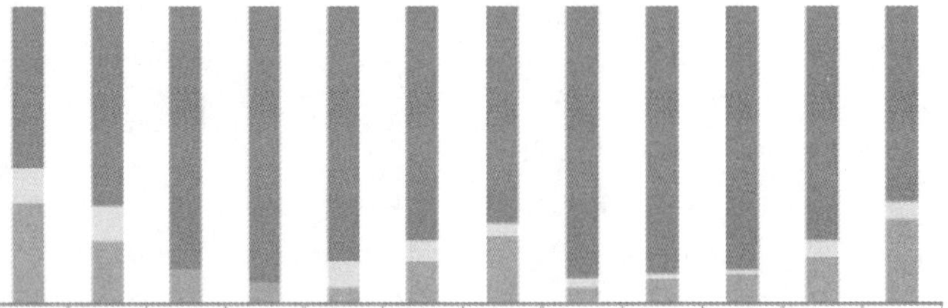

	1月	2月	3月	4月	5月	6月	7月	8月	9月	10月	11月	12月
上涨	38	47	62	65	60	55	51	64	63	62	55	46
持平	8	8	0	0	6	5	3	2	1	1	4	4
下降	24	15	8	5	4	10	16	4	6	7	11	20

全年全国一般公共预算收入159552亿元，比上年同口径[11]增加6828亿元，增长4.5%，其中税收收入130354亿元，增加5432亿元，增长4.3%。

图7　2012-2016年全国一般公共预算收入

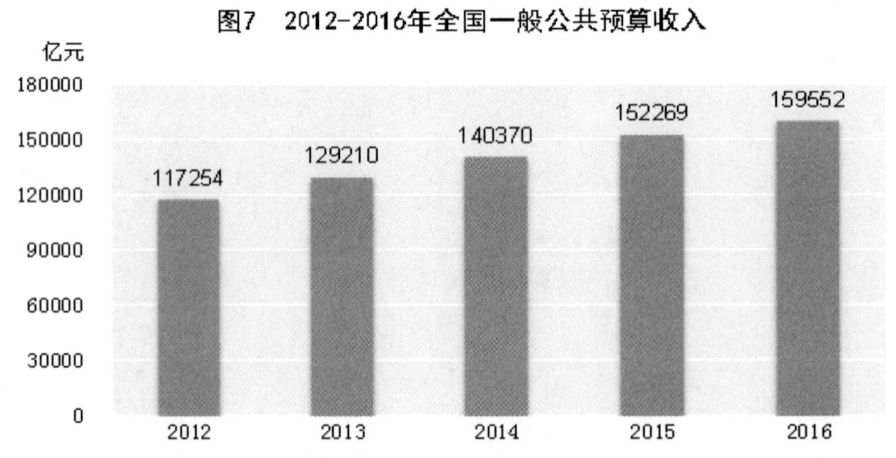

注：图中2012年至2015年数据为全国一般公共预算收入决算数，2016年为执行数。

年末国家外汇储备30105亿美元，比上年末减少3198亿美元。全年人民币平均汇率为1美元兑6.6423元人民币，比上年贬值6.2%。

图8 2012-2016年年末国家外汇储备

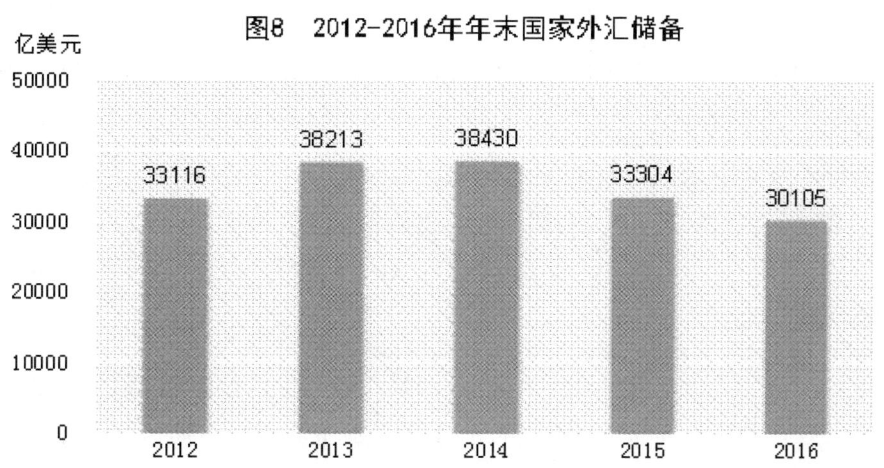

二、农业

全年粮食种植面积11303万公顷，比上年减少31万公顷。其中，小麦种植面积2419万公顷，增加5万公顷；稻谷种植面积3016万公顷，减少5万公顷；玉米种植面积3676万公顷，减少136万公顷。棉花种植面积338万公顷，减少42万公顷。油料种植面积1412万公顷，增加8万公顷。糖料种植面积168万公顷，减少6万公顷。

全年粮食产量61624万吨，比上年减少520万吨，减产0.8%。其中，夏粮产量13920万吨，减产1.2%；早稻产量3278万吨，减产2.7%；秋粮产量44426万吨，减产0.6%。全年谷物产量56517万吨，比上年减产1.2%。其中，稻谷产量20693万吨，减产0.6%；小麦产量12885万吨，减产1.0%；玉米产量21955万吨，减产2.3%。

图9 2012-2016年粮食产量

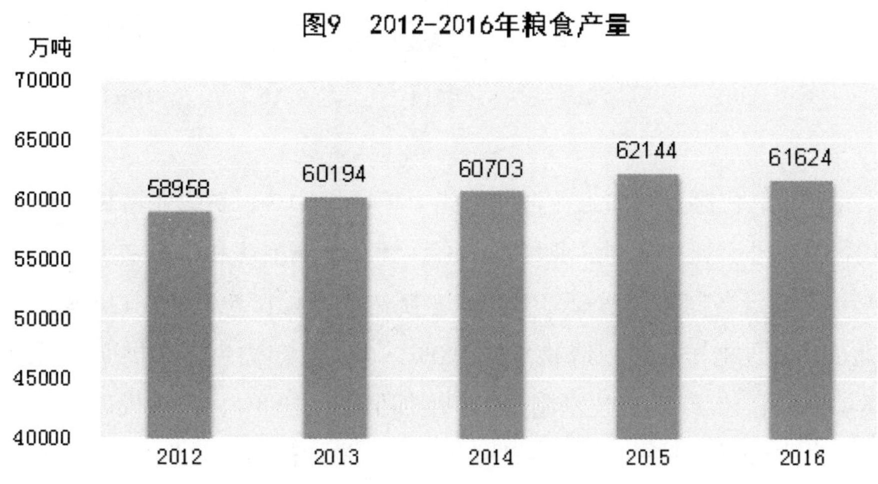

全年棉花产量534万吨，比上年减产4.6%。油料产量3613万吨，增产2.2%。糖料产量12299万吨，减产1.6%。茶叶产量241万吨，增产7.4%。

全年肉类总产量8540万吨，比上年下降1.0%。其中，猪肉产量5299万吨，下降3.4%；牛肉产量717万吨，增长2.4%；羊肉产量459万吨，增长4.2%；禽肉产量1888万吨，增长3.4%。禽蛋产量3095万吨，增长3.2%。牛奶产量3602万吨，下降4.1%。年末生猪存栏43504万头，下降3.6%；生猪出栏68502万头，下降3.3%。

全年水产品产量6900万吨，比上年增长3.0%。其中，养殖水产品产量5156万吨，增长4.4%；捕捞水产品产量1744万吨，下降1.0%。

全年木材产量6683万立方米，比上年下降7.0%。

全年新增耕地灌溉面积118万公顷，新增节水灌溉面积211万公顷。

三、工业和建筑业

全年全部工业增加值[11]247860亿元，比上年增长6.0%。规模以上工业增加值增长6.0%。在规模以上工业中，分经济类型看，国有控股企业增长2.0%；集体企业下降1.3%，股份制企业增长6.9%，外商及港澳台商投资企业增长4.5%；私营企业增长7.5%。分门类看，采矿业下降1.0%，制造业增长6.8%，电力、热力、燃气及水生产和供应业增长5.5%。

图10　2012-2016年全部工业增加值及其增长速度

全年规模以上工业中，农副食品加工业增加值比上年增长6.1%，纺织业增长5.5%，化学原料和化学制品制造业增长7.7%，非金属矿物制品业增长6.5%，黑色金属冶炼和压延加工业下降1.7%，通用设备制造业增长5.9%，专用设备制造业增长6.7%，汽车制造业增长15.5%，电气机械和器材制造业增长8.5%，计算机、通信和其他电子设备制造业增长10.0%，电力、热力生产和供应业增长4.8%。工业战略性新兴产业[12]增加值增长10.5%。高技术制造业[13]增加值增长10.8%，占规模以上工业增加值的比重为12.4%。装备制造业[14]增加值增长9.5%，占规模以上工业增加值的比重为32.9%。六大高耗能行业[15]增加值增长5.2%，占规模以上工业增加值的比重为28.1%。

表3 2016年主要工业产品产量及其增长速度

产品名称	单 位	产 量	比上年增长（%）
纱	万吨	3732.6	5.5
布	亿米	906.8	1.6
化学纤维	万吨	4943.7	2.3
成品糖	万吨	1443.3	-2.1
卷烟	亿支	23825.8	-8.0
彩色电视机	万台	15769.6	8.9
其中：液晶电视机	万台	15713.6	9.2
其中：智能电视	万台	9310.1	11.1
家用电冰箱	万台	8481.6	6.1
房间空气调节器	万台	14342.4	1.0
一次能源生产总量	亿吨标准煤	34.6	-4.2
原煤	亿吨	34.1	-9.0
原油	万吨	19968.5	-6.9
天然气	亿立方米	1368.7	1.7
发电量	亿千瓦小时	61424.9	5.6
其中：火电[16]	亿千瓦小时	44370.7	3.6
水电	亿千瓦小时	11933.7	5.6
核电	亿千瓦小时	2132.9	24.9
粗钢	万吨	80836.6	0.6
钢材[17]	万吨	113801.2	1.3
十种有色金属	万吨	5310.3	3.0
其中：精炼铜（电解铜）	万吨	843.6	6.0
原铝（电解铝）	万吨	3187.3	1.5
水泥	亿吨	24.1	2.3
硫酸（折100%）	万吨	8889.1	-1.0
烧碱（折100%）	万吨	3283.9	8.7
乙烯	万吨	1781.1	3.9
化肥（折100%）	万吨	7128.6	-4.1
发电机组（发电设备）	万千瓦	13218.4	6.3
汽车	万辆	2811.9	14.8
其中：基本型乘用车（轿车）	万辆	1211.1	4.1
运动型多用途乘用车（SUV）	万辆	914.4	51.8
其中：新能源汽车	万辆	45.9	40.0
大中型拖拉机	万台	63.0	-8.5
集成电路	亿块	1318.0	21.2
程控交换机	万线	1457.7	-22.5
移动通信手持机	万台	205819.3	13.6
其中：智能手机	万台	153764.1	9.9
微型计算机设备	万台	29008.5	-7.7
工业机器人	台（套）	72426.0	30.4

年末全国发电装机容量164575万千瓦，比上年末增长8.2%。其中[18]，火电装机容量105388万千瓦，增长5.3%；水电装机容量33211万千瓦，增长3.9%；核电装机容量3364万千瓦，增长23.8%；并网风电装机容量14864万千瓦，增长13.2%；并网太阳能发电装机容量7742万千瓦，增长81.6%。

全年规模以上工业企业实现利润68803亿元，比上年增长8.5%。分经济类型看，国有控股企业实现利润11751亿元，比上年增长6.7%；集体企业477亿元，下降4.2%，股份制企业47197亿元，增长

8.3%，外商及港澳台商投资企业17352亿元，增长12.1%；私营企业24325亿元，增长4.8%。分门类看，采矿业实现利润1825亿元，比上年下降27.5%；制造业62398亿元，增长12.3%；电力、热力、燃气及水生产和供应业4580亿元，下降14.3%。全年规模以上工业企业每百元主营业务收入中的成本为85.52元，比上年下降0.1元。年末规模以上工业企业资产负债率为55.8%，比上年末下降0.4个百分点。

全年全社会建筑业增加值49522亿元，比上年增长6.6%。全国具有资质等级的总承包和专业承包建筑业企业实现利润6745亿元，增长4.6%。其中，国有控股企业1879亿元，增长6.8%。

图11　2012-2016年建筑业增加值及其增长速度

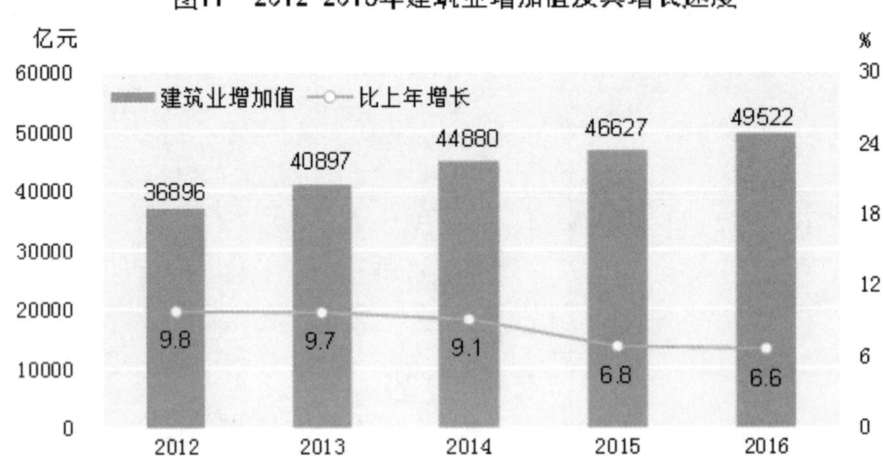

四、固定资产投资

全年全社会固定资产投资606466亿元，比上年增长7.9%，扣除价格因素，实际增长8.6%。其中，固定资产投资（不含农户）596501亿元，增长8.1%。分区域看[19]，东部地区投资249665亿元，比上年增长9.1%；中部地区投资156762亿元，增长12.0%；西部地区投资154054亿元，增长12.2%；东北地区投资30642亿元，下降23.5%。

图12　2012-2016年全社会固定资产投资

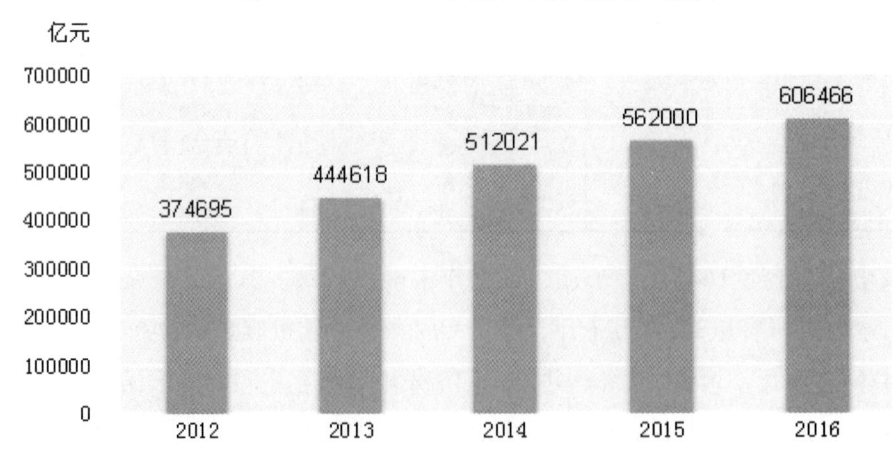

在固定资产投资（不含农户）中，第一产业投资18838亿元，比上年增长21.1%；第二产业投资231826亿元，增长3.5%；第三产业投资345837亿元，增长10.9%。基础设施投资[20]118878亿元，增长17.4%，占固定资产投资（不含农户）的比重为19.9%。民间固定资产投资[21]365219亿元，增长3.2%，占固定资产投资（不含农户）的比重为61.2%。高技术产业投资[22]37747亿元，增长15.8%，占固定资产投资（不含农户）的比重为6.3%。六大高耗能行业投资66376亿元，增长3.1%，占固定资产投资（不含农户）的比重为11.1%。农林牧渔业、水利、环境保护等短板领域投资快速增长。

图13　2016年按领域分固定资产投资（不含农户）及其占比

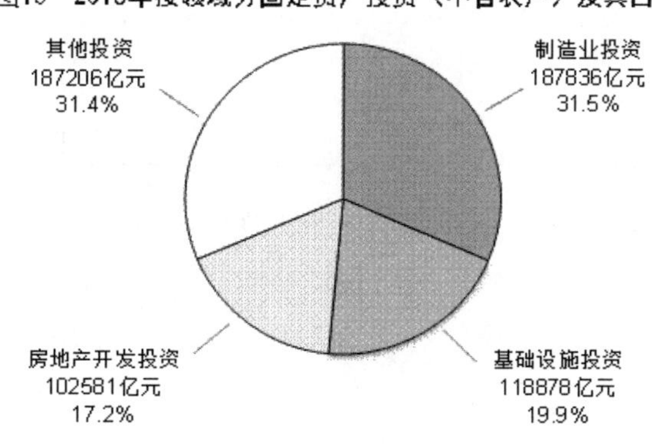

表4　2016年分行业固定资产投资（不含农户）及其增长速度

行　业	投资额（亿元）	比上年增长（%）
总计	**596501**	**8.1**
农、林、牧、渔业	22774	19.5
采矿业	10320	-20.4
制造业	187836	4.2
电力、热力、燃气及水生产和供应业	29736	11.3
建筑业	4577	-6.5
批发和零售业	17939	-4.0
交通运输、仓储和邮政业	53628	9.5
住宿和餐饮业	5947	-8.6
信息传输、软件和信息技术服务业	6319	14.5
金融业	1310	-4.2
房地产业[23]	135284	6.8
租赁和商务服务业	12316	30.5
科学研究和技术服务业	5568	17.2
水利、环境和公共设施管理业	68647	23.3
居民服务、修理和其他服务业	2677	1.8
教育	9324	20.7
卫生和社会工作	6282	21.4
文化、体育和娱乐业	7830	16.4
公共管理、社会保障和社会组织	8188	4.3

表5 2016年固定资产投资新增主要生产与运营能力

指　　标	单　位	绝对数
新增220千伏及以上变电设备	万千伏安	24336
新建铁路投产里程	公里	3281
其中：高速铁路[24]	公里	1903
增、新建铁路复线投产里程	公里	3612
电气化铁路投产里程	公里	5899
新改建公路里程	公里	324898
其中：高速公路	公里	6745
港口万吨级码头泊位新增吞吐能力	万吨	32436
新增民用运输机场	个	8
新增光缆线路长度	万公里	554

全年房地产开发投资102581亿元，比上年增长6.9%。其中，住宅投资68704亿元，增长6.4%；办公楼投资6533亿元，增长5.2%；商业营业用房投资15838亿元，增长8.4%。年末商品房待售面积69539万平方米，比上年末减少2314万平方米。年末商品住宅待售面积40257万平方米，比上年末减少4991万平方米。

全年全国城镇棚户区住房改造开工606万套，棚户区改造和公租房基本建成658万套。全年全国农村地区建档立卡贫困户危房改造158万户[25]。

表6 2016年房地产开发和销售主要指标及其增长速度

指　　标	单位	绝对数	比上年增长（%）
投资额	亿元	102581	6.9
其中：住宅	亿元	68704	6.4
其中：90平方米及以下	亿元	24772	0.5
房屋施工面积	万平方米	758975	3.2
其中：住宅	万平方米	521310	1.9
房屋新开工面积	万平方米	166928	8.1
其中：住宅	万平方米	115911	8.7
房屋竣工面积	万平方米	106128	6.1
其中：住宅	万平方米	77185	4.6
商品房销售面积	万平方米	157349	22.5
其中：住宅	万平方米	137540	22.4
本年到位资金	亿元	144214	15.2
其中：国内贷款	亿元	21512	6.4
个人按揭贷款	亿元	24403	46.5

五、国内贸易

全年社会消费品零售总额332316亿元，比上年增长10.4%，扣除价格因素，实际增长9.6%。按经营地统计，城镇消费品零售额285814亿元，增长10.4%；乡村消费品零售额46503亿元，增长10.9%。

按消费类型统计，商品零售额296518亿元，增长10.4%；餐饮收入额35799亿元，增长10.8%。

图14　2012-2016年社会消费品零售总额

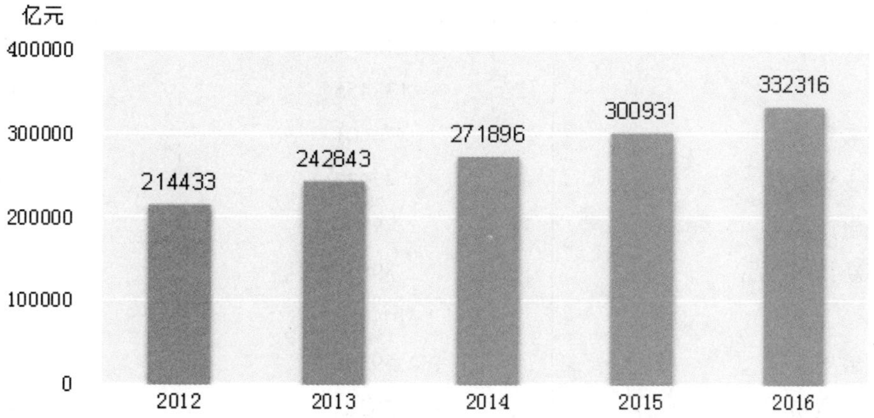

亿元
400000
300000
200000
100000
0
214433
242843
271896
300931
332316
2012
2013
2014
2015
2016

注：图中2011年至2014年数据根据第三次经济普查结果进行修订。

在限额以上企业商品零售额中，粮油、食品、饮料、烟酒类零售额比上年增长10.5%，服装、鞋帽、针纺织品类增长7.0%，化妆品类增长8.3%，金银珠宝类与上年持平，日用品类增长11.4%，家用电器和音像器材类增长8.7%，中西药品类增长12.0%，文化办公用品类增长11.2%，家具类增长12.7%，通讯器材类增长11.9%，建筑及装潢材料类增长14.0%，汽车类增长10.1%，石油及制品类增长1.2%。

全年网上零售额[26]51556亿元，比上年增长26.2%。其中网上商品零售额41944亿元，增长25.6%，占社会消费品零售总额的比重为12.6%。在网上商品零售额中，吃类商品增长28.5%，穿类商品增长18.1%，用类商品增长28.8%。

六、对外经济[27]

全年货物进出口总额243386亿元，比上年下降0.9%。其中，出口138455亿元，下降1.9%；进口104932亿元，增长0.6%。货物进出口差额（出口减进口）33523亿元，比上年减少3308亿元。对“一带一路”[28]沿线国家进出口总额62517亿元，比上年增长0.5%。其中，出口38319亿元，增长0.5%；进口24198亿元，增长0.4%。

图15　2012-2016年货物进出口总额

亿元
300000
250000
200000
150000
100000
50000
0
货物出口额
货物进口额
114801
121037
120358
104336
104932
129359
137131
143884
141167
138455
2012
2013
2014
2015
2016

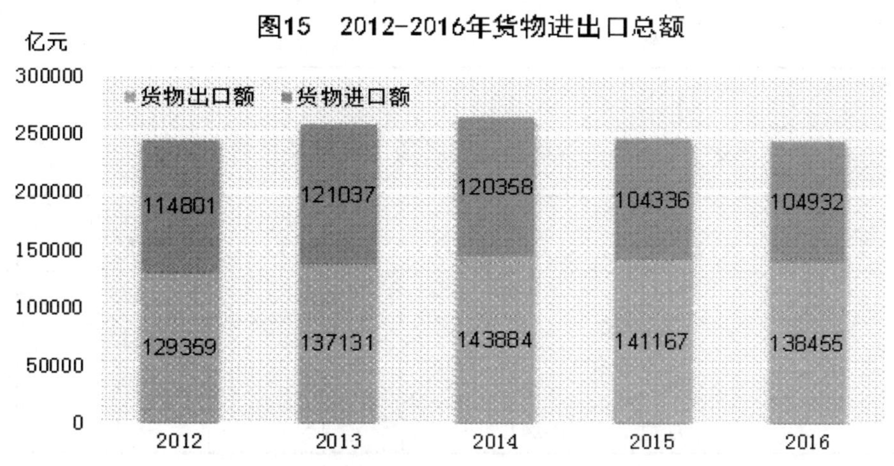

表7 2016年货物进出口总额及其增长速度

指　　标	金额（亿元）	比上年增长（%）
货物进出口总额	243386	-0.9
货物出口额	138455	-1.9
其中：一般贸易	74601	-1.1
加工贸易	47237	-4.6
其中：机电产品	79820	-1.9
高新技术产品	39876	-2.1
货物进口额	104932	0.6
其中：一般贸易	59398	3.7
加工贸易	26223	-5.5
其中：机电产品	50985	1.9
高新技术产品	34618	1.8
货物进出口差额（出口减进口）	33523	—

表8 2016年主要商品出口数量、金额及其增长速度

商品名称	单位	数量	比上年增长（%）	金额（亿元）	比上年增长（%）
煤（包括褐煤）	万吨	879	64.6	46	48.0
钢材	万吨	10849	-3.5	3587	-7.8
纺织纱线、织物及制品	—	—	—	6925	1.9
服装及衣着附件	—	—	—	10413	-3.7
鞋类	万吨	422	-5.6	3113	-6.2
家具及其零件	—	—	—	3151	-3.8
自动数据处理设备及其部件	万台	159257	-7.1	9068	-4.1
手持或车载无线电话	万台	127192	-5.3	7643	-0.9
集装箱	万个	199	-26.7	279	-41.2
液晶显示板	万个	190569	-16.9	1700	-11.6
汽车	万辆	79	9.4	709	1.8

表9 2016年主要商品进口数量、金额及其增长速度

商品名称	单位	数量（万吨）	比上年增长（%）	金额（亿元）	比上年增长（%）
谷物及谷物粉	万吨	2199	-32.8	375	-35.5
大豆	万吨	8391	2.7	2247	4.1
食用植物油	万吨	553	-18.3	276	-11.5
铁矿砂及其精矿	万吨	102412	7.5	3809	7.0

商品名称	单位	数量（万吨）	比上年增长（%）	金额（亿元）	比上年增长（%）
氧化铝	万吨	303	-35.0	58	-43.1
煤（包括褐煤）	万吨	25551	25.2	938	25.1
原油	万吨	38101	13.6	7698	-7.5
成品油	万吨	2784	-6.5	735	-16.6
初级形状的塑料	万吨	2570	-1.5	2731	-2.2
纸浆	万吨	2106	6.2	808	2.1
钢材	万吨	1321	3.4	869	-2.3
未锻轧铜及铜材	万吨	495	2.9	1741	-3.3
汽车	万辆	107	-2.4	2942	6.1

表10　2016年对主要国家和地区货物进出口额及其增长速度

国家和地区	出口额（亿元）	比上年增长（%）	占我全部出口比重（%）	进口额（亿元）	比上年增长（%）	占我全部出口比重（%）
欧盟	22369	1.3	16.2	13747	5.9	13.1
美国	25415	0.0	18.4	8887	-3.2	8.5
东盟	16894	-1.9	12.2	12978	7.4	12.4
中国香港	19009	-7.6	13.7	1107	39.2	1.1
日本	8529	1.3	6.2	9626	8.4	9.2
韩国	6185	-1.7	4.5	10496	-3.2	10.0
中国台湾	2665	-4.3	1.9	9203	3.4	8.8
印度	3850	6.6	2.8	777	-6.4	0.7
俄罗斯	2466	14.2	1.8	2128	3.1	2.0

全年服务进出口[29]总额53484亿元，比上年增长14.2%。其中，服务出口18193亿元，增长2.3%；服务进口35291亿元，增长21.5%。服务进出口逆差17097亿元。

全年吸收外商直接投资（不含银行、证券、保险）新设立企业27900家，比上年增长5.0%。实际使用外商直接投资金额8132亿元（折1260亿美元），增长4.1%。其中"一带一路"沿线国家对华直接投资新设立企业2905家，增长34.1%；对华直接投资金额458亿元（折71亿美元）。

表11　2016年外商直接投资（不含银行、证券、保险）及其增长速度

行　　业	企业数（家）	比上年增长（%）	实际使用金额（亿元）	比上年增长（%）
总　　计	27900	5.0	8132.2	4.1
其中：农、林、牧、渔业	558	-8.4	123.2	30.0
制造业	4013	-11.0	2303.0	-6.1
电力、燃气及水生产和供应业	311	18.0	139.8	0.3

行　　业	企业数（家）	比上年增长（%）	实际使用金额（亿元）	比上年增长（%）
交通运输、仓储和邮政业	425	-5.4	329.2	26.7
信息传输、计算机服务和软件业	1463	11.6	540.4	128.0
批发和零售业	9399	2.7	1011.1	36.0
房地产业	378	-2.3	1264.4	-29.4
租赁和商务服务业	4631	3.7	1045.9	67.8
居民服务和其他服务业	245	13.0	33.0	-25.8

全年对外直接投资额（不含银行、证券、保险）11299亿元，按美元计价为1701亿美元，比上年增长44.1%。其中，对“一带一路”沿线国家直接投资额145亿美元。

表12　2016年对外直接投资额（不含银行、证券、保险）及其增长速度

行　　业	对外直接投资金额（亿美元）	比上年增长（%）
总　计	**1701.1**	**44.1**
其中：农、林、牧、渔业	29.7	45.0
采矿业	86.7	-20.1
制造业	310.6	116.7
电力、热力、燃气及水生产和供应业	25.3	-9.2
建筑业	53.1	18.0
批发和零售业	275.6	72.0
交通运输、仓储和邮政业	36.2	17.1
信息传输、软件和信息技术服务业	203.6	252.2
房地产业	106.4	17.4
租赁和商务服务业	422.7	1.4

全年对外承包工程业务完成营业额10589亿元，按美元计价为1594亿美元，比上年增长3.5%。其中，对“一带一路”沿线国家完成营业额760亿美元，增长9.7%，占对外承包工程业务完成营业额比重为47.7%。对外劳务合作派出各类劳务人员49万人，下降6.8%。

七、交通、邮电和旅游

全年货物运输总量440亿吨，比上年增长5.7%。货物运输周转量185295亿吨公里，增长4.0%。全年规模以上港口完成货物吞吐量118.3亿吨，比上年增长3.2%，其中外贸货物吞吐量37.6亿吨，增长4.1%。规模以上港口集装箱吞吐量21798万标准箱，增长3.6%。

表13　2016年各种运输方式完成货物运输量及其增长速度

指　　标	单　　位	绝对数	比上年增长（%）
货物运输总量	亿　　吨	440.4	5.7
铁路	亿　　吨	33.3	-0.8
公路	亿　　吨	336.3	6.8
水运	亿　　吨	63.6	3.7
民航	万　　吨	666.9	6.0
管道	亿　　吨	7.0	5.3
货物运输周转量	亿吨公里	185294.9	4.0
铁路	亿吨公里	23792.3	0.2
公路	亿吨公里	61211.0	5.6
水运	亿吨公里	95399.9	4.0
民航	亿吨公里	221.1	6.3
管道	亿吨公里	4670.6	5.7

全年旅客运输总量192亿人次，比上年下降1.2%。旅客运输周转量31306亿人公里，增长4.1%。

表14　2016年各种运输方式完成旅客运输量及其增长速度

指　　标	单　　位	绝对数	比上年增长（%）
旅客运输总量	亿人次	192.0	-1.2
铁路	亿人次	28.1	11.0
公路	亿人次	156.3	-3.5
水运	亿人次	2.7	0.1
民航	亿人次	4.9	11.8
旅客运输周转量	亿人公里	31305.7	4.1
铁路	亿人公里	12579.3	5.2
公路	亿人公里	10294.8	-4.2
水运	亿人公里	72.0	-1.4
民航	亿人公里	8359.5	14.8

年末全国民用汽车保有量19440万辆（包括三轮汽车和低速货车881万辆），比上年末增长12.8%，其中私人汽车保有量16559万辆，增长15.0%。民用轿车保有量10876万辆，增长14.4%，其中私人轿车10152万辆，增长15.5%。

全年完成邮电业务总量[30]43344亿元，比上年增长52.7%。其中，邮政行业业务总量7397亿元，增长45.7%；电信业务总量35948亿元，增长54.2%。邮政业全年完成邮政函件业务36.2亿件，包裹业务0.3亿件，快递业务量312.8亿件；快递业务收入3974亿元。电信业全年新增移动电话交换机容量[31]7318万户，达到218384万户。年末全国电话用户总数152856万户，其中移动电话用户132193万户。

移动电话普及率上升至96.2部/百人。固定互联网宽带接入用户[32]29721万户，比上年增加3774万户，其中固定互联网光纤宽带接入用户[33]22766万户，比上年增加7941万户；移动宽带用户[34]94075万户，增加23464万户。移动互联网接入流量93.6亿G，比上年增长123.7%。互联网上网人数7.31亿人，增加4299万人，其中手机上网人数[35]6.95亿人，增加7550万人。互联网普及率达到53.2%，其中农村地区互联网普及率达到33.1%。软件和信息技术服务业[36]完成软件业务收入48511亿元，比上年增长14.9%。

图16　2012-2016年快递业务量及其增长速度

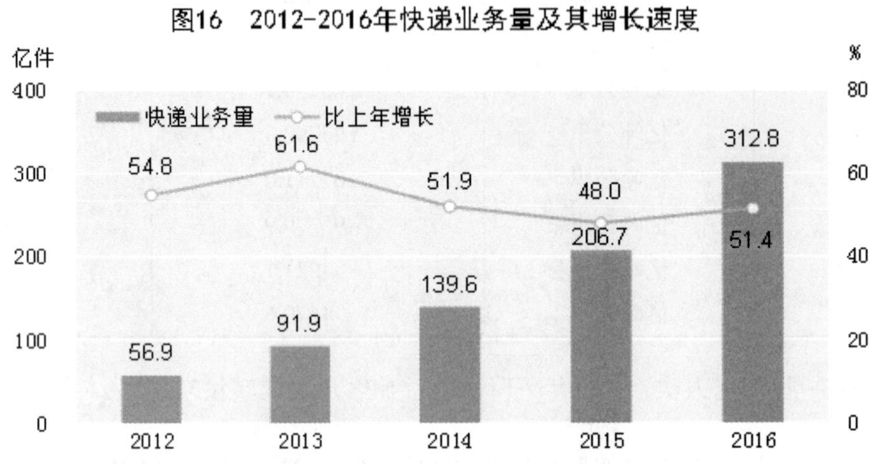

图17　2012-2016年年末固定互联网宽带接入用户和移动宽带用户数

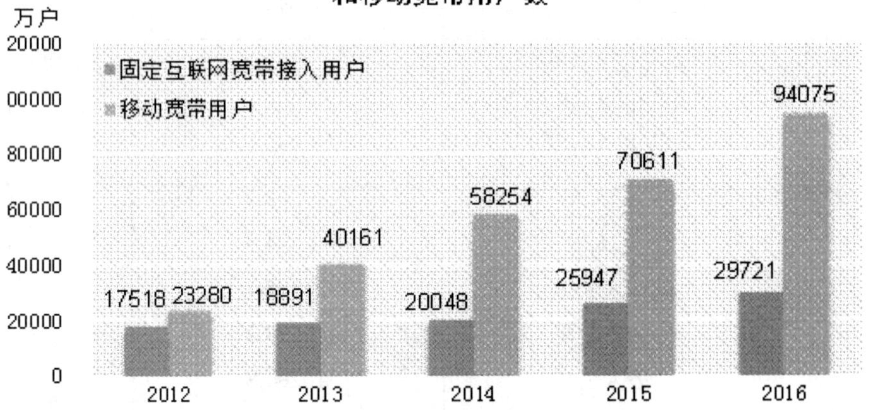

全年国内游客44亿人次，比上年增长11.2%，国内旅游收入39390亿元，增长15.2%。入境游客13844万人次，增长3.5%。其中，外国人2813万人次，增长8.3%；香港、澳门和台湾同胞11031万人次，增长2.3%。在入境游客中，过夜游客5927万人次，增长4.2%。国际旅游收入1200亿美元，增长5.6%。国内居民出境13513万人次，增长5.7%。其中因私出境12850万人次，增长5.6%；赴港澳台出境8395万人次，下降2.2%。

八、金融

年末广义货币供应量（M2）余额155.0万亿元，比上年末增长11.3%；狭义货币供应量（M1）余额48.7万亿元，增长21.4%；流通中货币（M0）余额6.8万亿元，增长8.1%。

全年社会融资规模增量[37]17.8万亿元，比上年多2.4万亿元。年末全部金融机构本外币各项存款余额155.5万亿元，比年初增加15.7万亿元，其中人民币各项存款余额150.6万亿元，增加14.9万亿元。全部金融机构本外币各项贷款余额112.1万亿元，增加12.7万亿元，其中人民币各项贷款余额106.6万亿元，增加12.6万亿元。

表15　2016年年末全部金融机构本外币存贷款余额及其增长速度

指　　标	年末数（亿元）	比上年末增长（%）
各项存款余额	1555247	11.3
其中：住户存款	606522	9.9
其中：人民币	597751	9.5
境内非金融企业存款	530895	16.6
各项贷款余额	1120552	12.8
其中：境内短期贷款	380020	3.6
境内中长期贷款	635052	17.8

年末主要农村金融机构（农村信用社、农村合作银行、农村商业银行）人民币贷款余额134219亿元，比年初增加13895亿元。金融机构境内住户人民币消费贷款余额250472亿元，增加60998亿元。其中，短期消费贷款余额49313亿元，增加8347亿元；中长期消费贷款余额201159亿元，增加52651亿元。

全年上市公司通过境内市场累计筹资23342亿元，比上年增加5088亿元。其中，首次公开发行A股248只，筹资1634亿元；A股现金再融资（包括公开增发、定向增发[38]、配股、优先股）13387亿元，增加4618亿元；上市公司通过沪深交易所发行公司债、可转债筹资8321亿元，增加414亿元。全年全国中小企业股份转让系统[39]新增挂牌公司5034家，筹资1391亿元，增长14.4%。

全年发行公司信用类债券[40]8.22万亿元，比上年增加1.50万亿元。

全年保险公司原保险保费收入[41]30959亿元，比上年增长27.5%。其中，寿险业务原保险保费收入17442亿元，健康险和意外伤害险业务原保险保费收入4792亿元，财产险业务原保险保费收入8725亿元。支付各类赔款及给付10513亿元。其中，寿险业务给付4603亿元，健康险和意外伤害险赔款及给付1184亿元，财产险业务赔款4726亿元。

九、人民生活和社会保障

全年全国居民人均可支配收入[42]23821元，比上年增长8.4%，扣除价格因素，实际增长6.3%；全国居民人均可支配收入中位数[43]20883元，增长8.3%。按常住地分，城镇居民人均可支配收入33616元，比上年增长7.8%，扣除价格因素，实际增长5.6%；城镇居民人均可支配收入中位数31554元，增长8.3%。农村居民人均可支配收入12363元，比上年增长8.2%，扣除价格因素，实际增长6.2%；农村居民人均可支配收入中位数11149元，增长8.3%。按全国居民五等份收入分组[44]，低收入组人均可支配收入5529元，中等偏下收入组人均可支配收入12899元，中等收入组人均可支配收入20924元，中等偏上收入组人均可支配收入31990元，高收入组人均可支配收入59259元。贫困地区[45]农村居民人均可支配收入8452元，比上年增长10.4%，扣除价格因素，实际增长8.4%。全国农民工人均月收入3275元，比上年增长6.6%。

全国居民人均消费支出17111元，比上年增长8.9%，扣除价格因素，实际增长6.8%。按常住地分，城镇居民人均消费支出23079元，增长7.9%，扣除价格因素，实际增长5.7%；农村居民人均消费支出10130元，增长9.8%，扣除价格因素，实际增长7.8%。恩格尔系数为30.1%，比上年下降0.5个百分点，其中城镇为29.3%，农村为32.2%。

图18　2012-2016年全国居民人均可支配收入及其增长速度

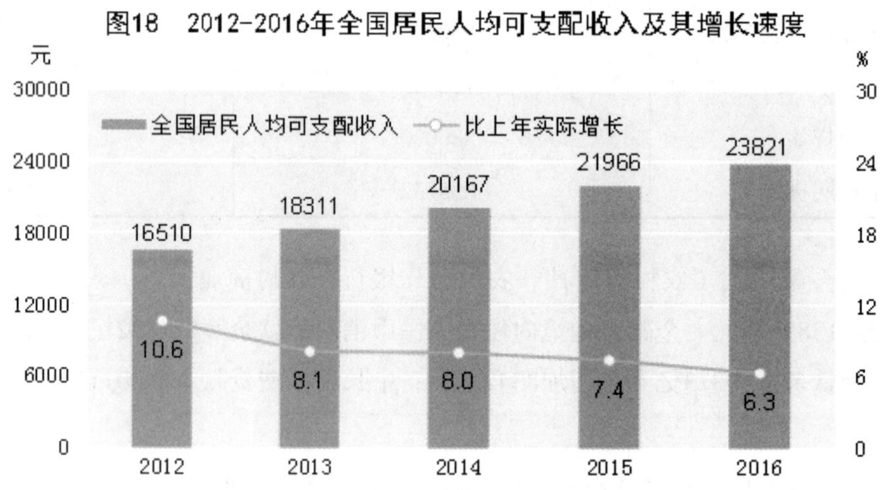

图19　2016年全国居民人均消费支出及其构成

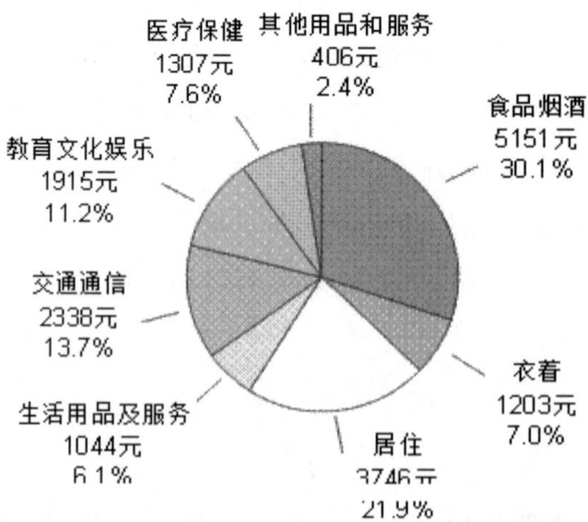

年末全国参加城镇职工基本养老保险人数37862万人，比上年末增加2501万人。参加城乡居民基本养老保险人数50847万人，增加375万人。参加城镇基本医疗保险人数74839万人，增加8257万人。

其中，参加职工基本医疗保险人数29524万人，增加631万人；参加城镇居民基本医疗保险人数45315万人，增加7626万人。参加失业保险人数18089万人，增加763万人。年末全国领取失业保险金人数230万人。参加工伤保险人数21887万人，增加455万人，其中参加工伤保险的农民工7510万人，增加21万人。参加生育保险人数18443万人，增加672万人。年末全国共有1479.9万人享受城市居民最低生活保障，4576.5万人享受农村居民最低生活保障，496.9万人享受农村特困人员[46]救助供养。全年资助5620.6万人参加基本医疗保险，医疗救助3099.8万人次。国家抚恤、补助各类优抚对象877.2万人。按照每人每年2300元（2010年不变价）的农村贫困标准计算，2016年农村贫困人口4335万人，比上年减少1240万人[47]。

十、教育、科学技术和文化体育

全年研究生教育招生66.7万人，在学研究生198.1万人，毕业生56.4万人。普通本专科招生748.6万人，在校生2695.8万人，毕业生704.2万人。中等职业教育[48]招生593.3万人，在校生1599.1万人，毕业生533.7万人。普通高中招生802.9万人，在校生2366.6万人，毕业生792.4万人。初中招生1487.2万人，在校生4329.4万人，毕业生1423.9万人。普通小学招生1752.5万人，在校生9913.0万人，毕业生1507.4万人。特殊教育招生9.2万人，在校生49.2万人，毕业生5.9万人。学前教育在园幼儿4413.9万人。九年义务教育巩固率为93.4%，高中阶段毛入学率为87.5%。

图20　2012-2016年普通本专科、中等职业教育及普通高中招生人数

全年研究与试验发展（R&D）经费支出15500亿元，比上年增长9.4%，与国内生产总值之比为2.08%，其中基础研究经费798亿元。全年国家重点研发计划共安排42个重点专项1163个科技项目，国家科技重大专项共安排224个课题，国家自然科学基金共资助41184个项目。截至年底，累计建设国家重点实验室488个，国家工程研究中心131个，国家工程实验室194个，国家企业技术中心1276家。国家科技成果转化引导基金累计设立9支子基金，资金总规模173.5亿元。全年受理境内外专利申请346.5万件，授予专利权175.4万件。截至年底，有效专利628.5万件，其中境内有效发明专利110.3万件，每万人口发明专利拥有量8.0件。全年共签订技术合同32.0万项，技术合同成交金额11407亿元，比上年增长16.0%。

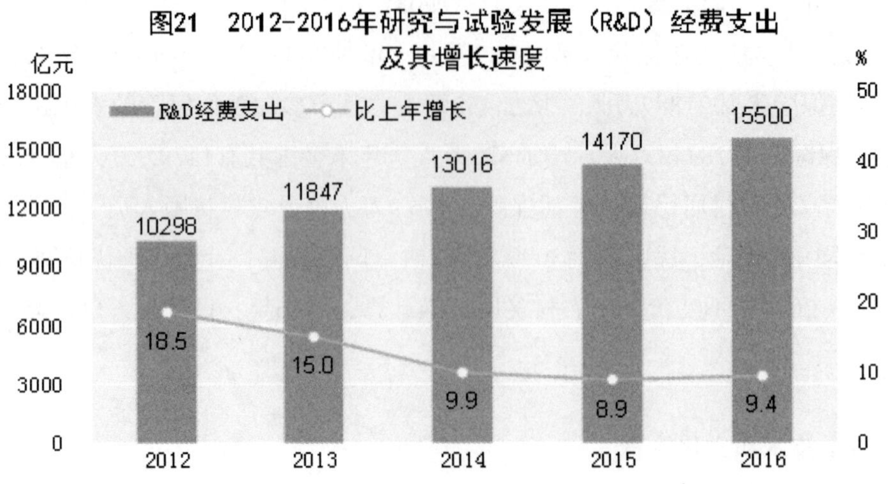

表16 2016年专利申请受理、授权和有效专利情况

指　标	专利数（万件）	比上年增长（%）
专利申请受理数	346.5	23.8
其中：境内专利申请受理	328.1	25.4
其中：发明专利申请受理	133.9	21.5
其中：境内发明专利	119.3	24.7
专利申请授权数	175.4	2.1
其中：境内专利授权	161.2	2.1
其中：发明专利授权	40.4	12.5
其中：境内发明专利	29.5	15.0
年末有效专利数	628.5	14.7
其中：境内有效专利	540.6	15.7
其中：有效发明专利	177.2	20.4
其中：境内有效发明专利	110.3	26.6

全年完成22次宇航发射。长征五号、长征七号新一代运载火箭成功首飞；天宫二号空间实验室、神舟十一号载人飞船成功发射，航天员在轨驻留30天并安全返回；新一代静止轨道气象卫星风云四号、合成孔径雷达卫星高分三号、3颗北斗导航卫星等成功发射。

年末全国共有产品检测实验室34487个，其中国家检测中心681个。全国现有产品质量、体系认证机构312个，已累计完成对152525个企业的产品认证。全国共有法定计量技术机构3933个，全年强制检定计量器具7878万台（件）。全年制定、修订国家标准1763项，其中新制定1255项。

年末全国文化系统共有艺术表演团体2046个，博物馆3060个。全国共有公共图书馆3172个，总流通[49]64781万人次；文化馆3338个。有线电视实际用户2.23亿户，其中有线数字电视实际用户1.97亿户。年末广播节目综合人口覆盖率为98.4%，电视节目综合人口覆盖率为98.9%。全年生产电视剧330部14768集，电视动画片119895分钟。全年生产故事影片772部，科教、纪录、动画和特种影片[50]172部。出版各类报纸394亿份，各类期刊27亿册，图书86亿册（张），人均图书拥有量[51]6.27册（张）。年末全国共有档案馆4193个，已开放各类档案13388万卷（件）。

全年我国运动员在23个运动大项中获得107个世界冠军，共创9项世界纪录。在里约奥运会上，我国运动员共获得26枚金牌，奖牌总数70枚，位列奥运会金牌榜第三位，奖牌榜第二位。全年我国残疾人运动员在17项国际赛事中获得237个世界冠军。在里约残奥会上，我国运动员共获得107枚金牌，蝉联金牌榜和奖牌榜第一位。

十一、卫生和社会服务

年末全国共有医疗卫生机构99.3万个，其中医院2.9万个，在医院中有公立医院1.3万个，民营医院1.6万个；基层医疗卫生机构93.1万个，其中乡镇卫生院3.7万个，社区卫生服务中心（站）3.5万个，门诊部（所）21.7万个，村卫生室64.2万个；专业公共卫生机构2.9万个，其中疾病预防控制中心3484个，卫生监督所（中心）3138个。年末卫生技术人员844万人，其中执业医师和执业助理医师317万人，注册护士350万人。医疗卫生机构床位747万张，其中医院575万张，乡镇卫生院123万张。全年总诊疗人次[52]78.0亿人次，出院人数[53]2.2亿人。

图22　2012-2016年卫生技术人员人数

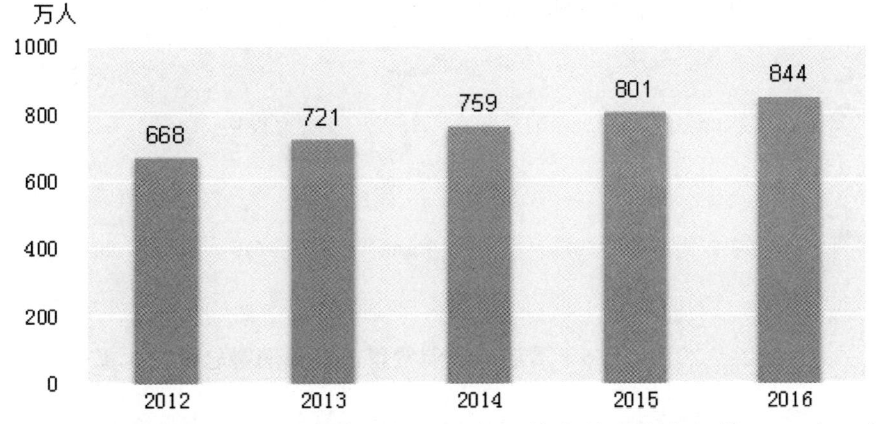

年末全国共有各类提供住宿的社会服务机构3.1万个，其中养老服务机构2.8万个，儿童服务机构713个。社会服务床位[54]716.6万张，其中养老服务床位680.0万张，儿童服务床位10.0万张。年末共有社区服务中心2.4万个，社区服务站13.0万个。

十二、资源、环境和安全生产

全年全国国有建设用地供应总量[55]52万公顷，比上年下降2.9%。其中，工矿仓储用地12万公顷，下降3.2%；房地产用地[56]11万公顷，下降10.3%；基础设施等用地29万公顷，增长0.2%。

全年水资源总量30150亿立方米。全年平均降水量730毫米。年末全国监测的614座大型水库蓄水总量3409亿立方米，比上年末蓄水量略有减少。全年总用水量6150亿立方米，比上年增长0.8%。其中，生活用水增长2.7%，工业用水减少0.4%，农业用水增长0.7%，生态补水增长1.9%。万元国内生产总值用水量[57]84立方米，比上年下降5.6%。万元工业增加值用水量53立方米，下降6.0%。人均用水量446立方米，比上年增长0.2%。

全年完成造林面积679万公顷，其中人工造林面积381万公顷，占全部造林面积的56.1%。森林抚育面积837万公顷。截至年底，自然保护区达到2750个，其中国家级自然保护区446个。新增水土流失治理面积5.4万平方公里，新增实施水土流失地区封育保护面积1.6万平方公里。

初步核算，全年能源消费总量43.6亿吨标准煤，比上年增长1.4%。煤炭消费量下降4.7%，原油消费量增长5.5%，天然气消费量增长8.0%，电力消费量增长5.0%。煤炭消费量占能源消费总量的62.0%，比上年下降2.0个百分点；水电、风电、核电、天然气等清洁能源消费量占能源消费总量的19.7%，上升1.7个百分点。全国万元国内生产总值能耗下降5.0%。工业企业吨粗铜综合能耗下降9.45%，吨钢综合能耗下降0.08%，单位烧碱综合能耗下降2.08%，吨水泥综合能耗下降1.81%，每千瓦时火力发电标准煤耗下降0.97%。

图23　2012-2016年万元国内生产总值能耗降低率

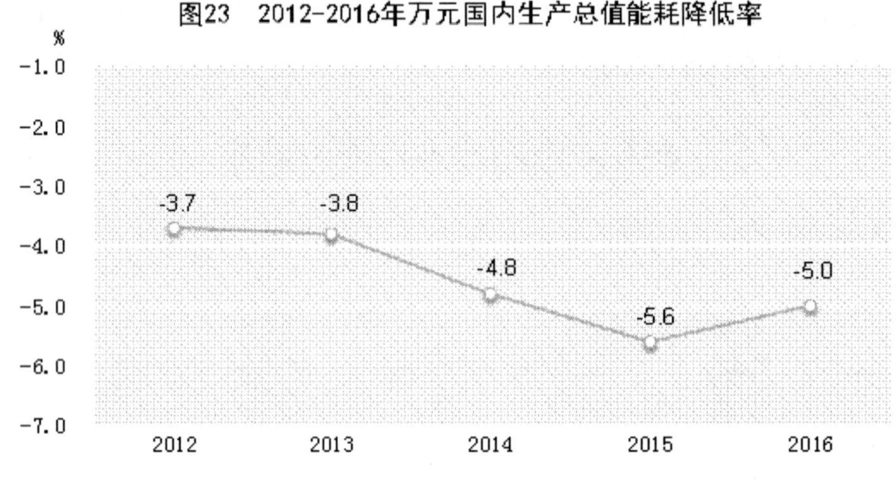

图24　2012-2016年清洁能源消费量占能源消费总量的比重

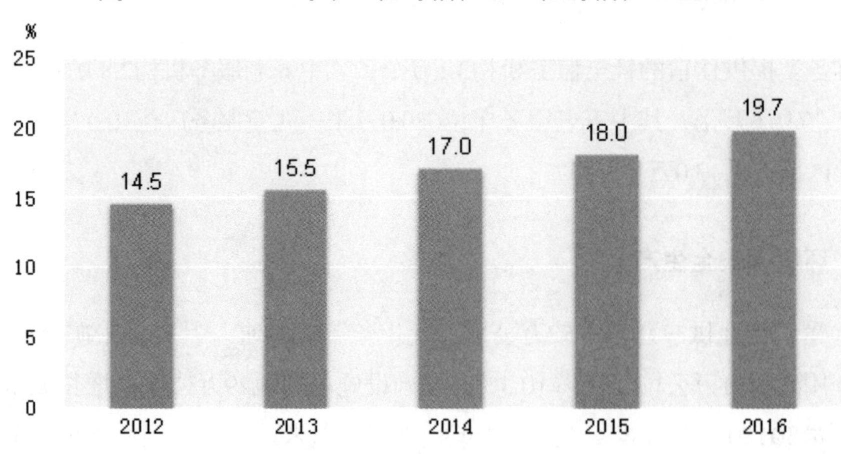

近岸海域417个海水水质监测点中，达到国家一、二类海水水质标准的监测点占73.4%，三类海水占10.3%，四类、劣四类海水占16.3%。

在监测的338个城市中，城市空气质量达标的城市占24.9%，未达标的城市占75.1%。细颗粒物（PM2.5）未达标地级及以上城市年平均浓度52微克/立方米，比上年下降8.8%。

在监测的322个城市中，城市区域声环境质量好的城市占5.0%，较好的占68.3%，一般的占26.1%，较差的占0.6%。

全年平均气温为10.49℃，比上年下降0.13℃。共有8个台风登陆。

年末城市污水处理厂日处理能力14823万立方米，比上年末增长5.6%；城市污水处理率为92.4%，提高0.5个百分点。城市生活垃圾无害化处理率为95.0%，提高0.9个百分点。城市集中供热面积70.7亿平方米，增长5.2%。城市建成区绿地面积197.1万公顷，增长3.3%；建成区绿地率为36.44%，提高0.08个百分点；人均公园绿地面积13.45平方米，增加0.10平方米。

全年农作物受灾面积2622万公顷，其中绝收290万公顷。全年因洪涝和地质灾害造成直接经济损失3134亿元，因旱灾造成直接经济损失418亿元，因低温冷冻和雪灾造成直接经济损失179亿元，因海洋灾害造成直接经济损失50亿元。全年大陆地区共发生5.0级以上地震18次，成灾16次，造成直接经济损失67亿元。全年共发生森林火灾2034起，森林火灾受害森林面积0.6万公顷。

全年各类生产安全事故[58]共死亡43062人。亿元国内生产总值生产安全事故死亡人数0.058人，按可比口径比上年下降10.8%；工矿商贸企业就业人员10万人生产安全事故死亡人数1.702人，按可比口径下降2.3%；道路交通事故万车死亡人数2.1人，与上年持平；煤矿百万吨死亡人数0.156人，下降3.7%。

注释：

[1]本公报中数据均为初步统计数。各项统计数据均未包括香港特别行政区、澳门特别行政区和台湾省。部分数据因四舍五入的原因，存在着与分项合计不等的情况。

[2]国内生产总值、各产业增加值和人均国内生产总值绝对数按现价计算，增长速度按不变价格计算。

[3]国民总收入，原称国民生产总值，是指一个国家或地区所有常住单位在一定时期内所获得的初次分配收入总额。它等于国内生产总值加上来自国外的净要素收入。

[4]人户分离的人口是指居住地与户口登记地所在的乡镇街道不一致且离开户口登记地半年及以上的人口。

[5]流动人口是指人户分离人口中扣除市辖区内人户分离的人口。市辖区内人户分离的人口是指一个直辖市或地级市所辖区内和区与区之间，居住地和户口登记地不在同一乡镇街道的人口。

[6]2016年年末，0-14岁（含不满15周岁）人口为23008万人，15-59岁（含不满60周岁）人口为92177万人。

[7]年度农民工数量包括年内在本乡镇以外从业6个月及以上的外出农民工和在本乡镇内从事非农产业6个月及以上的本地农民工两部分。

[8]全员劳动生产率为国内生产总值（以2015年价格计算）与全部就业人员的比率。

[9]农产品生产者价格是指农产品生产者直接出售其产品时的价格。

[10]居住类价格包括租赁房房租、住房保养维修及管理、水电燃料等价格。

[11]为推进财政资金统筹使用，2016年起将政府住房基金等5个项目从政府性基金预算转列一般公共预算，将从国

有资本经营预算调入一般公共预算的资金由直接列为一般公共预算收入调整列为财政调入资金。因此，上年基数中考虑了上述因素影响，并以此为基础计算同口径增减额和增减幅。

[12]工业战略性新兴产业包括节能环保产业，新一代信息技术产业，生物产业，高端设备制造产业，新能源产业，新材料产业，新能源汽车产业等七大产业。

[13]高技术制造业包括医药制造业，航空、航天器及设备制造业，电子及通信设备制造业，计算机及办公设备制造业，医疗仪器设备及仪器仪表制造业，信息化学品制造业。

[14]装备制造业包括金属制品业，通用设备制造业，专用设备制造业，汽车制造业，铁路、船舶、航空航天和其他运输设备制造业，电气机械和器材制造业，计算机、通信和其他电子设备制造业，仪器仪表制造业。

[15]六大高耗能行业包括石油加工、炼焦和核燃料加工业，化学原料和化学制品制造业，非金属矿物制品业，黑色金属冶炼和压延加工业，有色金属冶炼和压延加工业，电力、热力生产和供应业。

[16]火电包括燃煤发电量，燃油发电量，燃气发电量，余热、余压、余气发电量，垃圾焚烧发电量，生物质发电量。

[17]钢材产量数据中含企业之间重复加工钢材约35443万吨。

[18]少量发电装机容量（如地热等）公报中未列出。

[19]固定资产投资按东部、中部、西部和东北地区计算的合计数据小于全国数据，是因为有部分跨地区的投资未计算在地区数据中。其中，东部地区是指北京、天津、河北、上海、江苏、浙江、福建、山东、广东和海南10省（市）；中部地区是指山西、安徽、江西、河南、湖北和湖南6省；西部地区是指内蒙古、广西、重庆、四川、贵州、云南、西藏、陕西、甘肃、青海、宁夏和新疆12省（区、市）；东北地区是指辽宁、吉林和黑龙江3省。

[20]基础设施投资是指建造或购置为社会生产和生活提供基础性、大众性服务的工程和设施的支出。公报中的基础设施投资包括交通运输、邮政业，电信、广播电视和卫星传输服务业，互联网和相关服务业，水利、环境和公共设施管理业投资。

[21]民间固定资产投资是指具有集体、私营、个人性质的内资企事业单位以及由其控股（包括绝对控股和相对控股）的企业单位建造或购置固定资产的投资。

[22]高技术产业投资包括医药制造、航空航天器及设备制造等六大类高技术制造业投资和信息服务、电子商务服务等九大类高技术服务业投资。

[23]房地产业投资除房地产开发投资外，还包括建设单位自建房屋以及物业管理、中介服务和其他房地产投资。

[24]高速铁路是指最高营运速度达到200公里/小时及以上的铁路。

[25]数据来源为各省（区、市）汇总上报截至2016年12月底建档立卡贫困户农村危房改造实际开工数。

[26]网上零售额是指通过公共网络交易平台（包括自建网站和第三方平台）实现的商品和服务零售额。其中，网上零售额包括的服务，以及少部分用于生产经营用或被转卖的商品不统计在社会消费品零售总额中。

[27]货物贸易、服务贸易、吸收外资采用人民币计价。对外投资和对外承包工程由于技术原因仍主要沿用美元计价。

[28]“一带一路”是指“丝绸之路经济带”和“21世纪海上丝绸之路”。

[29]服务进出口按照《国际收支手册（第六版）》标准统计，不含政府服务，增速按可比口径计算。

[30]邮电业务总量按2010年价格计算。

[31]移动电话交换机容量是指移动电话交换机根据一定话务模型和交换机处理能力计算出来的最大同时服务用户的数量。

[32]固定互联网宽带接入用户是指报告期末在电信企业登记注册，通过xDSL、FTTx+LAN、FTTH/O以及其他宽带接入方式和普通专线接入公众互联网的用户。

[33]固定互联网光纤宽带接入用户是指报告期末在电信企业登记注册，通过FTTH或FTTO方式接入公众互联网的用户。

[34]移动宽带用户是指报告期末在计费系统拥有使用信息，占用3G或4G网络资源的在网用户。

[35]手机上网人数是指过去半年通过手机接入并使用互联网的6周岁及以上中国居民数量。

[36]软件和信息技术服务业包括软件开发，信息系统集成服务，信息技术咨询服务，数据处理和存储服务，集成电路设计服务和其他信息技术服务等行业。

[37]社会融资规模增量是指一定时期内实体经济从金融体系获得的资金总额。

[38]定向增发不含资产认购部分。

[39]全国中小企业股份转让系统又称“新三板”，是2012年经国务院批准设立的全国性证券交易场所。

[40]公司信用类债券包括非金融企业债务融资工具、企业债券以及公司债、可转债等。

[41]原保险保费收入是指保险企业确认的原保险合同保费收入。

[42]全国居民收入增速快于分城乡居民收入增速的原因是：在城镇化过程中，一部分在农村收入较高的人口进入城镇地区，但在城镇属于较低收入人群，他们的迁移对城乡居民收入均有拉低作用。但无论在城镇还是农村，其收入增长效应都会体现在全体居民收入增长中。

[43]人均收入中位数是指将所有调查户按人均收入水平从低到高（或从高到低）顺序排列，处于最中间位置调查户的人均收入。

[44]全国居民五等份收入分组是指将所有调查户按人均收入水平从低到高顺序排列，平均分为五个等份，处于最高20%的收入群体为高收入组，依此类推依次为中等偏上收入组、中等收入组、中等偏下收入组、低收入组。

[45]贫困地区包括集中连片特困地区和片区外的国家扶贫开发工作重点县，共832个县，其中国家扶贫开发工作重点县共计592个。

[46]农村特困人员是指无劳动能力，无生活来源，无法定赡养、抚养、扶养义务人或者其法定义务人无履行义务能力的农村老年人、残疾人以及未满16周岁的未成年人。

[47]减贫人口等于当年贫困人口减去上年贫困人口，也相当于当年脱贫人口减去当年返贫人口。

[48]中等职业教育包括普通中专、成人中专、职业高中和技工学校。

[49]总流通人次是指本年度内到图书馆场馆接受图书馆服务的总人次，包括借阅书刊、咨询问题以及参加各类读者活动等。

[50]特种影片是指那些采用与常规影院放映在技术、设备、节目方面不同的电影展示方式，如巨幕电影、立体电影、立体特效（4D）电影、动感电影、球幕电影等。

[51]人均图书拥有量是指在一年内全国平均每人能拥有的当年出版图书册数。

[52]总诊疗人次指所有诊疗工作的总人次数，包括门诊、急诊、出诊、预约诊疗、单项健康检查、健康咨询指导（不含健康讲座）人次。

[53]出院人数指报告期内所有住院后出院的人数，包括医嘱离院、医嘱转其他医疗机构、非医嘱离院、死亡及其他人数，不含家庭病床撤床人数。

[54]社会服务床位数除收养性机构外，还包括救助类机构、社区类机构以及军休所、军供站等机构的床位。

[55]国有建设用地供应总量是指报告期内市、县人民政府根据年度土地供应计划依法以出让、划拨、租赁等方式将土地使用权提供给单位或个人使用的国有建设用地总量。

[56]房地产用地是指商服用地和住宅用地的总和。

[57]万元国内生产总值用水量、万元工业增加值用水量和万元国内生产总值能耗按2015年价格计算。

[58]2016年起，安全监管总局对生产安全事故统计制度进行改革，由于排除了非生产经营领域的事故，事故统计口径发生变化，数据同比按照可比口径计算。

资料来源：

本公报中户籍人口城镇化率、民用汽车、交通事故数据来自公安部；城镇新增就业、登记失业率、社会保障、技工学校数据来自人力资源社会保障部；财政数据来自财政部；外汇储备、汇率、货币金融、公司信用类债券数据来自人民银行；水产品产量数据来自农业部；木材产量、林业、森林火灾数据来自林业局；灌溉面积、水资源数据来自水利部；发电装机容量、新增220千伏及以上变电设备数据来自中电联；新建铁路投产里程、增新建铁路复线投产里程、电气化铁路投产里程、铁路运输数据来自铁路总公司；新改建公路里程、港口万吨级码头泊位新增吞吐能力、公路运输、水运、港口货物吞吐量数据来自交通运输部；新增民用运输机场、民航数据来自民航局；新增光缆线路长度、电话交换机容量、电话用户、宽带用户、移动互联网接入流量、上网人数、互联网普及率、软件业务收入等数据来自工业和信息化部；农村地区互联网普及率数据来自中国互联网络信息中心；棚户区住房改造、农村地区建档立卡贫困户危房改造、城市污水处理、城市垃圾处理、城市集中供热面积、建成区绿地数据来自住房城乡建设部；货物进出口数据来自海关总署；服务进出口、外商直接投资、对外直接投资、对外承包工程、对外劳务合作等数据来自商务部；管道数据来自中石油、中石化、中海油；邮政业务数据来自邮政局；旅游数据来自旅游局、公安部；上市公司数据来自证监会；保险业数据来自保监会；城乡低保、农村特困人员救助供养、社会服务、农作物受灾面积、洪涝地质灾害造成直接经济损失、旱灾造成直接经济损失、低温冷冻和雪灾造成直接经济损失来自民政部；教育数据来自教育部；重点研发计划、科技重大专项、国家重点实验室、科技成果转化引导基金、技术合同等数据来自科技部；自然科学基金项目数据来自自然基金委；国家工程研究中心、企业技术中心等数据来自发展改革委；专利数据来自知识产权局；宇航发射数据来自国防科工局；质量检验、国家标准制定修订等数据来自质检总局；艺术表演团体、博物馆、公共图书馆、文化馆数据来自文化部；广播电视、电影、报纸、期刊、图书数据来自新闻出版广电总局；档案数据来自档案局；体育数据来自体育总局；残疾人运动员数据来自中国残联；卫生数据来自卫生计生委；国有建设用地供应数据来自国土资源部；自然保护区、环境监测数据来自环境保护部；平均气温、登陆台风数据来自气象局；海洋灾害造成直接经济损失数据来自海洋局；地震次数、地震灾害直接经济损失数据来自地震局；安全生产数据来自安全监管总局；其他数据均来自国家统计局。

2016年甘肃省国民经济和社会发展统计公报

甘肃省统计局 国家统计局甘肃调查总队

（2017年3月22日）

2016年，面对复杂严峻的国内外环境和持续较大的经济下行压力，省委、省政府团结带领全省各族人民，全面贯彻落实党中央、国务院的决策部署，统筹推进“五位一体”总体布局和协调推进“四个全面”战略布局，适应把握引领经济发展新常态，坚持稳中求进工作总基调，以新发展理念为引领，以推进供给侧结构性改革为主线，保持发展定力，聚力深化改革，突出结构调整，坚持创新驱动，着力改善民生，加强风险防控，全省呈现出经济平稳发展、改革有序推进、民生持续改善、社会和谐稳定的良好局面。

一、综合

初步核算，全年全省实现生产总值7152.04亿元，比上年增长7.6%。其中，第一产业增加值973.47亿元，增长5.5%；第二产业增加值2491.53亿元，增长6.8%；第三产业增加值3687.04亿元，增长8.9%。三次产业结构为13.61:34.84:51.55。按常住人口计算，人均生产总值27458元，比上年增长7.2%。

年末常住人口2609.95万人，比上年末增加10.40万人。其中，城镇人口1166.39万人，占常住人口比重为44.69%，比重比上年末提高1.50个百分点。全年出生人口31.79万人，人口出生率为12.18‰，比上年下降0.18个千分点；死亡人口16.13万人，人口死亡率为6.18‰，上升0.03个千分点；人口自然增长率为6.00‰，下降0.21个千分点。

表1　2016年甘肃省年末人口数及其构成

单位：万人、%

指　标	年末数	比重
全省常住人口	2609.95	
其中：城镇	1166.39	44.69
乡村	1443.56	55.31
其中：男性	1331.86	51.03
女性	1278.09	48.97
其中：0–14岁人口	455.18	17.44
15–64岁人口	1884.12	72.19
65岁及以上人口	270.65	10.37

年末共有城乡就业人员1548.74万人，其中城镇就业人员591.01万人。全年城镇新增就业人员43.75万人，失业人员再就业14.9万人。年末城镇登记失业率为2.2%。

全年居民消费价格比上年上涨1.3%，其中城市居民消费价格上涨1.2%，农村居民消费价格上涨1.5%。商品零售价格上涨0.9%。

表2　2016年甘肃省居民消费价格比上年涨跌幅度

单位：%

指 标	全省	城市	农村
居民消费价格	1.3	1.2	1.5
食品烟酒	3.2	2.8	3.8
衣着	1.4	1.7	0.9
居住	0.8	0.4	1.5
生活用品及服务	0.4	0.3	0.7
交通和通信	−1.0	−0.9	−1.1
教育文化和娱乐	持平	−0.1	0.1
医疗保健	0.8	1.1	0.4
其他用品和服务	1.5	1.5	1.6

全年工业生产者出厂价格比上年下降5.1%，工业生产者购进价格下降5.4%，固定资产投资价格下降1.3%，农产品生产价格上涨1.4%。农业生产资料价格下降0.1%。

全年完成一般公共预算收入786.81亿元，比上年增长8.78%。其中，税收收入525.97亿元，增长3.51%；非税收入260.84亿元，增长21.84%。从主体税种看，国内增值税173.16亿元，增长103.18%；营业税110.62亿元，下降40.27%；企业所得税54.94亿元，下降7.20%；个人所得税20.55亿元，增长8.53%。一般公共预算支出3152.72亿元，增长6.57%。其中，教育支出548.62亿元，增长10.09%；农林水支出481.44亿元，增长8.35%；社会保障和就业支出468.35亿元，增长11.16%；一般公共服务支出295.51亿元，增长8.64%；医疗卫生与计划生育支出274.12亿元，增长9.61%。

二、农业

全年粮食总产量1140.59万吨，比上年减产2.6%。其中，夏粮产量307.07万吨，减产4.5%；秋粮产量833.52万吨，减产1.9%。

粮食作物种植面积281.39万公顷，比上年减少3.57万公顷；棉花种植面积1.32万公顷，减少1.25万公顷；油料种植面积33.20万公顷，增加1.18万公顷；蔬菜种植面积54.70万公顷，增加1.98万公顷，其中设施蔬菜种植面积10.55万公顷，增加0.15万公顷；中药材种植面积29.05万公顷，增加2.18万公顷。果园面积47.29万公顷，增加1.42万公顷。

主要经济作物中，蔬菜产量1951.48万吨，比上年增产7.0%，其中设施蔬菜产量560.49万吨，增产3.7%；园林水果产量506.44万吨，增产9.7%；中草药材产量115.45万吨，增产6.7%；未加工烟叶产量

1.10万吨，减产9.9%。

全年肉类总产量101.90万吨，比上年增长1.4%。其中，猪肉产量50.86万吨，下降3.6%；牛肉产量21.44万吨，增长6.5%；羊肉产量22.68万吨，增长7.2%；禽肉产量4.63万吨，增长5.5%。禽蛋产量11.55万吨，下降1.2%。牛奶产量63.77万吨，增长6.5%。年末生猪存栏644.08万头，下降3.3%；生猪出栏719.61万头，下降3.7%。

全年水产品产量1.53万吨，比上年增长2.7%。

全年新增有效灌溉面积2.63万公顷。

表3　2016年甘肃省主要农产品产量情况

单位：万吨、%

产品名称	产量	比上年增长
粮食	1140.59	-2.6
# 夏粮	307.07	-4.5
秋粮	833.52	-1.9
油料	76.02	6.2
# 油菜籽	34.23	0.8
棉花	1.99	-53.2
甜菜	16.63	3.6
烟叶（未加工烟叶）	1.10	-9.9
# 烤烟（未去梗烤烟叶）	0.89	-13.9
中草药材	115.45	6.7
园林水果	506.44	9.7
蔬菜	1951.48	7.0
# 设施蔬菜	560.49	3.7
肉类	101.90	1.4
# 猪肉	50.86	-3.6
牛肉	21.44	6.5
羊肉	22.68	7.2
禽肉	4.63	5.5
奶类	64.07	5.9
水产品	1.53	2.7

三、工业和建筑业

全年全部工业增加值1729.0亿元，比上年增长6.4%。规模以上工业增加值1565.4亿元，增长6.2%。在规模以上工业增加值中，国有及国有控股企业完成工业增加值1105.9亿元，增长3.9%；集体企业完成工业增加值10.3亿元，下降20.5%；股份制企业完成工业增加值1052.4亿元，下降0.9%；外商及港澳台投资企业完成工业增加值27.6亿元，增长24.3%。轻工业增加值297.4亿元，下降2.6%；重工业增加值1268.1亿元，增长8.3%。

表4　2016年甘肃省规模以上工业重点支柱行业增加值

行　业	绝对数	占规模以上工业增加值比重	比上年增长
合　　计	1345.5	86.0	5.9
石化工业	528.2	33.7	6.0
有色工业	194.9	12.5	16.1
电力工业	206.4	13.2	1.2
冶金工业	29.0	1.9	-6.6
机械工业	87.2	5.6	5.2
食品工业	214.6	13.7	-5.3
煤炭工业	85.2	5.4	7.6

石化、有色、食品、电力、冶金、机械和煤炭等重点支柱行业完成工业增加值1345.5亿元，比上年增长5.9%，占规模以上工业增加值的比重为86.0%。高技术产业完成工业增加值72.9亿元，增长11.3%，占规模以上工业增加值的比重为4.7%。非公有制企业完成工业增加值414.6亿元，增长13.8%，占规模以上工业增加值的比重为26.5%。

全年规模以上工业企业实现利润总额116.1亿元，比上年净增185.9亿元，其中国有及国有控股企业实现利润59.0亿元，比上年净增179.7亿元。规模以上工业亏损企业亏损额143.2亿元，比上年下降52.0%，其中国有及国有控股亏损企业亏损额109.9亿元，下降58.1%。

年末规模以上工业产成品库存513.9亿元，比上年末下降5.6%。国有及国有控股企业产成品库存334.1亿元，下降8.0%。煤炭工业产成品库存18.6亿元，下降33.5%。有色工业产成品库存234.7亿元，下降9.9%。

全年建筑业实现增加值776.35亿元，比上年增长7.7%。

四、固定资产投资

全年固定资产投资9534.10亿元，比上年增长10.52%。按三次产业分，第一产业投资678.30亿元，增长26.81%；第二产业投资3220.99亿元，下降6.23%，其中工业投资2216.82亿元，下降3.68%；第三产业投资5634.81亿元，增长21.00%。

全年项目投资8684.07亿元，增长10.50%。其中，制造业投资1315.18亿元，增长6.71%；交通运输、仓储和邮政业投资1100.04亿元，增长34.99%；水利、环境和公共设施管理业投资1073.57亿元，增长40.78%；建筑业投资1004.16亿元，下降11.41%。

表5　2016年甘肃省分行业项目投资及其增长速度

单位：亿元、%

行 业	投资额	比上年增长
农林牧渔业	678.30	26.81
采矿业	178.78	-41.63
制造业	1315.18	6.71
电力、热力、燃气及水的生产和供应业	722.86	-5.23
建筑业	1004.16	-11.41
批发和零售业	481.15	1.91
交通运输、仓储和邮政业	1100.04	34.99
住宿和餐饮业	195.60	15.05
信息传输、计算机服务和软件业	105.02	45.43
金融业	22.51	69.44
房地产业	494.65	15.39
租赁和商务服务业	145.00	14.55
科学研究、技术服务和地质勘查业	79.00	35.17
水利、环境和公共设施管理业	1073.57	40.78
居民服务和其他服务业	141.98	-8.09
教育	294.28	43.36
卫生、社会保障和社会福利业	155.09	51.69
文化、体育和娱乐业	291.72	43.10
公共管理和社会组织	205.17	-32.53

全年房地产开发投资850.03亿元，比上年增长10.67%，其中住宅投资563.75亿元，增长7.06%。房屋施工面积8933.24万平方米，增长4.04%，其中住宅施工面积6191.65万平方米，增长1.71%；房屋新开工面积2331.71万平方米，增长0.82%，其中住宅新开工面积1587.23万平方米，增长2.59%；房屋竣工面积991.73万平方米，增长3.07%，其中住宅竣工面积730.25万平方米，下降4.56%；商品房销售面积1679.49万平方米，增长17.04%，其中住宅销售面积1478.81万平方米，增长13.10%。

五、国内贸易

全年社会消费品零售总额3184.39亿元，比上年增长9.5%。按销售单位所在地统计，城镇社会消费品零售总额2535.91亿元，增长9.5%；乡村社会消费品零售总额648.48亿元，增长9.8%。按消费形态统计，商品零售额2679.16亿元，增长9.5%；餐饮收入额505.23亿元，增长9.8%。

全年批发业实现商品销售额5215.93亿元，比上年增长9.2%；零售业实现商品销售额3134.66亿元，增长12.4%;住宿业实现营业额106.65亿元，增长13.5%；餐饮业实现营业额628.91亿元，增长15.9%。

全年限额以上企业实现商品零售额1251.55亿元，比上年增长7.3%。其中，石油及制品类零售额323.23亿元，下降4.2%；汽车类零售额309.13亿元，增长10.8%；粮油、食品类零售额240.57亿元，增长20.9%；服装、鞋帽、针纺织品类零售额72.24亿元，增长0.1%；中西药类零售额46.24亿元，增长21.9%；烟酒类零售额34.98亿元，增长1.3%；家用电器和音像器材类零售额30.99亿元，增长1.6%；家具类零售额23.31亿元，增长33.6%。

六、对外经济

全年进出口总额453.2亿元，比上年下降8.3%。其中，出口268.2亿元，下降25.7%；进口185.0亿元，增长39.3%。一般贸易出口223.9亿元，下降33.4%；一般贸易进口84.8亿元，增长25.6%。加工贸易出口36.8亿元，增长1.1倍；加工贸易进口86.3亿元，增长45.0%。

全年外商直接投资合同项目30个，外商直接投资实际使用金额1.15亿美元，比上年增长5%。对外承包工程完成营业额2.7亿美元，下降8%。对外承包工程新签合同金额4.7亿美元。

七、交通、邮电和旅游

年末全省新建铁路投产里程264.10公里，增、新建铁路复线投产里程371.70公里，电气化铁路投产里程425.60公里。公路里程14.31万公里，其中等级公路12.52万公里。新建二级以上公路648.00公里。全年各种运输方式完成货物周转量2170.23亿吨公里，比上年下降2.50%；旅客周转量635.68亿人公里，下降0.69%。

表6　2016年甘肃省主要运输方式完成货物、旅客运输量及其增长速度

指标	单位	绝对数	比上年增长（%）
货运量	亿吨	6.07	4.13
#铁路	亿吨	0.59	-1.27
公路	亿吨	5.48	4.74
货物周转量	亿吨公里	2170.23	-2.50
#铁路	亿吨公里	1220.33	-7.10
公路	亿吨公里	949.64	4.11
民航	亿吨公里	0.20	4.66
客运量	亿人次	4.18	2.92
#铁路	亿人次	0.36	15.40
公路	亿人次	3.79	1.85
民航	亿人次	0.01	9.63
旅客周转量	亿人公里	635.68	-0.69
#铁路	亿人公里	359.96	-2.91
公路	亿人公里	253.26	1.81
民航	亿人公里	22.29	9.12

年末民用汽车保有量330.37万辆，比上年末增长11.30%，其中私人汽车保有量260.06万辆，增长14.03%。民用轿车保有量121.23万辆，增长17.30%，其中私人轿车保有量105.47万辆，增长19.28%。

按2010年不变价格计算，全年完成邮电业务总量559.23亿元，比上年增长53.80%。其中，电信业务总量537.04亿元，增长54.64%；邮政业务总量22.19亿元，增长35.97%。邮政业完成邮政函件业务1028.97万件，包裹业务50.70万件。快递业务量6065.10万件，增长71.26%。快递业务收入12.50亿元，增长72.41%。电信业年末局用电话交换机总容量116.51万门，下降58.10%；移动电话交换机容量3127.99万户，增长4.37%。年末固定电话用户312.26万户，减少13.73万户。其中，城市241.19万户，减少20.66万户；农村71.07万户，增加6.93万户。年末移动电话用户2203.84万户，其中4G移动电话用户1332.49万户。固定电话普及率12.03部/百人，减少0.57部/百人；移动电话普及率84.78部/百人，增加3.38部/百人。年末互联网宽带接入用户数392.86万户，增长29.80%；互联网宽带接入端口944.67万个，增长54.61%。

全年接待国内游客19089万人次，比上年增长22.11%；国内旅游收入1219.2亿元，增长25.11%。接待境外旅游人数7.15万人次，增长31.19%。其中，接待外国游客3.96万人次，增长25.32%；接待港澳台同胞3.19万人次，增长39.30%。国际旅游外汇收入1890万美元，增长33.28%。

八、金融、证券和保险

年末全省金融机构本外币各项存款余额17515.66亿元，比上年末增长7.46%，其中人民币各项存款余额17411.68亿元，增长7.87%。金融机构本外币各项贷款余额15926.41亿元，增长16.01%，其中人民币各项贷款余额15650.47亿元，增长17.74%。

表7　2016年甘肃省金融机构本外币各项存贷款余额及其增长速度

单位：亿元、%

指标	年末数	比上年末增长
金融机构本外币各项存款余额	17515.66	7.46
#境内存款	17509.12	7.43
#住户存款	8530.60	9.30
活期存款	3377.89	8.23
定期及其他存款	5152.72	10.02
非金融企业存款	5553.91	5.01
活期存款	3524.41	16.51
定期及其他存款	2029.50	-10.36
广义政府存款	2911.48	1.29
财政性存款	360.69	58.19

指标	年末数	比上年末增长
机关团体存款	2550.79	-3.61
金融机构本外币各项贷款余额	15926.41	16.01
#境内贷款	15826.95	15.96
#住户贷款	4065.71	14.49
短期贷款	1505.38	9.51
中长期贷款	2560.33	17.64
非金融企业及机关团体贷款	11761.24	16.47
短期贷款	3335.93	1.47
中长期贷款	7432.76	26.19

年末全省共有境内上市公司30家，比上年末增加3家。年末股票总市值2767.86亿元，下降2.77%。发行、配售股票筹集资金99.43亿元，下降8.55%。公开发行创业板股票1只。创业板股票筹集资金17.25亿元。上市公司发行公司债35亿元。

全年保费收入307.66亿元，比上年增长19.76%；赔付额109.38亿元，增长17.93%。

表8 2016年甘肃省保险业务情况

单位：亿元、%

指标	绝对数	比上年增长
保费收入	307.66	19.76
财产险收入	100.61	11.42
人身险收入	207.04	24.28
寿险收入	167.9	26.49
健康险收入	29.04	11.87
意外伤害险收入	10.1	27.95
赔付支出	109.38	17.93
财产险赔款	51.43	12.59
人身险赔付	57.95	23.11
寿险赔付	41.64	25.95
健康险赔付	13.81	18.41
意外伤害险赔付	2.49	6.37

九、人民生活和社会保障

全年全省居民人均可支配收入14670.3元，比上年增长8.9%。按常住地分，城镇居民人均可支配收入25693.5元，增长8.1%；农村居民人均可支配收入7456.9元，增长7.5%。全省居民人均消费支出12254.2元，比上年增长11.9%。城镇居民人均消费支出19539.2元，增长12.0%；农村居民人均消费支出7487.0元，增长9.6%。

表9 2016年甘肃省城乡居民家庭人均收支情况

单位：元、%

指标	城镇		农村	
	绝对数	比上年增长	绝对数	比上年增长
可支配收入	25693.5	8.1	7456.9	7.5
工资性收入	16751.2	10.3	2125.0	7.6
经营净收入	1960.6	8.6	3261.4	7.8
财产净收入	2355.8	2.7	128.4	0.3
转移净收入	4625.9	3.3	1942.0	7.4
生活消费支出	19539.2	12.0	7487.0	9.6
食品烟酒	5777.3	8.1	2342.6	4.4
衣着	1776.9	1.0	482.5	3.5
居住	3752.6	6.0	1341.1	9.8
生活用品及服务	1329.1	18.2	458.7	3.1
交通通信	2517.9	36.1	954.6	17.6
教育文化娱乐	2322.1	13.6	965.5	13.1
医疗保健	1583.4	13.8	821.3	22.6
其他用品和服务	479.9	21.3	120.9	2.3

年末全省参加城镇职工基本养老保险人数315万人，比上年末增长2.87%，其中职工201万人，增长2.03%，离退休人员114万人，增长4.40%。参加城乡居民基本养老保险人数1253.7万人，增长1.37%。参加城镇基本医疗保险人数643.3万人，增长1.32%，其中参加职工基本医疗保险人数314.4万人，增长2.11%；参加城镇居民基本医疗保险人数328.9万人，增长0.58%。参加失业保险人数164.3万人，增长0.92%；参加工伤保险人数188.4万人，增长3.18%；参加生育保险人数162.7万人，增长5.58%。全年各项社会保险基金总收入538.66亿元，各项社会保险基金总支出486.48亿元。

十、教育和科学技术

全年研究生教育招生1.07万人，在学研究生3.12万人，毕业生0.88万人。普通本专科招生13.07万人，在校生45.72万人，毕业生11.99万人。中等职业教育招生8.05万人，在校生21.07万人，毕业生7.46万人。普通高中招生19.34万人，在校生60.35万人，毕业生21.91万人。初中招生29.02万人，在校生87.62万人，毕业生31.24万人。普通小学招生32.67万人，在校生182.16万人，毕业生29.88万人。特殊教育招生0.22万人，在校生1.14万人。幼儿园在园幼儿89.21万人。全省学龄儿童入学率99.89%，比上年提高0.06个百分点。

全年全省共有国家工程研究中心5个。国家认定企业技术中心22家。省部级以上科技成果1276项，其中，基础理论成果354项，应用技术成果899项，软科学成果23项。获得奖励149项。受理专利申请20276件，比上年增长39.0%；授予专利权7975件，增长15.4%，其中授予发明专利权1308件，增长5.7%。共签订技术合同5252项，增长11.25%；技术合同成交金额150.81亿元，增长15.7%。

十一、文化、卫生、体育

年末全省共有文化馆103个，公共图书馆103个，博物馆152个，艺术表演团体69个（不含民间职业剧团）。广播综合人口覆盖率98.12%，比上年提高0.11个百分点。电视综合人口覆盖率98.55%，比上年提高0.08个百分点。有线电视用户206.14万户，有线数字电视用户171.37万户。省级报纸出版5.10亿份，期刊出版9713万册，图书出版6792万册（张）。

年末全省共有卫生机构28144个，其中医院、卫生院1822个，妇幼保健院（所、站）103个，专科疾病防治院（所、站）7个，社区卫生服务中心（站）582个。医疗卫生机构拥有床位数13.66万张，其中医院、卫生院拥有床位12.55万张。卫生技术人员13.52万人，其中，执业医师和执业助理医师5.32万人，注册护士5.07万人。疾病预防控制中心（防疫站）103个，疾病预防控制中心（防疫站）卫生技术人员3472人。卫生监督所(中心)92个，卫生监督所(中心)卫生技术人员1385人。乡镇卫生院1376个，乡镇卫生院卫生技术人员2.55万人。

全年体育获得各类奖牌169枚，比上年增加63枚。

十二、资源、环境和安全生产

全年水资源总量205.53亿立方米，人均水资源量787立方米，比上年增长2.9%。平均降水量287.4毫米。年末全省大型水库蓄水总量36.75亿立方米，比上年末下降5.3%。全年总用水量118.4亿立方米，比上年下降0.7%。其中，生活用水增长5.1%，工业用水下降3.7%，农业用水下降1.9%。人均用水量453立方米，比上年下降1.0%。

全年完成造林成活面积32.56万公顷，其中人工造林面积26.01万公顷。全民义务植树10039.6万株。截止年底，全省自然保护区达到60个，其中国家级自然保护区20个。共有国家地质公园10个，地质遗迹保护区36个。

省内68个地表水监测断面中，达到或优于III类断面比例占95.6%，IV类断面比例占2.9%，劣V类断面比例占1.5%。

全年全省空气质量优良天数比率为83.6%，比上年提高3.3个百分点。

省内监测的十四个城市中，城市区域声环境评价好的城市有11个，评价较好的有3个。

全年平均气温9.3℃，较上年上升0.2℃。全省气象雷达观测站点15个，卫星云图接受站点9个。

全省地震台站（点）413个，有人值守的地震监测台站21个，无人值守的地震监测台站（点）392个。

全年农作物受灾面积84.4万公顷，比上年增长27.0%；农作物成灾面积49.97万公顷，增长20.0%。发生森林火灾10起。实际发生各类地质灾害34起。

全年各类生产安全事故共死亡978人，按可比口径比上年下降15.98%。亿元生产总值生产安全事故死亡人数为0.14人，按可比口径下降20.23%。发生十二类道路运输车辆事故1053起，造成794人死亡、961人受伤，直接经济损失1.0亿元。

注：

1.本公报各项数据均为初步统计数，正式数据以《甘肃发展年鉴2017》为准。部分数据因四舍五入的原因，存在着总计与分项合计不等的情况。

2.公报中生产总值、各产业增加值绝对数按当年价格计算，增长速度按可比价格计算。生产总值核算执行国家统计局2012年制定的《三次产业划分规定》。

3.工业增加值和利润含长庆油田甘肃境内部分。

4.本公报根据2015年1%人口抽样调查数据对2016年分年龄段人口数据进行了修正。

5.2016年起，安全监管总局对生产全事故统计制度进行改革，由于排除了非生产经营领域的事故，事故统计口径发生变化，数据同比按照可比口径计算。

6.本公报中城镇登记失业率、城镇新增就业人员人数来自甘肃省人力资源和社会保障厅；财政数据来自甘肃省财政厅；外贸数据和利用外资数据来自甘肃省商务厅和兰州海关；交通运输数据来自甘肃省交通运输厅、甘肃省公安厅交警总队、兰州铁路局、东航甘肃分公司；邮政数据来自甘肃省邮政管理局；通信数据来自甘肃省通信管理局；旅游数据来自甘肃省旅游发展委员会；金融数据来自中国人民银行兰州中心支行；保险数据来自中国保监会甘肃监管局；证券数据来自中国证监会甘肃监管局；社会保障数据来自甘肃省人力资源和社会保障厅；教育数据来自甘肃省教育厅；专利数据来自甘肃省专利局；文化数据来自甘肃省文化厅；广播、电视、出版数据来自甘肃省新闻出版广电局；卫生数据来自甘肃省卫生和计划生育委员会；体育数据来自甘肃省体育局；资源环境数据来自甘肃省水利厅、甘肃省林业厅、甘肃省国土厅、甘肃省环保厅；气象数据来自甘肃省气象局；地震数据来自甘肃省地震局；安全生产数据来自甘肃省安全生产监督管理局。

2016年兰州市国民经济和社会发展统计公报

兰州市统计局 国家统计局兰州调查队

（2017年3月23日）

2016年以来，面对错综复杂的国内外经济环境，全市上下坚持以“创新、协调、绿色、开放、共享”五大发展理念为引领，以推进供给侧结构性改革为主线，积极应对经济下行压力，全市经济运行呈现总体平稳、稳中有进、结构向好的良好发展态势，转型升级步伐不断加快，民生福祉持续改善。但经济稳步增长基础仍不牢固，下行压力仍然较大，实现“十三五”良好开局还需付出较大努力。

一、综合

经济增长：初步核算，全年完成生产总值2264.23亿元，比上年增长8.3%。其中，第一产业增加值60.36亿元，增长6.0%；第二产业增加值790.09亿元，增长4.3%；第三产业增加值1413.78亿元，增长10.9%。三次产业结构比为2.67:34.89:62.44，与上年的2.68:37.34:59.98相比，第一产业所占比重回落0.01个百分点，第二产业所占比重回落2.45个百分点，第三产业所占比重提高2.46个百分点。按常住人口计算，人均生产总值61207元，比上年增长7.7%。

图1：2011-2016年兰州市地区生产总值完成情况

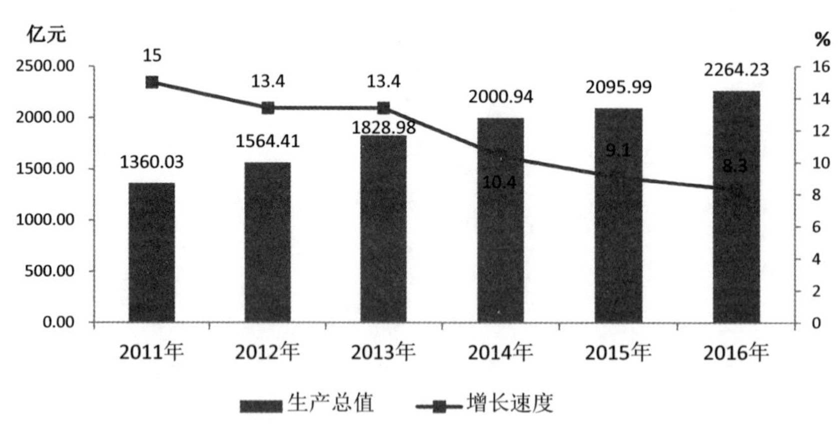

非公经济增加值1015.76亿元，比上年增长11.4%，占生产总值的44.9%。

战略新兴产业增加值305.7亿元，比上年增长13.4%，占生产总值的 13.5%。

文化产业增加值56.71亿元，比上年增长17.73%，占生产总值的2.5%。

物价：全年居民消费价格总水平比上年上涨0.8%，全市商品零售价格总水平比上年上涨0.7%。

表1 2016年兰州市居民消费价格

类 别	累计比（%）
居民消费价格总指数	100.8
商品零售价格总指数	100.7
服务项目价格指数	100.1
食品	102.4
其中：粮食	100.6
食用油	101.2
畜肉类	104.5
禽肉类	102.9
蛋类	97.3
水产品	101.6
菜	106.2
食糖	105.0
干鲜瓜果类	97.7
奶类	100.3
在外餐饮	101.1

二、农业

全年粮食总产量45.07万吨，比上年下降1.8%。其中，夏粮产量16.15万吨，下降5.29%；秋粮产量28.92万吨，增长0.24%。

粮食作物种植面积178.72万亩，比上年减少5.47万亩；蔬菜种植面积108.12万亩，增加7.7万亩，其中设施蔬菜种植面积11.62万亩，减少0.06万亩；中药材种植面积21.21万亩，增加1.76万亩。

图2：2011–2016年粮食产量与增长速度

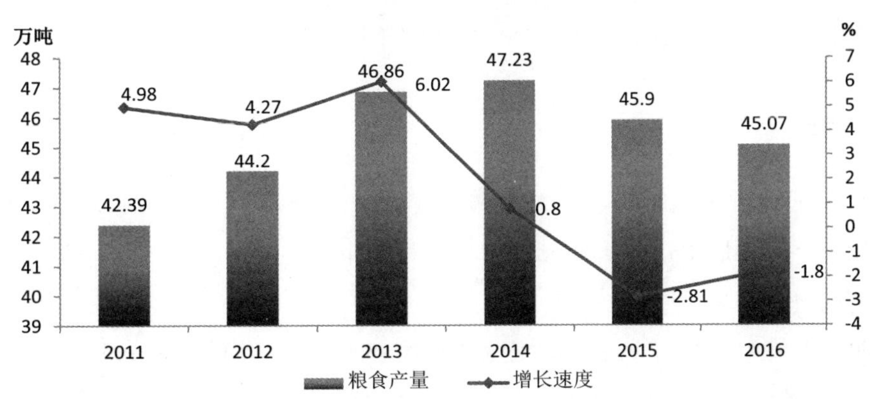

主要经济作物中，蔬菜产量311.99万吨，增长7.46%，其中设施蔬菜产量48.12万吨，增长1.49%；中药材产量3.61万吨，增长8.84%；园林水果产量17.23万吨，增长7.25%。

图3：2011-2016年蔬菜产量与增长速度

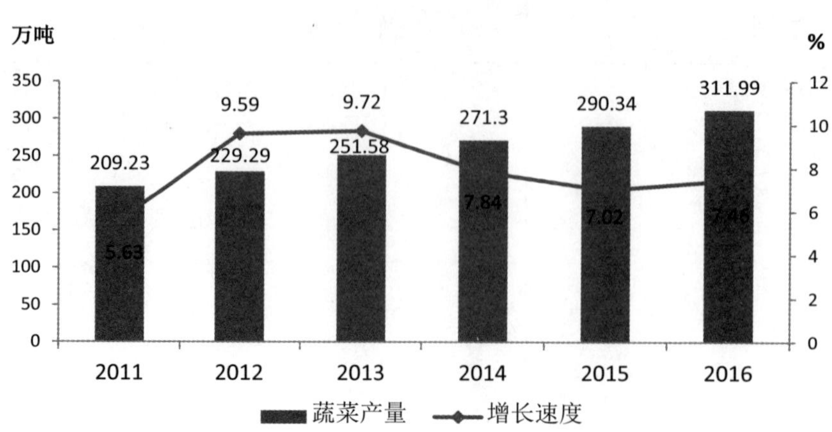

表2　2016年兰州市主要农产品产量

产品名称	产　量（万吨）	比上年增长（%）
粮食	45.07	-1.8
油料	2.02	-0.73
#油菜籽	0.46	-0.26
中药材	3.61	8.84
园林水果	17.23	7.25
蔬菜	311.99	7.46
#设施蔬菜	48.12	1.49

年末大牲畜存栏8.39万头，比上年末下降3.95%；牛存栏4.99万头，下降0.79%；羊存栏65.69万只，下降2.42%；猪存栏36.05万头，增长1.31%。牛出栏0.98万头，羊出栏33.17万只，猪出栏34.48万头，牛、羊出栏分别比上年增长15.4%、5.52%，猪出栏下降0.14%。

三、工业和建筑业

全年完成工业增加值526.83亿元，比上年增长2.8%。规模以上工业企业完成工业增加值502亿元，比上年增长2.6%。规模以上市属工业完成增加值154.7亿元，比上年增长20.6%。规模以上工业企业产品销售率92.9%。

规模以上工业增加值中，国有企业完成工业增加值45.1亿元，下降1.0%；集体企业完成工业增加值4.8亿元，增长3.0%；股份制企业完成工业增加值432.7亿元，增长1.0%；外商及港澳台投资企业完成工业增加值18.6亿元，增长42%。

轻工业完成增加值154.1亿元，下降1.7%；重工业完成增加值347.9亿元，增长4.7%。

图4：2011年-2016年工业增加值与增长速度

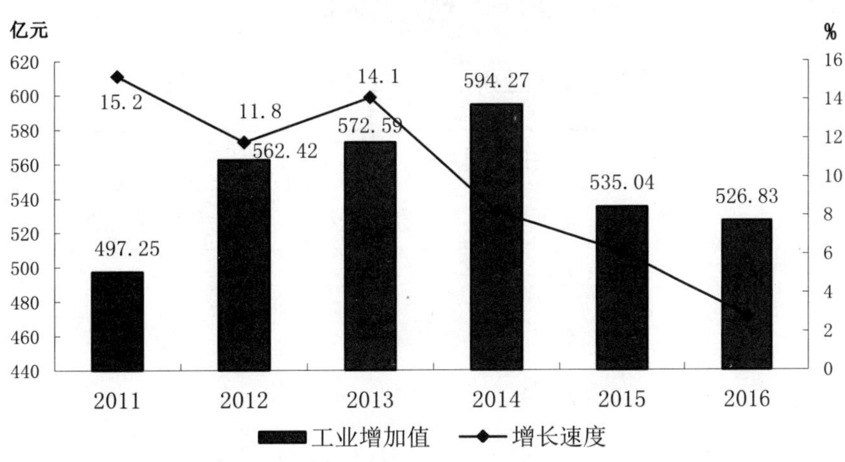

表3 2016年规模以上工业增加值

指 标	总 量（亿元）	比上年增长（%）
规模以上工业增加值	502	2.6
#轻工业	154.1	-1.7
重工业	347.9	4.7
#国有经济	45.1	-1.0
集体经济	4.8	3.0
股份合作	-	-
股份制	432.7	1.0
外商及港澳台	18.6	42.0
其他	0.8	37.7
#国有控股	369.9	-3.4
#大中型企业	392.1	-2.7
#国有企业	44.4	-1.4

表4 2016年主要工业产品产量

产品名称	单 位	产 量	比上年增长（%）
啤酒	万升	38012.7	-1.5
卷烟	亿支	293.8	-15.1
原油加工量	万吨	823.02	-14.91
汽油	万吨	203.7	-17.36
水泥	万吨	1130	4.4
平板玻璃	万重量箱	600.9	381.6
钢材	万吨	135	-45.3
发电量	亿千瓦时	147.53	-17.33
铁合金	万吨	25.3	-13.6

全年发电量147.53亿千瓦时，同比下降17.33%；原油加工量823.02万吨，下降14.91%；粗钢产量78.4万吨，下降63.1%；钢材135万吨，下降45.3%；水泥1130万吨，增长4.4%。

表5 2016年兰州市重点支柱行业主要经济指标

支柱行业	工业增加值		利润总额	
	绝对量（亿元）	增长（%）	绝对量（亿元）	增长（%）
石化工业	116.4	-9.2	3.5	-
有色冶炼工业	52.5	38.8	2.3	-
农副产品加工业	118.7	-4.5	13	-53.2
黑色冶炼工业	4.2	-17.7	-3.2	-
电力工业	59.7	-2.5	2.3	-68.1
装备制造业	51.6	9.9	9.8	7.7
煤炭工业	8.8	-10	-2.9	-

建筑业：全年建筑业完成增加值267.12亿元，比上年增长7.3%。全市具有建筑业资质等级的总承包和专业承包建筑业企业完成总产值1003.20亿元，增长9.3%。

四、固定资产投资

固定资产投资：全年完成固定资产投资1990.95亿元，比上年增长10.38%。其中，项目投资1599.80亿元，增长9.22%。按三次产业分，第一产业投资36.68亿元，下降7.34%；第二产业投资446.19亿元，增长17.6%，其中工业投资405.64亿元，增长11.26%；第三产业投资1508.08亿元，增长8.91%。

图5：2011-2016年兰州市固定资产投资完成情况

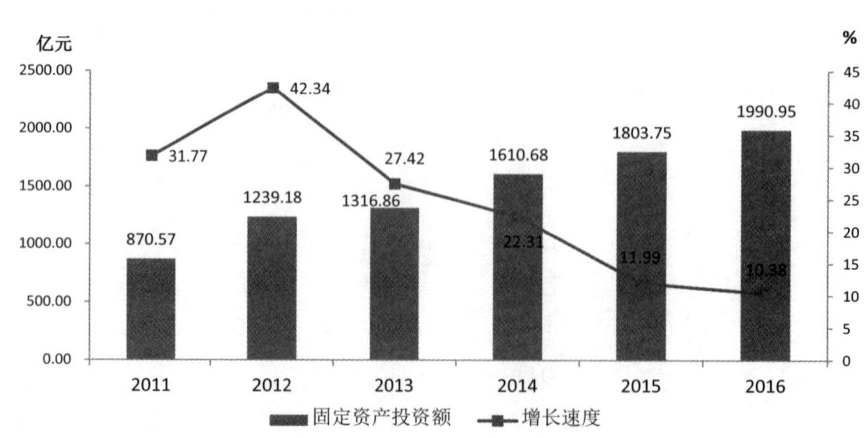

表6　2016年兰州市分行业项目投资及其增长速度

行 业	投资额（亿元）	比上年增长（%）
农、林、牧、渔业	36.68	−7.34
采矿业	8.81	−19.77
制造业	298.96	1.43
电力、热力、燃气及水生产和供应业	97.87	66.29
建筑业	40.55	173.59
批发和零售业	101.48	−30.01
交通运输、仓储和邮政业	199.98	3.64
住宿和餐饮业	34.35	−10.21
信息传输、软件和信息技术服务业	36.97	0.47
金融业	9.17	32.75
房地产业	125.32	−18.07
租赁和商务服务业	56.72	54.57
科学研究和技术服务业	18.97	72.27
水利、环境和公共设施管理业	322.26	12.21
居民服务、修理和其他服务业	13.92	59.75
教育	100.87	71.09
卫生和社会工作	37.06	25.16
文化、体育和娱乐业	33.13	120.21
公共管理、社会保障和社会组织	26.72	4.17

房地产开发投资：完成房地产开发投资391.15亿元，增长15.38%，其中住宅投资250.28亿元，增长13.10%。房屋施工面积4368.69万平方米，增长4.33%；房屋竣工面积306.12万平方米，增长32.43%。商品房销售面积883.93万平方米，增长30.65%；商品房销售额570.31亿元，增长33.48%，其中期房销售额472.53亿元，增长34.34%。

五、交通、邮电和旅游

全年交通运输、仓储和邮政业实现增加值124.28亿元，比上年增长2.3%。

交通运输：全年公路运输完成货运周转量148.45亿吨公里，旅客周转量66.05亿人公里。

表7 2016年兰州市主要运输方式完成货物和旅客运输量

指 标	单 位	总 量
货运量	亿吨	1.17
铁路	亿吨	0.07
公路	亿吨	1.1
航空	亿吨	0.0009
货物周转量	亿吨公里	148.45
铁路	亿吨公里	-
公路	亿吨公里	148.45
航空	亿吨公里	-
客运量	亿人次	0.52
铁路	亿人次	0.16
公路	亿人次	0.25
航空	亿人次	0.11
旅客周转量	亿人公里	66.05
铁路	亿人公里	-
公路	亿人公里	66.05
航空	亿人公里	-

年末全市民用汽车保有量89.88万辆，比上年末增长11.71%。其中，轿车30.10万辆，下降5.05%；本年新注册汽车11.85万辆，增长3.86%。

邮电通讯：按2010年价格计算，全年完成邮电业务总量143.49亿元，比上年增长55.31%。其中：电信业务总量135亿元；邮政业务总量8.49亿元。年末固定电话用户74.81万户。其中：城市68.06万户；农村6.75万户。本年减少固定电话用户9.036万户。年末移动电话用户335.53万户，本年新增 97万户。其中，4G移动电话用户319.19万户。年末固定互联网宽带接入用户数达116.71万户，互联网宽带接入端口345.5万个。

旅游：全年接待国内旅游人数5337.57万人次，比上年增长29.63%；入境旅游人数4.4万人次，比上年增长23.26%。国内旅游收入447.07亿元，比上年增长33.83%。

六、国内贸易

全年完成社会消费品零售总额1263.35亿元，比上年增长9.7%。按销售单位所在地统计，城镇完成社会消费品零售总额1065.39亿元，增长9.6%，其中城区完成社会消费品零售总额892.4亿元，增长13.1%；乡村完成社会消费品零售总额197.96亿元，增长10%。

图6：2011–2016年兰州市社会消费品零售总额完成情况

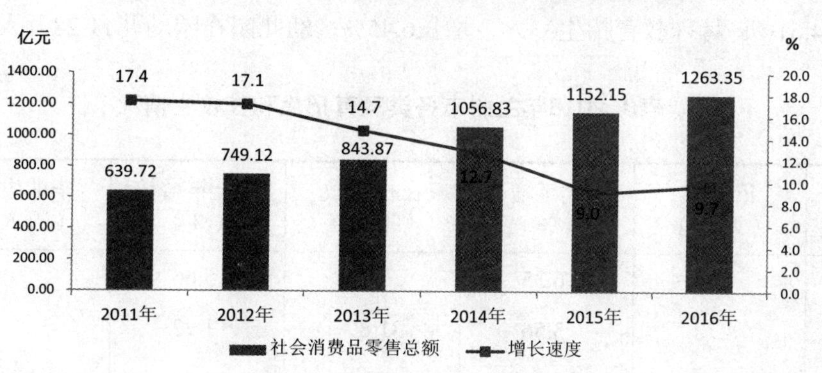

全年限额以上批发和零售企业实现商品零售额644.1亿元，比上年增长11.1%。其中，石油及制品类零售额111.9亿元，下降2.1%；汽车类零售额199.7亿元，增长12.4%；粮油、食品类零售额162.7亿元，增长27.3%；服装鞋帽、针纺织品类零售额44.7亿元，下降2.5%；中西药类零售额31.6亿元，增长24.1%；家用电器和音像器材类零售额15.7亿元，下降3.9%；金银珠宝类零售额13.3亿元，下降4.1%。

七、财政、金融、证券和保险业

财政：全年全市地区性财政收入为606.75亿元，比上年同口径增长2.24%。一般公共预算收入为215.48亿元，增长16.35%。其中，增值税45.21亿元，增长88.5%；营业税23.98亿元，下降44.47%；企业所得税13.84亿元，下降1.14%；个人所得税5.66亿元，增长11.36%。一般公共预算支出为424.16亿元，增长23.3%。

金融：全市年末金融机构本外币各项存款余额8707.76亿元，同比增长9.59%。金融机构人民币各项存款余额8623.11亿元，同比增长10.51%。年末全市金融机构本外币各项贷款余额8663亿元，同比增长19.85%。金融机构人民币各项贷款余额8401.56亿元，同比增长21.90%。

证券：2016年年末全市共有境内股票上市公司17家。年末股票市价总值为1621亿元，同比下降21.38%。发行、配售股票筹集资金231.92亿元，同比下降0.71%。

保险：2016年全年保费收入98.4亿元，同比增长13.9%。其中，财产险收入34.7亿元，同比增长11.9%；寿险收入48.9亿元，同比增长23.5%；意外险保费收入3.3亿元，同比增长32%。健康险保费收入11.47亿元，同比下降12.9%。

八、科学技术、教育

科学技术：全年全市登记科技成果864项，比上年增加326项。其中，基础理论成果346项，应用技术成果495项，软科学成果23项。全年获得奖励198项，比上年增长33项。专利申请受理7488 件，比上年增长31.3%；授权专利3505件，增长20.28%；授予发明专利权867件，增长2.24%。全年共签订技术合同4178项，增长6.66%；技术合同成交金额46.72亿元，增长16.13%。

教育：全市研究生教育招生1.06万人，比上年增长6.35%，在校研究生3.1万人，增长5.66%；普通高等教育招生8.78万人，增长3.56%，在校学生31.89万人，增长1.22%；中等职业教育招生1.58万人，下降5.51%；普通高中招生2.29万人，下降0.80%；初中学校招生3.29万人，增长5.52%；普通小学招生3.76万人，增长4.61%；特殊教育招生33人，增长6.45%；幼儿园在园幼儿11.28万人，增长47.65%。

表8 2016年兰州市各类教育招生和在校生情况

指 标	招生数（万人）	比上年增长（%）	在校生数（万人）	比上年增长（%）	毕业生数（万人）	比上年增长（%）
研究生教育	1.06	6.35	3.1	5.66		
普通高等教育	8.78	3.56	31.89	1.22		
中等职业教育	1.58	-5.51	4.90	-18.01	2.31	-7.16
普通高中	2.29	-0.80	6.88	-1.75	2.41	-5.50
初中学校	3.29	5.52	9.81	-1.93	3.40	-4.63
普通小学	3.76	4.61	21.20	1.92	3.33	6.30

九、文化、卫生、体育

文化：年末全市共有文化馆9个(不含省级)，公共图书馆8个(不含省级)，博物馆(含纪念馆)30个(不含省级)，国有艺术表演团体1个(不含省级)。广播和电视综合人口覆盖率分别为99.64%和99.70%，分别比上年提高0.01和0.02个百分点。有线电视用户46.43万户，下降6.8%；有线数字电视用户41.65万户，下降6.9%。

卫生：年末全市共有卫生机构2379个，其中医院、卫生院162个，妇幼保健院（所、站）10个，专科疾病防治院（所、站）2个，社区卫生服务中心（站）235个。医院、卫生院拥有床位2.24万张。卫生技术人员2.11万人。其中执业医师和执业助理医师0.79万人，注册护士0.95万人。

体育：2016年全市共获得国家级金牌5枚、银牌4枚、铜牌5枚，省级金牌23枚、银牌20枚、铜牌19枚，合计奖牌总数为76枚。

十、人口、人民生活和社会保障

人口：年末全市户籍人口324.23万人，其中，城镇人口222.73万人，乡村人口101.50万人。年末全市常住人口370.55万人，比上年末增加1.24万人。其中，城镇人口300.18万人，占81.01%，比重比上年提高0.06个百分点；乡村人口70.37万人，占18.99%。

全年出生人口3.75万人，人口出生率为10.11‰，比上年提高0.32个千分点；死亡人口1.76万人，人口死亡率为4.74‰，比上年提高0.03个千分点；人口自然增长率为5.37‰，比上年提高0.29个千分点。

人民生活：全年城镇居民人均可支配收入29661元，比上年增长9.5%；城镇居民人均消费性支出22893元，比上年增长13.6%；城镇居民家庭恩格尔系数(即居民家庭食品消费支出占家庭生活消费支出的比重)为31%。农村居民人均可支配收入10391元，比上年增长8%；农村居民人均生活消费支出8717元，比上年增长9.8%；农村居民家庭恩格尔系数为33%。

图7：2011-2016年兰州市城镇居民人均可支配收入完成情况

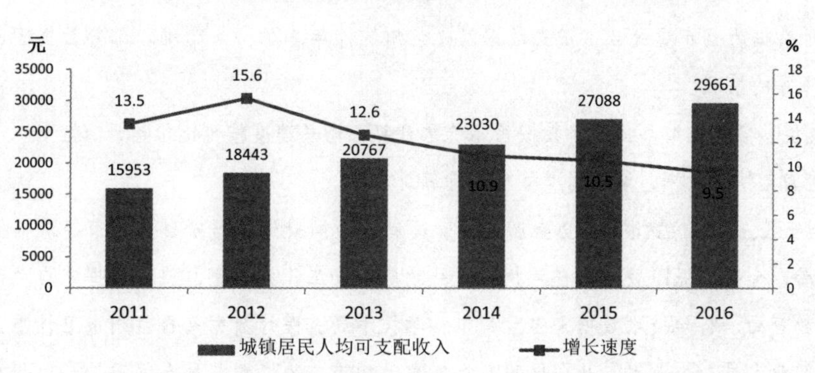

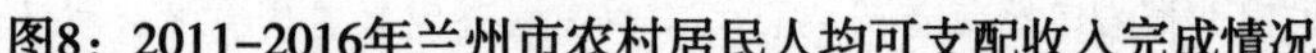
图8：2011-2016年兰州市农村居民人均可支配收入完成情况

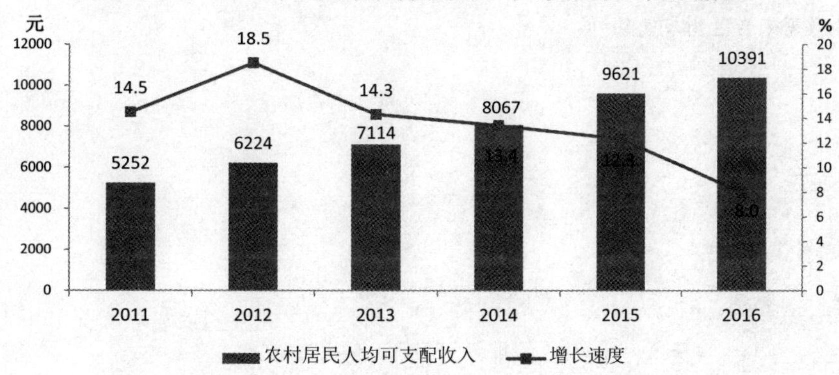

社会保障：年末全市参加城镇职工基本养老保险人数为71.73万人，比上年末增长4.32%；参加城镇职工基本医疗保险人数为90.73万人，增长5.84%；参加城镇居民医疗保险人数为105.91万人，下降0.85%；参加失业保险人数为56.76万人，增长0.02%；参加工伤保险人数为49.91万人，增长8.69%；参加生育保险人数为48.49万人，增长7.16%；城乡居民社会养老保险参保续保人数为72.78万人。年末参加新型农村合作医疗农民人数为113.04万人，参合率为98.05%。全年新型农村合作医疗基金支出总额为5.97亿元，比上年增长4.98%，累计受益225.37万人次。

十一、安全生产与自然灾害

安全生产：全年安全生产事故死亡176人，比上年下降12.42%。亿元生产总值生产安全事故死亡人数为0.079人，下降20%。煤矿百万吨死亡人数为0.44人，上升4.5%。全年发生道路交通事故709起，造成223人死亡（其中：生产经营性道路事故死亡132人）、176人受伤，直接经济损失224.4万元。

市区全年平均气温11.4℃，平均降水量332.2毫米。

自然灾害：全年农作物累计受灾面积25.33万亩，比上年减少8.76万亩。其中累计成灾面积9.95万亩，比上年减少9.07万亩。

注：

1.本公报各项统计数据为初步统计数。正式数据以《兰州统计年鉴2017》为准。部分数据因四舍五入的原因，存在着总计与分项合计不等的情况。

2.公报中的生产总值、各产业增加值绝对数按当年价格计算，增长速度按可比价格计算。

3.文化产业增加值为年快报数据，增长速度按现价计算。

4.本公报中安全生产数据来自兰州市安全生产监督管理局，合同投资数据来自兰州市经济合作服务局，财政收入数据来自兰州市财政局，金融、保险数据来自兰州市人民政府金融工作办公室，旅游数据来自兰州市文化和旅游局，文教数据来自兰州市教育局，科学技术数据来自兰州市科学技术局，医疗数据来自兰州市卫计委，户籍人口数据来自兰州市公安局，城镇就业人员、失业率、社会保障数据来自兰州市人力资源与社会保障局、兰州市新型农村合作医疗管理局，交通运输数据来自兰州市铁路局、兰州市交通委、兰州中川机场管理有限公司，邮电通讯数据来自兰州市邮政管理局、兰州市工信委、中国电信有限公司兰州分公司、中国联合网络通信有限公司兰州分公司、中国移动通信集团兰州分公司，气象数据来自兰州市气象局。

一、综合

1-1 行政区划

（2016年）

	镇数	乡数	街道办事处数	社区居委会数	村民委员会数
全市	46	15	53	402	730
市区					
城关区	0	0	25	154	18
七里河区	5	1	9	78	59
西固区	5	1	7	70	40
安宁区	0	0	8	59	0
红古区	4	0	4	22	34
各县					
永登县	14	4	0	12	240
皋兰县	7	0	0	3	71
榆中县	11	9	0	4	268

1-2 气象

（2016年）

	市区	榆中县	皋兰县	永登县
平均气温（摄氏度）	11.4	8.1	8.0	6.6
冬季（12–2）	–2.6	–5.9	–6.8	–6.8
春季（3–5）	13.0	9.6	9.6	7.5
夏季（6–8）	23.8	20.0	21.1	18.6
秋季（9–11）	10.9	7.9	7.5	6.6
年降水量（毫米）	332.2	309.9	310.0	355.4
冬季	9.6	10.5	4.8	15.5
春季	91.9	94.6	86.5	57.7
夏季	163.4	149.9	163.4	191.1
秋季	73.1	59.4	57.1	94.7

1–3 县区所辖街道办事处、乡、镇名称

（2016年）

	街道办事处、镇	乡
城关区	临夏路街道 张掖路街道 白银路街道 伏龙坪街道 酒泉路街道 广武门街道 东岗西路街道 皋兰路街道 渭源路街道 雁南街道 雁北街道 盐场路街道 草场街街道 靖远路街道 团结新村街道 铁路东村街道 铁路西村街道 五泉街道 火车站街道 拱星墩街道 嘉峪关路街道 焦家湾街道 东岗街道 青白石街道 高新区街道	
七里河区	秀川街道 土门墩街道 西站街道 西园街道 西湖街道 建兰路街道 龚家湾街道 晏家坪街道 敦煌路街道 黄峪镇 西果园镇 阿干镇 八里镇 彭家坪镇	魏岭乡
西固区	西固城街道 先锋路街道 福利路街道 四季青街道 陈坪街道 西柳沟街道 临洮街街道 达川镇 东川镇 新城镇 河口镇 柳泉镇	金沟乡
安宁区	培黎街道 安宁西路街道 银滩路街道 刘家堡街道 孔家崖街道 十里店街道 安宁堡街道 沙井驿街道	
红古区	窑街街道 下窑街道 矿区街道 海石湾镇 花庄镇 平安镇 华龙街道 红古镇	
永登县	城关镇 武胜驿镇 中堡镇 中川镇 连城镇 河桥镇 红城镇 上川镇 树屏镇 大同镇 苦水镇 秦川镇 龙泉寺镇 柳树镇	坪城乡 民乐乡 通远乡 七山乡
皋兰县	九合镇 西岔镇 什川镇 忠和镇 石洞镇 黑石镇 水阜镇	
榆中县	甘草店镇 夏官营镇 城关镇 高崖镇 青城镇 金崖镇 定远镇 和平镇 连搭镇 新营镇 贡井镇	小康营乡 清水驿乡 中连川乡 园子岔乡 上花岔乡 哈岘乡 马坡乡 龙泉乡 韦营乡

1-4 各部门机构数和人数

	机构数（个）									
	2006	2008	2009	2010	2011	2012	2013	2014	2015	2016
基层组织										
镇政府	34	34	34	34	35	35	35	37	40	46
乡政府	27	27	27	26	26	26	26	24	21	15
街道	51	52	52	52	52	52	53	53	53	53
社区居委会	353	390	390	390	399	399	399	405	405	402
村民委员会	785	749	749	749	731	731	731	730	730	730
居民总户数（万户）	91.16	96.31	98.35	100.18	102.00	103.17	104.93	106.33	107.65	109.57
规模以上工业企业	**546**	**553**	**504**	**480**	**342**	**344**	**390**	**374**	**367**	**359**
国有及国有控股企业	148	129	128	121	106	90	94	87	87	90
集体企业	111	100	57	49	28	24	21	12	10	9
建筑施工企业	**294**	**346**	**343**	**329**	**327**	**464**	**493**	**492**	**494**	**470**
国有经济	53	49	41	41	41	44	27	23	22	21
集体经济	40	38	37	34	36	40	31	30	29	25
其他经济	201	259	265	254	250	380	435	439	443	424
卫生										
医院、卫生院	168	160	159	163	167	166	165	167	164	172
卫生防疫站	12	11	11	11	11	11	11	11	11	11
妇幼保健站、所	10	10	10	10	10	10	10	10	10	10
教育										
高等院校（含成人教育）	18	19	19	19	19	19	25	24	25	23
中等职业学校	34	36	38	40	40	41	42	44	61	57
普通中学	249	224	221	219	211	206	205	204	198	197
小学	870	786	733	697	676	616	607	570	523	515
幼儿园	239	247	294	281	295	324	324	456	464	815
文化事业机构										
图书馆	8	9	9	8	8	8	8	8	8	8
群众艺术馆	9	9	9	9	9	9	9	9	9	9

1–5 国民经济和社会发

	总量指标						
	1995	2005	2006	2007	2008	2009	2010
人口							
户籍总人口（万人）	270.84	311.74	313.64	319.28	322.28	323.59	323.54
非农业人口	142.99	183.93	185.69	198.53	201.63	202.77	202.92
农业人口	127.85	127.81	127.95	120.75	120.65	120.82	120.62
男女性别比（以女性为100）	107.18		105.40	105.20	105.03	104.30	104.20
人口自增率（‰）	9.78		5.84	7.64	6.27	4.35	3.06
就业							
从业人员（万人）	161.22	150.75	150.63	153.98	157.15	162.72	176.48
单位从业人员	87.39	57.06	56.71	56.41	53.15	54.68	55.74
在岗职工		52.70	55.60	54.19	50.96	52.18	53.14
城镇登记失业人数（万人）	1.70	1.85	2.26	2.20	1.89	2.12	2.37
宏观经济							
地区生产总值（亿元）	210.43	567.04	638.47	732.76	847.47	925.98	1100.39
第一产业增加值	11.83	22.13	22.73	26.09	28.10	30.55	33.79
第二产业增加值	120.85	249.99	290.38	336.08	408.59	433.62	529.18
第三产业增加值	77.75	294.92	325.36	370.59	410.85	461.81	537.42
非公有制经济增加值		171.57	194.99	236.40	287.62	351.96	433.40
支出法地区生产总值	210.43	567.04	638.47	732.76	847.47	925.98	1100.39
最终消费	109.72	273.87	300.66	330.82	364.45	395.49	441.27
居民消费	85.18	219.97	238.58	258.59	280.90	302.35	332.22
政府消费	24.54	53.90	62.08	72.23	83.54	93.14	109.04
资本形成总额	83.04	283.02	328.48	396.85	488.48	543.96	662.58
固定资本形成	66.02	259.59	298.21	358.61	429.58	502.15	611.49
存货增加	17.01	23.44	30.27	38.24	58.90	41.81	51.09
固定资产投资							
固定资产投资总额（亿元）	66.02	259.59	298.21	358.61	431.98	506.18	660.69
房地产投资	10.52	52.57	53.81	74.54	92.51	98.61	118.28
财政							
地区财政收入（亿元）			106.19	134.06	152.44	254.80	304.13
公共财政预算收入	10.09	28.93	33.14	46.63	50.86	57.04	72.76
公共财政预算支出	11.77	50.22	63.13	83.30	99.56	119.83	146.93
物价总指数（上年=100）							
商品零售价格指数（%）	115.5	98.8	100.3	103.1	107.2	100.5	103.9
居民消费价格总指数（%）	119.0	100.6	101.7	105.3	107.2	99.6	103.8
利用外资							
合同投资总额（亿美元）	1.88		0.96	3.10	1.87	1.79	0.97
合同外资额（亿美元）	0.97			0.82	0.95	0.78	0.33
实际使用外资额（亿美元）		2.22	0.38		0.39	0.43	0.20

展总量与速度指标

2011	2012	2013	2014	2015	年平均增长速度（%）				比上年增长（%）
					1996–2000	2001–2005	2006–2010	2011–2015	
323.30	321.52	321.43	321.64	321.90	1.42	1.41	0.75	–0.09	0.09
202.67	202.50	201.41	200.99	214.17	2.24	2.86	1.98	0.38	6.56
120.63	119.02	120.02	120.65	107.73	0.48	0.48	–1.15	0.55	–10.71
103.40	102.86	102.55	102.10	101.82					–0.27
5.95	4.28	6.99	8.14	5.67					
179.72	181.95	196.26	205.05	208.09	–2.00	0.68	3.20	2.60	1.48
56.76	58.32	69.60	71.37	71.47	–6.02	–2.29	–0.47	2.03	0.14
53.39	56.44	64.93	65.29	59.55	–1.58	–3.10	0.17	–2.88	–8.79
2.15	1.44	1.44	1.52	1.46	11.73	–8.97	5.08		–3.95
1360.03	1564.41	1828.98	2000.94	2095.99	8.86	11.18	14.18	12.24	9.1
40.00	44.55	48.06	52.44	56.22	4.99	4.48	8.83	5.98	5.9
656.55	744.70	777.71	824.89	782.65	8.06	11.75	16.18	11.53	6.8
663.48	774.57	1003.21	1123.61	1257.11	10.11	11.30	12.75	13.13	11.2
521.16	579.99	738.76	835.09	913.85	17.29	17.27	20.36	15.80	10.2
1360.03	1563.82	1828.98	2000.94	2095.99	8.86	11.18	14.18	12.24	9.1
545.71	605.57	676.85	742.96	820.20	6.27	10.87	10.01	11.57	10.2
427.36	466.18	524.71	584.68	653.37	6.34	10.99	8.60	12.91	11.1
118.35	139.39	152.14	158.28	166.83	6.06	10.49	15.13	6.92	6.5
826.86	983.71	1187.62	1315.51	1385.45	16.43	10.45	18.55	14.09	10.3
899.14	1004.16	1142.52	1270.33	1325.63	21.62	9.31	18.69	15.53	9.5
–72.28	–20.45	45.10	45.18	59.82	–30.79	43.94	16.86		32.0
870.57	1239.18	1316.86	1610.68	1803.75	18.42	11.05	20.54	18.65	11.99
159.67	223.31	286.81	336.54	339.01	13.75	21.29	17.61	13.82	0.74
350.63	406.08	394.82	467.48	593.81					27.02
86.49	103.73	124.52	152.33	185.19	10.48	11.74	20.26	20.55	21.57
175.48	202.43	242.32	280.10	344.00	12.56	18.75	23.95	18.58	22.85
105.4	102.4	102.7	101.8	100.6	0.40	–0.62	1.01	1.21	–1.18
105.4	102.4	103.5	102.2	101.3	1.80	0.79	0.63	1.56	–0.88
1.06	0.79	1.14	2.90	3.66	1.75				26.21
0.40	0.46	0.62	0.36	1.38	2.55	15.08			283.33
0.17	0.75	0.21							

1-5 国民经济和社会发展

	总量指标						
	1995	2005	2006	2007	2008	2009	2010
农业							
耕地面积（万亩）	328.36	316.85	316.37	315.23	314.79	314.51	314.22
农林牧渔业劳动力（万人）	43.61	43.51	42.46	41.67	41.43	40.77	40.34
农林牧渔业增加值（亿元）	11.83	22.13	22.73	26.09	28.10	30.55	33.79
主要农产品产量（万吨）							
粮食	29.57	32.30	30.01	37.17	38.75	38.79	40.38
油料	1.20	2.39	2.17	2.23	2.11	1.98	2.26
甜菜	1.78	0.61	0.55	0.67	0.70	0.45	0.53
水果	9.22	10.58	11.85	12.47	12.34	12.65	12.90
肉类	3.81	4.18	4.37	4.00	2.81	2.92	3.14
猪牛羊肉	3.79	3.90	4.04	3.71	2.54	2.65	2.84
工业							
规模以上工业增加值（亿元）		181.39	212.39	247.92	296.59	308.17	372.67
轻工业		22.18	41.00	43.55	53.67	59.67	76.19
重工业		159.21	171.39	204.38	242.92	248.50	296.48
主要工业产品产量							
呢绒（万米）	411.00	558.57	554.25	556.64	553.70	451.75	490.40
卷烟（万支）	817500	1525845	1944414	2285550	2425481	2265221	2395810
发电量（亿千瓦时）	45.81	125.69	121.06	128.60	121.51	164.41	169.27
原煤（万吨）	147.38	510.99	553.12	575.50	464.83	452.76	486.03
水泥（万吨）	151.09	402.15	409.61	441.84	487.21	516.05	548.06
建筑业							
建筑业增加值（亿元）	17.85	52.29	59.50	68.20	79.32	102.40	130.12
房屋施工面积（万平方米）	622.00	1048.74	1162.07	1205.57	1403.85	1593.00	1842.00
房屋竣工面积（万平方米）	278.00	428.93	462.81	447.94	528.85	464.00	458.00
交通运输							
货运量（万吨）	3245.40	5972.19	6263.85	6839.45	7206.66	7358.37	8054.29
铁路	724.00	820.55	903.10	1234.50	1318.65	1202.33	1221.15
公路	2521.00	5151.00	5360.00	5604.00	5887.00	6155.00	6832.00
空运	0.40	0.64	0.75	0.95	1.01	1.04	1.14
客运量（万人）	1380.50	2545.68	2731.67	2925.50	3150.41	3373.04	3802.30
铁路	448.00	586.77	635.90	672.53	777.16	874.19	975.81
公路	904.00	1896.00	1995.62	2112.37	2253.18	2346.24	2627.00
空运	28.50	62.91	100.15	140.60	120.07	152.61	199.49
邮电通信业							
邮电业务总量（亿元）	3.42	24.07	25.23	29.75	28.50	29.36	36.05
国内商业							
社会消费品零售总额（亿元）	96.67	256.67	289.72	337.57	395.04	469.77	545.11
旅游							
国内旅游者（万人次）			348.20	435.00	522.00	700.01	887.50
入境旅游者（万人次）			5.82	6.53	4.60	2.39	3.20
旅游总收入（亿元）			21.84	26.70	31.00	37.20	63.50
对外经济贸易（亿美元）							
进出口总额	4.47	7.16	7.88	7.15	7.15	4.88	10.60
进口额	0.86	2.16	2.08		1.29	1.82	1.90
出口额	3.61	5.00	5.80	5.66	5.86	3.06	8.70

总量与速度指标（续一）

总量指标					年平均增长速度（%）				比上年增长（%）
2011	2012	2013	2014	2015	1996–2000	2001–2005	2006–2010	2011–2015	
314.01	314.44	314.44	318.80	308.92	–0.39	–0.32	–0.17	–0.40	–3.42
40.88	39.85	38.20	37.71	37	0.82	–0.86	–1.50	1.96	–1.62
40.00	44.55	49.12	53.64	57.56	4.99	4.48	8.83	10.76	7.31
42.39	44.20	46.80	47.23	45.90	2.50	–0.70	4.57	–3.18	–2.81
2.23	2.56	2.53	2.04	2.03	5.66	8.63	–1.11		–0.82
0.51	0.44	0.53	0.26	0.00	9.01	–25.95	–2.77	–8.84	
13.10	13.56	14.50	15.35	16.06	1.62	1.15	4.04	4.0	4.64
3.06	3.20	3.31	3.49	4.09	1.40	3.32	–5.56	–5.18	17.19
2.73	2.86	2.98	3.13	3.14	–2.38	3.03	–6.15		0.32
465.03	538.15	575.10	565.00	515.00		13.14	15.49	–11.39	5.5
97.27	128.83	148.80	164.37	168.80		11.83	27.99	13.14	6.8
367.76	409.32	426.30	429.90	346.20		12.89	13.24	–7.14	–0.4
491.60	459.00	386.20	405.80	340.10	–3.16	0.98	–2.57	–4.63	–16.19
2602713	2771520	3197600	3344568	3462000	10.96	8.82	9.44	6.74	3.5
182.13	203.74	210.38	185.92	178.47	–3.19	18.91	6.13	6.36	–3.72
511.37	716.32	714.57	629.18	628.12	–7.19	–1.30	–1.00	2.56	–0.17
568.56	847.17	966.90	1104.30	1154.20	4.17	8.03	6.39	10.63	7.5
159.30	182.28	205.97	234.90	251.52	13.66	9.13	20.00	12.96	8.60
2709.00	4815.33	4409.92	5508.88	4960.84	0.39	10.59	11.92	23.80	–9.95
720.00	1108.43	1136.51	1372.34	1468.49	2.62	6.28	1.32		7.01
8907.70	9671.89	10490.84	11139.69	11801.02	9.75	2.94	6.16	7.72	5.94
1214.52	1003.95	955.66	936.11	799.42	2.40	0.14	8.28		–14.60
7663.50	8664.34	9531.00	10198.88	10996.60	11.53	3.43	5.81	11.85	7.82
2.68	3.60	4.18	4.70	5.00	5.79	3.84	12.24	22.63	6.38
4388.82	4829.07	5324.79	5655.52	6153.30	7.66	5.02	8.35	9.71	8.80
1042.06	996.95	1039.97	1084.23	1277.30	1.22	4.27	10.71	–6.20	17.81
2965.86	3373.82	3719.86	3871.29	4067	10.41	5.04	6.74	9.21	5.06
380.90	458.30	564.96	700.00	809.00	5.29	13.77	25.96	27.60	15.57
44.27	48.90	53.38	69.34	92.39	41.01	4.77	8.41	18.51	28.37
639.72	749.16	843.87	1056.83	1152.15	10.61	9.91	16.26	15.99	9.0
1403.60	2101.51	2602.52	3030.77	3703.75				32.65	22.10
3.80	3.90	3.48	2.71	1.74				6.52	
102.30	154.35	206.50	232.28	290.93				36.73	25.13
18.80	33.94	40.57	45.60	50.59	2.00	12.13	8.16	27.68	10.94
6.50	7.02	4.69	5.53	6.00	7.59	11.74		–24.92	8.50
12.30	26.92	35.88	40.07	44.59	4.95	12.30	11.71	29.15	11.28

1-5 国民经济和社会发展

	总量指标						
	1995	2005	2006	2007	2008	2009	2010
金融保险							
金融机构各项存款（亿元）	263.29	1421.92	1615.51	1791.12	2156.29	2621.20	3235.84
金融机构各项贷款（亿元）	223.79	1089.42	1188.90	1346.58	1520.26	2007.19	2359.28
中外资保险公司保险金额（亿元）	276.00	1667.93	1748.03	2403.70	2652.02	3141.01	12335.43
中外资保险公司保费（亿元）	2.32	18.17	21.29	24.11	35.45	35.85	58.12
中外资保险公司赔款及给付（亿元）	0.80	3.05	3.22	4.53	4.92	5.76	11.12
教育							
在校学生数（万人）	53.94	76.40	80.51	84.13	91.10	92.86	94.76
普通高等学校	3.87	17.98	16.79	17.14	20.07	21.82	22.76
中等职业学校	2.28	3.60	4.04	4.92	5.78	6.18	6.22
普通中学	12.99	22.02	22.20	21.56	20.80	20.35	19.89
小学	27.61	25.10	25.11	24.92	23.46	22.16	21.76
地方财政用于教育支出（万元）	20994	108284	129103	181881	230436	269714	295364
文化							
图书印数（万册）	6181	7521	7571	7591	7593	8890	9260
家庭、生活、环境							
家庭							
家庭总户数（万户）	72.09	89.99	91.16	94.33	96.31	98.35	100.18
城镇居民平均每户家庭人口（人）	3.14	2.79	2.78	2.74	2.67	2.65	2.60
农村居民平均每户家庭人口（人）	4.86	4.23	4.20	4.15	4.18	4.14	4.14
婚姻							
结婚数（万对）	2.16	2.03	4.74	2.36		2.65	2.47
离婚数（万对）	0.12	0.22	0.44	0.45	0.41	0.48	0.50
居住							
城镇居民人均居住面积（平方米）	8.81	16.69	17.98	17.00	17.60	17.76	18.46
农村居民人均居住面积（平方米）	17.21	22.32	21.94	22.37	22.90	24.26	25.00
生活							
城市居民人均可支配收入（元）	3539	8529	9418	10271	11677	12761	14062
农村居民人均可支配收入（元）	1142	2713	2898	3103	3503	4001	4587
城乡居民储蓄存款余额（亿元）	137.16	581.71	687.75	710.52	907.10	1089.97	1295.95
工资							
单位从业人员劳动报酬总额（亿元）	50.69	87.15	98.79	115.20	133.16	147.12	171.78
单位从业人员平均劳动报酬（元）	5564	16609	18822	22152	25849	28569	33340
卫生							
卫生机构数	957	285	290	1646	1456	1534	2257
医院、卫生院个数	250	170	168	160	160	159	163
卫生机构床位数	14098	148825	15658	17045	31461	21873	25498
医院、卫生院床位数	14322	13954	14854	15884	21220	14841	16916
卫生技术人员	21344	18738	20651	20573	20721	22372	24388
医生	9585	7951	8801	8890	8971	9440	10060
市政建设							
全年供水总量（万立方米）	38345	23105	21437	21770	28670	27891	24276
道路面积（万平方米）	868	1805	2214	2318	1635	1974	2162
园林绿地面积（公顷）	1911	4977	4770	3920	4593	4651	4441
环境							
工业废水排放量（万吨）			4029	3725	3737.12	2945.18	2529.10
工业废气排放量（亿标立方米）			1342.00	1766.00	1869.68	2070.00	1805.00

总量与速度指标（续二）

2011	2012	2013	2014	2015	年平均增长速度（%）1996-2000	2001-2005	2006-2010	2011-2015	比上年增长（%）
3833.55	4589.26	5499.15	6617.51	7803.12	20.61	16.18	17.88	19.44	17.92
2917.88	3672.85	4407.71	5612.72	6892.02	21.35	13.10	16.71	23.97	22.79
13319.38	11462.40	13759.57	15917.50	36309.49	42.13	0.82	49.21	24.05	128.00
52.43	59.66	65.90	74.52	87.05	24.36	21.36	26.18	11.37	16.05
13.84	16.34	23.25	29.93	32.20	18.00	10.76	29.53	23.49	7.61
94.60	92.90	108.11	100.73	99.57	3.19	3.89	4.40	2.08	−1.15
23.85	24.75	46.28	41.42	41.64	13.31	19.99	4.83	−6.15	0.53
6.31	6.29	7.76	6.50	5.98	10.93	1.23	11.56	−4.25	−8.00
18.74	18.42	18.06	17.82	17.01	5.55	5.29	−2.01	−2.59	−4.55
20.88	20.38	20.28	20.35	20.80	1.06	2.92	−2.82	−1.29	2.21
339636	403815	429489	514802	671067	15.81	19.87	22.22	16.11	30.35
9502	9350	6573	5312	6650	2.55	1.42	4.25	5.00	25.19
102.00	103.17	104.93	106.33	107.65	2.49	1.99	2.17	1.43	1.24
2.73	2.73				0.13	2.21	−1.40		
3.97	3.95	4.03	4.11		1.79	0.96	−0.43		
2.81	2.50	2.87	2.73	2.83	2.43	1.22		3.29	3.62
0.60	0.55	0.65	0.65	0.71	5.92	6.58	17.84	5.92	9.35
18.42	19.08	22.45	33.50	34.67	6.55	6.64	2.04	−4.73	3.49
24.00	31.00	33.99	30.95	32	0.73	6.11	2.29	8.63	3.39
15953	18443	20767	23030	27088	12.28	7.83	10.52	13.84	10.5
5252	6224	7114	8067	9621	11.92	6.24	11.07	15.82	12.3
1480.16	1743.18	2021.56	2262.94	2608.54	16.79	14.31	17.38	14.90	15.27
198.37	239.77	307.61	354.39	390.64	4.22	6.93	14.54	17.00	10.23
37754	43658	46621	51928	58967	10.45	12.67	14.95	11.67	13.56
2362	2359	2288	2288	2385	6.97	3.41	51.26	1.50	4.24
167	166	165	167	164	0.60	平	−0.84	−1.14	−1.80
25411	27545	23614	23614	22774	0.09	0.91	−29.73	−2.71	−3.56
18444	19936	21441	22753	22409	165.00	3.47	3.92	−5.52	−1.51
26363	27914	28489	30859	30967	4.85	2.39	5.41	3.10	0.35
10745	11308	11349	12252	12354	6.54	2.99	4.82	2.44	0.83
29401	26828	21818	23903	27491.6	2.96	6.88	0.99	13.77	15.01
2168	2219	2910.44	3545.53	4294.88	1.71	17.77	3.67	6.39	21.14
4471	5495	6584	7201.62	7742.59	5.37	27.97	−2.25	7.36	7.51
4097.28	4624.55	4909.07	4563.49	4138.48	3.18	11.76	−9.42	−8.55	−9.31
3183.02	3954.42	4068.37	3768.00	3576.57				−7.70	−5.08

1–5 国民经济和社会发展总量与速度指标（续三）

	总量指标	比上年增长（%）
	2016	
人口		
户籍总人口（万人）	324.23	0.72
非农业人口	222.73	4.00
农业人口	101.50	–5.78
男女性别比（以女性为100）	101.48	–0.35
人口自增率（‰）	7.75	
就业		
从业人员（万人）	215.60	3.61
单位从业人员	77.25	8.09
在岗职工	63.01	5.81
城镇登记失业人数（万人）	1.73	18.49
宏观经济		
地区生产总值（亿元）	2264.23	8.3
第一产业增加值	60.36	6.0
第二产业增加值	790.09	4.3
第三产业增加值	1413.78	10.9
非公有制经济增加值	1015.76	11.40
支出法地区生产总值	2264.23	8.3
最终消费	899.35	8.8
居民消费	718.53	9.3
政府消费	180.82	7.0
资本形成总额	1492.04	8.7
固定资本形成	1443.61	10.0
存货增加	48.43	79.9
固定资产投资		
固定资产投资总额（亿元）	1990.95	10.38
房地产投资	391.15	15.38
财政		
地区财政收入（亿元）	606.75	2.18
公共财政预算收入	215.48	16.35
公共财政预算支出	424.16	23.30
物价总指数（上年=100）		
商品零售价格指数（%）	100.7	0.70
居民消费价格总指数（%）	100.8	0.80
利用外资		
合同投资总额（亿美元）	10.55	10.2
合同外资额（亿美元）	3.38	7.5

1-5 国民经济和社会发展总量与速度指标（续四）

	总量指标	比上年增长（%）
	2016	
农业		
耕地面积（万亩）	304.84	-0.99
农林牧渔业劳动力（万人）	36.94	-0.43
农林牧渔业增加值（亿元）	61.80	6.03
主要农产品产量（万吨）		
粮食	45.07	-1.81
油料	2.01	-0.99
甜菜		
水果	17.23	7.29
肉类	4.11	0.49
猪牛羊肉	3.10	-0.96
工业		
规模以上工业增加值（亿元）	502.00	2.60
轻工业	154.10	-1.70
重工业	347.90	4.70
主要工业产品产量		
呢绒（万米）	414.30	21.80
卷烟（万支）	2938458	-15.10
发电量（亿千瓦时）	147.53	-17.33
原煤（万吨）	637.63	1.51
水泥（万吨）	1130.00	4.4
建筑业		
建筑业增加值（亿元）	267.12	7.30
房屋施工面积（万平方米）	4877.02	-1.69
房屋竣工面积（万平方米）	1317.80	-10.26
交通运输		
货运量（万吨）	12208.84	3.46
铁路	741.90	-7.20
公路	11461.00	4.22
空运	5.94	18.80
客运量（万人）	6950.64	12.96
铁路	1648.89	29.09
公路	4212.75	3.58
空运	1089.00	34.61
邮电通信业		
邮电业务总量（亿元）	145.06	57.01
国内商业		
社会消费品零售总额（亿元）	1263.35	9.70
旅游		
国内旅游者（万人次）	5337.57	29.63
入境旅游者（万人次）	4.4	23.26
旅游总收入（亿元）	448.12	33.94
对外经济贸易（亿元人民币）		
进出口总额	277.05	
进口额	56.7	
出口额	220.35	

1-5 国民经济和社会发展总量与速度指标（续五）

	总量指标 2016	比上年增长（%）
金融保险		
金融机构各项存款（亿元）	8623.11	10.51
金融机构各项贷款（亿元）	8401.56	21.90
中外资保险公司保险金额（亿元）	255548.01	604.00
中外资保险公司保费（亿元）	98.92	13.63
中外资保险公司赔款及给付（亿元）	39.26	21.92
教育		
在校学生数（万人）	102.62	3.06
普通高等学校	42.48	2.02
中等职业学校	4.90	-18.06
普通中学	16.69	-1.88
小学	21.20	1.92
地方财政用于教育支出（万元）	747827	11.44
文化		
图书印数（万册）	7576	13.92
家庭、生活、环境		
家庭		
家庭总户数（万户）	109.57	1.78
城镇居民平均每户家庭人口（人）		
农村居民平均每户家庭人口（人）		
婚姻		
结婚数（万对）	2.64	-6.68
离婚数（万对）	0.78	10.29
居住		
城镇居民人均居住面积（平方米）	36.18	4.36
农村居民人均居住面积（平方米）	32.86	1.36
生活		
城镇居民人均可支配收入（元）	29661	9.50
农村居民人均可支配收入（元）	10391	8.00
其中：住户存款（亿元）	2796.24	7.20
工资		
单位从业人员劳动报酬总额（亿元）	462.51	18.4
单位从业人员平均劳动报酬（元）	64551	9.47
卫生		
卫生机构数	2408	0.96
医院、卫生院个数	172	4.88
卫生机构床位数	26538	16.53
医院、卫生院床位数	24031	7.24
卫生技术人员	32153	3.83
医生	13133	6.31
市政建设		
全年供水总量（万立方米）	26441.37	-3.82
道路面积（万平方米）	4536.73	5.63
园林绿地面积（公顷）	7852.3	1.42
环境		
工业废水排放量（万吨）	3341.89	-19.25
工业废气排放量（亿标立方米）	2566.45	-28.24

1-6 地区生产总值

单位：亿元

	地区生产总值	第一产业	第二产业			第三产业			人均GDP（元）（按常住人口计算）
				工业	建筑业		交通运输仓储及邮政业	批发和零售业	
“一五”时期									
1953	1.46	0.20	0.36	0.24	0.12	0.90	0.38	0.32	179
1954	1.76	0.21	0.46	0.32	0.14	1.09	0.39	0.38	202
1955	2.43	0.23	0.85	0.59	0.26	1.35	0.46	0.44	255
1956	3.31	0.24	1.52	0.93	0.59	1.55	0.49	0.51	308
1957	3.72	0.26	1.70	1.06	0.64	1.76	0.50	0.57	313
“二五”时期									
1958	4.99	0.25	2.65	2.01	0.64		0.78	0.58	388
1959	7.69	0.25	5.23	4.39	0.84	2.21	0.86	0.66	548
1960	8.09	0.25	5.88	4.89	0.99	1.96	0.64	0.61	553
1961	4.52	0.25	2.62	2.45	0.17	1.65	0.47	0.47	314
1962	4.32	0.24	2.37	2.24	0.13	1.71	0.43	0.54	314
三年调整期									
1963	5.82	0.29	3.67	3.42	0.25	1.86	0.43	0.63	421
1964	7.94	0.34	5.39	5.07	0.32	2.21	0.48	0.64	544
1965	10.01	0.39	7.09	6.48	0.61	2.53	0.65	0.59	647
“三五”时期									
1966	9.85	0.40	6.91	6.69	0.22	2.54	0.62	0.59	609
1967	11.70	0.41	8.80	8.52	0.28	2.49	0.57	0.57	702
1968	12.92	0.43	10.15	9.82	0.33	2.34	0.50	0.51	759
1969	13.55	0.46	10.68	10.40	0.28	2.41	0.54	0.54	786
1970	14.99	0.52	11.92	11.51	0.41	2.55	0.60	0.59	856
“四五”时期									
1971	16.22	0.53	13.03	12.78	0.25	2.66	0.62	0.60	896
1972	17.96	0.53	14.34	13.89	0.45	3.09	0.67	0.79	958
1973	18.91	0.53	14.91	14.26	0.65	3.47	0.73	0.98	981
1974	20.84	0.66	16.40	15.82	0.58	3.78	0.79	1.11	1063
1975	22.70	0.67	17.89	17.23	0.66	4.14	0.85	1.26	1143
“五五”时期									
1976	22.69	0.69	17.76	17.10	0.66	4.24	0.88	1.32	1130
1977	21.82	0.70	16.78	16.21	0.57	4.34	0.91	1.38	1077
1978	21.80	0.74	16.56	15.85	0.71	4.50	0.94	1.44	1067
1979	24.54	0.78	18.60	17.72	0.88	5.16	0.95	1.63	1180
1980	25.68	0.94	18.80	17.64	1.16	5.94	0.98	1.96	1209

注：人均GDP自2007年后按常住人口计算，2007年以前数据按户籍人口计算。

1-6 地区生产总值（续一）

单位：亿元

	地区生产总值	第一产业	第二产业	工业	建筑业	第三产业	交通运输仓储及邮政业	批发和零售业	人均GDP（元）（按常住人口计算）
"六五"时期									
1981	24.01	0.80	16.75	15.61	1.14	6.46	10.60	2.27	1116
1982	25.82	0.84	18.09	16.67	1.42	6.89	1.28	2.27	1179
1983	29.49	1.12	20.89	19.25	1.64	7.48	1.51	2.39	1326
1984	35.40	1.40	23.74	21.80	1.94	10.26	1.90	4.00	1579
1985	43.50	1.90	28.16	25.46	2.70	13.44	2.72	5.17	1915
"七五"时期									
1986	50.79	2.20	32.01	28.66	3.35	16.58	3.87	6.18	2198
1987	56.11	2.33	33.95	29.68	4.27	19.83	4.27	7.23	2383
1988	64.30	3.06	36.77	32.15	4.62	24.47	4.74	9.76	2682
1989	73.69	3.80	42.60	38.52	4.08	27.29	5.31	10.03	3015
1990	77.89	4.26	45.05	40.13	4.92	28.58	5.21	10.09	3126
"八五"时期									
1991	85.23	5.01	45.50	40.17	5.33	34.72	5.49	11.20	3364
1992	100.57	5.53	52.52	46.11	6.41	42.52	6.41	13.37	3918
1993	126.72	6.54	73.65	64.64	9.01	46.53	7.55	14.87	4878
1994	172.49	9.57	100.92	87.69	13.23	62.00	9.22	20.75	6548
1995	210.43	11.83	120.85	103.01	17.82	77.75	10.25	26.82	7844
"九五"时期									
1996	225.01	13.72	119.25	96.82	22.43	92.04	12.58	31.98	8228
1997	237.42	14.08	119.36	94.04	25.32	103.98	17.31	35.79	8532
1998	252.55	15.24	121.06	92.09	28.97	116.25	21.11	39.29	8949
1999	267.46	15.61	125.65	94.42	31.23	126.19	23.57	42.21	9360
2000	300.32	15.89	140.71	107.04	33.67	143.72	29.60	45.66	10387
"十五"时期									
2001	341.68	16.89	156.38	116.37	37.01	171.42	37.10	49.27	11638
2002	381.41	17.68	166.87	126.38	40.49	196.85	45.45	53.39	12768
2003	433.65	18.38	188.70	143.19	45.51	226.57	50.54	58.47	14328
2004	500.25	20.61	218.30	167.70	50.60	261.34	54.97	65.65	16335
2005	567.04	22.13	249.99	197.70	52.29	294.92	48.47	55.70	18296
"十一五"时期									
2006	638.47	22.73	290.38	230.88	59.50	325.36	52.68	61.56	20419
2007	732.76	26.09	336.08	267.88	68.2	370.59	59.78	70.02	23155
2008	847.47	28.10	408.52	318.93	89.59	410.85	63.90	76.38	25664
2009	925.98	30.55	433.62	331.22	102.40	461.81	64.37	90.29	27904
2010	1100.39	33.79	529.18	399.06	130.12	537.42	71.53	108.4	30672
"十二五"时期									
2011	1360.03	40.00	656.55	497.25	159.30	663.48	89.01	133.95	37570
2012	1564.41	45.14	744.7	562.42	182.28	774.57	108.56	148.66	43175
2013	1828.98	48.06	777.71	572.59	209.97	1003.21	114.03	175.9	50301
2014	2000.94	52.44	824.89	594.27	234.96	1123.61	119.45	194.93	54771
2015	2095.99	56.22	782.65	535.04	251.52	1257.11	122.18	202.27	56972
2016	2264.23	60.36	790.10	526.83	267.12	1413.78	124.28	213.62	61207

1-7 地区生产总值构成

单位：%

	地区生产总值	第一产业	第二产业	工业	建筑业	第三产业	交通运输仓储及邮政业	批发和零售业
“一五”时期								
1953	100.00	13.62	24.39	16.44	8.22	61.99	26.03	21.92
1954	100.00	11.93	26.14	18.18	7.95	61.93	22.16	21.59
1955	100.00	9.34	34.95	24.28	10.70	55.71	18.93	18.11
1956	100.00	7.32	45.91	28.10	17.82	46.77	14.80	15.41
1957	100.00	6.99	45.70	28.49	17.20	47.31	13.44	15.32
“二五”时期								
1958	100.00	5.14	53.04	40.28	12.83	41.82	15.63	11.62
1959	100.00	3.25	68.01	57.09	10.92	28.74	11.18	8.58
1960	100.00	3.09	72.68	60.44	12.24	24.23	7.91	7.54
1961	100.00	5.53	57.96	54.20	3.76	36.50	10.40	10.40
1962	100.00	5.56	54.86	51.85	3.01	39.58	9.95	12.50
三年调整期								
1963	100.00	5.01	62.99	58.76	4.30	32.00	7.39	10.82
1964	100.00	4.28	67.88	63.85	4.03	27.83	6.05	8.06
1965	100.00	3.90	70.83	64.74	6.09	25.27	6.49	5.89
“三五”时期								
1966	100.00	4.06	70.15	67.92	2.23	25.79	6.29	5.99
1967	100.00	3.50	75.21	72.82	2.39	21.28	4.87	4.87
1968	100.00	3.37	78.55	76.01	2.55	18.08	3.87	3.95
1969	100.00	3.39	78.82	76.75	2.07	17.79	3.99	3.99
1970	100.00	3.48	79.55	76.78	2.74	16.97	4.00	3.94
“四五”时期								
1971	100.00	3.23	80.34	78.79	1.54	16.43	3.82	3.70
1972	100.00	2.95	79.84	77.34	2.51	17.20	3.73	4.40
1973	100.00	2.80	78.85	75.41	3.44	18.35	3.86	5.18
1974	100.00	3.17	78.69	75.91	2.78	18.14	3.79	5.33
1975	100.00	2.93	78.83	75.90	2.91	18.24	3.74	5.55
“五五”时期								
1976	100.00	3.04	78.27	75.36	2.91	18.69	3.88	5.82
1977	100.00	3.18	76.93	74.29	2.61	19.89	4.17	6.32
1978	100.00	3.39	75.96	72.71	3.26	20.64	4.31	6.61
1979	100.00	3.18	75.79	72.21	3.59	21.03	3.87	6.64
1980	100.00	3.66	73.21	68.69	4.52	23.13	3.82	7.63

1-7 地区生产总值构成（续一）

单位：%

	地区生产总值	第一产业	第二产业	工业	建筑业	第三产业	交通运输仓储及邮政业	批发和零售业
“六五”时期								
1981	100.00	3.33	69.77	65.01	4.75	26.90	4.41	9.45
1982	100.00	3.25	70.06	64.56	5.50	26.68	4.96	8.79
1983	100.00	3.80	70.85	65.28	5.56	25.35	5.12	8.10
1984	100.00	3.96	67.06	61.58	5.48	28.98	5.37	11.30
1985	100.00	4.37	64.74	58.53	6.21	30.90	6.25	11.89
“七五”时期								
1986	100.00	4.33	63.02	56.43	6.60	32.64	7.62	12.17
1987	100.00	4.15	60.51	52.90	7.61	35.34	7.61	12.89
1988	100.00	4.76	57.19	50.00	7.19	38.06	7.37	15.18
1989	100.00	5.16	57.81	52.27	5.54	37.03	7.21	13.61
1990	100.00	5.46	57.85	51.52	6.32	36.69	6.69	12.95
“八五”时期								
1991	100.00	5.88	53.38	47.13	6.25	40.74	6.44	13.14
1992	100.00	5.49	52.23	45.85	6.37	42.28	6.37	13.29
1993	100.00	5.16	58.12	51.01	7.11	36.72	5.96	11.74
1994	100.00	5.55	58.51	50.84	7.67	35.94	5.34	12.03
1995	100.00	5.62	57.43	48.95	8.48	36.95	4.87	12.74
“九五”时期								
1996	100.00	6.10	53.00	43.03	9.97	40.91	5.59	14.21
1997	100.00	5.93	50.27	39.61	10.66	43.80	7.29	15.07
1998	100.00	6.04	47.93	36.46	11.47	46.03	8.36	15.56
1999	100.00	5.84	46.98	35.30	11.68	47.18	8.81	15.78
2000	100.00	5.29	46.85	35.64	11.21	47.86	9.86	15.20
“十五”时期								
2001	100.00	4.94	44.89	34.06	10.83	50.17	10.86	14.42
2002	100.00	4.64	43.75	33.14	10.62	51.61	11.92	14.00
2003	100.00	4.24	43.51	33.02	10.49	55.25	11.66	13.48
2004	100.00	4.12	43.64	33.52	10.11	52.24	10.99	13.12
2005	100.00	3.90	44.10	34.87	9.22	52.00	10.90	12.77
“十一五”时期								
2006	100.00	3.56	45.48	36.16	9.32	50.96	8.25	9.64
2007	100.00	3.56	45.87	36.56	9.31	50.57	8.16	9.56
2008	100.00	3.32	48.20	37.63	10.57	48.48	7.54	9.01
2009	100.00	3.30	46.83	35.77	11.06	49.87	6.95	9.75
2010	100.00	3.07	48.09	36.27	11.82	48.84	6.5	9.85
“十二五”时期								
2011	100.00	2.94	48.27	36.56	11.71	48.79	6.54	9.85
2012	100.00	2.89	47.60	35.96	11.65	49.51	6.94	9.50
2013	100.00	2.63	42.52	31.31	11.48	54.85	6.23	9.62
2014	100.00	2.62	41.23	29.70	11.74	56.15	5.97	9.74
2015	100.00	2.68	37.34	25.53	12.00	59.98	5.83	9.65
2016	100.00	2.67	34.89	23.27	11.80	62.44	5.49	9.43

1–8　地区生产总值指数

（上年=100）

单位：%

	地区生产总值	第一产业	第二产业			第三产业			人均GDP（按常住人口计算）
				工业	建筑业		交通运输仓储及邮政业	批发和零售业	
1955	119.70	103.30	125.20	124.10	120.60	122.80			109.30
1956	119.60	104.20	135.60	126.50	162.70	114.30			106.20
1957	116.00	105.10	124.60	130.20	111.60	112.70			105.10
“二五”年均	104.12	96.01	112.02	117.02	90.33	97.98			101.15
1958	128	92.4	150.9	163.9	115.8	118.4			118.30
1959	128.5	82.4	156.7	168.8	110.4	108.9			117.80
1960	111.9	100.1	128.8	135.8	88	89.7			107.30
1961	61.9	99.2	50.1	48.6	63.8	80.5			63.00
1962	107.4	107.9	115.6	120.2	83.8	97			112.40
三年调整期	122.79	119.1	127.91	125.82	145.77	114.99			118.06
1963	120.6	118.6	128.6	125	164.3	108.9			119.90
1964	122.9	119.8	124.4	124.4	124.1	120.9			116.30
1965	124.9	118.9	130.8	128.1	151.9	115.5			118.00
“三五”年均	103.02	103.54	103.69	104.86	94.73	101.54			100.48
1966	102.3	102.9	100.7	107.2	59.4	105.6			97.60
1967	92.4	103	87.6	86	106.1	99.6			89.90
1968	102.3	103.3	107.1	107.4	104.5	93.9			100.10
1969	108.1	103.7	111.2	113.1	93.5	103			106.70
1970	111	104.8	114.1	113.2	123.9	106.1			109.30
“四五”年均	109.27	104.32	109.75	110.6	98.63	109.38			106.59
1971	107.5	100.6	109.4	113.7	64.2	104.7			104.00
1972	110.3	100.6	110.8	110.3	120	111.5			106.40
1973	105.9	97.1	103.9	103.5	110.5	112.9			103.10
1974	109.4	124	108.5	108.8	104.1	108.8			107.60
1975	113.4	101.4	116.5	117.2	105.3	109.2			112.10
“五五”年均	102.56	100.54	101.86	101.68	105.16	106.2			
1976	100.5	100.6	99.6	99.6	99.5	102.7			99.40
1977	100.2	100.7	98.9	99	98.1	102.8			99.30
1978	102.2	95.6	102.5	102.1	110.4	102.7			101.30
1979	109.7	102.1	108.6	108.5	109.5	113.6			107.80
1980	100.5	103.9	100	99.5	109	109.7			101.00

注：人均GDP自2007年后按常住人口计算，2007年以前数据按户籍人口计算。

1-8 地区生产总值指数（续一）

（上年=100）

单位：%

	地区生产总值	第一产业	第二产业			第三产业			人均GDP（按常住人口计算）
				工业	建筑业		交通运输仓储及邮政业	批发和零售业	
“六五”年均	108.87	110.96	106.5	104.96	114.24	112.47			107.46
1981	96.70	80.80	92.60	87.50	109.00	106.80			95.5
1982	106.90	110.10	107.50	106.50	120.60	105.50			105.1
1983	111.40	124.90	112.20	113.00	103.50	108.50			109.7
1984	117.00	117.80	110.90	111.00	110.00	127.00			116.1
1985	113.50	128.50	110.60	109.00	130.00	115.90			112.1
“七五”年均	106.41	105.53	107.75	107.3	111.98	104.56			104.45
1986	112.30	109.90	109.60	108.00	125.90	116.30			110.4
1987	107.80	97.50	108.10	106.00	126.30	108.90			105.8
1988	103.80	100.50	108.00	108.00	108.10	98.70			101.9
1989	103.80	109.60	106.40	107.50	98.30	99.30			101.8
1990	104.60	110.90	106.70	107.00	104.20	100.70			102.6
“八五”年均	109.48	104.87	110.58	110.01	115.24	108.73			108.64
1991	102.20	112.50	98.80	98.00	105.20	106.30			101.20
1992	110.30	107.20	110.40	109.80	114.80	110.70			108.90
1993	111.60	102.70	114.90	115.30	113.97	107.90			110.30
1994	114.49	101.20	119.60	118.80	125.90	110.90	114.47	113.80	110.27
1995	109.20	101.20	110.30	109.30	117.30	108.90	113.21	111.30	107.24
“九五”年均	108.86	104.99	108.06	107.05	113.66	110.11	115.53	110.07	107.09
1996	109.18	105.80	109.30	108.40	114.80	109.45	112.00	112.20	107.10
1997	108.88	103.60	108.80	107.00	119.70	109.50	125.60	109.60	107.00
1998	108.74	107.10	106.60	105.00	115.00	111.30	117.10	111.40	107.23
1999	108.24	104.50	107.40	107.00	109.50	109.47	109.90	109.00	106.89
2000	109.24	104.00	108.20	107.90	109.60	110.83	113.70	108.20	107.24
“十五”年均	111.18	104.48	111.75	112.55	109.14	111.30	111.63	109.41	109.44
2001	110.54	105.50	109.90	110.10	109.40	111.56	113.90	108.30	108.86
2002	110.79	104.80	110.81	110.84	110.70	111.36	116.70	108.60	108.89
2003	110.99	104.80	111.60	111.90	110.90	111.01	108.90	108.50	109.55
2004	111.58	103.27	112.70	113.56	109.80	111.40	110.87	109.40	110.28
2005	112.00	104.05	113.78	116.46	105.00	111.17	108.00	112.30	109.65
“十一五”年均	111.92	104.73	113.21	113.59	111.49	111.26	107.07	112.16	110.90
2006	112.01	103.11	115.01	116.60	109.01	110.13	108.63	110.20	111.02
2007	112.50	103.69	115.78	117.12	110.30	110.22	110.39	111.57	111.16
2008	111.51	105.71	111.43	113.16	104.02	111.96	107.67	109.19	110.83
2009	110.80	106.17	110.23	109.42	113.56	111.64	101.10	115.10	110.21
2010	112.80	105.01	113.72	111.82	121.28	112.39	107.79	114.85	111.30
“十二五”年均	112.24	105.98	111.53	111.03	112.96	113.13	112.33	109.16	111.87
2011	115.00	105.20	116.30	115.20	119.60	114.30	116.30	113.40	114.90
2012	113.40	106.70	112.20	111.80	113.40	114.80	119.30	108.80	113.24
2013	113.40	105.80	113.50	114.10	111.90	113.60	120.70	112.20	113.05
2014	110.40	106.20	109.20	108.20	111.60	111.60	102.70	109.00	109.90
2015	109.10	105.90	106.80	106.10	108.60	111.20	104.00	102.70	108.40
2016	108.30	106.00	104.30	102.80	107.30	110.90	102.30	104.70	107.70

1-9 各县区生产总值

单位：亿元

	生产总值	第一产业	第二产业			第三产业			人均GDP（元）（按常住人口计算）
				工业	建筑业		交通运输仓储及邮政业	批发和零售业	
兰州市	**2264.23**	**60.36**	**790.10**	**526.83**	**267.12**	**1413.78**	**124.28**	**213.62**	**61207**
城关区	853.65	2.15	116.69	49.40	67.95	734.81	42.00	128.80	65487
七里河区	414.61	5.45	161.70	121.16	41.26	247.47	30.07	34.00	72841
西固区	327.00	4.69	181.48	146.35	35.13	140.84	15.91	30.17	89005
安宁区	161.17	0.16	72.13	49.50	22.71	88.88	0.38	9.77	57093
红古区	125.81	9.97	78.49	68.89	11.12	37.35	8.04	3.69	89544
永登县	98.55	11.29	30.55	20.72	9.85	56.71	19.56	5.72	28598
皋兰县	46.76	6.53	20.54	15.49	5.06	19.68	4.37	2.12	43700
榆中县	91.35	16.51	22.05	12.61	9.48	52.80	4.01	8.05	20612
兰州新区	151.66	3.62	113.86	49.30	64.56	34.18	6.69	1.82	

1-10 各县区生产总值构成

单位：%

	生产总值	第一产业	第二产业			第三产业		
				工业	建筑业		交通运输仓储及邮政业	批发和零售业
兰州市	**100.00**	**2.67**	**34.89**	**23.27**	**11.80**	**62.44**	**5.49**	**9.43**
城关区	100.00	0.25	13.67	5.79	7.96	86.08	4.92	15.09
七里河区	100.00	1.31	39.00	29.22	9.95	59.69	7.25	8.20
西固区	100.00	1.43	55.50	44.75	10.74	43.07	4.87	9.23
安宁区	100.00	0.10	44.75	30.71	14.09	55.15	0.24	6.06
红古区	100.00	7.92	62.39	54.76	8.84	29.69	6.39	2.94
永登县	100.00	11.45	31.00	21.02	10.00	57.54	19.85	5.80
皋兰县	100.00	13.97	43.93	33.12	10.82	42.10	9.35	4.53
榆中县	100.00	18.07	24.13	13.80	10.38	57.80	4.38	8.81
兰州新区	100.00	2.38	75.08	32.51	42.57	22.54	4.41	1.20

1-11 各县区生产总值指数

（上年=100）

单位：%

	县区生产总值	第一产业	第二产业			第三产业			人均GDP（按常住人口计算）
				工业	建筑业		交通运输仓储及邮政业	批发和零售业	
兰州市	**108.3**	**106.0**	**104.3**	**102.8**	**107.3**	**110.9**	**102.3**	**104.7**	**107.70**
城关区	109.30	105.20	105.50	103.50	107.30	109.90	102.30	107.60	109.10
七里河区	107.10	105.70	101.00	99.00	107.30	112.10	101.70	103.10	107.10
西固区	104.00	106.40	99.80	97.90	107.30	109.40	97.20	104.50	104.00
安宁区	107.80	0.00	105.40	104.60	107.30	110.10	114.50	108.60	107.50
红古区	109.00	106.40	108.90	109.80	107.30	110.00	95.70	105.60	108.20
永登县	108.80	106.70	106.10	105.70	107.30	111.10	106.60	105.40	108.70
皋兰县	108.70	106.10	107.50	107.60	107.30	111.00	107.70	105.00	106.10
榆中县	109.60	106.80	105.10	104.00	107.30	113.10	97.30	106.80	109.30
兰州新区	125.1	101	126.1	159.7	107.3	125	107	104.6	

主要统计指标解释

行政区划 指国家对行政区域的划分。根据宪法规定，我国的行政区域划分如下：（1）全国分为省、县、自治区、直辖市；（2）省、自治区分为自治州、县、自治县、市；（3）自治州分为县、自治县、市；（4）县、自治县分为乡、民族乡、镇；（5）直辖市和较大的市区分为区、县；（6）国家在必要时设立的特别行政区。

耕地面积 指经过开垦用以种植农作物并经常进行耕耘的土地面积。包括种有作物的土地面积、休闲地、新开荒地和抛荒未满三年的土地面积。

林业面积 指成品种植乔木、竹类、灌木、沿海红树林等林木的土地面积，包括有林地、灌木林、疏林地、未成林造林地、迹地、苗圃等。

草地面积 指牧区和农区用于放牧牲畜或割草，植被盖度在5%以上的草原、草坡、草山等面积。包括天然的和人工种植或改良的草地面积。

气温 指空气的温度，我国一般以摄氏度（℃）为单位表示。气象观测的温度表是放在离地面约1.5米处通风良好的百叶箱里测量的，因此，通常说的气温指的是离地面1.5米处百叶箱中的温度。其统计计算方法为：

月平均气温 是将全月各日的平均气温相加，除以该月的天数而得。

年平均气温 是将12个月的平均气温累加后除以12而得。

降水量 指从天空降落到地面的液态或固态（经融化后）水、未经蒸发、渗透、流失而在地面上积聚的深度。其统计计算方法为：

月降水量 是将全月各日的降水量累加而得。

年降水量 是将12个月的月降水量累加而得。

日照时数 指太阳实际照射地面的时间。其统计方法与降水量相同。

可比价格 指计算各种总量指标所采用的扣除了价格变动因素的价格，可进行不同时期总量指标的对比。按可比价格计算总量指标有两种方法：一种是直接用产品产量乘某一年的不变价格计算；另一种是用价格指数进行缩减。

平均增长速度 我国计算平均增长速度有两种方法：一种是习惯上经常使用的“水平法”，又称几何平均法，是以间隔期最后一年的水平同基期水平对比来计算平均每年增长（或下降）速度；另一种是“累计法”，又称代数平均法或方程法，是以间隔期内各年水平的总和同基期水平对比来计算平均每年增长（或下降）速度。

在一般正常情况下，两种方法计算的平均每年增长速度比较接近；但在经济发展不平衡、出现大起大落时，两种方法计算的结果差别较大。

企业（单位）登记注册类型是以在工商行政管理机关登记注册的各类企业为划分对象，以工商行政管理部门对企业登记注册的类型为依据，将企业登记注册类型分为内资企业、港澳台商投资企业和外商投资企业三大类。内资企业包括国有企业、集体企业、股份合作企业、联营企业、有限责任公司、股份有限公司、私营公司和其他企业；港澳台商投资企业和外商投资企业分别包括合资经营企业、合作经营企业、独资经营企业和股份有限公司。对不在工商行政管理部门进行登记注册的行政机关、事业单位和社会团体，主要按其经费来源和管理方式进行划分。

国有企业 指企业全部资产归国家所有，并按《中华人民共和国企业法人登记管理条例》规定登记注册的非公司制的经济组织。不包括有限责任公司中的国有独资公司。

集体企业 指企业资产归集体所有，并按《中华人民共和国企业法人登记管理条例》规定登记注册的经济组织。

股份合作企业 指以合作制为基础，由企业职工共同出资入股，吸收一定比例的社会资产投资组建，实行自主经营，自负盈亏，共同劳动，民主管理，按劳分配与按股分红相结合的一种集体经济组织。

联营企业 指两个及两个以上相同或不同所有制性质的企业法人或事业单位法人，按自愿、平等、互利的原则，共同投资组成经济组织。联营企业包括国有联营企业、集体联营企业、国有与集体联营企业和其他联营企业。

有限责任公司 指根据《中华人民共和国公司登记管理条例》规定登记注册，由两个以上、五十个以下的股东共同出资，每个股东以其所认缴的出资额对公司承担有限责任，公司以其全部资产对其债务承担责任的经济组织。有限责任公司包括国有独资公司以及其他有限责任公司。

股份有限公司 指根据《中华人民共和国公司登记管理条例》规定登记注册，其全部注册资本由等额股份构成并通过发行股票筹集资本，股东以其认购的股份对公司承担有限责任，公司以其全部资产对其债务承担责任的经济组织。

私营企业 指由自然人投资设立或由自然人控投，以雇佣劳动为基础的营利性经济组织。包括按照《公司法》、《合伙企业法》、《私营企业暂行条例》规定登记注册的私营有限责任公司、私营股份有限公司、私营合伙企业和私营独资企业。

其他企业 指上述企业之外的其他内资经济组织。

与港澳台商合资经营企业指港澳台地区投资企业与内地企业依照《中华人民共和国中外合资经营企业法》及有关法律的规定，按合同规定的比例投资设立、分享利润和分担风险的企业。

与港澳台商合作经营企业 指港澳台地区投资者与内地企业依照《中华人民共和国中外合作经营企业法》及有关法律的规定，依照合作合同的约定进行投资或提供条件设立、分配利润和分担风险的企业。

港澳台商独资经营企业 指依照《中华人民共和国外资企业法》及有关法律的规定，在内地由港澳台地区投资者全额投资设立的企业。

港澳台商投资股份有限公司 指根据国家有关规定，经外贸部依法批准设立，其中港、澳、台商的股本占公司注册资本的比例达25%以上的股份有限公司。凡其中港、澳、台商的股本占公司注册资本的比例小于25%的，属于内资企业中的股份有限公司。

中外合资经营企业 指外国企业或外国人与中国内地企业依照《中华人民共和国中外合资企业

法》及有关法律的规定，按合同规定的比例投资设立、分享利润和分担风险的企业。

中外合作经营企业　指外国企业或外国人与中国内地企业依照《中华人民共和国中外合作经营企业法》及有关法律的规定，依照合作合同的约定进行投资或提供条件设立、分配利润和分担风险的企业。

外资企业　指依照《中华人民共和国外资企业法》及有关法律的规定，在中国内地由外国投资者全额投资设立的企业。

外商投资股份有限公司　指根据国家有关规定，经外经贸部依法批准设立，其中外资的股本占公司注册资本的比例达25%以上的股份有限公司。凡其中外资股本占公司注册资本的比例小于25%的，属于内资企业中的股份有限公司。

行政机关、事业单位和社会团体　参照企业登记注册类型，主要按其经费来源和管理方式划分。具体规定如下：

（1）行政机关：包括国家机关和政党机关，原则上均列为“国有”。但有特殊规定的，如供销社等，则列为“集体”。

（2）事业单位：包括经国家机构编制部门和有关业务主管部门批准成立的各类事业单位，不包括实行企业化管理的事业单位。事业单位的划分办法如下：

①由国家财政预算拨款或列入财政预算外资金管理以及经费主要来源于国有主管部门或国有上级单位的事业单位，列为“国有”。

②经费主要来源于集体单位的事业单位，列为“集体”。

③公民个人（或个人合伙）开办的事业单位，列为“私营”。

④上述以外的其他事业单位，如果其经费来源不明确，按管理方式进行归类。

（3）社会团体：包括经民政部门批准成立以及未纳入社会团体管理条例范围的工会、妇联等各类社会团体。社会团体的划分办法如下：

①未纳入民政部社会团体管理条例范围的工会、妇联、共青团、青联、工商联、科协、侨联等社会团体，国家拨款设立的基金会或基金管理组织以及经费主要来源于国有业务主管部门或国有上级单位的社会团体，列为“国有”。

②经费主要来源于集体单位的社会团体，列为“集体”。

③公民个人（或个人合伙）开办的社会团体，划为“私营”。

④上述以外的其他社会团体，如果其经费来源不明确，改按管理方式进行归类。

进出口总额海关进出口总额　指实际进出我国国境的货物总金额。包括对外贸易实际进出口货物，来料加工装配进出口货物，国家间、联合国及国际组织无偿援助物资和赠送品，华侨、港澳台同胞和外籍华人捐赠品，租赁期满归承租人所有的租赁货物，进料加工进出口货物，边境地方贸易及边境地区小额贸易进出口货物（边民互市贸易除外），中外合资企业、中外合作经营企业、外商独资经营企业进出口货物和公用物品，到、离岸价格在规定限额以上的进出口货样和广告品（无商业价值、无使用价值和免费提供出口的除外），从保税仓库提取在中国境内销售的进口货物，以及其他进出口货物。进出口总额用以观察一个国家在对外贸易方面的总规模。我国规定出口货物按离岸价格统计，进口货物按到岸价格统计。

国际旅游（外汇）收入　指入境旅游的外国人、华侨、港澳同胞和台湾同胞在中国大陆旅游过程中发生的一切旅游支出，对于国家来说就是国际旅游（外汇）收入。

地区生产总值（GDP）　指一个国家（或地区）所有常住单位在一定时期内生产活动的最终成果。地区生产总值有三种表现形态，即价值形态、收入形态和产品形态。从价值形态看，它是所有常住单位在一定时期内生产的全部货物和服务价值超过同期中间投入的全部非固定资产货物和服务价值的差额、即所有常住单位的增加值之和；从产品形态看，它是所有常住单位在一定时期内最终使用的货物和服务价值与货物和服务净出口价值之和。在实际核算中，地区生产总值有三种计算方法，即生产法、收入法和支出法。三种方法分别从不同的方面反映地区生产总值及其构成。

三次产业　是根据社会生产活动历史发展的顺序对产业结构的划分，产品直接取自自然界的部门称为第二产业，为生产和消费提供各种服务的部门称为第三产业。它是世界上较为通用的产业结构分类，但各国的划分不尽一致。

我国的三次产业划分是：

第一产业：农业（包括种植业、林业、牧业和渔业）。

第二产业：工业（包括采掘业、制造业、电力、煤气及水的生产和供应业）和建筑业。

第三产业：除第一、第二产业以外的其他各业。由于第三产业包括的行业多、范围广、根据我国的实际情况，第三产业可分为两大部分：一是流通部门，二是服务部门。具体又可分为四个层次：

第一层次：流通部门，包括交通运输、仓储及邮电通信业、批发和零售贸易、餐饮业。

第二层次：为生产和生活服务的部门，包括金融、保险业、地质勘查业、水利管理业，记地产业，社会服务业、农、林、牧、渔服务业，交通运输辅助业，综合技术服务业等。

第三层次：为提高科学文化水平和居民素质服务的部门，包括教育、文化艺术及广播电影电视业，卫生、体育和社会福利业，科学研究业等。

第四层次：为社会公共需要服务的部门，包括国家机关、政党机关和社会团体以及军队、警察等。

支出法国内生产总值　指一个国家（或地区）所有常住单位在一定时期内用于最终消费，资本形成总额，以及货物和服务的净出口总额，它反映本期生产的国内生产总值的使用及构成。

最终消费　指常住单位在一定时期内对于货物和服务的全部最终消费支出，也就是常住单位为满足物质、文化和精神生活的需要，从本国经济领土和国外购买的货物和服务的支出；不包括非常住单位在本国经济领土内的消费支出。最终消费分为居民消费和政府消费。

居民消费　指常住住户对货物和服务的全部最终消费支出。居民消费按市场价格计算，即按居民支付的购买者价格计算。购买者价格是购买者取得货物所支付的价格，包括购买者支付的运输和商业费用。居民消费除了直接以货币形式购买货物和服务的消费之外，还包括以其他方式获得的货物和服务的消费支出，即所谓的虚拟消费支出。居民虚拟消费支出包括以下几种类型：单位以实物报酬及实物转移的形式提供给劳动者的货物和服务；住户生产并由本住户消费了的货物和服务，其中的服务仅指住户的自有住房服务；金融机构提供的金融媒介服务；保险公司提供的保险服务。

政府消费　指政府部门为全社会提供公共服务的消费支出和免费或以较低价格向住户提供的货物和服务的净支出。前者等于政府服务的产出价值减去政府单位所获得的经营收入的价值，政府服务的产出价值等于它的经常性业务支出加上固定资产折旧；后者等于政府部门免费或以较低价格向住户提供的货物和服务的市场价值减去向住户收取的价值。

资本形成总额 指常住单位在一定时期内获得的减去处置的固定资产加存货的变动，包括固定资本形成总额和存货增加。

固定资本形成总额 指常住单位购置、转入和自产自用的固定资产，扣除固定资产的销售和转出后的价值，分有形固定资产形成总额和无形固定资产形成总额。有形固定资产形成总额包括一定时期内完成的建筑工程、安装工程和设备工器购置（减处置）价值，以及土地改良、新增役、种、奶、毛、娱乐用牲畜和新增经济林木价值。无形固定资产形成总额包括矿藏的勘探，计算机软件、娱乐和文学艺术品原件等获得减处置。

存货增加 指常住单位存货实物最变动的市场价值，即期末价值减去期初价值的差额。存货增加可以是正值，也可是负值；正值表示存货上升，负值表示存货下降。它包括生产单位购进的原材料、燃料和储备物资等存货，以及生产单位生产的产成品、在制品等。

货物和服务净出口 指货物和服务出口减货物和服务进口的差额。出口包括常住单位向非常住单位出售或无偿转让的各种货物和服务的价值；进口包括常住单位从常住单位购买或无偿得到的各种货物和服务的价值。由于服务活动的提供与使用同时发生，因此服务的进出口业务并不发生出入境现象，一般把常住单位从国外得到的服务作为进口，非常住单位从本国得到的服务作为出口。货物的出口和进口都按离岸价格计算。

劳动者报酬 指劳动者因从事生产活动所获得的全部报酬。包括劳动者获得的各种形式的工资、奖金和津贴，既包括货币形式的，也包括实物形式的；还包括劳动者所享受的公费医疗和医药卫生费、上下班交通补贴和单位支付的社会保险费等。对于个体经济来说，其所有者所获得的劳动报酬和经营利润不易区分，这两部分统一作为劳动者报酬处理。

生产税净额 指生产税减生产补贴后的余额。生产税指政府对生产单位生产、销售和从事经营活动以及因从事生产活动使用某些生产要素（如固定资产、土地、劳动力）所征收的各种税、附加费和规费。生产补贴与生产税相反，指政府对生产单位的单方面收入转移，因此视为负生产税，包括政策亏损补贴、粮食系统价格补贴、外贸企业出口退税收等。

固定资产折旧 指一定时期内为弥补固定资产损耗按照核定的固定资产折旧率提取的固定资产折旧，或按国民经济核算统一规定的折旧率虚拟计算的固定资产折旧。它反映了固定资产在当期生产中的转移价值。各类企业和企业化管理的事业单位的固定资产折旧是指实际计提并计入成本费中的折旧费；不计提折旧的政府机关、非企业化管理的事业单位和居民住房的固定资产折旧是按照统一规定的折旧率和固定资产原值计算的虚拟折旧。原则上，固定资产折旧应按固定资产的重置价值计算，但是目前我国尚不具备对全社会固定资产进行重估价的基础，所以暂时只能采用上述办法。

营业盈余 指常住单位创造的增加值扣除劳动者报酬、生产税净额和固定资产折旧后的余额。它相当于企业的营业利润加上生产补贴，但要扣除从利润中开支的工资和福利等。

二、人　口

2-1 人口数及构成（户籍数）

单位：万人、%

年份	年末户籍总人口	按性别分				按城乡分			
		男		女		非农业人口		农业人口	
		人口数	比重	人口数	比重	人口数	比重	人口数	比重
1979	210.35	110.72	52.64	99.63	47.36	97.75	46.47	112.60	53.53
1980	214.50	112.68	52.53	101.82	47.47	100.17	46.70	114.33	53.30
1981	215.98	113.53	52.57	102.45	47.43	102.42	47.42	113.56	52.58
1982	221.96	116.09	52.30	105.87	47.70	103.56	46.66	118.40	53.34
1983	222.84	116.74	52.39	106.10	47.61	107.63	48.30	115.21	51.70
1984	225.59	118.09	52.35	107.50	47.65	109.68	48.62	115.91	51.38
1985	228.71	119.60	52.29	109.11	47.71	112.69	49.27	116.02	50.73
1986	233.40	121.73	52.16	111.67	47.84	116.53	49.93	116.87	50.07
1987	237.49	123.55	52.02	113.94	47.98	119.24	50.21	118.25	49.79
1988	241.98	126.00	52.07	115.98	47.93	122.66	50.69	119.32	49.31
1989	246.74	128.27	51.99	118.47	48.01	125.56	50.89	121.18	49.11
1990	251.69	131.54	52.26	120.15	47.74	127.10	50.50	124.59	49.50
1991	255.01	132.70	52.04	122.31	47.96	129.85	50.92	125.16	49.08
1992	258.38	134.10	51.90	124.28	48.10	132.20	51.16	126.18	48.84
1993	261.21	135.43	51.85	125.78	48.15	133.87	51.25	127.34	48.75
1994	265.67	137.73	51.84	127.94	48.16	138.70	52.21	126.97	47.79
1995	270.84	140.11	51.73	130.73	48.27	142.99	52.80	127.85	47.20
1996	276.09	142.41	51.58	133.68	48.42	147.54	53.44	128.55	46.56
1997	280.46	144.57	51.55	135.89	48.45	150.65	53.72	129.81	46.28
1998	283.93	146.22	51.50	137.71	48.50	153.75	54.15	130.18	45.85
1999	287.19	148.08	51.56	139.11	48.44	156.58	54.52	130.61	45.48
2000	290.68	149.62	51.47	141.06	48.53	159.75	54.96	130.93	45.04
2001	296.51	152.47	51.42	144.04	48.58	164.87	55.60	131.64	44.40
2002	300.95	154.67	51.39	146.28	48.61	170.09	56.52	130.86	43.48
2003	304.36	156.53	51.43	147.83	48.57	175.54	57.68	128.82	42.32
2004	308.11	158.53	51.45	149.58	48.55	180.27	58.51	127.84	41.49
2005	311.74	160.29	51.42	151.45	48.58	183.93	59.00	127.81	41.00
2006	313.64	160.94	51.31	152.70	48.69	185.69	59.20	127.95	40.80
2007	319.28	163.68	51.27	155.6	48.73	198.53	62.18	120.75	37.82
2008	322.28	165.09	51.23	157.19	48.77	201.63	62.56	120.65	37.44
2009	323.59	165.2	51.05	158.39	48.95	202.77	62.66	120.82	37.34
2010	323.54	165.09	51.03	158.44	48.97	202.92	62.72	120.62	37.28
2011	323.30	164.35	50.84	158.95	49.16	202.67	62.69	120.63	37.31
2012	321.52	163.03	50.71	158.49	49.29	202.5	62.98	119.02	37.02
2013	321.43	162.74	50.63	158.69	49.37	201.41	62.66	120.02	37.34
2014	321.64	162.50	50.52	159.14	49.48	200.99	62.49	120.65	37.51
2015	321.90	162.4	50.45	159.50	49.55	214.17	66.53	107.73	33.47
2016	324.23	163.30	50.37	160.93	49.63	222.73	68.69	101.5	31.31

2–2 人口自然变动情况

年份	出生人口（人）	出生率（‰）	死亡人口（人）	死亡率（‰）	自然增长率（‰）
1979	30212	14.36	9410	4.73	9.63
1980	23621	11.01	9702	4.85	6.16
1981	35132	16.27	9940	4.82	11.45
1982	36541	16.46	10409	4.70	11.76
1983	34831	15.63	10403	4.68	10.95
1984	33714	14.91	10441	4.62	10.29
1985	31721	13.87	10430	4.55	9.32
1986	37634	16.12	10430	4.46	11.66
1987	39136	16.48	10400	4.69	11.79
1988	39024	16.13	10411	4.67	11.46
1989	35728	14.48	9549	3.87	10.61
1990	32518	12.92	9539	3.79	9.13
1991	34554	13.55	12546	4.92	8.63
1992	33693	13.04	13229	5.12	7.92
1993	33905	12.98	10762	4.12	8.86
1994	31987	12.04	10228	3.85	8.19
1995	38621	14.40	12398	4.62	9.78
1996	41756	15.27	12428	4.54	10.73
1997	34588	12.34	14824	5.28	7.06
1998	31938	11.24	15842	5.56	5.68
1999	26837	9.39	11002	3.85	5.54
2000	39386	13.62	19904	6.88	6.74
2001	32626	11.00	10324	3.48	7.52
2002	28276	9.40	12730	4.22	5.18
2003	26083	8.62	12399	4.10	4.52
2004	30509	9.96	18249	5.96	4.00
2005	32817	10.59	11202	3.61	6.98
2006	31249	9.99	12962	4.15	5.84
2007	36346	11.49	12180	3.85	7.64
2008	33596	10.47	13462	4.20	6.27
2009	31660	9.81	17641	5.46	4.35
2010	35785	11.06	25904	8.00	3.06
2011	30598	9.46	11342	3.51	5.95
2012	34178	10.60	20381	6.32	4.28
2013	34295	10.67	11817	3.68	6.99
2014	40861	12.71	14698	4.57	8.14
2015	34909	10.84	16654	5.17	5.67
2016	38453	11.86	13311	4.11	7.75

2-3 各县区人口情况

	行政区划面积（平方公里）	建成区面积（平方公里）	常住人口（万人）	户籍人口			人口密度（人/平方公里）
				年末总户数（万户）	年末总人口（万人）	非农业人口	
兰州市	**13192.31**	**310.85**	**370.55**	**109.57**	**324.23**	**222.73**	**281**
城关区	207.84	72.27	130.52	32.86	93.44	92.59	6280
七里河区	394.47	40.92	57.01	16.45	46.81	38.97	1445
西固区	358.32	40.18	36.79	11.63	32.36	28.28	1027
安宁区	82.33	26.10	28.25	6.86	19.02	19.02	3431
红古区	531.14	11.87	14.09	5.44	14.49	10.75	265
永登县	5846.73	51.70	34.52	17.07	53.87	15.04	59
皋兰县	2476.78	29.63	10.76	6.24	19.11	8.49	43
榆中县	3294.70	38.19	44.33	13.02	45.12	9.58	135

2-4 就业

	1995	2000	2008	2009
从业人员合计	**161.22**	**145.67**	**157.15**	**162.72**
第一产业	43.61	45.43	41.75	41.08
第二产业	61.96	43.88	42.37	44.72
第三产业	55.64	56.36	73.03	76.92
从业人员构成	**100.00**	**100.00**	**100.00**	**100.00**
第一产业	27.05	31.39	26.57	25.25
第二产业	38.43	30.12	26.96	27.48
第三产业	34.52	38.69	46.47	47.27
按城乡分从业人员	**161.22**	**145.67**	**157.15**	**162.72**
城镇从业人员	87.40	64.06	86.59	92.03
国有单位	70.03	51.78	34.32	37.33
城镇集体单位	15.20	9.06	1.76	1.74
股份合作单位	2.16	3.22	0.33	0.22
联营单位			0.03	0.04
有限责任公司			11.52	10.56
股份有限公司			4.52	3.80
私营企业	1.69	6.38	18.57	20.17
港澳台商投资单位			0.31	0.31
外商投资单位			0.21	0.43
其他			0.15	0.25
个体	6.14	6.44	14.87	17.18
乡村从业人员	65.99	68.79	70.56	70.69
城镇单位从业人数	**87.39**	**64.06**	**53.15**	**54.68**
国有单位	70.03	51.78	34.32	37.33
城镇集体单位	15.20	9.06	1.76	1.74
其他单位	2.16	3.22	17.07	15.61
城镇单位女性从业人员			**18.21**	**18.13**
城镇登记失业人数	**1.70**	**2.96**	**1.89**	**2.12**
城镇登记失业率（%）		**2.60**	**2.80**	**3.09**
下岗失业人员再就业人数		**0.96**	**2.49**	**2.03**

基本情况

单位：万人

2010	2011	2012	2013	2014	2015	2016
176.48	**179.72**	**181.95**	**196.26**	**205.05**	**208.09**	**215.6**
40.78	41.19	40.75	39.64	39.51	38.73	39.04
47.16	47.25	47.16	52.50	53.73	55.25	59.50
88.54	91.28	94.04	104.12	111.81	114.11	117.06
100.00	**100.00**	**100.00**	**100.00**	**100.00**	**100.00**	**100.00**
23.11	22.92	22.40	20.20	19.27	18.61	18.11
26.72	26.29	25.92	26.75	26.20	26.55	27.60
50.17	50.79	51.68	53.05	54.53	54.84	54.29
176.48	**179.72**	**181.95**	**196.26**	**205.05**	**208.09**	**215.6**
105.33	108.99	110.93	127.01	136.03	137.19	144.62
40.43	38.80	39.13	36.46	36.26	36.61	42.59
1.91	1.92	2.02	2.55	2.08	1.89	1.74
0.23	0.19	0.19	0.13	0.08	0.09	0.08
0.25	0.04	0.03	0.20	0.19	0.05	0.03
8.19	11.00	11.63	20.06	22.72	23.16	23.00
3.83	4.09	4.48	8.10	8.13	8.02	8.14
30.67	31.48	29.07	31.66	35.89	35.28	36.29
0.27	0.05	0.13	0.66	0.61	0.57	0.61
0.36	0.40	0.50	1.04	1.08	0.88	0.86
0.27	0.27	0.21	0.40	0.23	0.21	0.18
18.92	20.75	23.54	25.75	28.76	30.44	31.08
71.15	70.73	71.02	69.25	69.02	70.89	70.98
55.74	**56.76**	**58.32**	**69.60**	**71.37**	**71.47**	**77.25**
37.63	38.80	39.13	36.46	36.26	36.61	42.59
1.91	1.92	2.02	2.55	2.08	1.89	1.74
16.20	16.04	17.17	30.59	33.03	32.97	32.91
18.28	**18.17**	**19.96**	**23.14**	**24.19**	**24.08**	**25.96**
2.37	**2.15**	**1.44**	**1.44**	**1.52**	**1.46**	**1.73**
3.12	**2.94**	**1.63**	**1.71**	**1.77**	**1.77**	**2.17**
1.00	**2.72**	**3.17**	**1.41**	**2.19**	**2.5**	**2.46**

2-5 城乡劳动力资源配置情况

单位：万人

	合计	城镇	乡村
年末劳动力资源总数	**297.89**	**208.10**	**89.79**
当年新增加的劳动力资源	3.34	2.01	1.33
年末16岁以上全部人数	**317.08**	**223.18**	**93.90**
不计入劳动力资源的人数	19.19	15.08	4.11
经济活动人口			
从业人员	215.60	144.62	70.98
按就业身份分			
在岗职工	63.01	63.01	
私营业主	15.15	13.14	2.01
个体户主	18.47	15.74	2.73
私营企业和个体从业人员	54.77	46.66	8.11
农村劳动力	55.44		55.44
其他从业人员	8.76	8.76	
按经济类型分			
国有经济	37.21	37.21	
集体经济	57.18	1.74	55.44
私营经济	49.95	38.42	11.53
个体经济	38.44	33.05	5.39
联营经济	0.03	0.03	
股份制经济	31.14	31.14	
外商投资经济	0.86	0.86	
港、澳、台投资经济	0.61	0.61	
其他经济	0.18	0.18	
按国民经济行业分			
农林牧渔业	39.03	2.10	36.94
采矿业	3.43	1.42	2.01
制造业	19.29	13.24	6.05
电力、燃气及水的生产和供应业	6.12	6.12	
建筑业	30.67	19.74	10.93
批发和零售业	42.43	39.47	2.96
交通运输、仓储和邮政业	11.65	7.61	4.04
住宿和餐饮业	14.36	8.54	5.82
信息传输、计算机服务和软件业	3.26	2.96	0.30
金融业	2.81	2.67	0.15
房地产业	3.61	3.61	
租赁和商务服务业	6.45	6.45	
科学研究、技术服务和地质勘查业	5.09	4.98	0.12
水利、环境和公共设施管理	1.91	1.91	
居民服务和其他服务业	4.71	4.71	
教育	7.48	7.06	0.42
卫生、社会保障和社会福利业	3.97	3.61	0.36
文化、体育和娱乐业	2.06	1.95	0.11
公共管理和社会组织	7.26	6.47	0.79
非经济活动人口			
16岁以上在校学生	44.28	40.36	3.92

2-6 从业人员

单位：万人

年份	从业人员合计	单位从业人员	国有单位	集体单位	其他单位	城镇私营企业及个体劳动者	农村劳动者
1979	103.23	61.66	53.11	8.55		0.05	41.52
1980	106.56	59.93	53.12	6.81		0.20	44.43
1981	108.90	63.00	55.84	7.16		0.72	45.18
1982	115.51	64.20	56.75	7.45		0.53	50.78
1983	118.74	66.22	58.05	8.17		0.87	51.65
1984	123.35	67.01	58.61	8.40	0.02	1.98	54.36
1985	127.98	71.05	61.68	9.37	0.03	2.57	54.36
1986	132.58	73.38	63.33	9.96	0.09	2.52	56.68
1987	135.35	75.47	65.45	9.91	0.11	2.31	57.55
1988	138.54	76.36	66.25	9.97	0.14	3.50	58.68
1989	140.17	76.37	65.94	10.30	0.14	3.40	60.40
1990	143.97	79.34	67.36	11.85	0.14	2.86	61.77
1991	151.47	84.86	68.87	15.81	0.19	3.84	62.78
1992	157.36	87.58	69.47	17.68	0.44	5.91	63.86
1993	160.12	87.30	69.58	17.18	0.53	8.13	64.89
1994	160.89	88.14	70.33	16.67	1.14	7.29	65.46
1995	161.22	87.40	70.03	15.20	2.16	7.82	65.99
1996	162.27	86.26	68.93	15.31	2.02	9.44	66.57
1997	160.26	82.64	67.83	13.00	1.81	10.39	67.23
1998	160.37	82.53	67.22	10.11	5.21	13.23	67.48
1999	152.32	65.17	51.12	9.00	5.06	19.53	67.61
2000	145.70	64.06	51.78	9.06	3.22	12.82	68.79
2001	141.40	59.04	47.17	5.28	6.59	13.19	69.17
2002	153.36	59.42	46.06	4.83	8.53	13.87	80.07
2003	154.23	60.01	45.18	4.13	10.90	15.85	78.25
2004	150.04	59.34	44.75	3.52	11.06	23.80	66.90
2005	150.75	57.06	43.87	3.11	10.08	23.33	70.36
2006	150.63	56.71	35.35	2.69	18.67	23.09	70.83
2007	153.98	56.46	35.35	2.69	18.42	26.98	70.54
2008	157.15	53.15	34.32	1.76	17.07	33.44	70.56
2009	162.72	54.68	37.33	1.74	15.61	37.35	70.69
2010	176.48	55.74	37.63	1.91	16.20	49.59	71.15
2011	179.72	56.76	38.80	1.92	16.04	52.23	70.73
2012	181.95	58.32	39.13	2.02	17.17	52.61	71.02
2013	196.26	69.60	36.46	2.55	30.59	57.41	69.25
2014	205.05	71.37	36.26	2.08	33.03	64.66	69.02
2015	208.09	71.47	36.61	1.89	32.97	65.72	70.89
2016	215.60	77.25	42.59	1.74	32.91	67.37	70.98

2-6 从业人员（续一）

单位：万人

年份	从业人员				构成（%）		
		第一产业	第二产业	第三产业	第一产业	第二产业	第三产业
1979	103.23						
1980	106.56						
1981	108.90						
1982	115.51						
1983	118.74						
1984	123.35						
1985	127.98						
1986	132.58	38.80	56.39	37.79	29.27	42.53	28.50
1987	135.35	41.60	56.40	37.35	30.74	41.67	27.60
1988	138.54	43.76	58.13	37.64	31.59	41.96	27.17
1989	140.17	43.56	57.86	38.76	31.08	41.28	27.65
1990	143.97	44.99	58.54	40.44	31.25	40.66	28.09
1991	151.47	45.80	61.31	44.36	30.24	40.48	29.29
1992	157.36	46.46	63.86	47.03	29.52	40.58	29.89
1993	160.12	43.43	64.83	51.86	27.12	40.49	32.39
1994	160.89	43.53	61.48	55.88	27.06	38.21	34.73
1995	161.22	43.61	61.96	55.64	27.05	38.43	34.51
1996	162.27	43.57	60.48	58.23	26.85	37.27	35.88
1997	160.26	44.44	58.16	57.66	27.73	36.29	35.98
1998	160.37	44.80	55.49	60.08	27.94	34.40	37.46
1999	152.32	44.60	45.91	61.80	29.28	30.14	40.57
2000	145.70	45.43	43.88	56.36	31.18	30.12	38.70
2001	141.40	45.56	39.88	55.91	32.22	28.20	39.58
2002	142.96	45.04	40.09	57.83	31.51	28.04	45.45
2003	145.63	44.72	42.78	58.13	30.71	29.73	39.92
2004	150.04	41.65	48.09	59.00	27.75	32.93	39.32
2005	150.75	44.68	43.18	62.89	29.64	28.64	41.72
2006	150.63	42.81	44.92	62.90	28.42	29.82	41.76
2007	153.98	42.04	45.86	66.08	27.26	29.73	43.01
2008	157.15	41.75	42.37	73.03	26.57	26.96	46.47
2009	162.72	41.08	44.72	76.92	25.25	27.48	47.27
2010	176.48	40.78	47.16	88.54	23.11	26.72	50.17
2011	179.72	41.19	47.25	91.28	22.92	26.29	50.79
2012	181.95	40.75	47.16	94.04	22.40	25.92	51.68
2013	196.26	39.64	52.50	104.12	20.20	26.75	53.05
2014	205.05	39.51	53.73	111.81	19.27	26.20	54.53
2015	208.09	38.73	55.25	114.11	18.61	26.55	54.84
2016	215.60	39.04	59.50	117.06	18.11	27.60	54.29

2-7 全市分行业从业人员

单位：万人

	从业人员	单位从业人员	城镇私营企业	城镇个体劳动者	农村劳动者
合计	**215.60**	**77.25**	**36.29**	**31.08**	**70.98**
农、林、牧、渔业	39.03	0.07	1.36	0.67	36.94
采矿业	3.43	1.34	0.08		2.01
制造业	19.29	10.69	1.72	0.83	6.05
电力、煤气和水生产和供应业	6.12	5.97	0.15		
建筑业	30.67	15.62	4.02	0.09	10.93
批发和零售业	42.43	2.98	17.71	18.79	2.96
交通、仓储和邮政业	11.65	6.93	0.34	0.34	4.04
住宿和餐饮业	14.36	1.38	0.85	6.31	5.82
信息传输、计算机服务和软件	3.26	0.92	1.95	0.09	0.30
金融业	2.81	2.52	0.15		0.15
房地产业	3.61	3.09	0.52		
租赁和商务服务业	6.45	2.46	3.56	0.43	
科学研究技术服务和地质勘探业	5.09	3.88	1.07	0.04	0.12
水利、环境和公共设施管理	1.91	1.74	0.17		
居民服务和其他服务业	4.71	0.08	1.61	3.01	
教育	7.48	6.89	0.15	0.01	0.42
卫生、社会保障和社会福利业	3.97	3.25	0.09	0.26	0.36
文化、体育和娱乐业	2.06	0.97	0.79	0.19	0.11
公共管理和社会组织	7.26	6.46	0.01	0.01	0.79
按三次产业分					
第一产业	39.04	0.07	1.36	0.67	36.94
第二产业	59.50	33.62	5.97	0.92	18.99
第三产业	117.06	43.56	28.96	29.49	15.05

2-8 全市城镇非私营单位从业人员

单位：人

	合计	在岗职工	国有单位	城镇集体单位	其他单位
合计	772464	630065	425913	17414	329137
按执行会计标准类别分组					
企业	563652	449802	219007	15770	328875
事业	149931	132380	148148	1526	257
机关	57508	47625	57503		5
民间非营利组织					
其他	1373	258	1255	118	
按国民经济行业分			0		
农、林、牧、渔业	718	644	617	51	50
农业	18	18		18	
林业	324	310	274		50
畜牧业	175	164	142	33	
渔业					
农、林、牧、渔服务业	201	152	201		
采矿业	13356	13356	194		13162
制造业	106878	98304	11799	2671	92408
电力、热力、燃气及水生产和供应业	59715	54100	51685	57	7973
电力、热力生产和供应业	55922	50448	51463	57	4402
燃气生产和供应业	1586	1452			1586
水的生产和供应业	2207	2200	222		1985
建筑业	156237	91719	56139	6648	93450
房屋建筑业	89140	53528	30934	3353	54853
土木工程建筑业	38222	25381	6360	2478	29384
建筑安装业	21892	8358	15833	674	5385
建筑装饰和其他建筑业	6983	4452	3012	143	3828
批发和零售业	29769	27167	3503	1761	24505
批发业	9609	9162	1958	662	6989
零售业	20160	18005	1545	1099	17516
交通运输、仓储和邮政业	69253	63600	49869	601	18783
铁路运输业	40256	39987	39832	49	375
道路运输业	14272	13158	2175	404	11693
水上运输业	102	102	48		54
航空运输业	6106	3779	4146		1960
管道运输业					
装卸搬运和运输代理业	2433	2315	2222		211
仓储业	2042	1728	390	148	1504
邮政业	5608	4097	2622		2986
住宿和餐饮业	13831	11277	5122	500	8209
住宿业	8565	7586	3986	480	4099
餐饮业	5266	3691	1136	20	4110
信息传输、软件和信息技术服务业	9212	7025	3635		5577
电信、广播电视和卫星传输服务	7629	5501	3502		4127
互联网和相关服务	5	5	5		
软件和信息技术服务业	1578	1519	128		1450

2-8　全市城镇非私营单位从业人员（续一）

单位：人

	合计	在岗职工	国有单位	城镇集体单位	其他单位
金融业	25201	18659	7177	871	17153
货币金融服务业	17299	16545	6789	871	9639
资本市场服务业	22	22	22		
保险业	7765	1981	251		7514
其他金融业	115	111	115		
房地产业	30936	25934	4950	240	25746
房地产开发经营	15144	14052	3137	46	11961
物业管理	14388	10648	587	142	13659
房地产中介服务	146	146	20		126
租赁和商务服务业	24626	16918	16883	2303	5440
租赁业	444	444	1	49	394
商务服务业	24182	16474	16882	2254	5046
科学研究、技术服务业	38766	34287	27074	104	11588
研究和试验发展	10913	10295	10057		856
专业技术服务业	25187	21420	14459	104	10624
科技推广和应用服务业	2666	2572	2558		108
水利、环境和公共设施管理业	17414	14081	16403		1011
水利管理业	2998	2530	2877		121
生态保护和环境治理业	1538	1355	1437		101
公共设施管理业	12878	10196	12089		789
居民服务、修理和其他服务业	839	816	573	11	255
居民服务业	436	436	255	11	170
机动车、电子产品和日用产品修理业	349	343	264		85
其他服务业	54	37	54		
教育	68935	63428	67547	284	1104
卫生和社会工作	32502	24157	30013	957	1532
卫生	31635	23306	29146	957	1532
社会工作	867	851	867		
文化、体育和娱乐业	9696	8376	8155	355	1186
新闻和出版业	2153	2087	1536	269	348
广播、电视、电影和影视录音制作业	3417	2618	2828	86	503
文化艺术业	2927	2581	2806		121
体育	800	712	800		
娱乐业	399	378	185		214
公共管理、社会保障和社会组织	64580	56217	64575		5
中国共产党机关	2282	1964	2282		
国家机构	59582	51728	59582		
人民政协、民主党派	669	601	669		
社会保障	209	173	209		
群众社团、社会团体和其他成员组织	1804	1717	1799		5

2-9 按登记注册类型分的其他单位从业人员

单位：万人

	2007	2008	2009	2010	2011	2012	2013	2014	2015	2016
城镇单位从业人员	18.42	17.03	15.61	16.20	16.04	17.17	30.59	33.03	32.97	32.91
内资	17.70	16.41	14.88	15.57	15.95	16.54	28.89	31.34	31.52	31.44
股份合作	0.34	0.32	0.22	0.23	0.19	0.19	0.13	0.08	0.09	0.08
联营	0.04	0.03	0.04	0.25	0.04	0.03	0.20	0.19	0.05	0.03
国有联营				0.21			0.15	0.14		
集体联营	0.04						0.02	0.01	0.01	0.01
有限责任公司	11.80	10.52	10.57	10.99	11.36	11.63	20.07	22.72	23.16	23
国有独资	2.90	3.05	3.42	2.80	3.55	3.70	3.43	3.96	4.29	4.72
股份有限公司	5.36	5.34	3.80	3.83	4.09	4.49	8.09	8.13	8.02	8.14
其他	0.16	0.21	0.25	0.27	0.27	0.21	0.40	0.22	0.21	0.18
港、澳、台商投资	0.35	0.31	0.31	0.27	0.05	0.13	0.66	0.61	0.57	0.61
外商投资	0.38	0.31	0.42	0.36	0.40	0.50	1.04	1.08	0.88	0.86

主要统计指标解释

人口数 指一定时点、一定地区范围内的有生命的个人的总和。

出生率（又称粗出生率） 指在一定时期内（通常为一年）一定地区的出生人数与同期内平均人数（或期中人数）之比。一般用于千分率表示。本资料中的出生率指年出生率，其计算公式为：

出生率=出生人数/年平均人数×1000

式中：出生人数指活产婴儿，即胎儿脱离母体时（不管怀孕月数），有过呼吸或其他生命现象。年平均人数指年初、年底人口数的平均数，也可用年中人口数代替。

死亡率（又称粗死亡率） 指在一定时期内（通常为一年）一定地区的死亡人数与同期内平均人数（或期中人数）之比，一般用千分率表示。本资料中的死亡率指年死亡率，其计算公式为：

死亡率=年死亡人数/年平均人数×1000

人口自然增长率 指在一定时期内（通常为一年）人口自然增加数（出生人数减死亡人数）与该时期内平均人数（或期中人数）之比，一般用于千分率表示。计算公式为：

人口自然增长率=（本年出生人数－本年死亡人数）/年平均人数×1000

社会劳动者人数 指在16岁以上，有劳动能力，参加或要求参加社会经济活动的人口；包括就业人员和失业人员。

就业人员 指从事一定社会劳动并取得劳动报酬或经营收入的人员，包括在岗职工、劳务派遣人员、再就业的离退休人员、私营业主、个体户主、私营和个体业人员、乡镇就业人员、农村就业人员、其他就业人员（包括民办教师、宗教职业者、现役军人等）。这一指标反映了一定时期内全部劳动力资源的实际利用情况，是研究我国基本国情国力的重要指标。

单位从业人员 指在各级国家机关、政党机关、社会团体及企业、事业单位中工作，取得工资或其他形式的劳动报酬的全部人员。包括在岗职工、劳务派遣人员、再就业的离退休人员、民办教师以及在各单位中工作的外方人员和港澳台方人员、兼职人员、借用的外单位人员和第二职业者。不包括离开本单位仍保留劳动关系的职工。各单位的就业人员反映了各单位实际参加生产或工作的全部劳动力。

城镇私营和个体就业人员 城镇私营就业人员指在工商管理部门注册登记，其经营地址设在县城关镇（含城关镇）以上的私营企业就业人员；包括私营企业投资者和雇工。城镇个体就业人员指在工商管理部门注册登记，并持有城镇户口或在城镇长期居住，经批准从事个体工商经营的就业人员；包括个体经营者和在个体工商户劳动的家庭帮工和雇工。

城镇登记失业人员 指有非农业户口，在一定的劳动年龄内，有劳动能力，无业而要求就业，并在当地就业服务机构进行求职登记的人员。

城镇登记失业率 指城镇登记失业人数同城镇单位就业人数、城镇私营企业及个体就业人数和城外地登记失业人数之和的比。计算公式为：

城镇登记失业率=城镇登记失业人数/（城镇单位就业人数+城镇私营企业及个体就业人数+城镇登记失业人数）×100%

职工 指在国有经济、城镇集体经济、联营经济、股份制经济、外商和港、澳、台投资经济、其他经济单位及其附属机构工作，并由其支付工资的各类人员，不包括返聘的离休人员、民办教师、在国有经济单位工作的外方人员和港、澳、台人员（1998年以后的数据无均为在岗职工数据，其他相关指标如职工工资总额，职工平均工资等指标也从1998年按此口径进行了相应调整）。

国有单位职工 指在国有经济单位及其附属机构工作，并由其支付工资的各类人员。

城镇集体单位职工 指在城镇集体经济单位及其管理部门工作，并由其支付工资的各类人员。

其他单位职工 指在联营经济、股份制经济、外商投资经济、港、澳、台投资经济单位工作，并由其支付工资的各类人员。

在岗职工 指在本单位工作并由单位支付工资的人员，以及有工作岗位，但由于学习、病伤产假等原因暂未工作，仍由单位支付工资的人员。

三、工业、能源

3-1 工业总产值

单位：万元

年份	工业总产值	规模以上工业总产值	轻工业	重工业	规模以下工业总产值
1979	387180	382146	68279	313867	5034
1980	393214	388655	82644	306011	4559
1981	393634	368655	83879	284776	24979
1982	402933	397848	94511	303337	5085
1983	452318	446016	100809	345207	6302
1984	506286	497314	119696	377618	8972
1985	650997	636937	170041	466896	14060
1986	736686	716432	183217	533215	20254
1987	814390	788055	199186	588869	26335
1988	974522	935277	255726	679551	39245
1989	1236599	1137169	296794	840375	99430
1990	1337530	1266043	310566	955477	71487
1991	1412200	1337000	320200	1016800	75200
1992	1624700	1526000	353200	1172800	98700
1993	2148400	1979800	362000	1617800	168600
1994	2813500	2536700	424500	2112200	276800
1995	3063300	2719400	487600	2231800	343900
1996	3337100	2880400	514600	2365800	456700
1997	3633400	3026500	612500	2414000	606900
1998	3458292	2874587	540416	2334171	583705
1999	3525637	2994886	510166	2484720	530751
2000	4151708	3822717	633789	3188928	328991
2001	4465245	4119243	717486	3401757	346002
2002	4855780	4501780	826553	3675227	354000
2003	5615352	5266652	924420	4342232	348700
2004	6963369	6553669	1017456	5536213	409700
2005	8324634	7883023	943905	6939118	441611
2006	10121752	9531331	1076998	8454333	590421
2007	12466174	11806174	1295577	10510597	660000
2008	14266389	13556379	1275307	12281072	710010
2009	14096146	13315146	1437491	11877655	781000
2010	16843587	15914704	1750149	14164555	928833
2011	19738858	18913058	2020394	16892664	825800
2012	21236242	20554242	2534796	18019446	682000
2013	25008485	24161985	2997312	21164673	846500
2014	26380000	25482000	3178000	22304000	898000
2015	22793000	22181000	3457000	18724000	612000
2016	21633300	20872000	3569000	17303000	761300

注:2000年以前工业总产值划分为乡及乡以上和乡以下。

3-2 工业总产值指数

（上年=100）

单位：%

年份	工业总产值	规模以上工业总产值	轻工业	重工业	规模以下工业总产值
1979	105.46	105.33	87.34	109.91	124.23
1980	99.65	100.43	116.58	97.17	90.56
1981	94.05	94.01	55.92	103.24	99.30
1982	107.26	107.30	143.71	102.52	102.12
1983	111.47	111.38	160.03	102.43	123.92
1984	110.68	110.42	110.64	110.35	142.36
1985	117.13	116.89	145.79	108.55	140.03
1986	108.32	107.86	92.42	113.84	144.03
1987	109.35	109.06	114.74	107.28	125.90
1988	111.10	110.36	113.50	109.31	148.84
1989	106.90	105.75	105.27	105.91	150.30
1990	108.09	106.22	105.79	106.37	157.71
1991	103.27	103.16	101.95	103.58	105.14
1992	110.48	109.20	106.61	110.08	133.03
1993	109.55	106.77	101.37	108.39	149.61
1994	111.00	109.74	104.62	111.48	123.97
1995	109.10	105.10	108.10	101.78	148.58
1996	109.62	104.90	101.90	107.61	138.01
1997	116.40	110.90	126.73	103.74	141.96
1998	105.10	102.66	92.27	106.34	113.93
1999	106.00	106.20	105.30	106.70	105.21
2000	109.88	107.10	106.45	107.30	
2001	112.00	111.70	114.30	110.90	
2002	113.60	113.38	114.66	113.00	
2003	112.60	112.94	109.95	113.89	
2004	114.90	114.73	109.82	115.32	104.75
2005	114.65	114.82	108.43	115.98	112.17
2006	114.88	114.98	111.60	115.07	114.72
2007	121.43	122.02	113.59	123.09	110.91
2008	115.19	116.02	116.41	115.83	102.51
2009	110.10	110.50	119.60	108.50	108.74
2010	112.35	112.62	118.54	111.98	110.09
2011	116.31	116.18	110.64	116.73	118.40
2012	109.50	109.40	125.00	107.50	110.10
2013	115.20	116.80	117.80	116.60	112.40
2014	108.50	108.60	108.90	108.50	106.10
2015	100.2	100.90	116.10	91.0	88.9
2016	98.30	98.70	108.90	96.90	89.80

3–3 工业增加值

单位：万元、%

年份	工业增加值	比上年增长	按轻重工业分		规模以上工业增加值	比上年增长
			轻工业	重工业		
1979	177174	8.50	31705	145469		
1980	176356	–0.50	37475	138881		
1981	156142	–12.50	42255	113887		
1982	166653	6.50	39510	127143		
1983	192461	13.00	43430	149031		
1984	218007	11.00	52314	165693		
1985	254647	9.00	67614	187033		
1986	286571	8.00	72847	213724		
1987	296764	6.00	74503	222261		
1988	321494	8.00	86969	234525		
1989	385201	7.50	96481	288720		
1990	401259	7.00	97461	303798		
1991	401739	–2.00	95368	306371		
1992	461109	9.80	95378	365731		
1993	646352	15.30	119053	527299		
1994	876935	13.20	175387	701548		
1995	1030058	9.20	206012	824046		
1996	968213	8.40	193643	774570		
1997	940371	7.00	188074	752297		
1998	920899	5.00	184180	736719	828299	3.66
1999	944221	7.00	188844	755377	846121	5.80
2000	1070358	7.90	214072	856286	963358	7.70
2001	1163695	10.10	232739	930956	1049095	10.00
2002	1263817	10.90	252764	1011053	1137817	10.86
2003	1431915	11.90	286383	1145532	1295515	12.12
2004	1677000	13.57	335400	1341600	1517200	14.58
2005	1977008	16.46	359940	1617068	1813854	18.36
2006	2308800	16.60	445669	1816131	2123855	17.17
2007	2678794	17.12	485481	2193313	2479248	17.98
2008	3189304	13.16	581414	2607886	2965904	13.50
2009	3312200	9.42	665850	2646350	3081700	9.83
2010	3990648	11.82	841902	3148746	3726746	12.30
2011	4967190	15.15	1067720	3899470	4650000	15.00
2012	5624200	11.80	1208922	4415278	5381538	11.50
2013	6144500	14.10	1731500	4413000	5751291	14.20
2014	5942700	8.20	1643700	4299000	5650000	8.10
2015	5350400	6.1	1469875	3880525	5150000	5.5
2016	5268300	2.80	1621000	3647300	5020000	2.60

3-4 全市及市属工业增加值

单位：万元、%

	全市		市属	
	工业增加值	比上年增长	工业增加值	比上年增长
总计	5268300	2.8	1795100	19
规模以上工业	5020000	2.60	1547000	20.6
#国有企业	451000	-1.00	7000	16.1
集体企业	48000	3.00	46000	2.9
股份合作企业				
股份制	4327000	1.00	1312000	17.9
港澳台及外商商投资企业	186000	42.00	174000	55.8
其他经济类型	8000	37.70	8000	46.9
#轻工业	1541000	-1.70	351000	14.1
重工业	3479000	4.70	1196000	22.6

3-5 工业单位数及工业总产值

单位：个、万元

	全市		市属	
	企业单位数	工业总产值	企业单位数	工业总产值
总计				
规模以上工业	359	20871563	291	8510650
#国有企业	12	1710184	3	33023
集体企业	9	274027	8	267772
股份合作企业				
股份制	319	17608959	265	7054498
港澳台及外商商投资企业	16	1188066	12	1065030
其他经济类型	3	90328	3	90328
#轻工业	87	3568767	72	1942755
重工业	272	17302796	219	6567895

3-6 规模以上工业企业单位数和工业总产值、销售产值

单位：个、万元

	企业单位数	工业总产值	工业销售产值
总计	**359**	**20871563**	**19384904**
国有控股企业	90	12900595	12503981
按登记注册类型分			
国有企业	12	1710184	1709420
集体企业	9	274027	255798.5
股份合作企业	0		
股份制企业	319	17608959	16166110
外商及港澳台商投资企业	16	1188066	1180059
其他企业	3	90328	73515
按轻重工业			
轻工业	87	3568767	3281576
重工业	272	17302796	16103327
按工业行业大类分			
采掘业			
煤炭开采和洗选业	8	216396	457407
非金属矿采选业	2	17317	15502
制造业			
农副食品加工业	26	479950	426081
食品制造业	7	144181	135662
酒、饮料和精制茶制造业	7	496034	485596
烟草制品业	2	1238804	1215676
纺织业	3	101946	65943
纺织服装、服饰业	2	12339	4464
皮革、毛皮、羽毛及其制品和制鞋业	1	6144	17859
木材加工和木、竹、藤、棕、草制品业	0	118108	
家具制造业	0		
造纸和纸制品业	3	40767	30386
印刷和记录媒介复制业	9	75034	83079
石油加工、炼焦和核燃料加工业	6	3258656	4141015
化学原料和化学制品制造业	38	2073567	1111509
医药制造业	16	468918	413756
化学纤维制造业	0	37925	
橡胶和塑料制品业	24	545879	437085
非金属矿物制品业	66	1548534	1192775
黑色金属冶炼和压延加工业	15	821099	638845
有色金属冶炼和压延加工业	20	3174911	3234666
金属制品业	21	1331354	797276
通用设备制造业	13	441785	396605
专用设备制造业	17	690102	975368
汽车制造业	2	114200	106839
铁路、船舶、航空航天和其他运输设备制造业	1		
电气机械和器材制造业	15	537157	402688
计算机、通信和其他电子设备制造业	5	90408	73678
仪器仪表制造业	3	30383	34123
其他制造业	1	6653	5654
废弃资源综合利用业	3	55077	30963
金属制品、机械和设备修理业	3	92414	103443
电力、热力的生产和供应业	13	2190023	1936598
燃气生产和供应业	2	330298	328931
水的生产和供应业	2	55009	53183

3-7 市属规模以上工业企业单位数和工业总产值、销售产值

单位：个、万元

	企业单位数	工业总产值	工业销售产值
总计	**291**	**8510650**	**7435709**
国有控股企业	29	929910	932999
按登记注册类型分			
国有企业	3	33023	32726
集体企业	8	267772	249544
股份合作企业	0		
股份制企业	265	7054498	6019522
外商及港澳台商投资企业	12	1065030	1060402
其他企业	3	90328	73516
按轻重工业分			
轻工业	72	1942755	1694015
重工业	219	6567895	5741694
按工业行业类型分			
煤炭开采和洗选业	7	45855	51927
非金属矿采选业	2	17317	15502
农副食品加工业	25	372717	327035
食品制造业	6	140599	132081
酒、饮料和精制茶制造业	7	470173	485596
纺织业	1	8674	41488
纺织服装、服饰业	2	78634	
木材加工和木、竹、藤、棕、草制品业	1	118108	
家具制造业	0		
造纸和纸制品业	3	40767	30386
印刷和记录媒介复制业	5	46656	49297
石油加工、炼焦和核燃料加工业	4	110222	47070
化学原料和化学制品制造业	31	865866	878339
医药制造业	14	307328	273922
化学纤维制造业	0	37925	
橡胶和塑料制品业	23	540792	431998
非金属矿物制品业	56	1229175	1035585
黑色金属冶炼和压延加工业	12	526536	379994
有色金属冶炼和压延加工业	15	1515006	1447221
金属制品业	18	357742	328929
通用设备制造业	10	165192	150934
专用设备制造业	12	80558	143233
汽车制造业	2	106824	106839
铁路、船舶、航空航天和其他运输设备制造业	1		
电气机械和器材制造业	11	489093	334604
计算机、通信和其他电子设备制造业	4	69761	70421
仪器仪表制造业	2	30383	32643
其他制造业	1	6653	5654
废弃资源综合利用业	3	55077	30963
金属制品、机械和设备修理业	0		
电力、热力的生产和供应业	6	39020	183277
燃气生产和供应业	2	328931	328931
水的生产和供应业	2	53183	53183

3-8 规模以上工业增加值

单位：万元、%

	工业增加值	比上年增长
总计	**5020000**	**2.6**
国有控股企业	3699000	-3.4
按登记注册类型分		
国有企业	451000	-1.0
集体企业	48000	3.0
股份合作企业		
股份制企业	4327000	1.0
外商及港澳台商投资企业	186000	42.0
其他企业	8000	37.7
按隶属关系分		
中央企业	3045000	-5.4
省属企业	428000	2.1
市及市以下属企业	1547000	20.6
按轻重工业分		
轻工业	1541000	-1.7
重工业	3479000	4.7
按工业行业分		
煤炭开采和洗选业	87922	-10.1
非金属矿采选业	5825	31.1
开采辅助活动	364	35.4
农副食品加工业	45869	20.3
食品制造业	26913	7.1
酒、饮料和精制茶制造业	68052	-2.4
烟草制品业	1044806	-6.2
纺织业	14384	19.3

3-8 规模以上工业增加值（续一）

单位：万元、%

	工业增加值	比上年增长
纺织服装、服饰业	3723	-49.4
皮革、毛皮、羽毛及其制品和制鞋业	1381	-30.0
木材加工和木、竹、藤、棕、草制品业	27632	2665.3
家具制造业		
造纸和纸制品业	6445	53.4
印刷和记录媒介复制业	29888	11.3
石油加工、炼焦和核燃料加工业	908513	-11.0
化学原料和化学制品制造业	255913	-6.4
医药制造业	208245	0.7
化学纤维制造业	5692	6.8
橡胶和塑料制品业	77534	46.6
非金属矿物制品业	229590	1.2
黑色金属冶炼和压延加工业	41661	-17.7
有色金属冶炼和压延加工业	524545	38.8
金属制品业	145899	14.7
通用设备制造业	72375	-9.5
专用设备制造业	180075	17.3
汽车制造业	23210	-10.0
铁路、船舶、航空航天和其他运输设备制造业		
电气机械和器材制造业	53555	6.0
计算机、通信和其他电子设备制造业	34059	55.2
仪器仪表制造业	7174	-23.0
其他制造业	60	-74.2
废弃资源综合利用业	7547	1.1
金属制品、机械和设备修理业	29101	0.6
电力、热力的生产和供应业	596768	-2.5
燃气生产和供应业	71774	6.5
水的生产和供应业	27704	4.8

3–9 市属规模以上工业增加值

单位：万元、%

	工业增加值	比上年增长
总计	**1547000**	**20.6**
国有控股企业	257000	4.5
按登记注册类型分		
国有企业	7000	16.1
集体企业	46000	2.9
股份合作企业		
股份制企业	1312000	17.9
外商及港澳台商投资企业	174000	55.8
其他企业	8000	46.9
按轻重工业分		
轻工业	351000	14.1
重工业	1196000	22.6
按工业行业分		
煤炭开采和洗选业	18631	-20.5
非金属矿采选业	5825	31.1
农副食品加工业	38244	24.5
食品制造业	26257	6.9
酒、饮料和精制茶制造业	62318	-3.1
纺织业	4469	-14.4
纺织服装、服饰业	11226	19.0
木材加工和木、竹、藤、棕、草制品业		
家具制造业	27632	2665.3
造纸和纸制品业	6445	53.4
印刷和记录媒介复制业	18255	43.5
石油加工、炼焦和核燃料加工业	30730	-28.5
化学原料和化学制品制造业	84597	18.5
医药制造业	116092	7.4
化学纤维制造业	5692	6.8
橡胶和塑料制品业	76826	49.0
非金属矿物制品业	174276	3.9
黑色金属冶炼和压延加工业	22039	-13.5
有色金属冶炼和压延加工业	450403	46.7
金属制品业	33526	4.1
通用设备制造业	27530	38.9
专用设备制造业	18371	-23.8
汽车制造业	21918	-11.3
铁路、船舶、航空航天和其他运输设备制造业		
电气机械和器材制造业	45234	21.0
计算机、通信和其他电子设备制造业	28290	62.2
仪器仪表制造业	7174	-23.0
其他制造业	60	-74.2
废弃资源综合利用业	7547	1.1
电力、热力的生产和供应业	8497	10.8
燃气生产和供应业	71477	6.3
水的生产和供应业	26694	4.8

3-10 规模以上独立核

	工业经济效益指数(%)	总资产贡献率(%)	资本保值增值率(%)
总计	333.22	14.61	99.84
国有控股企业	367.00	19.14	96.42
按登记注册类型分			
国有企业	498.06	0.84	69.96
集体企业	190.22	9.63	98.25
股份合作企业			
股份制企业	335.73	15.91	100.71
外商和港澳台商投资企业	233.98	4.34	102.67
其他企业			38.46
按工业行业分			
煤炭开采和洗选业	58.96	2.69	67.95
非金属矿采选业		100.00	50.00
开采辅助活动			
农副食品加工业	218.24	4.08	96.55
食品制造业	268.73	11.31	111.11
酒、饮料和精制茶制造业	230.93	12.50	102.45
烟草制品业	2362.60	71.70	88.63
纺织业	174.47	11.36	107.89
纺织服装、服饰业	32.36		80.00
皮革、毛皮、羽毛及其制品和制鞋业	49.36	-0.65	78.52
木材加工和木、竹、藤、棕、草制品业			
家具制造业			
造纸和纸制品业	52.74		150.00
印刷和记录媒介复制业	148.20	3.39	93.59
石油加工、炼焦和核燃料加工业	609.53	62.11	62.28
化学原料和化学制品制造业	180.95	-2.86	103.44
医药制造业	430.96	11.31	112.89
化学纤维制造业			
橡胶和塑料制品业	219.95	1.40	116.09
非金属矿物制品业	176.88	3.19	107.40
黑色金属冶炼和压延加工业	89.96	-1.97	69.65
有色金属冶炼和压延加工业	476.73	4.21	108.48
金属制品业	350.71	4.19	104.21
通用设备制造业	177.94	2.14	101.35
专用设备制造业	182.53	4.99	106.16
汽车制造业	206.11	1.06	104.55
铁路、船舶、航空航天和其他运输设备制造业			
电气机械和器材制造业	96.45	0.72	119.31
计算机、通信和其他电子设备制造业	313.43	7.26	115.22
仪器仪表制造业	123.55	1.56	173.04
其他制造业			200.00
废弃资源综合利用业		3.13	128.57
金属制品、机械和设备修理业	73.99	0.26	86.89
电力、热力的生产和供应业	655.26	6.83	267.39
燃气生产和供应业	347.26	12.00	121.85
水的生产和供应业	118.32		107.14

算工业企业效益指标

资产负债率（%）	流动资产周转次数（次/年）	工业成本费用利润率（%）	全员劳动生产率（元/人、年）	产品销售率（%）
65.91	1.52	2.67	392188	92.88
69.44	1.61	3.61	420341	96.93
81.29	5.73	-3.39	644286	99.96
58.52	2.82	2.65	160000	93.35
66.49	1.46	3.13	389820	91.81
48.24	1.73	2.90	265714	99.33
58.33	5.55			81.39
89.03	1.02	-10.43	58615	211.37
	5.00	25.00		89.52
61.90	2.45	2.53	229346	88.78
34.52	1.43	9.52	269131	94.09
46.47	1.65	4.67	226841	97.90
41.35	1.27	19.07	3482686	98.13
53.41	2.43	2.20	143844	64.68
42.86	0.83			36.18
31.17	0.33	-4.55	13809	290.68
82.35	1.20			74.54
38.14	1.03	1.59	149438	110.72
87.81	3.21	3.45	605676	127.08
66.09	2.10	-6.65	255913	53.60
28.22	0.65	31.37	416491	88.24
64.69	2.21	-0.51	258448	80.07
50.27	0.81	0.43	208718	77.03
82.33	2.02	-5.97	104152	77.80
57.09	2.85	0.97	655681	101.88
42.98	1.23	1.42	486329	59.88
82.21	0.51	3.83	180938	89.77
64.71	0.91	6.88	150062	141.34
83.69	0.42	2.97	232095	93.55
33.33				
71.49	0.59	-4.04	107111	74.97
57.26	0.70	12.90	340590	81.50
22.57	0.30	8.33	71737	112.31
	6.00			84.99
57.81	0.85	5.56		56.22
85.98	0.44	-7.48	97004	111.93
107.30	4.76	1.79	745960	88.43
58.57	1.71	12.99	358869	99.59
17.97	1.81	-3.85	138522	96.68

3-11 规模以上独立核

	企业单位数	亏损企业	从事工业生产活动的从业人员平均人数	流动资产合计
总计	**359**	**105**	**12.8**	**1042.8**
国有控股企业	90	29	8.8	679.5
按登记注册类型分				
国有企业	12	2	0.7	17.4
集体企业	9	1	0.3	5.5
股份合作企业	0	0	0	0
股份制企业	319	95	11.1	960.9
外商和港澳台商投资企业	16	6	0.7	57.9
其他企业	3	1	0	1.1
按轻重工业				
轻工业	87	19	2.67	257.34
重工业	272	86	10.1	785.5
按工业行业分				
煤炭开采和洗选业	8	3	1.5	24.5
黑色金属矿采选业	3	0	0	0.6
有色金属矿采选业	0	0	0	0
非金属矿采选业	2	0	0	0.2
农副食品加工业	26	4	0.2	14.8
食品制造业	7	1	0.1	9.6
饮料制造业	7	1	0.3	17
烟草制品业	2	0	0.3	116.6
纺织业	3	1	0.1	4
纺织服装、鞋、帽制造业	2	0	0	0.6
皮革、毛皮、羽毛(绒)及其制品业	1	1	0.1	6.6
木材加工及木、竹、藤、棕、草制品业	0	0	0	0
家具制造业	0	0	0	0
造纸及纸制品业	3	1	0	1
印刷业和记录媒介的复制	9	1	0.2	5.9
石油加工、炼焦及核燃料加工业	6	0	1.6	125.6
化学原料及化学制品制造业	38	18	1	42.2
医药制造业	16	3	0.5	57.2
化学纤维制造业	0	0	0	0
橡胶和塑料制品业	24	6	0.3	17.7
非金属矿物制品业	66	21	1.1	114.2
黑色金属冶炼及压延加工业	15	6	0.4	24.9
有色金属冶炼及压延加工业	20	9	0.9	84
金属制品业	21	3	0.3	29.2
通用设备制造业	13	5	0.4	47.8
专用设备制造业	17	3	1.2	129.9
汽车制造业	2	1	0.1	25.1
铁路、船舶、航空航天和其他运输设备制造业	1	0	0	0.8
电气机械及器材制造业	15	7	0.5	52.1
通信设备、计算机及其他电子设备制造业	5	1	0.1	10
仪器仪表及文化、办公用机械制造业	3	1	0.1	10.8
其他制造业	1	0	0	0.1
废弃资源综合利用业	3	1	0	2
金属制品、机械和设备修理业	3	1	0.3	22.3
电力、热力的生产和供应业	13	5	0.8	26
燃气生产和供应业	2	0	0.2	16.8
水的生产和供应业	2	1	0.2	2.7

算工业企业经济指标

单位：个、亿元、万人

年末负债合计	主营业务收入	主营业务税金及附加	营业费用	管理费用	利润总额（亏损为负）	利税总额
1489.6	**1583.3**	**197.3**	**38.9**	**85.6**	**36.6**	**300.5**
1121.3	1065.2	194.4	16.8	66.8	31.8	285.6
67.8	98.2	0.4	0.7	2.1	-3.5	0.5
7.9	14.3	0.2	0.2	0.6	0.4	1.2
0	0	0	0	0	0	0
1348.7	1366.8	195.3	31.9	79.9	36.9	293.2
64.5	97.9	1.4	6.1	3.0	2.8	5.6
0.7	6.1	0	0	0	0	0
179.86	316.72	89.26	16.99	16.77	20.09	128.33
1309.7	1266.6	108	21.9	68.8	16.5	172.2
86	25	0.6	0.8	2.8	-2.9	0.2
0.6	0.9	0	0	0	0	0
0	0	0	0	0	0	0
0	1	0	0	0	0.2	0.2
18.2	35.9	–	1.2	0.9	0.9	1.2
5.8	12.8	0	1.4	0.9	1.2	1.7
14.5	26	1.5	5	1.1	1.2	3.8
64.3	147.8	86.9	1.8	4.7	9.8	111.3
4.7	6.6	0.4	0.3	0.5	0.2	0.8
0.3	0.5	0	0	0.2	0	0
4.8	2.2	0	0.1	0.4	-0.1	-0.1
0	0	0	0	0	0	0
0	0	0	0	0	0	0
1.4	1.2	0	0.1	0.1	0	0
4.5	5.6	0.1	0.5	1.4	0.1	0.3
208.1	400.6	104	3.8	29.1	9.9	141.5
76.2	80.2	0.3	3.7	5.2	-6.3	-4.5
27.2	37.1	0.3	3.7	4.4	8.6	10.6
0	0	0	0	0	0	0
18.5	38.2	0.1	1.8	1.7	-0.2	0.1
104.1	91.7	0.5	4.7	6	0.4	3.6
83.4	46.6	0.1	0.6	4.5	-3.2	-2.5
132.7	234.6	0.4	2.7	3.6	2.3	5.6
20.5	35.6	0.3	0.7	1.1	0.5	1.7
69.3	23.9	0.1	1	2.5	0.9	1.2
196	118.7	0.9	2	6.2	8.3	11
23.6	10.6	0	0	0.4	0.3	0.3
0.3	0.2	0	0	0	0	0
69.7	30.5	0.1	1.3	2.2	-1.3	-0.7
7.1	7	0	0.2	0.3	0.8	0.9
5.8	3.2	0	0.3	0.9	0.3	0.4
0	0.6	0	0	0	0	0
3.7	1.6	0	0	0.1	0.1	0.1
32.5	9.7	0.1	0.2	1.3	-0.8	-0.3
180.7	118.1	0.5	0	0.6	2.3	8
20.5	24.3	0.1	1	1.5	3.3	4.1
4.6	4.8	0	0	1.0	-0.2	0

3-12 市属规模以上独立

	工业经济效益指数（%）	总资产贡献率（%）	资本保值增值率（%）
总计	243.74	4.29	106.82
国有控股企业	207.97	7.82	109.15
按登记注册类型分			
国有企业	91.32	0.99	112.12
集体企业	232.90	10.62	94.34
股份合作企业			
股份制企业	251.98	4.29	108.78
外商和港澳台商投资企业	244.62	3.89	101.60
其他企业			38.46
按工业行业分			
煤炭开采和洗选业	118.67	3.57	117.65
非金属矿采选业		100.00	50.00
农副食品加工业	175.67	1.17	90.10
食品制造业	265.68	11.45	110.10
酒、饮料和精制茶制造业	220.08	12.50	102.45
烟草制品业		25.00	100.00
纺织业		15.00	111.11
纺织服装、服饰业			
皮革、毛皮、羽毛及其制品和制鞋业			
木材加工和木、竹、藤、棕、草制品业			
家具制造业			
造纸和纸制品业			150.00
印刷和记录媒介复制业	202.40	8.33	40.00
石油加工、炼焦和核燃料加工业		25.00	44.00
化学原料和化学制品制造业	103.84	-2.53	75.79
医药制造业	357.37	11.32	111.38
化学纤维制造业			
橡胶和塑料制品业	300.78	0.82	111.27
非金属矿物制品业	169.95	3.27	108.63
黑色金属冶炼和压延加工业	139.49	4.07	89.61
有色金属冶炼和压延加工业	1473.48	1.08	94.14
金属制品业	175.76	7.65	109.68
通用设备制造业	161.55	2.57	124.44
专用设备制造业	180.71	4.35	108.61
汽车制造业	198.63	1.06	104.55
铁路、船舶、航空航天和其他运输设备制造业			100.00
电气机械和器材制造业	190.18	2.78	103.82
计算机、通信和其他电子设备制造业	284.33	7.44	118.60
仪器仪表制造业	124.96	1.57	175.00
其他制造业			200.00
废弃资源综合利用业		3.13	128.57
金属制品、机械和设备修理业			
电力、热力的生产和供应业	157.71	6.25	103.06
燃气生产和供应业	346.41	12.00	121.85
水的生产和供应业	115.71		107.14

核算工业企业效益指标

资产负债率（%）	流动资产周转次数（次/年）	工业成本费用利润率（%）	全员劳动生产率（元/人、年）	产品销售率（%）
59.13	1.28	2.15	291887	87.37
67.74	0.94	9.62	171333	100.33
63.37	0.62	0.00	70000	99.10
55.75	3.00	2.04	230000	93.19
61.04	1.25	2.11	305116	85.33
48.54	1.67	2.22	290000	99.57
58.33	5.55			81.39
64.29	1.17		93155	113.24
0.00	5.00	25.00		89.52
64.45	2.02	0.00	191221	87.74
34.34	1.43	9.76	262566	93.94
46.47	1.65	4.67	207728	103.28
25.00	2.67			
	2.63	2.56		513.88
82.35	1.20			74.54
75.00	1.31	6.67	182552	105.66
8.33	3.67	2.44		42.70
74.01	2.59	−5.01	105746	101.44
35.19	0.59	31.95	290231	89.13
67.62	2.64	−0.81	384131	79.88
49.00	0.74	0.91	193640	84.25
59.88	3.18		110197	72.17
69.11	3.06		2252016	95.53
44.26	1.65	2.02	167628	91.95
76.02	0.44	6.14	137650	91.37
52.46	0.55	1.79	183706	177.80
83.69	0.42	2.97	219181	100.01
33.33	0.38			
58.02	1.18	0.41	226172	68.41
57.85	0.68	13.56	282901	100.95
22.83	0.28	8.82	71737	107.44
	6.00			84.99
57.81	0.85	5.56		56.22
119.13	1.28	3.64	42486	469.70
58.57	1.71	12.99	357384	100.00
17.97	1.81	−4	133469	100.00

3-13 市属规模以上独立

	企业单位数	亏损企业	从事工业生产活动的从业人员平均人数	流动资产合计
总计	**291**	**83**	**5.3**	**451.6**
国有控股企业	29	9	1.5	101.6
按登记注册类型分				
国有企业	3	0	0.1	5.3
集体企业	8	1	0.2	5
股份合作企业	0	0	0	0
股份制企业	265	77	4.4	387.2
外商和港澳台商投资企业	12	4	0.6	53
其他企业	3	1	0	1.1
按轻重工业				
轻工业	72	16	1.5	98.3
重工业	219	67	3.8	353.3
按工业行业分				
煤炭开采和洗选业	7	2	0.2	3.6
黑色金属矿采选业	3	0	0	0.6
有色金属矿采选业	0	0	0	0
非金属矿采选业	2	0	0	0.2
农副食品加工业	25	4	0.2	13
食品制造业	6	1	0.1	9.4
饮料制造业	7	1	0.3	17
烟草制品业	1	0	0	0.3
纺织业	2	1	0	1.6
纺织服装、鞋、帽制造业	1	0	0	0
家具制造业	0	0	0	0
造纸及纸制品业	3	1	0	1
印刷业和记录媒介的复制	5	1	0.1	1.3
石油加工、炼焦及核燃料加工业	4	0	0	1.2
化学原料及化学制品制造业	31	15	0.8	25.7
医药制造业	14	3	0.4	38.1
化学纤维制造业	0	0	0	0
橡胶和塑料制品业	23	6	0.2	14
非金属矿物制品业	56	17	0.9	103.8
黑色金属冶炼及压延加工业	12	4	0.2	9.9
有色金属冶炼及压延加工业	15	8	0.2	40.3
金属制品业	18	1	0.2	15.5
通用设备制造业	10	5	0.2	27.5
专用设备制造业	12	2	0.1	20.8
汽车制造业	2	1	0.1	25.2
铁路、船舶、航空航天和其他运输设备制造业	1	0	0	0.8
电气机械及器材制造业	11	5	0.2	20.9
通信设备、计算机及其他电子设备制造业	4	1	0.1	9.8
仪器仪表及文化、办公用机械制造业	2	0	0.1	10.6
其他制造业	1	0	0	0.1
废弃资源综合利用业	3	1	0	2
金属制品、机械和设备修理业	0	0	0	0
电力、热力的生产和供应业	6	2	0.2	17.9
燃气生产和供应业	2	0	0.2	16.8
水的生产和供应业	2	1	0.2	2.7

核算工业企业经济指标

单位：个、亿元、万人

年末负债合计	主营业务收入	主营业务税金及附加	营业费用	管理费用	利润总额（亏损为负）	利税总额
487	576	3.5	24.4	24.8	12.2	26.7
135.2	84.8	0.7	3.3	6.7	8.4	13.2
6.4	3.2	0	0.1	0.3	0	0.1
6.3	13.8	0.2	0.2	0.6	0.3	1.1
0	0	0	0	0	0	0
413.7	466.6	1.9	18.6	21.4	10	21
59.9	86.3	1.4	5.5	2.5	1.9	4.5
0.7	6.1	0	0	0	0	0
86.1	130.4	1.8	11.9	6.7	5.9	10.7
400.9	445.6	2.7	12.5	18.1	6.3	16
3.6	4.1	0	0.1	0.4	0	0.2
0.6	0.9	0	0	0	0	0
0	0	0	0	0	0	0
0	1	0	0	0	0.2	0.2
16.5	25.9	0	0.5	0.6	0	0.3
5.7	12.5	0	1.4	0.9	1.2	1.7
14.5	26	1.6	5	1.1	1.2	3.8
0.1	0.8	0	0	0.1	0	0.1
0	4.1	0.1	0.1	0.1	0.1	0.3
0	0	0	0	0	0	0
0	0	0	0	0	0	0
1.4	1.2	0	0.1	0.1	0	0
1.8	1.6	0	0	0.1	0.1	0.2
0.1	4.4	0.1	0.1	0.1	0.1	0.2
41	61.7	0.3	3	2.7	-3.5	-2
20.2	22.3	0.1	2.2	2	5.5	6.4
0	0	0	0	0	0	0
16.5	36	0.1	1.7	1.6	-0.3	0
88.3	76.7	0.5	4.3	4.4	0.7	3.2
10.3	31.5	0	0.2	0.4	0	0.4
57.5	122.2	0.1	1.8	1.2	0	0.2
8.1	25.6	0.2	0.4	0.6	0.5	1.4
35.5	11.8	0	0.7	1.6	0.7	0.9
18.1	11.4	0.1	0.5	1.3	0.2	1
23.6	10.6	0	0	0.4	0.3	0.3
0.3	0.2	0	0	0	0	0
18.8	24.6	0.1	0.8	0.9	0.1	0.5
7	6.7	0	0.2	0.3	0.8	0.9
5.8	3	0	0.3	0.9	0.3	0.4
0	0.6	0	0	0	0	0
3.7	1.6	0	0	0.1	0.1	0.1
0	0	0	0	0	0	0
62.9	17.9	0.1	0	0.4	0.8	1.9
20.5	24.3	0.1	1	1.5	3.3	4.1
4.6	4.8	0	0	1	-0.2	0

3-14 规模以上工业企业

	工业总产值	工业增加值	工业销售产值
总计	100.00	100.00	100.00
煤炭开采和洗选业	1.04	1.75	2.36
黑色金属矿采选业	0.00	0.00	0.00
非金属矿采选业	0.08	0.12	0.08
农副食品加工业	2.30	0.91	2.20
食品制造业	0.69	0.54	0.70
酒、饮料和精制茶制造业	2.38	1.36	2.51
烟草制品业	5.94	20.81	6.27
纺织业	0.49	0.29	0.34
纺织服装、服饰业	0.06	0.07	0.02
皮革、毛皮、羽毛(绒)及其制品业	0.03	0.03	0.09
木材加工及木、竹、藤、棕、草制品业	0.57	0.55	0.00
家具制造业	0.00	0.00	0.00
造纸及纸制品业	0.20	0.13	0.16
印刷和记录媒介复制业	0.36	0.60	0.43
石油加工、炼焦及核燃料加工业	15.61	18.10	21.36
化学原料及化学制品制造业	9.93	5.10	5.73
医药制造业	2.25	4.15	2.13
化学纤维制造业	0.18	0.11	0.00
橡胶和塑料制品业	2.62	1.54	2.25
非金属矿物制品业	7.42	4.57	6.15
黑色金属冶炼及压延加工业	3.93	0.83	3.30
有色金属冶炼及压延加工业	15.21	10.45	16.69
金属制品业	6.38	2.91	4.11
通用设备制造业	2.12	1.44	2.05
专用设备制造业	3.31	3.59	5.03
汽车制造业	0.55	0.46	0.55
铁路、船舶、航空航天和其他运输设备制造业	0.00	0.00	0.00
电气机械及器材制造业	2.57	1.07	2.08
计算机、通信和其他电子设备制造业	0.43	0.68	0.38
仪器仪表制造业	0.15	0.14	0.18
其他制造业	0.00	0.00	0.00
废弃资源综合利用业	0.26	0.15	0.16
金属制品、机械和设备修理业	0.44	0.58	0.53
电力、热力的生产和供应业	10.49	11.89	9.99
燃气生产和供应业	1.58	1.43	1.70
水的生产和供应业	0.26	0.55	0.27

分行业主要指标构成

单位：%

年末资产总计	年末负债总计	产品销售收入	应交增值税
100.00	100.00	100.00	100.00
4.27	5.77	1.58	3.75
0.03	0.04	0.06	0.00
0.01	0.00	0.06	0.00
1.30	1.22	2.27	0.30
0.74	0.39	0.81	0.75
1.38	0.97	1.64	1.65
6.88	4.32	9.33	22.07
0.39	0.32	0.42	0.15
0.03	0.02	0.03	0.00
0.68	0.32	0.14	0.00
0.00	0.00	0.00	0.00
0.00	0.00	0.00	0.00
0.08	0.09	0.08	0.00
0.52	0.30	0.35	0.30
10.49	13.97	25.31	41.29
5.10	5.12	5.07	2.10
4.27	1.83	2.34	2.70
0.00	0.00	0.00	0.00
1.27	1.24	2.41	0.30
9.16	6.99	5.79	4.05
4.48	5.60	2.94	0.90
10.29	8.92	14.82	4.20
2.11	1.38	2.25	1.35
3.73	4.65	1.51	0.30
13.40	13.16	7.50	2.85
1.25	1.58	0.67	0.00
0.04	0.02	0.01	0.00
4.31	4.68	1.93	0.75
0.55	0.48	0.44	0.15
1.14	0.39	0.20	0.00
0.01	0.00	0.04	0.00
0.28	0.25	0.10	0.00
1.67	2.18	0.61	0.60
7.45	12.13	7.46	7.81
1.55	1.38	1.53	1.05
1.13	0.31	0.30	0.15

3-15 各县区规模以上

	城关区	七里河区	西固区	安宁区
企业及单位数（个）	46	40	66	32
亏损企业	12	8	15	11
工业销售产值	203974	1933000	5646000	2436406
出口交货值	8629	449	0	1000
全部从业人员年平均人数（人）	16241	17619	30000	7643
年末资产总计	2727996	3320258	3978000	1337500
产成品	88419	117849	143900	43707
流动资产合计	1282129	2208859	2010000	490547
固定资产合计	1445867	461130	1968000	689611
年末负债合计	1404222	2033958	3227000	875087
年末所有者权益	1323774	1293413	751000	595935
主营业务收入	964605	2055736	5228000	1433909
主营业务销售税金及附加	5967	873086	1049000	14838
管理费用	99058	104296	360000	24905
利润总额	137199	84429	99000	1846
利税总额	178199	1036645	1151000	48435
工业经济效益综合指数（%）	297.4	532	411.1	147.9
总资产贡献率（%）	14.3	34.5	31.0	4.2
资产负债率（%）	51.5	61.3	81.1	65.4
流动资产周转次数（次/年）	0.8	0.9	2.6	2.9
工业成本费用利润率（%）	14.9	7.6	2.4	7.4
全员劳动生产率（元/人、年）	279539	647333	471666	336085
产品销售率（%）	98.8	98.1	96.9	94.8

工业企业主要经济指标

单位：万元

红古区	永登县	皋兰县	榆中县	兰州新区
29	36	36	26	48
12	11	8	11	17
2260600	17522	990962	58006	2224539
39300	0	9504	0	21763
22000	9015	4367	5840	15808
2596000	1338000	572905	1984000	4752842
82000	59000	46442	45064	120173
947000	459000	282071	613000	2135725
673700	879000	219500	1204685	2617117
1054000	1072000	360592	1042000	3346634
1020800	268000	212313	942000	1406208
1484000	1081000	778010	783000	2324118
10000	3000	1584	2000	14173
59000	34000	21651	65000	88531
5000	-20000	21918	-28000	67105
69000	4000	33734	11000	96218
200	184.3	263.8	107.2	91.4
4.9	3.5	8.1	-0.4	3.5
60.7	80.1	62.9	59.5	69.8
1.6	2.4	2.8	0.9	0.7
0.5	-1.8	2.9	-5.0	2.8
289100	201175	303985	137833	269450
92.3	91.5	82.2	71.7	87.7

3-16 规模以上工业企业

	1995	2007	2008	2009	2010
原煤（万吨）	147.38	575.50	464.83	452.76	486.03
原油加工（万吨）	106.15	1056.85	1001.90	1045.19	1033.72
汽油（万吨）	82.90	212.01	212.30	236.16	201.7
煤油（万吨）	33.87	41.87	41.22	45.66	29.48
柴油（万吨）	115.60	420.30	420.62	458.72	457.62
润滑油（万吨）	35.52	27.44	22.29	17.35	23.93
燃料油（万吨）	84.14	25.72	13.63	6.61	16.35
焦炭（万吨）	0.60	3.00	42.12	43.59	44.99
发电量总（万千瓦时）	458103	1286035	1215070	1644050	1692679
啤酒（千升）	75593	283278	399781	436922	470152
合成洗涤剂（万吨）	3.26	2.67	2.24	2.25	1.74
卷烟（万支）	817500	2285550	2425481	2265221	2395810
纱（万吨）	0.79	0.13	0.10	0.34	0.32
绒线（毛线）（吨）	4236	941	188		
毛机织物（呢绒）（万米）	411.00	556.64	553.70	451.75	490.4
合成橡胶（万吨）	5.19	6.76	12.22	16.36	18.64
合成纤维单体（万吨）	2.07	3.04	2.82	1.99	2.40
塑料制品（万吨）	2.01	6.18	5.50	5.70	5.25
塑料薄膜（万吨）	1.04	1.35	2.04	1.74	1.80
机制纸板（万吨）	0.64	2.80	0.50		
合成氨（万吨）	16.51	37.39	26.93	35.06	30.02
农用化肥（万吨）	11.28	35.67	25.90	30.38	21.61
氮肥（万吨）	9.98	30.25	24.37	30.38	21.61
磷肥（万吨）	6.40	5.41	1.52		
乙烯（万吨）	7.27	68.18	70.15	69.38	69.48
聚丙烯树脂（万吨）	5.75	38.80	41.14	39.95	38.93
水泥（万吨）	151.09	441.84	487.21	516.05	548.06
平板玻璃（万重量箱）	258.25	588.09	576.59	508.09	653.89
钢材（万吨）	1.38	112.99	111.56	144.29	138.62
铁合金（万吨）	11.54	42.27	37.63	40.80	45.54
原铝（电解铝）（万吨）	17.66	58.01	77.05	75.74	79.71
变压器（万千伏安）	34.51	129.02	140.81	212.69	227.76
家用洗衣机（万台）	30.32	9.10	9.81	9.50	8.34

主要工业产品产量

2011	2012	2013	2014	2015	2016	比上年增长（%）
511.37	716.32	714.57	629.18	628.12	637.63	1.51
1053.36	1002.12	1050.02	916	967.2	823.02	-14.91
221.55	209.86	220.93	201.98	246.51	203.71	-17.36
28.75	34.27	68.06	46.49	58.6	63.03	7.54
477.32	444.42	429.49	392.52	382.87	305.59	-20.18
25.23	24.82	41.21	36.45	28.23	16.72	-40.76
12.52	15.63	19.12	23.94	16.54	6.06	-63.33
44.92	42.18	38.96	44.63	42.77	2.42	-94.34
1821306		2103773	1859200	1784700	1475300	-17.33
432683	447037	456851	408818	386000	380127	-1.5
1.39	0.05	0.05				
2602713	2771520	3197558	3344568	3462000	2938458	-15.1
0.32	0.11					
491.6	459	386.2	405.8	340.1	414.3	21.8
18.35	17.79	16.54	12.73	13.4	11.9	-10.9
2.38	2.46	2.15	2.1	2.5	2.2	-13.6
4.53	7.91	10.97	8.24	17.4	22.5	32.6
1.72	1.31	1.59	2.1	2.5	3.2	32.8
25.36	28.11	15.04				
16.35	18.12	9.51				
16.35	18.12	9.51				
69.39	64.67	63.16	62.99	64.2	51.7	-19.4
40.06	40.07	39.62	35.69	42	33.4	-20.5
568.56	847.17	966.9	1104.3	1154.2	1130	4.4
577.14	496.79	600.07	538.32	124.8	600.9	381.6
163.17	212.98	380.42	432.08	246.8	135	-45.3
44.93	38.5	49.84	41.56	29.3	25.3	-13.6
61.73	84.89	87.84	79.81	77.2	82.3	-0.7
224.99	294.02	261.29	233.49	70.8	63.3	-10.6
6.47	5.97	4.08				

3-17 规模以上工业企业

	煤炭（万吨）	焦炭（万吨）	天然气（亿立方米）	原油（万吨）
规模以上工业企业	**889.96**	**82.72**	**5.65**	**823.75**
轻工业	2.90		0.83	
重工业	887.06	82.72	4.82	823.75
采掘业	62.20	1.76		
煤炭开采和洗选业	62.14	1.76		
黑色金属矿采选业	0.06			
非金属矿采选业				
制造业	369.49	80.96	5.54	823.75
农副食品加工业	0.39		0.05	
食品制造业	1.08			
饮料制造业			0.22	
烟草制品业			0.06	
纺织业			0.03	
纺织服装、鞋、帽制造业			0.03	
皮革、毛皮、羽毛(绒)等			0.03	
木材加工及木、竹、藤等				
家具制造业				
造纸及纸制品业	0.15		0.01	
印刷业和记录媒介的复制			0.02	
文教体育用品制造业				
石油加工炼焦及核燃料	20.90		2.58	823.75
化学原料及化学制品制造	19.52	48.87	0.04	
医药制造业	1.16		0.20	
化学纤维制造业				
橡胶和塑料制品业	0.01	0.02	0.01	
非金属矿物制品业	118.32	4.27	1.05	
黑色金属冶炼及压延	18.53	27.65		
有色金属冶炼及压延	188.25	0.15	0.79	
金属制品业	0.77		0.04	
通用设备制造业	0.01		0.04	
专用设备制造业			0.21	
汽车制造业	0.38			
铁路、船舶、航空航天和其他运输设备制造业				
电气机械及器材制造业	0.01		0.08	
通信设备、计算机及其他				
仪器仪表及文化、办公用				
电力、热力的生产和供应	458.21		0.10	
燃气生产和供应业				
水的生产和供应业	0.06			

主要能源品种消费量

汽油（万吨）	柴油（万吨）	燃料油（万吨）	炼厂干气（万吨）	其他石油制品（万吨）	热力（万百万千焦）	电力（亿千瓦时）
0.86	**0.01**	**0.64**	**72.78**	**22.23**	**1840.16**	**262.59**
0.11					8.18	4.91
0.74	0.01	0.64	72.78	22.23	1831.98	257.68
0.05						4.92
0.05						4.91
						0.01
0.71	0.01	0.64	72.78	22.23	1834.46	235.74
0.03						0.28
						0.18
0.03						1.03
						0.25
					2.48	0.23
						0.07
						0.04
						0.03
0.01						0.10
0.03		0.62	71.91	22.22	1675.54	19.06
0.08			0.87		60.40	39.08
0.02						0.76
0.05					3.00	0.89
0.14					7.57	18.80
0.11					5.91	30.74
0.03	0.01	0.01			75.73	121.52
0.09						0.54
0.01						0.21
0.04						0.99
					3.83	0.06
0.02						0.63
						0.09
						0.04
0.06						20.34
0.02						0.42
0.01					5.70	1.18

3–18 各县区规模以上工业增加值

单位：万元、%

	规模以上工业增加值	比上年增长
兰州市	5020000	2.60
城关区	454000	3.1
七里河区	1165000	–1.2
西固区	1415000	–2.4
安宁区	481000	4.5
红古区	684000	9.8
永登县	181000	5.4
皋兰县	133000	7.4
榆中县	80000	3.0
兰州新区	427000	70.0

3–19 规模以上工业主要能源消费与库存

	年初库存量	本年消费量	工业生产消费量	非工业生产消费量	年末库存量
原煤（万吨）	84.00	873.52	865.47	8.05	99.83
焦炭（万吨）	6.69	82.72	82.72		7.18
原油（万吨）	19.01	823.75	823.75		14.79
汽油（万吨）	0.02	0.86	0.39	0.47	0.02
煤油（万吨）		0.01	0.01		
柴油（万吨）	0.22	3.22	2.59	0.63	0.27
燃料油（万吨）		0.64	0.64		
天然气（亿立方米）	0.01	5.65	5.37	0.28	
热力（万百万千焦）		1840.16	1834.07	6.09	
电力（亿千瓦小时）		262.59	255.16	7.43	

主要统计指标解释

工业 指从事自然资源的开采，对采掘品和农产品进行加工和再加工的物质部门。具体包括：（1）对自然资源的开采，如采矿、晒盐、森林采伐等（但不包括禽兽捕猎和水产捕捞）；（2）对农副产品的加工、再加工、如粮油加工、食品加工、轧花、缫丝、纺织、制革等；（3）对采掘品的加工、再加工、如炼铁、炼钢、化工生产、石油加工、机器制造、木材加工等，以及电力、自来水、煤气的生产和供应等；（4）对工业品的修理、翻新，如机器设备的修理、交通运输工具（包括小卧车）的修理等。

1984年以前农村的村及村以下办工业归属农业，1984年以后划归工业。

工业统计调查单位 工业统计调查单位分为两类：独立核算法人工业企业和工业活动单位。

（1）独立核算法人工业企业是指从事工业生产经营活动的单位。独立核算法人工业企业应同时具备以下条件：①依法成立，有自己的名称、组织机构和场所，能够承担民事责任；②独立拥有和使用资产、承担负债，有权与其他单位签订合同；③独立核算盈亏，并能够编制资产负债表。

（2）工业活动单位是指在一个场所从事一种或主要从事一种工业生产活动的经济单位。它包括独立核算工业企业按主营业务活动（即工业生产活动）划分的主营业务活动单位和非工业企业所属的工业生产活动单位（即原非独立核算工业生产单位）。工业活动单位，一般应同时具备以下三个条件：①具有一个场所，从事一种或主要从事一种工业活动；②单独组织工业生产、经营或业务活动；③单独核算收入和支出。

本年鉴中涉及的企业登记注册类型：

（1）国有及国有控股企业指国有企业加上国有控股企业。国有企业（即过去的全民所有制工业或国营工业）是指企业全部资产归国家所有，并按《中华人民共和国企业法人登记管理条例》规定登记注册的非公司制的经济组织。包括国有企业、国有独资公司和国有联营企业。1957年以前的公私合营和私营工业，后均改造为国营工业，1992年改为国有工业，这部分工业的资料不单独分列时，均包括在国有企业内。国有控股企业是对混合所有制经济的企业进行的“国有控股”分类。它是指这些企业的全部资产中国有资产（股份）相对其他所有者中的任何一个所有者占资（股）最多的企业。该分组反映了国有经济控股情况。

（2）集体企业指企业资产归集体所有，并按《中华人民共和国企业法人登记管理条例》规定登记注册的经济组织。是社会主义公有制经济的组成部分。包括城乡所有使用集体投资举办的企业，以及部分个人通过集资自愿放弃所有权并依法经工商行政管理机关认定为集体所有制的企业。

（3）股份合作企业指以合作制为基础，由企业职工共同出资入股，吸收一定比例的社会资产投资组建，实行自主经营，自负盈亏，共同劳动，民主管理，按劳分配与按股分红相结合的一种集体经济组织。

（4）联营企业指两个及两个以上相同或不同所有制性质的企业法人或事业单位法人，按自愿、平等、互利的原则，共同投资组成的经济组织。联营企业包括：

国有联营企业 指国有企业与国有企业间的联营；

集体联营企业 指集体企业与集体企业间的联营；

国有与集体联营企业 指国有企业与集体企业间的联营。

（5）有限责任公司指根据《中华人民共和国公司登记管理条例》规定登记注册，由两个以上，五十个以下的股东共同出资，每个股东以其所认缴的出资额对公司承担有限责任，公司以其全部资产对其债务承担责任的经济组织。

有限责任公司包括国有独资公司以及其他有限责任公司。

（6）股份有限公司指根据《中华人民共和国企业法人登记管理条例》规定登记注册，其全部注册资本由等额股份构成并通过发行股票筹集体资本，股东以其认购的股份对公司承担的有限责任，公司以其全部资产对其债务承担责任的经济组织。

（7）私营企业指由自然人投资设立或由自然人控股，以雇佣劳动为基础的营利性经济组织。包括按照《公司法》、《合伙企业法》、《私营企业暂行条例》规定登记注册的私营有限责任公司、私营股份有限公司、私营合伙企业和私营独资企业。

（8）港、澳、台商投资企业指企业注册登记类型中的港、澳、台资合资、合作、独资经营企业和股份有限公司之和。

（9）外商投资企业指企业注册登记类型中的中外合资、合作经营企业、外资企业和外商投资股份有限公司之和。

“三资”企业 系指港、澳、台商投资企业和外资企业的简称。

规模以上工业企业 规模以上工业为年主营业务收入2000万元以上的企业。

轻工业 指主要提供生活消费品和制作手工工具的工业。按其所使用的原料不同，可分为两大类：（1）以农产品为原料的轻工业，是指直接或间接以农产品为基本原料的轻工业。主要包括食品制造、饮料制造、烟草加工、纺织、缝纫、皮革和毛皮制作、造纸以及印刷等工业；（2）以非农产品为原料的轻工业，是指以工业品为原料的轻工业。主要包括文教体育用品、化学药品制造、合成纤维制造、日用化学制品、日用玻璃制品、日用金属制品、手工工具制造、医疗器械制造、文化和办公用机械制造等工业。

重工业 是指为国民经济各部门提供物质技术基础的主要生产资料的工业。按其生产性质和产品用途，可以分为下列三类：（1）采掘（伐）工业，是指对自然资源的开采，包括石油开采、煤炭开采、金属矿开采、非金属矿开采和木材采伐等工业；（2）原材料工业，指向国民经济各部门提供基本材料、动力和燃料的工业。包括金属冶炼及加工、炼焦及焦炭、化学、化工原料、水泥、人造板以及电力、石油和煤炭加工等工业；（3）加工工业，是指对工业原材料进行再加工制造的工业。包括装备国民经济各部门的机械设备制造工业、金属结构、水泥制品等工业，以及为农业提供的生产资料如化肥、农药等工业。

根据上述划分原则，修理业中以重工业产品为修理作业对象的划为重工业，反之划为轻工业。

工业总产值 是以货币表现的工业企业在一定时期内生产的已出售或可供出售工业产品总量，它反映一定时间内工业生产的总规模和总水平。它包括：在本企业内不再进行加工，经检验，包装入库（规定不需包装的产品除外）的成品价值，对外加工费收入，自制半成品、在产品期末初差额价值。工业总产值采用“工厂法”计算，即以工业企业作为一个整体，按企业工业生产活动的最终成果来计算，企业内部不允许重复计算，不能把企业内部各个车间（分厂）生产的成果相加。但在企业之间、行业之间、地区之间存在着重复计算。

轻重工业总产值的划分是按“工厂法”计算的，即一个工业企业生产的主要产品性质属于轻工业，则该企业的全部总产值作为轻工业总产值；如它的主要产品性质属于重工业，则该企业的全部总产值作为重工业总产值。

工业增加值 是指工业行业在报告期内以货币表现的工业生产活动的最终成果。

实收资本 指企业实际收到的投资人投入的资本。按投资主体可分为国家资本、集体资本、法人资本、个人资本、港澳台资本和外商资本等。

资产合计 指企业拥有或控制的能以货币计量的经济资源。包括各种财产、债权和其他权利。资产按其流动性划分为流动资产、长期投资、固定资产、无形及递延资产和其他资产。

（1）流动资产指企业可以在一年内或者超过一年的一个生产周期内变现或耗用的资产合计。包括现金及各种存款、短期投资、应收及预付款项、存货等。

（2）固定资产指企业固定资产净值、固定资产清理、在建工程、待处理固定资产损失所占用的资金合计。

（3）无形资产指企业长期使用而没有实物形态的资产。包括专利权、非专利技术、商标权、著作权、土地使用权、商誉等。

负债合计指企业承担能以货币计量，将以资产或劳务偿付的债务。负债一般按偿还期长短分为流动负债和长期负债、递延税项等。

（1）流动负债指企业在一年内或者超过一年的一个营周期内需要偿还的债务合计，其中包括短期借款、应付及预收款项、应付工资、应交税金和应交利润等。

（2）长期负债指企业在一年以上或者超过一年的一个营业周期以上需要偿还的债务合计，其中包括长期借款、应付债务、长期应付款项等。

所有者权益 指企业投资人对企业净资产的所有权。企业净资产等于企业全部资产减去全部负债后的余额，其中包括投资者对企业的最初投入，以及资本公积金、盈余公积金和未分配利润，对股份制企业即为股东权益。

固定资产原价 指企业在建造、购置、安装、改建、扩建、技术改造某项固定资产时所支出的全部货币总额。它一般包括买价、包装费、运杂费和安装费等。

固定资产净值 是指固定资产原价减去历年已提折旧额后的净额。

流动资产 是指可以在一年或者超过一年的一个营业周期内变现或者耗用的资产，包括现金及各种存款、短期投资、应收及预付货款、存货等。

产品销售收入 指企业销售产品和提供劳务等主要经营业务取得的收入总额。

产品销售成本 指企业销售品和提供劳务等主要经营业务的实际成本。

产品销售税金及附加 指企业销售产品和提供工业性劳务等主要经营业务应负担的城市维护建设税、消费税、资源税和教育费附加。

产品销售利润 指企业销售产品和提供工业性劳务等主要经营业务收入扣除其成本、费用、税金后的利润。

利润总额 指企业实现的利润。

应交增值税 指企业在报告期内应交纳的增值税额。

总资产贡献率 反映企业全部资产的获利能力，是企业经营业绩和管理水平的集中表现，是评价和考核企业盈利能力的核心指标。计算公式为：

总资产贡献率=（利润总额+税金总额+利息支出）/平均资产总额×100%

资产负债率 该指标既反映企业经营风险的大小，也反映企业利用债权人提供的资金从事经营活动的能力。计算公式为：

资产负债率=负债总额/资产总额×100%

工业成本费用利润率 指在一定时期内实现的利润与成本费用之比，是反映工业生产成本及费用投入的经济效益指标，同时也是反映降低成本的经济效益的指标。计算公式为：

工业成本费用利润率（%）=利润总额/成本及费用总额×100%

工业增加值率 指在一定时期内工业增加值占同期工业总产值的比重，反映降低中间消耗的经济效益。计算公式为：

工业增加值率（%）=工业增加值（现价）/工业总产值×100%

流动资产周转次数 指在一定时期内流动资产完成的周转次数，反映流动资产的周转速度。计算公式为：

流动资产周转次数=产品销售收入/全部流动资产平均余额

产品销售率 指报告期工业销售产值与同期全部工业总产值之比，是反映工业产品已实现销售的程度，分析工业产销衔接情况，研究工业产品满足社会需求程度的指标。计算公式为：

产品销售率（%）=工业销售产值/工业总产值（现价）×100%

全员劳动生产率 指根据产品的价值量指标计算的平均每一个从业人员在单位时间内的产品生产量。是考核企业经济活动的重要指标，是企业生产技术水平、经营管理水平、职工技术熟练程度和劳动积极性的综合表现。目前我国的全员劳动生产率是将工业企业的工业增加值除以同一时期全部从业人员的平均人数来计算的。计算公式为：

全员劳动生产率（%）=工业增加值/全部从业人员平均人数×100%

四、交通运输业

4-1 交通运输业基本情况

	2008	2009	2010	2011	2012
客运量总计（万人）	3150.41	3373.04	3802.30	4388.82	4829.07
铁路	777.16	874.19	975.81	1042.06	996.95
公路	2253.18	2346.24	2627.00	2965.86	3373.82
民用航空	120.07	152.61	199.49	380.90	458.30
货运量总计（万吨）	7206.66	7358.37	8054.29	8907.70	9671.89
铁路	1318.65	1202.33	1221.15	1214.52	1003.95
公路	5887.00	6155.00	6832.00	7663.50	8664.34
民用航空	1.01	1.04	1.14	2.68	3.60
公路货运周转量（万吨公里）	268812.00	299187.00	348553.00	408905.50	575369.50
公路旅客周转量（万人公里）	236636.00	247188.81	286738.00	331490.90	481164.5

4-1 交通运输业基本情况（续表）

	2013	2014	2015	2016	比上年增长（%）
客运量总计（万人）	5326.85	5655.52	6153.3	6950.64	12.96
铁路	1042.03	1084.23	1277.3	1648.89	29.09
公路	3719.86	3871.29	4067	4212.75	3.58
民用航空	564.96	700.00	809.00	1089.00	34.61
货运量总计（万吨）	10509.61	11139.69	11801.02	12208.84	3.46
铁路	974.43	936.11	799.42	741.9	-7.20
公路	9531.00	10198.88	10996.60	11461.00	4.22
民用航空	4.18	4.70	5.00	5.94	18.80
公路货运周转量（万吨公里）	822779.60	1033571.00	1271118	1484530	16.79
公路旅客周转量（万人公里）	544721.33	582882.14	626095	660459	5.49

4-2 客运量和货运量

年份	客运量合计（万人）	铁路	公路	民航	货运量合计（万吨）	铁路	公路	民航
1983	833	389	444		1616	1007	609	
1984	1165	452	709	5	1721	1040	681	0.11
1985	1000	466	527	7	1541	817	724	0.17
1986	1121	503	606	12	1723	942	781	0.17
1987	1167	517	638	12	1977	1073	904	0.20
1988								
1989	1273	510	753	10	2075	905	1170	0.23
1990	1037	405	620	12	2282	892	1390	0.18
1991	1163	409	736	18	2529	896	1633	0.25
1992	1250	434	790	26	3015	1191	1824	0.30
1993	1303	447	828	29	2701	703	1998	0.30
1994	1342	460	863	19	2849	599	2249	0.35
1995	1381	448	904	29	3245	724	2521	0.40
1996	1477	416	1003	59	3559	725	2833	0.32
1997	1569	431	1082	55	3932	742	3190	0.34
1998	1693	443	1224	26	4273	698	3574	0.35
1999	1832	459	1345	28	4749	764	3985	0.41
2000	2002	476	1483	43	5167	815	4351	0.53
2001	2141	499	1608	33	5401	758	4642	0.60
2002	2253	556	1662	35	5634	824	4809	0.99
2003	2209	474	1695	40	5581	653	4927	0.80
2004	2416	567	1798	51	5786	783	5002	0.88
2005	2546	587	1896	63	5972	821	5151	0.64
2006	2732	636	1996	100	6264	903	5360	0.75
2007	2926	673	2112	141	6839	1235	5604	0.95
2008	3150	777	2253	120	7207	1319	5887	1.01
2009	3373	847	2346	153	7358	1202	6155	1.04
2010	3802	976	2627	199	8054	1221	6832	1.14
2011	4389	1042	2966	381	8908	1215	7664	2.68
2012	4829	997	3374	458	9672	1004	8664	3.60
2013	5327	1042	3720	565	10510	974	9531	4.18
2014	5656	1084	3871	700	11140	936	10199	4.70
2015	6153.3	1277.3	4067	809.00	11801.02	799.42	10996.60	5.00
2016	6950.64	1648.89	4212.75	1089.00	12208.84	741.90	11461.00	5.94

4-3 邮电业务基本情况

	2008	2009	2010	2011	2012	2013	2014	2015	2016
邮电业务总量（亿元）	28.50	29.36	36.05	44.27	48.90	53.38	69.34	92.39	145.06
电信业务总量（亿元）	26.58	27.64	34.35	42.43	47.14	51.40	64.50	86.44	136.57
邮政业务总量（亿元）	1.92	1.72	1.70	1.84	1.76	1.98	4.84	5.95	8.49
快递企业业务量（万件）				1098.07	1360.15	1110.80	1703.92	2130.06	3333.97
函件（万件）	1122.21	1301.93	1182.71	1129.56	1548.69	1573.58	1320.33	864.59	534.87
普通包件（万件）	29.93	27.86	26.14 （9.14）	8.94	9.99	9.41	7.70	16.17	8.96
代办特快专递（万件）	79.19	66.18	71.00	72.42	68.24	61.61	51.30	17.25	–
报刊期发数（万份）				5750.71	6458.60	6497.37	61.33	6447.77	6266.50
固定长途电话（万分）				27084.31	23156.38	18791.68	15693.23	12339	–
本地电话年末用户（万户）	113.92	98.38	104.66	105.45	94.39	92.57	76.72	64.61	74.81
普通电话	45.56	74.98	88.29	89.15	51.85	53.16	59.44	60.27	–
公用电话	14.00	23.40	16.37	16.30	15.78	16.63	14.18	6.49	–
年末移动电话用户（万户）	263.90	293.54	349.25	390.04	418.93	469.36	527.37	461.32	335.53
国际互联网用户（户）	296900	382000	500400	468600	496900	540000	737200	795898	–
邮电局所（处）	164	165	165	145	147	146	150	160	159
集邮业务（万枚）	817.72	822.31	650.83	1159.35	921.52	862.54	726.00	731	196.32

注：1、由于邮政报刊期发数由原来的期末数变为累计数。

2、2014年邮政业务总量包括邮政企业业务总量和快递企业业务总量两部分。

主要统计指标解释

货（客）运量 指在一定时期内，各种运输工具实际运送的货物（旅客）数量。它是反映运输业为国民经济和人民生活服务的数量指标，也是制定和检查运输生产计划、研究运输发展规模和速度的重要指标。货运按吨计算，客运按人计算。货物不论运输距离长短、货物类别，均按实际重量统计。旅客不论行程远近或票价多少，均按一人一次客运量统计；半价票、小孩票也按一人统计。

邮电业务总量 指以价值量形式表现的邮电通信企业为社会提供各类邮电通信服务的总数量。邮电业务量按专业分类包括函件、包件、汇票、报刊发行、邮政快件、特快专递、邮政储蓄、集邮、公众电报、用户电报、传真、长途电话、出租电路、移动电话、分组交换数据通信、出租代维等。计算方法为各类产品乘以相应的平均单价（不变价）之和，再加上出租电路和设备、代用户维护电话交换机和线路等的服务收入。它综合反映了一定时期邮电业务发展的总成果，是研究邮电业务量构成和发展趋势的重要指标。计算公式为：

邮电业务总量=Σ（各类邮电业务量×不变单价）+出租代维及其他业务收入

移动电话用户 是指通过移动电话交换机进入移动电话网、占用移动电话号码的电话用户。用户数量以报告期末在移动电话营业部门实际办理登记手续进入移动电话网的户数进行计算，一部移动电话统计为一户。

电话用户 指接入国家公众固定电话网，并按固定电话业务进行经营管理的电话用户。1997年以前，电话用户分为市内电话用户和农村电话用户。“市内电话用户”是指接入县城及县以上城市的电话网上的电话用户；“农村电话用户”是指接入县邮电局农话台及县以下农村电话交换点，以县城为中心（除市话用户外）联通县、乡（镇）、行政村、村民小组的用户。从1997年起，电话用户数分组调整为以用户所在区域划分为“城市电话用户”和“乡村电话用户”，与过去的按市内电话和农村电话划分方法不同。而电话用户总数、电话机总部数统计范围不变。

城市电话用户 指直辖市、省辖市、地级市、县级市的市区、市郊区及县城（包括县人民政府所在地的县城关区或行政建制相当于县人民政府所在地的镇）范围内接入局用交换机的电话用户数，包括分布在农村地区的独立工矿区、林区、驻军等接入局用交换机的电话用户数。

乡村电话用户 指县城关区以下的集镇和农村接入局用交换机的电话用户数。

住宅电话用户 是指安装在居民住宅或农民家里并按照住宅电话登记注册和收费的电话用户。包括私人付费、单位付费和按规定免费安装的住宅电话用户。

局用交换机容量 是指安装在本地电信运营商内用于接结续本地固定电话的电话交换机容量，有倍增设备按倍增后的数量计算。包括现用和备用的人工或自动交换机的全部容量。

五、农 业

5–1 各县区农村基本情况

	乡镇数（个）	镇	村民委员会（个）	乡村户数（万户）	乡村人口（万人）
兰州市	**61**	**39**	**755**	**32.98**	**124.33**
城关区	0	0	33	1.18	4.20
七里河区	6	4	60	2.14	8.88
西固区	6	2	49	2.16	7.52
安宁区	0	0	0	0	0
红古区	4	4	34	1.35	5.60
永登县	16	12	200	9.15	34.52
皋兰县	6	6	57	3.36	11.54
榆中县	20	8	268	10.01	37.83
兰州新区	3	3	54	3.63	14.24

5–2 各县区农村劳动力情况

单位：万人

	农村劳动力	乡村从业人员	农林牧渔业	工业	建筑业	交通运输仓储及邮政业	批发零售贸易业	住宿和餐饮业
兰州市	**82.32**	**70.98**	**36.94**	**6.06**	**5.33**	**4.04**	**2.96**	**2.52**
城关区	2.37	2.07	0.78	0.15	0.02	0.20	0.25	0.11
七里河区	5.57	5.04	3.00	0.56	0.18	0.22	0.22	0.15
西固区	4.90	4.43	1.79	0.70	0.31	0.36	0.23	0.20
安宁区	2.58	2.16	0.29	0.39	0.05	0.18	0.41	0.45
红古区	3.86	3.11	1.86	0.25	0.24	0.24	0.17	0.11
永登县	23.58	20.61	10.61	1.54	1.45	1.28	0.75	0.59
皋兰县	7.01	6.29	3.45	0.48	0.47	0.40	0.24	0.23
榆中县	24.85	20.46	11.87	1.19	2.11	0.85	0.46	0.47
兰州新区	7.60	6.81	3.29	0.80	0.50	0.31	0.23	0.21

5–3 农林牧渔业增加值

单位：万元

年份	农林牧渔业增加值	农业	林业	牧业	渔业	服务业
1979	7788.36	6638.07	110.88	1038.06	1.38	
1980	9392.15	8045.01	132.86	1213.24	1.04	
1981	7994.08	6504.60	193.21	1295.24	1.03	
1982	8420.08	6584.56	455.83	1378.05	2.00	
1983	11178.75	8947.76	676.09	1553.05	1.85	
1984	14017.15	11046.91	994.06	1974.45	1.73	
1985	18976.08	15294.47	1041.19	2635.64	4.78	
1986	22036.67	17611.67	911.00	3492.48	21.52	
1987	23296.91	18423.25	746.92	4077.74	49.00	
1988	30603.00	22452.91	741.23	7239.48	169.38	
1989	38054.41	27624.39	716.71	9578.27	135.05	
1990	42605.00	31278.31	1198.86	9800.29	327.54	
1991	50054.63	36455.46	1287.62	11901.63	409.92	
1992	55261.00	41527.47	968.69	12226.92	537.92	
1993	65390.76	49687.61	1320.88	13853.49	528.78	
1994	95391.00	67546.45	2431.70	24568.40	844.45	
1995	118296.96	89095.33	2856.17	25149.63	1195.83	
1996	137205.13	103602.91	3229..78	29073.27	1299.17	
1997	140826.62	101431.00	3262.37	34891.39	1240.97	
1998	152430.54	116295.29	3248.73	31399.17	1487.35	
1999	156129.94	119674.18	2851.99	31506.43	2097.34	
2000	158915.80	121106.04	3299.07	33007.61	1503.08	
2001	168914.30	129533.55	2800.48	34706.09	1874.18	
2002	176821.31	135578.93	2300.11	37217.84	1724.43	
2003	185709.77	140560.98	2754.87	38760.00	1700.40	
2004	206062.21	147959.34	2409.67	51800.50	1665.82	2226.83
2005	221299.01	162258.36	1174.17	53642.65	1880.66	2343.17
2006	227335.06	165709.78	1634.15	55151.49	2141.87	2697.77
2007	260863.43	198151.39	1425.23	56178.84	2177.63	2930.35
2008	281007.69	223506.73	1756.52	47491.08	2732.45	5520.91
2009	305453.65	248499.34	1911.75	46525.01	2669.97	5847.58
2010	337891.83	275887.33	2861.70	52621.57	496.06	6025.21
2011	400073.13	324875.17	3864.68	62003.54	640.14	8689.60
2012	445480.50	363945.30	3845.21	67444.56	676.85	9568.58
2013	491187.84	403270.68	3544.58	72682.30	1104.16	10586.12
2014	536429.14	443085.82	3567.76	76774.59	978.48	12022.49
2015	575551.72	478638.62	5755.66	75890.06	1168.17	14099.21
2016	617950.43	518527.06	6317.25	77543.50	1180.04	14382.58

注：1、自2003年起农林牧渔业增加值为新行业口径，新增农林牧渔服务业；包括农业、林业、牧业、渔业和农林牧渔服务业增加值；

2、2008年农林牧渔业有关数据为农普口径统计数据，增速为可比速度。

5-4 农林牧渔业增加值指数

（上年=100）

年份	农林牧渔业增加值	农业	林业	牧业	渔业	服务业
1979	91.22	90.94	97.74	91.90	120.64	
1980	116.38	116.52	100.82	117.47	76.63	
1981	80.78	77.28	140.01	92.49	84.28	
1982	110.09	105.85	240.79	108.59	193.66	
1983	124.86	128.12	140.26	106.71	93.45	
1984	117.78	114.97	140.86	121.65	92.58	
1985	128.48	131.52	85.46	135.44	358.13	
1986	109.90	108.54	87.89	122.57	198.01	
1987	97.50	97.07	81.89	101.32	394.66	
1988	100.60	101.82	85.77	98.42	113.07	
1989	109.64	107.26	79.81	129.21	119.04	
1990	110.88	110.45	115.30	106.56	129.05	
1991	112.49	116.61	74.64	102.90	98.43	
1992	107.23	108.74	96.52	102.31	106.62	
1993	102.74	92.72	169.67	137.29	159.33	
1994	101.18	101.96	104.93	98.72	101.45	
1995	101.20	102.73	97.83	96.67	120.55	
1996	105.83	107.53	102.31	101.04	106.33	
1997	103.60	100.78	97.72	113.47	95.79	
1998	107.10	112.87	101.33	90.94	114.79	
1999	120.42	119.27	121.58	127.15	107.02	
2000	107.60	107.09	116.48	107.45	90.42	
2001	105.50	105.60	98.00	106.00	105.80	
2002	104.80	105.40	70.70	105.70	107.80	
2003	104.90	104.84	130.00	104.87	100.00	
2004	103.27	100.94	96.61	111.90	96.76	115.17
2005	104.05	104.88	42.69	104.20	112.90	105.22
2006	103.11	101.97	135.51	104.92	113.92	115.13
2007	103.69	107.59	79.45	92.52	101.67	108.62
2008	105.71	103.96	123.90	115.74	103.87	103.32
2009	106.17	106.39	105.00	104.80	116.99	103.74
2010	105.01	104.89	138.64	109.08	34.11	99.46
2011	105.20	104.37	119.38	104.65	118.54	139.21
2012	106.70	107.26	95.30	104.56	100.37	106.29
2013	105.80	106.35	88.06	103.19	155.96	107.01
2014	106.28	106.81	97.46	103.31	89.60	111.23
2015	105.90	106.61	140.27	99.60	122.66	108.51
2016	106.03	106.96	123.11	99.22	101.80	105.76

5–5 农林牧渔业增加值及构成

	绝对数（万元）			构成（%）			比上年增长（%）
	2014	2015	2016	2014	2015	2016	
农林牧渔业增加值	536429.14	575551.72	617950.43	100.00	100.00	100.00	6.03
农业	443085.82	478638.62	518527.06	82.60	83.16	83.91	6.96
林业	3567.76	5755.66	6317.25	0.67	1.00	1.02	23.11
牧业	76774.59	75890.06	77543.50	14.31	13.19	12.55	–0.78
渔业	978.48	1168.17	1180.04	0.18	0.20	0.19	1.80
农林牧渔服务业	12022.49	14099.21	14382.58	2.24	2.45	2.33	5.76

5–6 各县区农林牧渔业增加值

单位：万元、%

	农林牧渔业增加值	农业	林业	牧业	渔业	服务业	比上年增长
兰州市	617950.43	518527.06	6317.25	77543.50	1180.04	14382.58	6.03
城关区	22393.81	19053.27	1404.01	1066.27	0.00	870.26	5.04
七里河区	57956.24	40792.06	26.00	13632.85	0.00	3505.33	5.72
西固区	47104.08	40847.58	278.80	5593.00	149.92	234.78	6.41
安宁区	1773.34	987.73	442.89	185.94	0.00	156.78	0.02
红古区	100126.10	91713.22	90.94	7787.88	85.68	448.38	6.41
永登县	113365.26	89755.86	592.55	21617.70	889.68	509.47	6.74
皋兰县	67173.14	56791.42	1279.64	7253.90	–1.04	1849.22	6.07
榆中县	170602.56	148012.57	1216.73	15802.60	55.80	5514.86	6.79
兰州新区	37455.90	30573.35	985.69	4603.36	0.00	1293.50	1.17

5-7 农林牧渔业总产值

单位：万元、%

	农林牧渔业总产值			构成		
	2014	2015	2016	2014	2015	2016
农林牧渔业总产值	**870092.48**	**931076.96**	**999450.74**	**100.00**	**100**	**100**
农业产值	696390.44	747714.08	809195.27	80.04	80.31	80.96
谷物	83790.94	79497.57	71938.56	9.63	8.54	7.20
豆类	7930.28	7899.14	9076.41	0.91	0.85	0.91
油料	10266.68	10047.57	9705.65	1.18	1.08	0.97
麻类						
薯类	37397.97	35503.13	37202.53	4.30	3.81	3.72
蔬菜	453037.92	505271.93	569901.11	52.07	54.27	57.02
瓜类	21084.10	24306.60	22450.27	2.42	2.61	2.25
中药材	25920.31	26247.98	31207.64	2.98	2.82	3.12
林业产值	8785.83	13665.28	14189.43	1.01	1.47	1.42
林木的培育和种植	8782.69	9628.35	9743.58	1.01	1.03	0.97
木材采运	1.20	11.93	5.85		0.001	0.0006
林产品的采集	1.94	4025.00	4440.00		0.43	0.44
牧业产值	117287.28	116896.95	119183.26	13.48	12.56	11.92
牲畜	46882.28	47482.42	48633.12	5.39	5.10	4.87
猪	48842.29	47997.11	50196.05	5.61	5.16	5.022
羊	14267.39	15177.00	16253.10	1.64	1.63	1.63
家禽饲养	21050.24	20966.59	19875.32	2.42	2.25	1.99
渔业产值	1388.70	1572.95	1565.13	0.16	0.17	0.16
农林牧渔服务业产值	46240.23	51227.70	55317.65	5.31	5.50	5.53

5-8 农作物播种面积

	1995	2005	2007	2008	2009	2010	2011	2012	2013	2014	2015	2016
总播种面积（万亩）	**319.95**	**304.16**	**309.46**	**309.66**	**319.89**	**320.03**	**328.63**	**333.36**	**345.19**	**350.12**	**354.81**	**358.85**
谷物及其它作物播种面积		**237.81**	**235.84**	**231.25**	**238.2**	**236.83**	**238.93**	**234.88**	**236.93**	**231.45**	**226.61**	**221.28**
粮食作物	256.29	187.18	186.08	188.69	199.50	194.94	197.12	195.25	196.26	191.51	184.19	178.72
夏粮	200.80	119.30	107.78	101.52	103.80	96.20	93.63	89.58	86.82	78.89	74.15	68.56
秋粮	55.49	67.88	78.30	87.17	95.70	98.74	103.49	105.67	109.44	112.62	110.04	110.16
谷物	182.74	112.82	115.97	119.90	131.68	127.20	128.30	127.38	126.47	120.66	115.61	108.53
小麦	159.81	75.67	70.73	68.00	73.24	68.58	67.41	66.26	65.16	60.62	57.06	52.60
玉米	8.75	14.32	24.04	34.48	41.55	47.81	51.43	52.00	52.62	54.22	53.26	52.08
豆类	40.56	32.45	24.37	20.78	18.74	19.94	19.26	17.18	15.74	14.22	13.39	13.45
大豆	0.87	0.62	0.29	0.59	0.18	0.22	0.24	0.19	0.15	0.15	0.15	0.20
薯类	32.99	41.91	45.74	48.01	49.08	47.80	49.56	50.69	54.05	56.63	55.19	56.74
油料	22.66	29.88	27.59	24.71	25.09	25.14	24.39	22.71	20.64	17.95	17.77	17.23
甜菜	1.58	0.53	0.64	0.69	0.57	0.56	0.52	0.44	0.46	0.20	0	0.00
蔬菜园艺播种面积		**57.95**	**65.22**	**68.81**	**71.96**	**73.43**	**75.72**	**82.08**	**88.74**	**94.06**	**100.70**	**108.42**
蔬菜	20.66	57.73	65.01	68.61	71.65	73.17	75.47	81.85	88.49	93.77	100.42	108.12
花卉		0.22	0.21	0.2	0.31	0.26	0.25	0.23	0.25	0.29	0.28	0.30
瓜果播种面积		**5.54**	**6.12**	**6.83**	**6.84**	**7.01**	**7.22**	**7.65**	**7.81**	**8.15**	**8.05**	**7.94**
瓜类	2.73	5.03	5.81	6.56	6.53	6.76	6.97	7.43	7.62	7.96	7.9	7.78
草莓		0.51	0.31	0.27	0.31	0.25	0.25	0.2	0.19	0.19	0.15	0.16
药材播种面积	**0.64**	**2.86**	**2.28**	**2.77**	**2.89**	**2.76**	**6.76**	**8.75**	**11.71**	**16.46**	**19.46**	**21.21**
占总播种面积比重（%）	**100**	**100**	**100**	**100**	**100**	**100**	**100**	**100**	**100**	**100**	**100**	**100**
谷物及其它作物播种面积		**78.19**	**76.21**	**74.68**	**74.46**	**74.00**	**72.70**	**70.46**	**68.64**	**66.11**	**63.87**	**61.66**
粮食作物	80.1	61.54	60.13	60.93	62.37	60.91	59.98	58.57	56.86	54.54	51.91	49.83
夏粮	62.76	39.22	34.83	32.78	32.45	30.06	28.49	26.87	25.15	22.4	20.9	19.11
秋粮	17.34	22.32	25.30	28.15	29.92	30.85	31.49	31.7	31.7	31.89	31.01	30.72
谷物	57.12	37.09	37.47	38.72	41.16	39.75	39.04	38.21	36.64	34.07	32.58	30.24
小麦	49.95	24.88	22.86	21.96	22.90	21.43	20.51	19.88	18.88	17.07	16.08	14.66
玉米	2.73	4.71	7.77	11.13	12.99	14.94	15.65	15.6	15.24	15.23	15.01	14.51
豆类	12.68	10.67	7.88	6.71	5.86	6.23	5.86	5.15	4.56	3.98	3.77	3.75
大豆	0.27	0.2	0.09	0.19	0.06	0.07	0.07	0.06	0.04	0.04	0.04	0.06
薯类	10.31	13.78	14.78	15.5	15.34	14.94	15.08	15.21	15.66	15.77	15.56	15.81
油料	7.08	9.82	8.92	7.98	7.84	7.86	7.42	6.81	5.98	4.98	5.01	4.80
甜菜	0.49	0.17	0.21	0.22	0.18	0.17	0.16	0.13	0.13	0.06	0	0.00
蔬菜园艺播种面积		**19.05**	**21.08**	**22.22**	**22.50**	**22.94**	**23.04**	**24.62**	**25.71**	**26.87**	**28.38**	**30.21**
蔬菜	6.46	18.98	21.01	22.16	22.40	22.86	22.97	24.55	25.64	26.79	28.3	30.13
花卉		0.07	0.07	0.06	0.10	0.08	0.08	0.07	0.07	0.08	0.08	0.08
瓜果播种面积		**1.82**	**1.98**	**2.21**	**2.14**	**2.19**	**2.20**	**2.29**	**2.26**	**2.32**	**2.27**	**2.21**
瓜类	0.85	1.65	1.88	2.12	2.04	2.11	2.12	2.23	2.21	2.27	2.23	2.17
草莓		0.17	0.10	0.09	0.10	0.08	0.08	0.06	0.06	0.05	0.04	0.04
药材播种面积	**0.2**	**0.94**	**0.74**	**0.89**	**0.90**	**0.86**	**2.06**	**2.62**	**3.39**	**4.70**	**5.49**	**5.91**

注：自2003年起其他农作物、经济作物的划分有变化。

5-9 各县区农作物播种面积

单位：万亩

	农作物播种面积	粮食			油料	药材	蔬菜	果园面积
			小麦	玉米				
兰州市	**358.85**	**178.72**	**52.60**	**52.08**	**17.23**	**21.21**	**108.12**	**16.41**
城关区	3.05	0.20	0.01	0.19	0.00	0.00	2.64	0.73
七里河区	16.98	2.69	0.32	2.32	0.06	0.19	14.05	1.13
西固区	8.88	0.92	0.29	0.59	0.07	0.04	7.73	1.49
安宁区	0.15	0.00	0.00	0.00	0.00	0.00	0.14	0.16
红古区	13.38	2.25	0.46	1.75	0.16	0.00	10.17	2.18
永登县	118.60	73.77	26.18	16.05	7.70	3.06	16.06	2.44
皋兰县	32.49	12.34	2.50	3.32	2.16	0.00	11.11	6.22
榆中县	134.56	71.86	16.36	26.88	4.37	17.68	39.79	0.50
兰州新区	30.77	14.71	6.48	0.98	2.72	0.25	6.44	1.57

5-10 耕地面积

	合计	城关区	七里河区	西固区	安宁区	红古区	永登县	皋兰县	榆中县	兰州新区
年初耕地面积（万亩）	**307.90**	**1.64**	**15.14**	**5.45**	**0.29**	**8.01**	**112.17**	**29.32**	**103.03**	**32.85**
当年增加耕地面积（万亩）	**0.00**									
新开荒地面积	0.00									
治河造田面积	0.00									
当年减少的耕地面积（万亩）	**3.06**	**0.01**	**0.00**	**0.00**	**0.23**	**0.00**	**0.00**	**0.00**	**0.48**	**2.34**
国家基建占地（亩）	2.61				0.12				0.15	2.34
乡村基建占地（亩）	0.08								0.08	
农民庄基占地（亩）	0.00									
因灾废弃（亩）	0.00									
还林还牧（亩）	0.00									
其他（亩）	0.37	0.01			0.11				0.25	
年末耕地面积（万亩）	**304.84**	**1.63**	**15.14**	**5.44**	**0.06**	**8.01**	**112.17**	**29.32**	**102.55**	**30.52**
水田	0.10								0.10	
旱地	304.74	1.63	15.14	5.44	0.06	8.01	112.17	29.32	102.45	30.52
在册耕地退耕造林面积（亩）	**0.00**									
在册耕地退耕种草面积（亩）	**0.00**									

5-11 主要农产品产量

	1995	2005	2007	2008	2009	2010	2011	2012	2013	2014	2015	2016
主要农产品产量（万吨）												
粮食	29.57	32.30	37.17	38.75	38.79	40.38	42.39	44.20	46.80	47.23	45.9	45.07
夏粮	19.47	18.65	18.73	18.38	16.52	18.08	16.97	17.14	17.50	17.99	17.05	16.15
秋粮	10.10	13.64	18.44	20.37	22.27	22.30	25.42	27.06	29.30		28.85	28.92
谷物	21.72	20.97	26.11	27.46	27.91	29.58	31.45	32.03	33.70	33.99	33.04	31.82
稻谷	0.01	0.06	0.06	0.06	0.01	0.02	0.05	0.04	0.04	0.04	0.01	0.01
小麦	16.92	12.23	12.47	12.30	11.75	12.44	12.25	11.99	12.71	14.63	13.52	12.63
玉米	3.94	5.46	10.13	11.55	13.75	14.32	16.97	17.65	18.59	18.10	18.11	18.14
豆类	2.85	4.35	3.44	2.83	2.58	3.22	2.67	2.95	2.67	2.31	2.32	2.64
薯类	5.00	7.00	7.61	8.46	8.30	7.59	8.28	9.21	10.52	10.92	10.54	10.62
油料	1.20	2.39	2.23	2.11	1.98	2.26	2.23	2.56	2.53	2.04	2.03	2.01
胡麻子油	0.73	1.79	1.64	1.64	1.56	1.77	1.63	2.04	1.89	1.51	1.54	1.53
油菜籽	0.46	0.60	0.54	0.42	0.36	0.45	0.53	0.47	0.53	0.50	0.46	0.46
甜菜	1.78	0.61	0.67	0.70	0.45	0.53	0.51	0.44	0.53	0.26	0	0.00
烟叶	0.07	0.07	0.04		0.02		0.01	0.02	0.01	0.01	0.02	0.01
百合	1.43	3.45	3.11	3.03								
药材	0.06	0.70	0.70	0.62	0.76	0.63	0.99	1.26	1.69	2.89	3.31	3.60
蔬菜	65.63	152.86	163.70	172.30	186.66	198.09	209.23	22.93	251.58	271.30	290.34	312.00
水果	9.22	10.58	12.47	12.34	12.65	12.90	13.10	13.56	14.50	15.35	16.06	17.23
农产品单位面积产量（公斤/亩）												
粮食	115.40	172.56	199.74	205.35	194.45	187.91	215.07	226.36	238.75	246.62	249.2	252.04
谷物	118.87	185.85	225.18	229.02	211.93	232.51	245.10	251.45	266.22	281.72	285.79	293.19
油菜籽	83.84	81.17	63.71	79.25	64.19	83.75	81.56	85.82	91.58	92.72	87.82	92.00
甜菜	1128.26	1151.89	1045.16	1016.00	782.11	953.57	986.54	1002.27	1160.43	1278.00		
烟叶	113.05	428.56	221.15	178.08	131.46	204.57	219.10	263.13	176.83	160.74	200	214.29

5-12 分县区农产品产量

单位：吨

	粮食			蔬菜	油料
		小麦	玉米		
兰州市	450748.91	126272.00	181350.96	3119954.70	20117.42
城关区	477.00	7.50	469.50	95533.40	
七里河区	11736.00	448.00	11193.10	271922.00	58.00
西固区	4196.90	718.70	3403.10	313984.00	101.26
安宁区	0.00			3663.00	
红古区	13833.01	1850.80	11892.36	675863.00	336.95
永登县	172319.00	54174.00	55329.00	418204.90	8137.00
皋兰县	42665.00	5384.00	18356.00	290938.00	3970.00
榆中县	160910.00	41866.80	76499.20	955679.90	5077.11
兰州新区	44612.00	21822.20	4208.80	94166.50	2437.10

5-13 水果、水产品生产情况

	1995	2005	2007	2008	2009	2010	2011	2012	2013	2014	2015	2016
水果产量（吨）	92180.62	105806.98	124736.17	123421.41	126452.88	128975.81	131001.07	135606.01	144929.77	153528.46	160648.83	172300.03
苹果	39148.16	46944.60	57721.85	58166.40	59437.80	60267.45	62926.84	64873.99	69017.84	72590.22	74817.57	83356.23
梨	30049.93	21352.58	24312.91	22508.60	24938.15	22912.88	23136.23	23027.55	24714.53	24369.95	27561.50	30813.59
葡萄	822.67	2499.60	3123.46	3395.46	3021.65	3152.70	3310.00	4447.60	4661.50	6560.50	8011.53	9030.80
红枣	1406.10	3584.55	3999.80	4362.80	4827.90	5087.00	4112.70	4672.90	5208.90	5929.40	6365.40	6287.50
杏子	1253.78	2348.93	5750.39	5438.94	5429.28	5919.88	3898.10	3921.15	4652.84	4777.02	4727.22	4762.32
桃子	17892.60	27994.8	29161.80	28588.35	27418.10	29964.00	31276.90	32980.50	35083.96	36431.98	36938.72	35473.30
草莓	1607.38	8570	4863.50	4447.30	4544.60	4161.52			3075.80	3155.61	2573.90	2636.70
果园面积（万亩）	19.39	15.35	15.66	16.08	15.89	16.09	16.35	16.46	16.81	16.83	16.72	16.41
苹果园	9.25	5.24	5.27	5.32	5.21	5.18	5.09	5.10	5.20	5.20	5.38	5.36
梨园	5.00	4.10	4.09	3.85	3.73	3.67	3.63	3.61	3.63	3.62	3.59	3.54
桃园	3.80	4.23	4.06	3.92	3.85	3.82	3.73	3.71	3.68	3.69	3.70	3.59
杏园	0.63	0.86	1.08	1.38	1.37	1.60	1.53	1.70	1.73	1.66	1.35	1.32
水产品产量（吨）	1196	1627	1830	1726	1951	1162	1263	1256	1690	1543	1796	1799
水产品养殖面积（亩）	7806	6934	7060	6220	12746	7295	7318	7301	7464	7161	7362	7344

5-14 分县区水果、水产品生产情况

	水果产量（吨）			水产品产量（吨）	水产品养殖面积（亩）
		苹果	桃子		
兰州市	**172300**	**83356.23**	**35473.3**	**1799**	**7344**
城关区	19164	15721.00	1296.0		
七里河区	15567	5395.00	6533.0		
西固区	22958	8285.60	2162.7	294	464
安宁区	1892		1686.0		
红古区	58645	36254.00	11844.0	165	388
永登县	11471	2526.00	310.0	1220	4412
皋兰县	33800	11681.00	11412.0		
榆中县	6239	3003.63	229.6	120	2080
兰州新区	2564	490.00			

5-15 林业生产

	1995	2005	2007	2008	2009	2010	2011	2012	2013	2014	2015	2016
当年造林面积（万亩）	**5.79**	**5.22**	**7.38**	**6.15**	**4.28**	**6.62**	**4.8**	**4.76**	**6.04**	**8.16**	**9.9**	**8.95**
人工造林	5.79	5.22	7.38	6.15	4.28	6.62	4.80	4.76	5.04	5.01	4.35	5.92
飞机播种造林												
防护林	2.04	4.85	7.05	3.92	2.02	2.22	2.20	2.89	2.70	4.75	7.75	6.61
用材林	0.40			0.06	0.06			0.01	0.01	0.08	0.00	-
经济林	1.24	0.37	0.33	2.17	1.22	4.40	2.60	1.86	3.23	3.40	2.15	2.33
幼林抚育作业面积（万亩）	11.09	8.65	29.88	28.86	32.88	37.05	18.04	16.86	10.90	11.33	11.66	11.72
成林抚育作业面积（万亩）	4.40	18.91	19.94	20.31	18.05	17.54	33.41	34.93	36.75	39.25	38.95	38.95
迹地更新（万亩）	0.01									0.10		
当年零星（四旁）植树（万株）	294.63	285.72	266.06	248.52	250.54	223.59	236.19	206.04	230.93	81.25	228.21	80.32
年末实有育苗面积（万亩）	0.36	0.91	0.73	0.68	0.80	0.69	1.27	2.01	1.84	2.28	2.62	2.73
本年新育面积（万亩）	0.15	0.21	0.17	0.18	0.18	0.16	0.17	0.75	0.51	0.34	0.59	0.34
林产品产量（吨）												
核桃	25.40	10.00	8.00	9.00	192.00	195.00			601.60	2762.17	3438.27	3960.00
花椒	56.80	80.40	73.56	81.20	98.64	82.54			60.30	53.96	54.75	54.20

5–16 牲畜存栏及畜产品产量

	1995	2005	2007	2008	2009	2010	2011	2012	2013	2014	2015	2016
大牲畜年末头数（万头）	14.59	14.68	14.45	10.44	10.51	10.66	10.28	9.82	9.34	9.07	8.73	8.39
牛	2.78	5.22	5.72	4.44	4.69	4.86	4.91	4.79	4.98	5.01	5.03	4.99
良种乳牛	0.67	2.58	2.72	1.80	2.41	2.48	2.49	2.55	2.64	2.74	2.74	2.59
马	1.09	0.72	0.72	0.16	0.16	0.22	0.20	0.19	0.25	0.23	0.21	0.19
骡	5.76	4.81	4.47	3.34	3.25	3.09	2.94	2.74	2.22	2.07	1.90	1.77
驴	4.94	3.93	3.54	2.50	2.41	2.49	2.24	2.10	1.89	1.76	1.60	1.44
肉猪出栏头数（万头）	45.52	46.43	43.33	29.23	31.08	33.32	31.72	33.41	34.76	36.18	34.53	33.53
猪年末头数（万头）	45.84	41.03	34.24	28.94	31.44	34.39	34.55	35.53	36.50	37.20	35.59	34.84
羊年末只数（万只）	53.78	63.02	60.30	53.15	55.04	60.46	61.79	60.62	61.93	67.30	67.33	64.15
山羊	6.76	7.93	7.80	6.86	7.04	8.82	10.61	9.20	8.79	9.23	8.73	7.61
绵羊	47.02	55.09	52.50	46.29	48.00	51.64	51.18	51.42	53.14	58.07	58.60	56.54
肉类产品（万吨）	4.30	4.19	4.00	2.81	2.92	3.14	3.06	3.20	3.31	3.49	4.09	4.11
猪牛羊肉（吨）	37939.79	38983.00	37051.10	25391.10	26450.50	28436.90	27346.20	27929.80	29781.70	31345.24	31445.55	31057.12
猪肉（吨）	32911.54	33458.40	31213.80	21045.60	22377.60	23990.40	22838.40	24055.20	25027.20	25797.54	24861.81	24142.39
牛肉（吨）	524.39	462.50	638.50	555.00	576.00	633.00	806.50	700.50	786.50	869.14	887.99	930.65
羊肉（吨）	4503.86	5062.10	5198.80	3790.50	3496.90	3813.50	3701.30	3804.10	3968.00	4698.56	5695.75	5984.08
牛奶产量（吨）	40320.39	85368.10	84435.80	52750.80	61601.00	64993.30	65380.80	66569.50	68865.30	74268.85	73609.65	69630.14
羊奶产量（吨）	114.14	124.00	174.00	153.00	99.00	141.00	387.00	256.00	274.00	260.33	250.07	220.39
绵羊毛（吨）	1306.50	966.68	905.45	798.98	852.40	926.93	945.64	942.81	973.02	1024.83	1032.75	983.43
山羊毛（吨）	68.10	39.77	39.30	34.56	35.34	44.24	53.23	46.18	44.13	50.73	53.37	44.56
羊绒（吨）	16.46	10.72	10.21	9.13	9.69	12.68	15.73	13.46	12.63	13.41	12.52	10.52
禽蛋产量（万吨）	1.32	1.50	1.61	1.46	1.61	1.73	1.89	1.94	1.90	2.00	2.00	2.00
蜂蜜产量（吨）	13.12				0.90							

5-17 分县区畜牧业生产情况

	大牲畜存栏（万头）	羊存栏数（万只）	牛出栏数（万头）	猪出栏数（万头）	羊出栏数（万只）	绵羊毛产量（吨）	猪牛羊肉总产量（吨）
兰州市	**8.39**	**64.15**	**0.89**	**33.53**	**32.97**	**983.43**	**31057.12**
城关区	0.18	0.53	0.03	0.61	0.26	7.12	521.25
七里河区	1.14	2.61	0.16	2.05	0.87	40.13	1783.02
西固区	0.41	1.89	0.03	1.58	1.10	27.53	1353.49
安宁区	0.02	0.17		0.17	0.15	3.47	148.35
红古区	0.82	4.59	0.10	3.05	2.00	66.45	2650.47
永登县	2.33	30.77	0.18	10.86	11.83	513.87	9785.69
皋兰县	0.17	8.35	0.01	3.33	6.44	144.99	3367.41
榆中县	3.10	12.18	0.35	10.01	8.63	134.21	8856.53
兰州新区	0.22	3.05	0.03	1.87	1.69	45.66	2590.91

5-18 受灾面积和成灾面积

单位：万亩、%

年份	受灾面积	成灾面积	成灾面积占受灾面积比重	水灾		旱灾	
				受灾面积	成灾面积	受灾面积	成灾面积
1992	124.90	92.62	74.16	5.59	3.22	81.62	64.32
1993	94.84	60.86	64.17	0.03	0.03	27.85	19.51
1994	88.65	71.92	81.13	2.34	2.24	64.04	51.61
1995	217.71	192.91	88.61	2.47	2.02	188.66	171.63
1996	39.66	26.00	65.56	0.79	0.73	6.03	5.14
1997	137.75	99.55	72.27	21.01	20.80	89.77	57.62
1998	52.03	37.75	72.55	12.10	7.75	21.49	18.10
1999	133.22	97.84	73.44	8.69	6.36	95.52	68.71
2000	191.45	153.75	80.31	1.96	1.93	172.37	138.94
2001	120.35	92.78	77.09	1.17	0.98	101.61	77.68
2002	54.96	39.53	71.93	3.50	2.26	17.99	14.62
2003	77.81	58.62	75.34	1.41	0.82	44.81	34.53
2004	148.35	123.37	83.16	3.78	3.77	116.67	104.04
2005	122.87	100.36	81.68	5.84	5.06	110.21	91.62
2006	153.78	118.81	77.26	2.23	2.08	137.08	104.79
2007	128.05	98.71	77.09	5.00	3.77	110.85	87.60
2008	100.76	67.50	67.00	0.68	0.54	80.82	53.58
2009	124.49	91.64	73.61	0.02	0.02	111.79	82.20
2010	159.92	106.48	66.58	5.05	3.93	107.57	69.24
2011	151.06	112.56	74.51	1.59	1.07	130.28	99.57
2012	122.51	84.82	69.24	18.14	16.41	86.44	53.72
2013	136.79	72.03	52.66	7.14	6.41	111.41	50.77
2014	46.42	29.06	62.60	1.65	1.19	1.17	2.29
2015	34.09	19.02	55.79	0.35	0.25	6.12	2.24
2016	25.33	10.00	39.48	2.39	2.17	20.94	6.54

5-19 农业现代化

	1995	2005	2007	2008	2009	2010	2011	2012	2013	2014	2015	2016
农业机械化												
当年机耕地面积（万亩）	101.95	145.67	146.76	145.61	146.09	146.75	161.28	174.66	191.39	204.84	210.21	212.13
占总耕地地面积（%）	31.05	47.89	45.47	46.19	46.45	45.86	51.36		60.99	65.99	68.27	68.87
当年机播面积（万亩）	31.00	47.65	49.20	49.57	105.60	90.14	102.17	111.57	121.40	134.57	134.12	136.23
占总播种面积（%）	9.69	15.67	16.32	14.58	33.01	28.17	31.09		35.17	38.44	37.8	38.10
农业水利化												
有效灌溉面积（万亩）	105.14	116.20	117.06	117.70	118.65	119.08	114.61	122.13	121.72	120.11	121.62	122.40
占总播种面积（%）	32.86	38.20	37.83	36.86	37.09	37.21	34.88	36.64	35.26	34.31	34.28	35.10
水平梯田面积（万亩）	63.94	91.99	94.23	95.97	97.81	97.21	101.89	111.39	114.57	115.27	118.02	119.14
占总播种面积（%）	19.98	30.24	30.45	30.05	30.58	30.38	31.00	33.41	33.19	32.92	33.26	33.86
条田面积（万亩）	51.04	53.51	55.44	54.53	54.53	54.33	54.29	39.48	39.44	39.32	40.32	41.22
农业电气化												
农村用电量（万千瓦时）	58608	36761	37991	38204	40442	41883	42921	42698	45038	37644	37779	3898
农村生产用电（万千瓦时）	51179	27886	28504	27524	29447	30080	30367	29847	31047	23625	23317	24323
农民生活用电（万千瓦时）	7429	8875	9487	10679	10995	11803	12554	12851	13991	14019	14461	15461
农村水电站（个）	2	9	10	12	14	14	14	14	15	18	18	18
已通电村（个）	790	782	808	788	788	785	786	779	764	756	754	756
占全市总数（%）	98.26	96.66	99.88	99.87	99.87	99.49	99.62	99.87	99.87	99.87	99.87	99.81
农业化学化												
农用化肥施用量（实物量）（吨）	84683	137212	128188	133000	131810	137958	139493	142677	145841	146723	143432	122023
农用化肥施用量（折纯量）（吨）	23252	45045	38318	39313	40647	42726	43932	45308	48191	47697	47326	37358
农用塑料薄膜使用量（吨）	2349	5106	6035	6529	7025	8266	8726	9100	11190	9812	10473	10214

5-20 农用机械、用

	合计	城关区	七里河区	西固区
农业机械化程度				
机耕面积（千公顷）	141.33	0.40	2.60	2.40
占总耕地面积比重（%）	68.27	0.20	1.20	1.14
机播面积（千公顷）	89.78	0.07	1.04	0.50
机收面积（千公顷）	55.13		0.07	0.13
农业机械拥有量				
农业机械总动力（千瓦）	1774421	39828	184500	146200
大中型拖拉机（混合台）	4088	4	33	51
大中型拖拉机（千瓦）	94344	186	684	1809
小型拖拉机（混合台）	41186	331	1558	971
小型拖拉机（千瓦）	402005	3240	13540	10961
农用排灌动力机械（混合台）	6346	197	1465	289
农用排灌动力机械（千瓦）	288924	14930	30470	11580
农用水泵（台）	4486	197	1292	215
收获机械（混合部）				
牧业机械（混合部）				
渔业机械（部）	34			
农产品初加工机械（混合部）	3962		24	127
农村电气化（万千瓦时）	38135.88	2536.99	2707.43	3962.7
农村生产用量	23312	1456	1817	2827
农民生活用电	14824	1081	890	1136
农村化肥施用量				
按实物价值量计算（吨）	122023	1357	6800	2611
按折纯法计算（吨）	37358	359	2515	991
农村水利情况				
年末有效灌溉面积（万亩）	120.02	1.21	6.55	4.00
机电灌溉面积（万亩）	57.66	1.16	1.66	3.52
保证灌溉面积（万亩）	102.81	1.15	4.93	3.52
本年新增（万亩）	1.87			
水平梯田（万亩）	118.65	0.75	7.33	1.94
本年新增（万亩）	0.72			
条田（万亩）	40.32	0.11	0.15	0.85
本年新增（万亩）				
机电井达到数（眼）	1313	9	50	
已配套机电井合计（眼）	1257	9	50	
水窖（眼）	252025	3452	9170	3715

电、化肥、水利情况

安宁区	红古区	永登县	皋兰县	榆中县	兰州新区
	3.66	59.00	14.30	50.67	
	1.78	28.58	11.01	24.36	
	1.80	37.00	14.30	35.07	
	1.60	20.83	11.00	21.50	
1398	170607	459907	328500	443481	
1	342	2538	123	996	
22	13185	47753	3423	27281	
1	5770	16880	4049	11626	
1320	56752	178105	48588	90806	
39	260	723	2159	1214	
585	13592	14809	100568	102390	
39	114	470	1287	872	
		34			
	214	1155	921	1521	
2092	4867	10066.48	2976.77	5891.51	3035
598	3210	6770	2130	3038	1466
1494	1657	3297	846	2854	1569
25	9235	27112	9855	57255	7773
12	1986	8885	3446	16598	2567
0.06	6.06	32.89	15.39	29.51	24.34
0.06	2.44	9.41	15.27	17.49	6.66
0.06	5.66	28.27	14.17	22.79	22.25
		1.68	0.09	0.10	
	0.85	39.71	1.66	62.51	3.89
				0.72	
	0.35	27.16		9.74	1.97
		610	19	544	81
		575	17	525	81
	4826	40317	32405	137945	20195

5-21 农业机械拥有量

	1995	2007	2008	2009	2010	2011	2012	2013	2014	2015	2016
农业机械总动力合计（万千瓦）	95.36	135.54	139.82	136.82	140.54	145.12	153.42	159.53	163.84	173.31	177.44
柴油发动机动力（万千瓦）	44.06	88.31	92.58	95.46	99.16	103.95	110.00	114.04	115.93	124.67	127.92
汽油发动机动力（万千瓦）	16.77	12.64	12.94	6.01	6.16	6.08	6.09	6.05	6.62	6.42	6.94
电动机动力（万千瓦）	34.53	34.59	34.30	35.35	35.21	35.09	37.33	39.45	41.28	42.19	42.58
农业机械原值（亿元）	3.83	6.98	7.11	8.95	7.26	7.01	8.48	8.84	8.26	8.42	8.73
农业机械净值（亿元）	2.68	4.53	4.64	5.45	4.58	4.46	5.24	5.56	5.06	5.16	5.42
农用大中型拖拉机（台）	962	241	592	736	875	1764	2302	2769	2999	3676	4088
大中型拖拉机（万千瓦）	3.33	1.23	1.88	1.92	2.24	3.83	5.35	5.90	6.63	9.88	9.43
小型拖拉机（台）	22187	11852	14245	19070	20944	25546	29439	33224	33221	38878	41186
小型拖拉机（万千瓦）	20.67	10.93	13.32	19.33	20.92	25.04	28.05	31.63	31.90	38.52	40.20
大中型拖拉机配套农具（部）	306	241	357	1051	1169	3119	3770	4683	5500	9130	9411
小型拖拉机配套农具（部）	15140	23233	24462	29180	33359	56517	71900	81261	84525	85919	89910
农用排灌动力机械动力（万千瓦）	27.83	26.93	26.49	28.9	29.02	28.54	28.28	28.33	28.41	28.72	28.89
联合收获机（台）	2	10	25	26	34	44	43	52	80	73	90
机动脱粒机（台）	366	607	628	457	732	717	1298	1452	3031	3070	3186
机动喷雾机（部）	122	154	187	126	332	480	528	348	2134	2302	2497
农用运输车（辆）	17790	56335	56964	58121	58490	58755	58911	59432	58039	58067	60505

5-22 水库、灌溉情况

	1995	2005	2007	2008	2009	2010	2011	2012	2013	2014	2015	2016
水库数（座）	15	11	11	11	11	11	14	14	24	24	24	
大型水库												
中型水库	1	1	1	1	1	1	1	1	5	5	5	5
小型水库	14	10	10	10	10	10	13	13	19	19	19	20
水库库容量（万立方米）	1727	1591	1591	1591	1591	1591	12951	12951	15105	15105	15105.4	21470.47
大型水库												
中型水库	1034	1034	1034	1034	1034	1034	7594	7594	12520	12520	12520	18480
小型水库	693	557	557	557	557	557	5357	5357	2585	2585	2585.4	2990.47
灌溉面积（万亩）	120.38	152.99	103.30	155.57	158.73	158.73	160.92	163.47	156.94	157.41	105.16	157.725
有效灌溉面积（万亩）	111.23	130.47	117.06	132.59	133.86	135.00	136.05	137.05	133.50	134.19	121.62	134.73
旱涝保收面积（万亩）	90.54	110.64	85.99	112.76	114.03	115.50	82.28	86.91	120.11	120.53	86.86	
机电灌溉面积（千公顷）	70.46	76.55	51.10	77.38	67.72	67.06	57.28	53.66	51.39	47.95	38.52	52.8792
机电提灌面积（万亩）	63.53	67.20	44.71	67.56	60.66	61.22	92.58	70.18	77.08	55.58		79.3188
水利工程年供水量（万立方米）	60713	75068	51150	48420	140004	138770	138447	180898.01	117833.14	121089.47	114182.18	115362.07
为水利发电年供水量（万立方米）								5567				
为农业年供水量（万立方米）	57102	65891	46620	46248	43850	44841	44928	69188	62759	53663	56072.21	58172.74
为工业年供水量（万立方米）	1527	5270	2194	779	74012	70909	71092	57559	28211	44861	37834.67	32166.67
为城乡生活年供水量（万立方米）	2084	3907	2336	1393	19193	19991	19617	25108	15113	18650	19244.09	20623.16

注：此表为水利部门数据。

主要统计指标解释

农林牧渔业总产值 指以货币表现的农、林、牧、渔业全部产品的总量，它反映一定时期内农业生产总规模和总成果。农林牧渔业总产值的计算方法通常是按农、林、牧、渔业产品及其副产品的产量分别乘以各自单位产品价格求得分项产品产值，产量不易统计的，则采用间接方法匡算其产值；然后将四业产品产值相加即为农林牧渔业总产值。

粮食产量 指全社会的产量。包括国有经济经营的、集体统一的和农民家庭经营的粮食产量，还包括工矿企业办的农场和其他生产单位的产量。粮食除包括稻谷、小麦、玉米、高粱、谷子及其他杂粮外，还包括薯类和豆类。其产量计算方法，豆类按去豆荚后的干豆计算；薯类（包括甘薯和马铃薯，不包括芋头和木薯）1963年以前按每4公斤鲜薯折1公斤粮食计算，从1964年开始改为按5公斤鲜薯折1公斤粮食计算。大中城市（50万以上和省会城市）郊区作为蔬菜的薯类（如马铃薯等）按鲜品计算，并且不作粮食统计。其他粮食一律按脱粒后的原粮计算。

油料产量 指全部油料作物的生产量。包括花生、油菜籽、芝麻、向日葵籽、胡麻籽（亚麻籽）和其他油料。不包括大豆油、木本油料和野生油料。花生以带壳干花生计算。

水产品产量 指人工养殖的水产品和天然生长的水产品的捕捞量。包括海水的鱼类、虾蟹类、贝类和藻类以及内陆水域的鱼类、虾蟹类和贝类，不包括淡水生植物。

猪、牛、羊肉产量 指当年出栏并已屠宰、除去头蹄下水后带骨肉（即胴体重）的重量。

期初（末）畜禽存栏头（只）数 指报告期初（末）农村各种合作经济组织和国营农场、农民个人、机关、团体、学校、工矿企业、部队等单位以及城镇居民饲养的大牲畜、猪、羊、家禽等畜禽的存栏数。

常用耕地 是指耕地总资源中专门种植农作物并经常进行耕种、能够正常收获的土地。包括当年实际耕种的熟地；弃耕、休闲不满三年，随时可以复耕的地；开荒利用三年以上的地。不包括临时种植农作物的坡度在25度以上的陡坡地；在河套、湖畔、库区临时开发的成片或零星土地；也不包括已列为国家和省（区、市）退耕计划但临时耕种的土地。

农作物播种面积 指实际播种或移植有农作物的面积。凡是实际种植有农作物的面积，不论种植在耕地上还是种植在非耕地上，均包括在农作物播种面积中。在播种季节基本结束后，因遭灾而重新改种和补种的农作物面积，也包括在内。

有效灌溉面积 指具有一定的水源，地块比较平整，灌溉工程或设备已经配套、在一般年景下当年能够进行正常灌溉的耕地面积。在一般情况下，有效灌溉面积应等于灌溉工程或设备已经配备，能够进行正常灌溉的水田和水浇地面积之和。

农用化肥施用量 指本年内实际用于农业生产的化肥数量，包括氮肥、磷肥、钾肥和复合肥。化肥施用量要求按实物量及折纯量两种方法统计。折纯量是指把氮肥、磷肥、钾肥分别按含氮、含五氧化二磷、含氧化钾的百分之一百成份进行折算后的数量。复合肥按其所含主要成分折算。实物量统计，就是按化肥实际施用的重量计算，即不论何种化肥，均按固有的实物形态计算，有一斤算一斤。

农业机械总动力 指主要用于农、林、牧、渔业的各种动力机械的的动力总和。包括耕地机械、排灌机械、收获机械、农用运输机械、植物保护机械、牧业机械、林业机械、渔业机械和其他农业机械内燃机按引擎马力折成瓦特计算、电动机按功率折成瓦特计算。不包括专门用于乡、镇、村、组办工业、基本建设、非农业运输、科学试验和教学等非农业生产方面用的动力机械与作业机械。

农林牧渔业劳动力 指农村社会直接参加农林牧渔业生产活动的劳动力。

六、投资、建筑

6-1 固定资产投资

单位：万元

年份	固定资产投资总额	国有经济	集体经济	个体经济	其他经济	市属固定资产投资总额
1979	30970	30970				8875
1980	45515	45189				8629
1981	49608	46869	2739			14099
1982	65863	54724	11139			17282
1983	68185	63869	4316			18693
1984	80607	73520	7087			24117
1985	106617	92987	11230	2401		32386
1986	135289	120540	10166	4583		40495
1987	170828	155704	9647	5477		49620
1988	184714	161854	14337	8523		50458
1989	163592	142486	13312	7794		50598
1990	203301	186193	8878	8230		60796
1991	205313	188241	8505	8567		57760
1992	255004	231065	15316	8623		79856
1993	362019	275363	42470	10629	33557	130755
1994	545365	405267	46822	18178	75098	174739
1995	660237	528561	40131	16630	74915	179779
1996	902797	732937	57879	16140	95841	186265
1997	1036486	841993	59069	18058	117366	209781
1998	1248269	993449	62958	21496	170366	322432
1999	1391029	1080780	60885	44423	204941	429830
2000	1537434	1188921	69891	33154	245468	596366
2001	1724216	1230185	46631	50677	396723	667010
2002	1945440	1389500	68088	48789	439063	807061
2003	2106367	1420813	41905	46482	597167	908420
2004	2319181	1469824	50025	42277	757055	1024253
2005	2595851	1520212	96180	48942	930517	1237937
2006	2982056	1572539	82446	40928	1286143	1607977
2007	3586085	1726413	98337	46380	1714955	2099459
2008	4319841	2084418	152440	81385	2001598	2626370
2009	5061847	2736103	151086	85631	2089027	2961185
2010	6606877	3432545	191678	64072	2918582	3683399
2011	8705683	3815066	249850	19436	4621331	5701293
2012	12391809	5089519	321357	259869	6721064	9525441
2013	13168629	5679060	241479		7248090	9708727
2014	16106818	5178419	198120	12240	10718039	12045301
2015	18037526	5079472	307645	82329	12568080	15059612
2016	19909541	4217895	100726	40963	15549957	16389407

注：1、2012年起国有经济投资专业发生变化。

2、2014年统计口径发生变化，房地产、国有也包括国有独资。

6-2 固定资

	2005	2007	2008	2009
固定资产投资总额	**2595851**	**3586085**	**4319841**	**5061847**
住宅投资	576824	695552	899651	897986
按登记注册类型分				
内资	2430819	3471655	4162194	4901552
国有	1520212	1726413	2084418	2736103
集体	96180	98337	152440	151086
股份合作	39589	7760	1750	8598
国有联营			3497	2733
集体联营	6861		22315	12640
国有与集体联营	316			
其他联营	3860	26056	34633	31072
国有独资公司	11492		59577	96647
其他有限责任公司	381900	726773	909661	954129
股份有限公司	170545	412539	280787	355127
私营	126953	371038	472335	418222
其他	23969	56359	59396	49564
个体经济	48942	46380	81385	85631
港澳台商投资	121639	48095	62234	68229
外商投资经济	43393	66335	95413	92066
按隶属关系分				
中央	827500	863742	1056765	1386576
省级	530414	622884	636706	714086
市属	1237937	2099459	2626370	2961185
按产业分				
第一产业	27330	29451	43535	49290
第二产业	896659	1392371	1662217	1861236
工业	811582	1343583	1573010	1736861
第三产业	1671862	2164263	2614089	3151321
按管理渠道分				
城镇固定资产投资	2500073	3465223	4189269	4756602
城镇项目投资	1972324	2720747	3264171	3770522
房地产开发	525726	744476	925125	986080
农村固定资产投资	95778	120862	130545	200752
非农户（500万元以上）	45963	65490	73663	139724
非农户（50万元以下）	7396	16036	19749	
农村私人	42419	39336	37133	61028
按构成分				
建筑安装工程	1625761	2019514	2396342	2815024
设备工具器具购置	670684	803298	1019164	1310471
其他费用	299406	763273	904335	936352
房屋建筑面积				
施工面积	1965.46	1795.49	1969.68	2480.41
住宅	1236.98	1077.68	1250.74	1534.23
竣工面积	571.29	547.25	463.7	601.17
住宅	365.21	292.86	267.29	376.46
本年资金来源	2618400	3652930	4405929	5224874
国家预算内资金	71301	119662	181513	293945
国内贷款	457786	1050400	944146	778383
债券	23353	47000		
利用外资	10369	9878	8962	12839
自筹资金	1567497	1781469	2437996	3239517
其他资金	488094	644521	833312	900190
本年新增固定资产	1270302	2221673	3209110	2487808

产投资

单位：万元、万平方米

2010	2011	2012	2013	2014	2015年	2016年
6606877	**8705683**	**12391809**	**13168629**	**16106818**	**18037526**	**19909541**
1547943	1996932	2136540	3003148	3228692	2942167	2760364
6419861	8407629	11957652	13085506	15948993	17647354	19650507
3432545	3815066	4704132	5679060	5178419	5079472	4217895
191678	249850	316407	241479	198120	307645	100726
5743	15775	11380	43600	56044	64910	15495
6152	5000	38035	1900	1000	6075	73545
4080	9600	9400	10	5755		7452
		2880	2500		2691	10014
35689	34461	176204	74100	9740	1720	0
240963	368896	427712	628555	2191192	2010988	2755636
1216608	2113314	3085940	2627389	3704650	3525595	5254501
397625	756635	935587	1065762	869434	1103847	884640
716384	897206	1983551	2362713	3289299	4327807	5619568
108322	122390	266424	358438	445340	708575	711035
64072	19436	259869		12246	82329	40693
36708	162783	58029	15255	122603	191426	153103
150308	135271	116259	67868	22982	116417	65238
2076401	1728107	1255081	1368482	1305945	864641	1087064
847077	1276283	1611287	2091420	2755572	2113273	2433070
3683399	5701293	9525441	9708727	12045301	15059612	16389407
45359	53421	249364	107072	192422	395894	366847
2181756	2722631	3878839	3630735	4093952	3794024	4461933
2052830	2579495	3468329	3564878	4053056	3645794	4056395
4379762	5929631	8263606	9430822	11820444	13847608	15080761
5919779	8563531	12150671	13010065	16106818	18037526	19909541
4736964	6966807	9917578	10142011	12741436	14647377	15998041
1182815	1596724	2233093	2868054	3365382	3390149	3911500
229098	142152	241138	158564			
177152	142152	241138	158564			
51946						
4253694	5505621	8176695	9049208	12164670	14071018	15606835
1436852	1990412	2851986	2056397	2065511	2297057	2379367
916331	1209650	1363128	2063024	1876637	1669451	1923339
2909.99	3579.98	4815.33	5924.38	6958.101	7615.26	6691.21
1875.76	2408.35	2789.87	3274.74	3653.892	3525.22	3299.70
600.59	479.25	1108.43	714.01	1186.784	1032.67	908.32
303.84	258.71	404.96	320.72	542.530	327.09	317.12
7295779	8843760	12931318	15664947	16307003	18711729	19444860
487965	589405	584292	671531	457190	695350	937297
1126580	1730257	2609199	2917933	3155978	4123100	4254914
			3620	200000	165000	15750
10587	5808	9600		2000	692	14526
4539803	5586572	8268508	10049700	10414050	11242304	11026547
1130844	931718	1459719	2022163	2077785	2485283	3195826
3756514	4100138	9512818	6647819	7886476	10487306	11912967

6-3 市属固定

	2005	2007	2008	2009
投资总额	1237937	2099459	2626370	2961185
住宅投资	420720	562029	725483	697611
按登记注册类型分				
内资	1087905	1985029	2470498	2800890
国有	291123	715750	822841	964649
集体	81686	92875	145193	147169
股份合作	35789	6400	1750	8598
国有联营			3497	2733
集体联营	6861		11315	12640
国有与集体联营	316			
其他联营	3310	26056	34633	31072
国有独资公司	9926		13377	19704
其他有限责任公司	374516	576447	713306	860153
股份有限公司	101313	94693	107525	206055
私营	117197	371038	467335	418222
其他	16926	55390	57341	44264
个体经济	48942	46380	81385	85631
港澳台商投资	121639	48095	60459	68229
外商投资经济	28393	66335	95413	92066
按产业分				
第一产业	26380	29451	43535	49290
第二产业	267319	441946	625587	755464
工业	209250	412972	560240	695651
第三产业	944238	1628062	1957248	2156431
按管理渠道分				
城镇固定资产投资	1146549	1978597	2495825	2900157
城镇项目投资	669850	1271733	1615498	2065441
房地产开发	474676	706864	880327	834716
农村固定资产投资	91388	120862	130545	200752
非农户（500万元以上）	41573	65490	73663	139724
非农户（50万元以下）	7396	16036	19749	
农村私人	42419	39336	37133	61028
按构成分				
建筑安装工程	944293	1272489	1609765	1748491
设备工具器具购置	98490	221114	346127	506161
其他费用	195154	605856	670478	706533
房屋建筑面积				
施工面积	1341.83	1372.30	1464.45	1877.19
住宅	870.52	831.74	958.06	1230.43
竣工面积	435.55	455.61	367.27	497.82
住宅	279.78	234.01	213.82	314.07
本年资金来源	1268321	2166483	2729815	3114368
国家预算内资金	43004	44987	79068	157550
国内贷款	210185	673786	421125	455516
债券	5353			
利用外资	10369	9678	1362	4761
自筹资金	653308	911015	1566637	1813256
其他资金	346102	527017	661623	683285
本年新增固定资产	706475	1362901	1931865	1702864

资产投资

单位：万元、万平方米

2010	2011	2012	2013	2014	2015年	2016年
3683399	5701293	9525441	9708727	12045301	15059612	16389407
1081354	1542309	1638734	2232634	2535894	2629109	2298999
3534871	5525924	9099485	9625604	11887476	14669440	16277194
1107761	1887557	2976394	3211868	2753354	3390320	2654416
190778	235912	312752	223604	180862	292658	87418
	10135	11380	43600	49744	59710	15495
6152		7705	1900	1000	4100	4000
4080	9600	9400	10	5755		7452
		2880	2500		2691	8840
35689	32761	160204	74100	9740	1720	0
28465	118712	185450	354661	1297246	1350912	2404960
1031383	1834959	2685686	2350037	3302698	3230707	4257130
244652	365791	499365	650673	552438	830704	508078
716384	897206	1983551	2362713	3289299	4327807	5619568
105455	113855	264718	349938	445340	703566	709837
64072	19436	259869		12240	82329	40693
36708	49498	55628	15255	122603	191426	32507
111820	125871	110459	67868	22982	116417	39013
44487	48621	227474	107072	192422	387444	359754
876779	1143793	2790695	2372490	2756634	3242382	3481168
828918	1058242	2496218	2349620	2733978	3119993	3147944
2762133	4508879	6507272	7229165	9096245	11429786	12548485
3454301	5561641	9284653	9550163	12045301	12275056	16389407
2444603	4265357	7424857	7180043	9102590	12010479	13003520
1009698	1296284	1859796	2370120	2942711	264577	3385887
229098	139652	240788	158564			
177152	139652	240788	158564			
51946						
2429457	3884407	6547256	6885246	9255627	12025415	13213313
514619	838952	1803359	1226806	1183409	1636643	1514362
739323	977934	1174826	1596675	1606265	1397554	1661732
2160.54	2694.94	3828.84	4744.02	5713.21	6527.25	5643.09
1450.98	1908.12	2245.24	2674.00	672.38	3049.08	2726.01
428.24	329.00	911.50	532.55	880.43	889.13	821.13
225.39	159.13	330.17	242.97	268.40	273.33	276.71
4222495	5829950	10114311	11923362	12474394	15707396	16286806
170626	255612	313563	237044	289926	465973	608298
771795	1185606	2421610	2610507	2598719	3512453	3820116
			3620		105000	13200
10010	5808	9000		2000	692	5521
2491927	3640096	6103126	7377607	7687116	9313407	8843110
778137	742828	1267012	1694584	1896633	2322879	2996561
2017970	2662048	7263303	4526724	5583841	8727571	9784757

6-4 国有经济固定资产投资（国有企业、国有联营、国有独资）

单位：万元、万平方米

	2005	2007	2008	2009	2010	2011	2012	2013	2014	2015年	2016年
投资总额	1520212	1726413	2084418	2736103	3432545	3815066	5169879	6309515	7370611	7530638	7047076
住宅投资	191866	246806	271523	311934	630780	710386	747552	1096580	910427	1060397	461601
按隶属关系分											
中央	815600	730834	956047	1236307	1794146	1320656	999477	1147402	1106667	1079240	581979
省级	412550	255370	305530	535147	530638	606853	1000853	1593684	2212344	2194643	1401721
市属	292062	740209	822841	964649	1107761	1887557	3169549	3568429	4051600	4256755	5063376
按构成分											
建筑安装工程	840932	897503	1022985	1476485	2213366	2472919	3666124	4449433	5677472	5869250	5573418
设备工具器具购置	555376	396236	549866	794402	836271	836269	927025	811640	751684	742973	766876
其他费用	123904	432674	511567	465216	382908	505878	576730	1048442	941455	918415	706782
按产业分											
第一产业	12106	11395	9946	14696	11773	8294	49656	17479	25944	25944	23198
第二产业	606629	579531	849566	1178021	1221747	1035555	1044570	1368856	1338786	1338786	1170260
第三产业	901477	1135487	1224906	1543386	2199025	2771217	4075653	4923180	6005881	6165908	5853618
按管理渠道分											0
城镇固定资产投资	1520212	1707672	2069073	2736103	2930898	3794404	5137674	6299891	7370611	7530638	7047076
城镇项目投资	1501288	1607040	2008706	2448009	2766107	3521347	4752287	5805460	6909565	6909565	6611474
房地产开发	18924	100632	60367	138829	164791	273057	385387	494431	461046	621073	435602
农村固定资产投资		18741	15345	44772	43647	20662	32205	9624			
非农户（500万元以上）		18741	15345	44772	43647	20662	32205	9624			
非农户（50万元以下）											
农村私人											
本年新增固定资产	656925	1290309	1281043	1049671	2001337	1919870	4568679	3116323	3578462	3511839	4415533
固定资产交付使用率（%）	43.21	74.74	61.46	38.36	58.30	50.32	88.37	49.39	48.55	46.63	62.66
房屋建筑面积（万平方米）											
施工面积	782.68	567.30	709.91	911.47	1021.08	1252.59	1581.23	1998.82	1673.43	1798.39	1368.41
住宅	437.55	310.22	430.23	499.37	663.65	872.75	903.72	1054.32	616.44	970.26	507.29
竣工面积	197.65	144.47	141.63	166.49	241.65	178.20	479.51	281.80	521.19	501.30	218.76
住宅	133.07	92.58	73.00	92.96	124.99	107.05	187.19	144.58	308.81	314.07	63.96
本年资金来源	1472994	1638852	2052868	2681382	3476067	3727006	5127881	6871944	6906515	7018769	6364222
国家预算内资金	66590	108457	167736	283333	444520	562941	560543	662811	442192	442192	752118
国内贷款	311204	515265	590697	549834	637345	1109253	1708648	1759375	2237689	2311639	2374513
债券	18353	47000						3620	200000	200000	15050
利用外资	2658	5508	7600	12839	5887	4608	9600		1000	1000	14526
自筹资金	873332	804958	1010359	1575192	1970539	1833894	2586125	3994993	3652286	3743732	2659228
其他资金	200857	157664	276476	260184	417776	216310	262965	451145	373348	320206	548787

注：1、2012年起国有经济投资专业发生变化。
2、2014年统计口径发生变化，房地产、国有也包括国有独资。

6–5 各县区固定资产投资

单位：万元、%

	固定资产投资	增长	房地产投资	增长
兰州市	**19909541**	**10.38**	**3911500**	**15.38**
城关区	4082244	9.10	1810312	18.60
七里河区	2749030	15.37	556088	59.53
西固区	2570137	15.98	121346	5.04
安宁区	2216587	12.30	311463	32.47
红古区	692431	6.05	70018	–13.52
永登县	768036	8.60	107978	13.58
皋兰县	553526	29.80	56811	–12.10
榆中县	1364942	16.31	245383	–17.03
兰州新区	4912608	3.14	632101	0.64

6-6 500万元以上项目投资汇总表（不含房地产开发）

单位：万元、平方米

	总计	按隶属关系			其中：总投资亿元以上项目
		中央	省级	市及市以下	
计划总投资	46566971	3512927	5752016	37302028	38150281
本年新开工项目	17300207	627802	1183465	15488940	11463752
自开始建设累计完成投资	28906451	2278470	4196855	22431126	21381020
自年初累计完成投资	15998041	948329	2046192	13003520	9030212
住宅	257523	42059	80286	135178	127057
按建设性质分					
新建	12128253	448788	1547981	10131484	8013516
扩建	972277	145676	19432	807169	595915
改建和技术改造	1343324	164980	119132	1059212	246160
按构成分					
建筑工程	11579881	428556	1306716	9844609	6694670
安装工程	826754	90524	110773	625457	622143
设备工器具购置	2316327	383877	481128	1451322	613617
用于更新的设备					
其他费用	1275079	45372	147575	1082132	1099782
新增固定资产	10705519	469664	1442693	8793162	4633473
按经济类型分	0	0	0	0	
内资企业	15775491	915876	1931824	12927791	8885934
国有企业	4128158	491677	1048798	2587683	1963556
集体企业	100626	0	13308	87318	
股份合作企业	15495	0	0	15495	
联营企业	91011	1013	69706	20292	68532
有限责任公司	5558883	232002	613436	4713445	4785404
股份有限公司	818405	191184	185378	441843	379377
私营企业	4370817	0	0	4370817	1559436
其他企业	692096	0	1198	690898	129629
港澳台商投资企业	124125	6228	114368	3529	118588
外商投资企业	57732	26225	0	31507	25690
个体经营	40693	0	0	40693	
按行业分					
农、林、牧、渔业	366847	0	7093	359754	77102
农业	187395	0	6400	180995	69098
林业	35633	0	693	34940	173
畜牧业	93681	0	0	93681	5310
渔业	2100	0	0	2100	
农、林、牧、渔服务业	48038	0	0	48038	2521

6-6 500万元以上项目投资汇总表（不含房地产开发）（续一）

单位：万元、平方米

	总计	按隶属关系			其中：总投资亿元以上项目
		中央	省级	市及市以下	
采矿业	88126	0	47292	40834	
煤炭开采和洗选业	52411	0	38287	14124	
石油和天然气开采业	9005	0	9005	0	
黑色金属矿采选业	0	0	0	0	
有色金属矿采选业	3876	0	0	3876	
非金属矿采选业	20634	0	0	20634	
开采辅助活动	0	0	0	0	
其他采矿业	2200	0	0	2200	
制造业	2989600	152519	382069	2455012	1670082
农副食品加工业	211212	0	0	211212	60731
食品制造业	105387	0	0	105387	29788
酒、饮料和精制茶制造业	30379	0	0	30379	
烟草制品业	16134	16134	0	0	16134
纺织业	12160	0	7310	4850	7310
纺织服装、服饰业	32101	26343	0	5758	26343
皮革、毛皮、羽毛及其制品和制鞋业	0	0	0	0	
木材加工和木、竹、藤、棕、草制品	21305	0	0	21305	
家具制造业	11615	0	0	11615	
造纸和纸制品业	30266	0	0	30266	
印刷和记录媒介复制业	27837	0	0	27837	
文教、工美、体育和娱乐用品制造业	7180	0	0	7180	
石油加工、炼焦和核燃料加工业	76289	74832	1457	0	38008
化学原料和化学制品制造业	355588	0	4732	350856	248658
医药制造业	265598	6710	25068	233820	226972
化学纤维制造业	7471	2771	0	4700	
橡胶和塑料制品业	77855	0	0	77855	28746
非金属矿物制品业	291720	9636	4500	277584	57146
黑色金属冶炼和压延加工业	37978	0	570	37408	8589
有色金属冶炼和压延加工业	251813	9924	114368	127521	173632
金属制品业	249627	0	79325	170302	143088
通用设备制造业	69203	3831	0	65372	11800
专用设备制造业	263108	0	65579	197529	183345
汽车制造业	14015	0	0	14015	12418
铁路、船舶、航空航天和运输设备	107303	0	0	107303	99304
电气机械和器材制造业	144009	0	58269	85740	98820
计算机、通信和其他电子设备制造	129310	0	17211	112099	114970
仪器仪表制造业	55279	0	3680	51599	46619
其他制造业	61615	0	0	61615	29878
废弃资源综合利用业	16122	0	0	16122	
金属制品、机械和设备修理业	10121	2338	0	7783	7783
电力、热力、燃气及水生产和供应业	978669	268425	58146	652098	699436
电力、热力生产和供应业	556467	254815	46804	254848	343291
燃气生产和供应业	31765	1257	4490	26018	
水的生产和供应业	390437	12353	6852	371232	356145
建筑业	405538	2116	70198	333224	
房屋建筑业	114115	756	8034	105325	
土木工程建筑业	143135	1360	62164	79611	
建筑安装业	45815	0	0	45815	
建筑装饰和其他建筑业	102473	0	0	102473	

6-6 500万元以上项目投资汇总表（不含房地产开发）（续二）

单位：万元、平方米

	总计	按隶属关系			其中：总投资亿元以上项目
		中央	省级	市及市以下	
批发和零售业	1014812	15468	16205	983139	390818
批发业	579184	15118	674	563392	218709
零售业	435628	350	15531	419747	172109
交通运输、仓储和邮政业	1999808	125621	372308	1501879	1629400
铁路运输业	187597	45271	650	141676	160599
道路运输业	1299208	0	356132	943076	1152542
水上运输业	1200	0	0	1200	
航空运输业	0	0	0	0	
管道运输业	33256	20588	0	12668	14598
装卸搬运和运输代理业	28706	0	4200	24506	
仓储业	449251	59762	10736	378753	301661
邮政业	590	0	590	0	
住宿和餐饮业	343546	0	774	342772	3200
住宿业	91691	0	774	90917	3200
餐饮业	251855	0	0	251855	
信息传输、软件和信息服务	369665	117752	82500	169413	56649
电信、广电和卫星传输服务	209309	105089	66027	38193	4220
互联网和相关服务	49774	3231	3100	43443	
软件和信息技术服务业	110582	9432	13373	87777	52429
金融业	91741	8738	53740	29263	
货币金融服务	79959	8738	51890	19331	
资本市场服务	4855	0	0	4855	
保险业	1850	0	1850	0	
其他金融业	5077	0	0	5077	
房地产业	1253221	125375	107342	1020504	837543
房地产业	1253221	125375	107342	1020504	837543
租赁和商务服务业	567214	2978	116749	447487	351988
租赁业	45831	0	0	45831	
商务服务业	521383	2978	116749	401656	351988
科学研究和技术服务业	189658	18877	29767	141014	49196
研究和试验发展	56427	13367	10004	33056	4976
专业技术服务业	46444	0	17606	28838	10140
科技推广和应用服务业	86787	5510	2157	79120	34080
水利、环境和公共设施管理业	3222562	8606	264220	2949736	2221453
水利管理业	225619	1114	21340	203165	171919
生态保护和环境治理业	23280	5765	0	17515	8562
公共设施管理业	2973663	1727	242880	2729056	2040972
居民服务、修理和其他服务业	139218	767	0	138451	21542
居民服务业	90065	767	0	89298	21542
机动车、电子和日用品修理业	35563	0	0	35563	
其他服务业	13590	0	0	13590	

6-6 500万元以上项目投资汇总表（不含房地产开发）（续三）

单位：万元、平方米

	总计	按隶属关系			其中：总投资亿元以上项目
		中央	省级	市及市以下	
教育	1008652	31945	277524	699183	672213
教育	1008652	31945	277524	699183	672213
卫生和社会工作	370646	68672	84807	217167	186561
卫生	319544	68139	68511	182894	166759
社会工作	51102	533	16296	34273	19802
文化、体育和娱乐业	331321	470	24807	306044	125473
新闻和出版业	11893	470	11423	0	
广播、电视、电影和录音制作	17764	0	0	17764	
文化艺术业	114035	0	9034	105001	50479
体育	117064	0	840	116224	51691
娱乐业	70565	0	3510	67055	23303
公共管理、社会保障和社会组织	267197	0	50651	216546	37556
中国共产党机关	0	0	0	0	
国家机构	193639	0	46139	147500	37556
人民政协、民主党派	0	0	0	0	
社会保障	9798	0	0	9798	
群众团体、社会团体和其他组织	59146	0	4512	54634	
基层群众自治组织	4614	0	0	4614	
国际组织	0	0	0	0	
国际组织	0	0	0	0	
房屋建筑面积	0	0	0	0	
施工面积	23225210	1552420	2685439	18987351	14410903
住宅	3364339	1021780	686448	1656111	2821646
竣工面积	6022025	122200	433842	5465983	1492052
住宅	1227357	108356	52792	1066209	740600
本年资金来源合计	15362208	955450	1930346	12476412	8504125
上年末结余资金	1146784	44026	164098	938660	1129798
本年资金来源小计	14215424	911424	1766248	11537752	7374327
国家预算内资金	937297	81625	247374	608298	532803
国内贷款	3093609	97983	294715	2700911	2868738
债券	15750	750	1800	13200	14300
利用外资	14526	0	9005	5521	5521
自筹资金	9295054	613780	1193630	7487644	3629944
企、事业单位自有资金	2682518	228868	218349	2235301	879135
其他资金来源	859188	117286	19724	722178	323021
各项应付款合计	1997077	72260	497830	1426987	1671928
工程款	1258657	56115	158582	1043960	1007775

6-7 房地产开发企业投资、资金来源和土地开发情况汇总表

单位：万元、平方米

	总计	按经济类型分组			按隶属关系分组		
		国有	集体	其他	中央	省属	市及市以下
计划总投资	**22721427**	**2634225**	**2500**	**20084702**	**889707**	**2083872**	**19747848**
自开始建设累计完成投资	15623688	2195316	2500	13425872	638255	1537188	13448245
本年完成投资	**3911500**	**435602**	**100**	**3475798**	**138735**	**386878**	**3385887**
其中：配套工程投资	0	0	0	0	0	0	0
按构成分组							
建筑工程	2584875	239283	100	2345492	136104	235958	2212813
安装工程	615325	115056	0	500269	80	84811	530434
设备工器具购置	63040	24442	0	38598	0	0	63040
其他费用	648260	56821	0	591439	2551	66109	579600
旧建筑物购置费	24437	0	0	24437	0	1026	23411
土地购置费	349172	31034	0	318138	1884	669	346619
按工程用途分							
商品住宅	2502841	282897	71	2219873	127490	211530	2163821
90平方米以下	927089	215025	0	712064	14982	40109	871998
140平方米以上住房	318345	13566	71	304708	44883	13155	260307
别墅、高档公寓	4637	0	71	4566	0	0	4637
办公楼	362658	39578	0	323080	6405	50190	306063
商业营业用房	678611	77062	29	601520	1722	67440	609449
其他	367390	36065	0	331325	3118	57718	306554
本年新增固定资产	**1207448**	**179685**	**1400**	**1026363**	**115521**	**100332**	**991595**
本年资金来源合计	6538640	638751	100	5899789	53921	479159	6005560
上年末结余资金	1309204	159629	0	1149575	17123	35575	1256506
本年资金来源小计	5229436	479122	100	4750214	36798	443584	4749054
国内贷款	1161305	22084	0	1139221	0	42100	1119205
银行贷款	996235	22084	0	974151	0	42100	954135
非银行金融机构贷款	165070	0	0	165070	0	0	165070
自筹资金	1731493	310784	100	1420609	18413	357614	1355466
自有资金	644527	61928	100	582499	18413	52115	573999
其他资金来源	2336638	146254	0	2190384	18385	43870	2274383
定金及预收款	1416131	67602	0	1348529	18385	43870	1353876
个人按揭贷款	762240	17237	0	745003	0	0	762240
本年各项应付款合计	**1587924**	**338380**	**0**	**1249544**	**166449**	**57635**	**1363840**
工程款	1108328	322259	0	786069	127886	42037	938405
待开发土地面积	898831	1473	0	897358	0	0	898831
本年购置土地面积	395317	10741	0	384576	19344	0	375973
本年土地成交价款	144947	570	0	144377	1884	0	143063
拆迁补偿费	12541	0	0	12541	0	0	12541
土地使用权出让金	124034	0	0	124034	1884	0	122150
契税	4067	0	0	4067	0	0	4067

6–7 房地产开发企业投资、资金来源和土地开发情况汇总（续一）

单位：万元、平方米

	总计	按资质等级分					
		一级	二级	三级	四级	暂定	其他
计划总投资	**22721427**	**1108980**	**4748531**	**8245264**	**261091**	**8357561**	**0**
自开始建设累计完成投资	15623688	781160	3889204	5432801	175464	5345059	0
本年完成投资	**3911500**	**163414**	**567207**	**1404240**	**45280**	**1731359**	**0**
其中：配套工程投资	0	0	0	0	0	0	0
按构成分							
建筑工程	2584875	109885	394229	862314	26765	1191682	0
安装工程	615325	42115	75861	289704	2915	204730	0
设备工器具购置	63040	0	10439	5716	300	46585	0
其他费用	648260	11414	86678	246506	15300	288362	0
旧建筑物购置费	24437	0	0	8109	180	16148	0
土地购置费	349172	0	69383	109499	320	169970	0
按工程用途分							
商品住宅	2502841	95287	392252	946085	25739	1043478	0
90平方米以下	927089	28626	157608	381179	18492	341184	0
140平方米以上	318345	30379	20189	107981	1209	158587	0
别墅、高档公寓	4637	0	612	71	0	3954	0
办公楼	362658	48401	36253	66789	891	210324	0
商业营业用房	678611	15814	69470	215032	14868	363427	0
其他	367390	3912	69232	176334	3782	114130	0
本年新增固定资产	1207448	198412	252896	319103	3000	434037	0
本年资金来源合计	**6538640**	**378820**	**1219696**	**1972472**	**57401**	**2910251**	**0**
上年末结余资金	1309204	53820	404246	287553	3441	560144	0
本年资金来源小计	5229436	325000	815450	1684919	53960	2350107	0
国内贷款	1161305	184337	238680	222992	900	514396	0
银行贷款	996235	169200	178680	220562	900	426893	0
非银行金融机构贷款	165070	15137	60000	2430	0	87503	0
自筹资金	1731493	29469	73483	834275	28641	765625	0
自有资金	644527	20000	51240	157097	3242	412948	0
其他资金来源	2336638	111194	503287	627652	24419	1070086	0
定金及预收款	1416131	64183	398096	441501	11669	500682	0
个人按揭贷款	762240	47011	95901	166258	12750	440320	0
本年各项应付款合计	**1587924**	**15457**	**157966**	**747711**	**30934**	**635856**	**0**
工程款	1108328	4973	57219	534417	27041	484678	0
待开发土地面积	898831	0	98018	101473	11000	362180	326160
本年购置土地面积	395317	0	46315	91302	0	257700	0
本年土地成交价款	144947	0	17322	44906	0	82719	0
拆迁补偿费	12541	0	10100	1405	0	1036	0
土地使用权出让金	124034	0	1625	42141	0	80268	0
契税	4067	0	0	1845	0	2222	0

6-8 房地产开发企业（单位）财务状况汇总表

单位：千元

	总计	按经济类型分组			按隶属关系分组		
		国有	集体	其他	中央	省级	市及市以下
年初存货	10369458	693135	6844	9669480	166074	763651	9439734
期末资产负债							
流动资产合计	22394506	1923000	13908	20457598	285913	1502093	20606499
存货	13359977	1249697	1243	12109038	146361	1030837	12182780
固定资产原价	1070366	54270	3119	1012976	86661	87807	895898
累计折旧	171568	6201	1389	163978	4646	6342	160579
本年折旧	35722	1524	39	34160	1794	1994	31935
资产总计	26772633	3622603	16726	23133304	398991	1804174	24569469
负债合计	22923710	3008364	14200	19901146	263840	1548790	21111079
所有者权益合计	3848924	614239	2526	3232158	135151	255383	3458389
实收资本	2236607	285876	4525	1946205	111770	111734	2013102
损益及分配							
主营业务收入	3530859	442623	2814	3085421	64975	292659	3173225
土地转让收入	20366	1738	0	18629	0	1738	18629
商品房屋销售收入	3379163	392592	2440	2984131	22486	279062	3077615
房屋出租收入	48935	9097	266	39572	4023	7218	37694
其他收入	82395	39197	109	43089	38466	4641	39288
主营业务成本	2778176	352329	2209	2423638	49454	252160	2476561
主营业税金及附加	195620	18928	376	176316	3052	18975	173593
其他业务利润	12830	57	0	12773	67	0	12762
销售费用	102814	4578	39	98197	608	3524	98683
管理费用	177346	12414	610	164323	3297	13332	160718
税金	8624	198	89	8337	5	740	7879
财务费用	92732	432	79	92221	833	1422	90477
利息收入	6564	474	81	6009	68	1128	5368
利息支出	59737	787	157	58793	893	2477	56366
投资收益	2972	93	0	2879	442	320	2211
营业利润	228681	55189	-499	173991	7883	23646	197153
营业外收入	30473	15088	3	15382	569	190	29714
营业外支出	13126	1540	-9	11595	109	488	12530
利润总额	246238	68737	-488	177989	8343	23348	214547
应交所得税	64001	4322	2	59678	1884	7548	54569
人工成本							
应付职工薪酬	128207	8267	161	119780	3505	13304	111399

6-8 房地产开发企业（单位）财务状况汇总表（续一）

单位：千元

	合计	按企业资质等级分组					
		一级	二级	三级	四级	暂定	其他
年初存货	10369458	593259	3534022	2763721	128624	3320572	29260
期末资产负债							
流动资产合计	22394506	1401459	6692843	6106243	468209	7644970	80783
年初存货存货	13359977	676420	4398569	3638177	155415	4423981	67416
固定资产原价	1070366	73126	712121	188299	19393	77211	217
累计折旧	171568	3386	70812	67674	5362	24253	81
本年折旧	35722	582	16303	11272	1085	6447	35
资产总计	26772633	1880819	8039012	6669410	514464	9588011	80918
负债合计	22923710	1528849	6681867	5980089	397853	8257125	77927
所有者权益合计	3848924	351970	1357145	689321	116610	1330886	2991
实收资本	2236607	101275	476727	597015	93858	964531	3200
损益及分配							
主营业务收入	3530859	234754	1372992	753811	44643	1124659	0
土地转让收入	20366	0	0	950	1788	17629	0
商品房屋销售收入	3379163	234754	1327157	686204	40662	1090386	0
房屋出租收入	48935	0	25722	16981	2060	4172	0
其他收入	82395	0	20114	49676	133	12472	0
主营业务成本	2778176	213977	1056016	640927	36539	830717	0
主营业税金及附加	195620	15099	65615	39731	1929	73246	0
其他业务利润	12830	0	12054	1237	-386	-75	0
销售费用	102814	8582	20843	17282	2315	53792	0
管理费用	177346	10109	56160	52710	7318	50976	73
税金	8624	339	1665	3768	208	2645	0
财务费用	92732	2544	24192	36252	4343	25439	-37
利息收入	6564	368	2115	1892	47	2105	37
利息支出	59737	318	10579	36404	4376	8059	0
投资收益	2972	1300	962	768	18	-75	0
营业利润	228681	-12655	160512	4355	-7868	84373	-36
营业外收入	30473	290	1227	18195	157	10604	0
营业外支出	13126	787	3049	5307	158	3825	0
利润总额	246238	-13152	158940	17244	-7869	91112	-36
应交所得税	64001	3953	28397	12316	-12	19348	0
人工成本							
应付职工薪酬	128207	10252	35383	33116	4422	44920	114

6-9 房地产开发企业施工、销售和空置情况汇总表

单位：万元、平方米

	总计	按经济类型分组			按隶属关系分组		
		国有	集体	其他	中央	省属	市及市以下
房屋施工面积合计	**43686853**	**4883646**	**2097**	**38801110**	**2119772**	**4123497**	**37443584**
住宅	29632707	3221084	1488	26410135	1735720	2293018	25603969
90平方米以下住宅	10676666	2309615	0	8367051	777746	543275	9355645
140平米以上住宅	2994077	179173	1488	2813416	110825	165769	2717483
别墅、高档公寓	388953	78795	1488	308670	0	0	388953
办公楼	2066001	405189	0	1660812	76342	376809	1612850
商业营业用房	6122423	625433	609	5496381	46890	434011	5641522
其他	5865722	631940	0	5233782	260820	1019659	4585243
房屋竣工面积合计	**3061216**	**412337**	**2097**	**2646782**	**0**	**315882**	**2745334**
住宅	1943843	254694	1488	1687661	0	242913	1700930
90平方米以下住宅	704308	87626	0	616682	0	93035	611273
140平米以上住宅	183277	51787	1488	130002	0	40637	142640
别墅、高档公寓	5228	3740	1488	0	0	0	5228
办公楼	68693	68693	0	0	0	12483	56210
商业营业用房	563451	31992	609	530850	0	22996	540455
其他	485229	56958	0	428271	0	37490	447739
商品房销售面积	**8839293**	**396041**	**3809**	**8439443**	**63227**	**763649**	**8012417**
住宅	7634436	347741	0	7286695	35633	689396	6909407
90平方米以下住宅	1771393	144342	0	1627051	5794	44833	1720766
140平米以上住宅	956708	37067	0	919641	435	23909	932364
别墅、高档公寓	35318	15369	0	19949	0	0	35318
办公楼	432001	29970	0	402031	14570	16665	400766
商业营业用房	669042	15617	3809	649616	10311	57588	601143
其他	103814	2713	0	101101	2713	0	101101
商品房销售额	**5703126**	**227867**	**1282**	**5473977**	**54562**	**386120**	**5262444**
住宅	4593558	175203	0	4418355	23382	344647	4225529
90平方米以下住宅	902691	64548	0	838143	4139	10925	887627
140平米以上住宅	716508	20973	0	695535	286	14186	702036
别墅、高档公寓	38916	10736	0	28180	0	0	38916
办公楼	447466	31145	0	416321	16127	8600	422739
商业营业用房	605153	18861	1282	585010	12395	32873	559885
其他	56949	2658	0	54291	2658	0	54291
空置面积	**2372347**	**159858**	**0**	**2212489**	**0**	**94152**	**2278195**
住宅	1494198	98460	0	1395738	0	94152	1400046
90平方米以下住宅	528321	0	0	528321	0	0	528321
140平米以上住宅	219273	19383	0	199890	0	19383	199890
别墅、高档公寓	34475	0	0	34475	0	0	34475
办公楼	163806	48685	0	115121	0	0	163806
商业营业用房	469721	12713	0	457008	0	0	469721
其他	244622	0	0	244622	0	0	244622

6-9 房地产开发企业施工、销售和空置情况汇总表（续一）

单位：万元、平方米

	总计	按资质等级分					
		一级	二级	三级	四级	暂定	其他
房屋施工面积合计	**43686853**	**2264997**	**9791648**	**14523005**	**411552**	**16695651**	**0**
商品住宅	29632707	1641185	7024445	9768009	295582	10903486	0
90平方米以下住宅	10676666	24565	3163771	4407018	193478	2887834	0
140平米以上住宅	2994077	165314	859238	727242	1699	1240584	0
别墅、高档公寓	388953	0	21800	17488	0	349665	0
办公楼	2066001	146058	301056	687214	10153	921520	0
商业营业用房	6122423	194182	1004979	1909435	91378	2922449	0
其他	5865722	283572	1461168	2158347	14439	1948196	0
房屋竣工面积合计	**3061216**	**509025**	**792032**	**863564**	**7121**	**889474**	**0**
商品住宅	1943843	333100	497412	634510	5099	473722	0
90平方米以下住宅	704308	4173	220192	371667	3400	104876	0
140平米以上住宅	183277	77264	57473	30868	1699	15973	0
别墅、高档公寓	5228	0	0	5228	0	0	0
办公楼	68693	0	12483	56210	0	0	0
商业营业用房	563451	29515	110577	88938	2022	332399	0
其他	485229	146410	171560	83906	0	83353	0
商品房销售面积	**8839293**	**192340**	**1863428**	**2681449**	**134154**	**3967922**	**0**
商品住宅	7634436	180302	1477307	2478394	124233	3374200	0
90平方米以下住宅	1771393	5407	296245	720398	37565	711778	0
140平米以上住宅	956708	12691	205788	243692	1699	492838	0
别墅、高档公寓	35318	0	1690	3740	0	29888	0
办公楼	432001	0	171251	65135	7000	188615	0
商业营业用房	669042	12038	189847	101755	1225	364177	0
其他	103814	0	25023	36165	1696	40930	0
商品房销售额	**5703126**	**147326**	**1181846**	**1484635**	**107941**	**2781378**	**0**
商品住宅	4593558	135132	890599	1303284	92491	2172052	0
90平方米以下住宅	902691	4038	131251	335435	32833	399134	0
140平米以上住宅	716508	9787	150566	155181	540	400434	0
别墅、高档公寓	38916	0	1484	1496	0	35936	0
办公楼	447466	0	94324	60449	4200	288493	0
商业营业用房	605153	12194	184982	101383	4466	302128	0
其他	56949	0	11941	19519	6784	18705	0
空置面积合计	**2372347**	**0**	**577045**	**1046103**	**77978**	**671221**	**0**
商品住宅	1494198	0	466015	659035	35183	333965	0
90平方米以下住宅	528321	0	96550	319778	12406	99587	0
140平米以上住宅	219273	0	102943	24153	2250	89927	0
别墅、高档公寓	34475	0	0	0	0	34475	0
办公楼	163806	0	8767	97182	10024	47833	0
商业营业用房	469721	0	59023	189363	30720	190615	0
其他	244622	0	43240	100523	2051	98808	0

6-10 建筑企业生产汇总

	企业个数（个）			合同情况（万元）		
	建筑业企业个数	有工作量的建筑业企业个数	亏损企业个数	签订的合同额	上年结转合同额	本年新签合同额
总计	**470**	**447**	**128**	**18610652**	**7686230**	**10924422**
国有及国有控股企业	73	70	14	13854089	4925067	8929022
按登记注册类型分						
内资企业	468	446	127	18610131	7686230	10923901
国有企业	21	21	6	4292557	1852295	2440262
集体企业	25	22	9	157726	59159	98567
有限责任公司	216	205	61	9295368	3185508	6109860
股份有限公司	18	18	1	3629873	2013284	1616588
私营企业	188	180	50	1234608	575984	658624
其他企业						
港、澳、台商投资企业	1					
外商投资企业	1	1	1	521		521
按国民经济行业分						
房屋建筑业	119	112	30	10698577	4359409	6339168
土木工程建筑业	120	114	22	6191174	2917326	3273848
建筑安装业	89	86	33	1402387	375349	1027037
建筑装饰和其他建筑业	142	135	43	318515	34146	284369
按隶属关系分						
中央	19	19	5	4533350	2267183	2266167
省属	72	68	13	10588672	3723708	6864964
市及市以下	379	360	110	3488631	1695340	1793291
按企业资质等级分						
施工总承包	207	196	48	17708755	7410458	10298297
专业承包	263	251	80	901898	275772	626126
按县区分						
城关区	316	299	87	9408978	4004432	5404545
七里河区	63	60	13	4874228	1996145	2878082
西固区	40	40	16	1723493	542563	1180931
安宁区	19	18	4	2244254	988509	1255745
红古区	9	7	3	55296	8362	46934
永登县	7	7	2	62457	14457	47999
皋兰县	3	3	1	22119	3208	18911
榆中县	4	4		161174	76373	84800
兰州新区	9	9	2	58656	52181	6475
按营业状态分						
营业	468	446	128	18610623	7686229	10924394
停业（歇业）	2	1		30	2	28
按控股情况分						
国有控股	73	70	14	13854089	4925067	8929022
集体控股	50	46	14	605714	316849	288865
私人控股	316	300	87	2850692	1462896	1387796
港澳台商控股						
其他	31	31	13	1300157	981418	318739

表（总承包和专业承包）

承包工程完成情况（万元）				建筑业总产值（万元）		
直接从建设单位承揽工程完成的产值	其中：自行完成施工产值	其中：分包出去工程的产值	从建设单位以外承揽工程完成的产值	建筑业总产值	其中：装饰装修产值	其中：在外省完成的产值
10015640	**9961497**	**54143**	**70534**	**10032031**	**249708**	**2570995**
7480080	7466942	13139	36172	7503114	115187	2008225
10015119	9960976	54143	70534	10031510	249187	2570995
2166953	2153827	13127	2211	2156037	46803	552655
121091	113962	7130	7130	121091	5928	2451
5477672	5459850	17823	49277	5509127	115944	1436733
1594372	1592872	1500	1773	1594644	16136	389592
655030	640466	14564	10144	650610	64376	189564
521	521			521	521	
5868988	5852591	16397	22902	5875494	91181	1116656
2980719	2959972	20747	13207	2973179	35147	1204673
900371	886199	14173	28386	914584	8557	228872
265561	262735	2826	6039	268774	114823	20795
2096185	2083058	13127	25111	2108169	34812	1167525
5758496	5758496		11061	5769558	84416	1084078
2160958	2119942	41016	34362	2154303	130480	319391
9369806	9320347	49459	60151	9380498	126323	2515195
645834	641150	4684	10383	651533	123385	55800
4582645	4567148	15497	42181	4609329	164259	1420794
2749083	2739042	10041	1592	2740633	51534	361913
1098697	1070782	27915	20183	1090965	32832	168446
1322951	1322341	610	680	1323021	965	619842
46543	46543			46543		
54424	54424			54424	118	
22013	22013			22013		
88837	88837			88837		
50447	50367	80	5898	56266		
10015610	9961476	54134	70525	10032001	249678	2570995
30	21	9	9	30	30	
7480080	7466942	13139	36172	7503114	115187	2008225
409671	402541	7130	7130	409671	7891	65872
1702931	1676767	26164	16169	1692935	116352	313295
422958	415248	7710	11063	426311	10278	183602

6–10 建筑企业生产汇总表

	建筑业总产值按构成分（万元）		
	建筑工程产值	安装工程产值	其他产值
总计	**8540133**	**1164502**	**327396**
国有及国有控股企业	6347458	919043	236613
按登记注册类型分			
内资企业	8539767	1164347	327396
国有企业	1645916	451301	58821
集体企业	98211	18706	4174
有限责任公司	4750623	568478	190026
股份有限公司	1566587	3218	24840
私营企业	478431	122643	49536
其他企业			
港、澳、台商投资企业			
外商投资企业	366	155	
按国民经济行业分			
房屋建筑业	5328044	418298	129152
土木工程建筑业	2615575	302958	54647
建筑安装业	421351	381350	111883
建筑装饰和其他建筑业	175164	61896	31715
按隶属关系分			
中央	1746479	279985	81705
省属	4980539	634196	154823
市及市以下	1813116	250320	90868
按企业资质等级分			
施工总承包	8108108	997695	274695
专业承包	432025	166807	52701
按县区分			
城关区	3944208	463496	201624
七里河区	2455916	250254	34463
西固区	777897	253477	59591
安宁区	1113160	183148	26713
红古区	41669	4875	
永登县	50575	3029	820
皋兰县	18808		3205
榆中县	88837		
兰州新区	49063	6223	980
按营业状态分			
营业	8540112	1164496	327394
停业（歇业）	21	6	3
按控股情况分			
国有控股	6347458	919043	236613
集体控股	373866	29899	5905
私人控股	1432594	182047	78294
港澳台商控股			
其他	386214	33512	6584

（总承包和专业承包）（续一）

竣工产值（万元）	房屋建筑施工面积（平方米）			企业总产值（万元）	从业人员情况（人）	
	施工面积	本年新开工面积	实行投标承包面积		从事建筑业活动的平均人数	企业期末人数
4679774	**48770214**	**14974463**	**34346832**	**10657678**	**202516**	**194083**
3656990	37204506	12311795	27119573	7782049	127346	127721
4679253	48770214	14974463	34346832	10657157	202396	193970
942804	9895812	3433652	7358291	2346366	52273	52691
53810	302660	47694	299513	128565	6824	6753
2312008	23487323	7270912	13313917	5703276	95151	88233
981323	13293694	3793036	12877284	1791424	22836	22808
389308	1790725	429169	497827	687526	25312	23485
					102	102
521				521	18	11
2815005	47800865	14463434	33955258	6097482	124853	117155
1274072	446380	372449	368118	3085779	51033	49803
434025	384769	4180	5456	986228	16536	17225
156672	138200	134400	18000	488189	10094	9900
1113924	1899086	926291	1886086	2132979	28914	29183
2477741	35739599	11530236	25385882	6031953	105032	105108
1088108	11131529	2517936	7074864	2492746	68570	59792
4396290	48632132	14840643	34346832	9760269	184741	176447
283483	138082	133820		897409	17775	17636
2244180	20850450	4972059	17826797	5081003	86361	82326
1198091	16079508	4955175	11317479	2868579	59336	59356
331719	5556703	2545228	249352	1092650	28747	25108
768833	4715332	1694258	3701922	1343127	17965	18842
31959	291923	62798	212520	47153	1186	993
25502	223899	152787	217399	57871	2528	2143
20446	79847	61642	70167	22013	992	636
53006	906452	467416	724796	88837	2868	2130
6038	66100	63100	26400	56446	2533	2549
4679774	48770214	14974463	34346832	10657649	202507	194076
				30	9	7
3656990	37204506	12311795	27119573	7782049	127346	127721
142431	751256	290467	665244	425654	13687	12909
798827	10048321	1856638	6132168	2021059	53451	48077
81525	766131	515563	429847	428916	8032	5376

6–10 建筑企业生产汇总表

	房屋建筑竣			
	合计	住宅房屋	商业及服务用房屋	办公用房屋
总计	**13178021**	**9503516**	**944504**	**446728**
国有及国有控股企业	9878628	6812003	816598	326664
按登记注册类型分				
内资企业	13178021	9503516	944504	446728
国有企业	2243673	2079677	34398	13177
集体企业	38511		3225	4283
有限责任公司	5834631	3634263	648766	135245
股份有限公司	4032453	2999838	191899	276771
私营企业	1028753	789738	66216	17252
其他企业				
港、澳、台商投资企业				
外商投资企业				
按国民经济行业分				
房屋建筑业	12768274	9225431	885450	412778
土木工程建筑业	272154	230410	9844	1740
建筑安装业	15850	7675	210	2210
建筑装饰和其他建筑业	121743	40000	49000	30000
按隶属关系分				
中央	164690	158410		5714
省属	9713117	6631393	816598	351529
市及市以下	3300214	2713713		
按企业资质等级分				
施工总承包	13051448	9456516	904504	414518
专业承包	126573	47000	40000	32210
按县区分				
城关区	5309161	3786690	285963	267792
七里河区	4628598	3894784	419162	62797
西固区	1690635	972370	2165	65374
安宁区	887686	501922	220354	2078
红古区	118117	65328	15800	4654
永登县	102160	79000	1060	1740
皋兰县	71042	15913		11198
榆中县	302622	187509		31095
兰州新区	68000			
按营业状态分				
营业	13178021	9503516	944504	446728
停业（歇业）				
按控股情况分				
国有控股	9878628	6812003	816598	326664
集体控股	250768	121144	3225	34913
私人控股	2828706	2530369	84681	22762
港澳台商控股				
其他	219919	40000	40000	62389

（总承包和专业承包）（续二）

工面积（平方米）				
科研、教育、医疗用房屋	文化、体育、娱乐用房屋	厂房及建筑物	仓库	其他未列明的房屋建筑物
840384	**176789**	**1139414**	**37254**	**89432**
711184	92226	1038801	22250	58902
840384	176789	1139414	37254	89432
69583	6500	40338		
31003				
257762	91609	969633	26750	70603
441025	47307	68230	5184	2199
41011	31373	61213	5320	16630
835019	157229	1128701	36064	87602
800	19560	8000		1800
4565			1190	
		2713		30
				566
691884	85726	1038801	26750	70436
	91063			
840384	176789	1136701	34434	87602
		2713	2820	1830
465767	47307	441727	2520	11395
123595	27525	78185	22550	
106231		504735	4500	35260
59099	11524	57932		34777
		32335		
800	19560			
12558	31373			
72334	6500		5184	
	33000	24500	2500	8000
840384	176789	1139414	37254	89432
711184	92226	1038801	22250	58902
53302	33000		5184	
68028	32003	64413	9820	16630
7870	19560	36200		13900

6-11 劳务分包建筑业

	企业个数（个）	企业个数（有工作量）	建筑业总产值（万元）	装饰装修产值	资产负债（万元）		
					固定资产原价	资产总计	负债合计
总计	**4**	**4**	**2524**	**65**	**182**	**2332**	**1372**
国有及国有控股							
按登记注册类型分							
内资企业	4	4	2525	65	182	2332	1372
集体企业	1	1	264		64	871	798
有限责任公司	1	1	112	65	36	168	68
股份有限公司	1	1	1860				
私营企业	1	1	289		82	1293	506
按国民经济行业分							
房屋建筑业	2	2	2149		82	1293	506
土木工程建筑业							
建筑安装业	1	1	264		64	871	798
建筑装饰和其他建筑业	1	1	112	65	36	168	68
按隶属关系分							
中央							
省属							
市及市以下	4	4	2525	65	182	2332	1372
按企业资质等级分							
劳务分包	4	4	2524	65	182	2332	1372
按县区分							
城关区	1	1	112	65	36	168	68
安宁区	1	1	264		64	871	798
兰州新区	2	2	2149		82	1293	506
按营业状态分							
营业	4	4	2524	65	182	2332	1372
停业(歇业)							
按控股情况分							
集体控股	1	1	264		64	871	798
私人控股	2	2	2149		82	1293	506
其他	1	1	112	65	36	168	68

企业汇总表（劳务分包）

损益及分配（万元）							从业人员（人）		应付职工薪酬（万元）	应交增值税（万元）
营业收入合计	营业成本	营业税金及附加	管理费用	财务费用	营业利润	利润总额	从事建筑业活动的平均人数	企业期末人数		
2524	**2378**	**87**	**58**	**–4**	**5**	**5**	**35**	**45**	**107**	**15**
2525	2379	87	58	–5	6	6	35	45	108	15
264	228	5	33	–5	2	2	23	23	72	4
112	94	0	14	0	4	4	4	4	15	2
1860	1777	81	4		–1	–1	5	3	9	
289	280	1	7		1	1	3	15	12	9
2149	2056	82	12		–1	–1	8	18	21	9
264	228	5	33	–5	2	2	23	23	72	4
112	94	0	14	0	4	4	4	4	15	2
2525	2378	87	58	–5	6	6	35	45	108	15
2524	2378	87	58	–4	5	5	35	45	107	15
112	94	0	14	0	4	4	4	4	15	2
264	228	5	33	–5	2	2	23	23	72	4
2149	2056	82	12		–1	–1	8	18	21	9
2524	2378	87	58	–4	5	5	35	45	107	15
264	228	5	33	–5	2	2	23	23	72	4
2149	2056	82	12		–1	–1	8	18	21	9
112	94	0	14	0	4	4	4	4	15	2

6-12 建筑业企业财务情况

	年初存货	年末资产负债（万元）					
		流动资产合计	应收工程款	存货	固定资产合计	固定资产减值准备	固定资产原价
总计	**1324573**	**8556264**	**2863956**	**1506348**	**1040244**	**1175**	**1244113**
国有及国有控股企业	789600	5492747	1861292	984252	788694	676	857728
按登记注册类型分							
内资企业	1324573	8554707	2863811	1506348	1040244	1175	1244049
国有企业	143063	1389919	494849	197615	234432	643	250911
集体企业	26847	87675	37542	13110	10289	19	17135
有限责任公司	654432	4561822	1471170	705247	566951	306	656399
股份有限公司	295651	1579866	604084	324707	142871	150	200516
私营企业	204580	935425	256167	265669	85701	57	119089
其他企业							
港、澳、台商投资企业							
外商投资企业		1557	145		0		64
按国民经济行业分							
房屋建筑业	595176	4068787	1615491	740863	644417	44	641023
土木工程建筑业	578744	3327836	929157	620653	240293	150	367276
建筑安装业	126521	768663	208446	103617	122429	898	180191
建筑装饰和其他建筑业	24132	390978	110862	41214	33105	83	55623
按隶属关系分							
中央	225457	2016738	624612	274092	95946	643	203692
省属	654339	3878107	1392475	779280	700527	35	686557
市及市以下	444778	2661419	846869	452976	243772	497	353864
按企业资质等级分							
施工总承包	1176326	7627766	2574771	1392552	973478	968	1128554
专业承包	148248	928498	289185	113796	66766	207	115559
按县区分							
城关区	806965	5122226	1799335	887328	564922	477	681531
七里河区	244341	1370947	498689	226166	197335		252755
西固区	116035	735626	243757	149519	106302	663	163000
安宁区	147563	1092819	274177	236770	146590	2	117561
红古区	3140	40679	22611	2580	4723	33	7734
永登县	1217	22686	9553	2930	5183		6315
皋兰县	209	8610	6743	168	4172		29
榆中县	174	29483	5207	225	7742		11249
兰州新区	4930	133189	3883	663	3276		3940
按营业状态分							
营业	1324573	8555310	2863821	1506332	1040222	1174	1244090
停业（歇业）		954	135	16	22	1	22
按控股情况分							
国有控股	789600	5492747	1861292	984252	788694	676	857728
集体控股	99629	559560	170864	47912	35672	19	62839
私人控股	297397	1951683	671223	375204	184481	478	252384
港澳台商控股							
外商控股							
其他	137948	552274	160577	98981	31397	2	71161

汇总表（总承包和专业承包）

年末资产负债（万元）							
累计折旧	本年折旧	在建工程	资产合计	流动负债合计	应付账款	非流动负债合计	负债合计
420312	**57408**	**31192**	**10830042**	**7725137**	**2732558**	**454404**	**8261760**
247911	36817	16214	6984531	5420709	1894777	175226	5607207
420248	57408	31192	10828485	7724948	2732504	454404	8261571
105282	15031	5664	1765848	1383012	423572	78158	1461920
7011	594	153	98612	84173	39506	785	86067
189995	24740	17639	5791047	4091918	1396644	169820	4320955
60344	8864	851	1757501	1535367	643446	544	1550600
57617	8180	6885	1415477	630479	229336	205096	842029
64			1557	189	54		189
156146	25644	13567	4983881	3752674	1394691	148703	3914029
167768	22439	8161	4409004	3056148	1012777	247262	3366954
67003	5991	7948	988755	695330	253550	46770	745755
29395	3335	1516	448402	220986	71541	11669	235023
123520	18405	2159	2470141	1965171	791490	17298	1987403
148224	22607	12633	4908062	3869529	1240229	146439	4027032
148569	16395	16401	3451839	1890438	700839	290666	2247325
358658	49636	24283	9764614	7154715	2517295	437886	7660171
61654	7772	6909	1065428	570422	215263	16518	601589
231653	32725	18047	6432451	4542006	1875131	365400	4969060
90013	13757	6141	1684913	1205680	278428	62603	1274743
57764	5044	932	849303	680171	302725	6763	687402
31951	4487	5651	1591190	1116543	241664	4711	1128839
3135	354	110	47087	32092	7323		32305
1223	154		30226	15919	6296	400	17507
26			13844	6234	952	27	6346
3507	728		41289	19116	7998		23610
1040	160	310	139740	107376	12042	14500	121948
420310	57406	31192	10829065	7724779	2732340	454404	8261402
2	2		976	358	218		358
247911	36817	16214	6984531	5420709	1894777	175226	5607207
28859	1902	1081	675723	497527	168564	59655	569805
103195	13559	13501	2572377	1315325	502096	218615	1586931
40347	5130	396	597410	491577	167121	907	497818

6-12 建筑业企业财务情况

	年末资产负债（万元）		
	所有者权益合计	实收资本	其中：国家资本
总计	**2568282**	**1658851**	**533173**
国有及国有控股企业	1377324	806755	516762
按登记注册类型分			
内资企业	2566914	1658351	533173
国有企业	303928	189676	171087
集体企业	12545	31056	1568
有限责任公司	1470092	905076	310857
股份有限公司	206901	139665	49029
私营企业	573448	392878	633
其他企业			
港、澳、台商投资企业			
外商投资企业	1368	500	
按国民经济行业分			
房屋建筑业	1069852	637182	215200
土木工程建筑业	1042050	660272	205233
建筑安装业	243000	192093	97986
建筑装饰和其他建筑业	213379	169305	14755
按隶属关系分			
中央	482738	345983	81929
省属	881030	530990	417233
市及市以下	1204513	781878	34012
按企业资质等级分			
施工总承包	2104443	1340365	480769
专业承包	463839	318487	52405
按县区分			
城关区	1463390	876308	252718
七里河区	410170	311314	164345
西固区	161901	147690	73569
安宁区	462351	268199	39381
红古区	14782	11356	2160
永登县	12718	8735	
皋兰县	7498	4625	
榆中县	17679	13125	
兰州新区	17791	17500	1000
按营业状态分			
营业	2567664	1658233	532606
停业(歇业)	618	618	568
按控股情况分			
国有控股	1377324	806755	516762
集体控股	105919	98139	2968
私人控股	985446	673164	1633
港澳台商控股			
外商控股			
其他	99593	80794	11810

汇总表（总承包和专业承包）（续一）

年末资产负债（万元）				
集体资本	法人资本	个人资本	港澳台资本	外商资本
66856	**544699**	**513361**	**400**	**363**
514	268110	21369		
66856	544329	513361	400	233
	18589			
20446	5688	3354		
36213	341051	216724		233
10197	40376	40064		
	138626	253220	400	
	370			130
23611	136689	261683		
20812	310097	124130		
20023	36585	37266		233
2410	61328	90282	400	130
	264054			
15627	42329	55802		
51229	238315	457559	400	363
49427	439185	370984		
17429	105514	142376	400	363
29604	263737	329486	400	363
10674	29163	107133		
15862	31206	27053		
597	202785	25436		
	1720	7476		
4200	1000	3535		
	25	4600		
5919	5063	2143		
	10000	6500		
66856	544649	513361	400	363
	50			
514	268110	21369		
56476	18819	19876		
6153	202199	462546	400	233
3713	55571	9570		130

6-12 建筑业企业财务情况

	损益及分配 （万元）				
	营业收入	主营业务收入	营业成本	主营业务成本	营业税金及附加
总计	**9715664**	**9504270**	**9100062**	**8209518**	**124762**
国有及国有控股企业	7090446	6920143	6730153	5916506	83465
按登记注册类型分					
内资企业	9715138	9503744	9099571	8209027	124758
国有企业	2108366	2011113	2020449	1265062	33925
集体企业	90559	89234	83787	82402	2011
有限责任公司	5168597	5119057	4831186	4753166	53559
股份有限公司	1600437	1552153	1511902	1468331	24634
私营企业	747179	732186	652247	640066	10628
其他企业					
港、澳、台商投资企业					
外商投资企业	526	526	491	491	4
按国民经济行业分					
房屋建筑业	5684266	5544864	5407709	4596045	91614
土木工程建筑业	2871712	2832797	2628031	2586348	16746
建筑安装业	808494	797155	756253	748890	10681
建筑装饰和其他建筑业	351191	329454	308069	278235	5721
按隶属关系分					
中央	2012299	1990377	1903729	1882400	3338
省属	5459100	5309530	5206554	4394547	81778
市及市以下	2244266	2204363	1989779	1932571	39646
按企业资质等级分					
施工总承包	8904322	8722632	8401712	7550821	111959
专业承包	811341	781638	698350	658696	12803
按县区分					
城关区	4570426	4465980	4200425	4072121	53906
七里河区	2476384	2387581	2340411	1597829	42194
西固区	1100828	1087692	1059491	1048091	20371
安宁区	1304997	1303493	1252678	1248718	2139
红古区	47697	45191	44962	42555	687
永登县	54647	54647	49729	49620	1675
皋兰县	18016	17020	16061	16061	501
榆中县	88837	88837	82011	82011	2673
兰州新区	53831	53831	54295	52512	617
按营业状态分					
营业	9715583	9504189	9099997	8209452	124760
停业(歇业)	81	81	65	65	2
按控股情况分					
国有控股	7090446	6920143	6730153	5916506	83465
集体控股	436164	433843	408773	404471	8192
私人控股	1785224	1749365	1597025	1530630	29667
港澳台商控股					
外商控股					
其他	403829	400919	364111	357911	3438

汇总表（总承包和专业承包）（续二）

损益及分配 （万元）				
主营业务税金及附加	其他业务利润	销售费用	管理费用	税金
120391	**17431**	**26567**	**268946**	**8905**
82295	12929	8884	167183	4855
120387	17431	26567	268901	8905
33253	6798	2164	51448	1574
1964	-557	1249	7321	137
51158	7760	14932	137507	5233
23731	76	995	38071	1159
10281	3352	7226	34554	802
4			45	0
89004	10340	12350	118480	3697
16351	6444	9787	97979	2802
10006	576	2143	29684	1429
5029	70	2286	22803	978
3184	459	6773	60092	704
80634	12277	2451	113787	3961
36571	4695	17343	95067	4241
108749	15492	17224	223733	7337
11642	1939	9343	45212	1568
52903	7644	16395	152284	5533
40932	7045	5475	53929	1106
19263	1658	741	26954	1563
2004	2	2845	28753	591
664	86		1660	21
1675		420	2226	9
501	996		1114	33
1832		584	1409	40
617		107	616	9
120389	17431	26565	268943	8904
2		1	3	2
82295	12929	8884	167183	4855
6982	15	1616	18867	1301
28880	4485	11831	68378	1631
2235	2	4236	14518	1119

6–12 建筑业企业财务情况

	损益及分配（万元）				
	财务费用	利息收入	利息支出	资产减值损失	投资收益
总计	**71686**	**9462**	**61353**	**6051**	**39342**
国有及国有控股企业	24238	9321	22771	661	29073
按登记注册类型分					
内资企业	71686	9462	61353	6051	39342
国有企业	6838	3207	6313	761	–1
集体企业	424	366	49	45	
有限责任公司	35665	2084	27919	3902	33860
股份有限公司	10836	2921	9939	205	261
私营企业	17923	884	17133	1139	5222
其他企业					
港、澳、台商投资企业					
外商投资企业					
按国民经济行业分					
房屋建筑业	28803	8416	23610	362	533
土木工程建筑业	37503	2552	31194	1869	33463
建筑安装业	2296	–1749	4554	4091	5047
建筑装饰和其他建筑业	3084	243	1996	–271	299
按隶属关系分					
中央	11090	921	11413	1459	22248
省属	23693	8590	19464	–527	3457
市及市以下	36902	–51	30476	5119	13638
按企业资质等级分					
施工总承包	66237	8610	56792	4348	39043
专业承包	5448	851	4561	1703	299
按县区分					
城关区	44491	4137	44472	5380	16509
七里河区	16401	3024	12600	–271	586
西固区	2899	1049	1296	459	
安宁区	2362	1239	2382	452	22248
红古区	406		316	31	
永登县	149	1	144		
皋兰县	0	2	0		
榆中县	319	10	143		
兰州新区	4659	0	0		
按营业状态分					
营业	71685	9461	61353	6051	39342
停业(歇业)	0	1	0		
按控股情况分					
国有控股	24238	9321	22771	661	29073
集体控股	6333	–2049	2475	3067	5047
私人控股	29627	1846	25368	1146	5222
港澳台商控股					
外商控股					
其他	11488	343	10739	1177	

汇总表（总承包和专业承包）（续三）

损益及分配（万元）						应付职工薪酬（本年贷方累计发生额）（万元）	应交增值税（万元）
营业利润	营业外收入	其中：政府补助	营业外支出	利润总额	应交所得税		
159304	**11429**	**906**	**5378**	**165958**	**31924**	**866367**	**127346**
113178	4789	705	4331	113635	17557	594354	99809
159318	11429	906	5378	165972	31924	866335	127333
-425	1669	257	1330	-88	2708	259992	20032
-3242	264	149	91	-2029	488	30324	612
126143	8008	200	1939	132226	21523	353591	67674
14128	510	273	497	14130	3080	134379	31910
22714	979	28	1520	21733	4126	88049	7106
-13				-13		32	14
33826	4518	333	-1055	39396	10335	521056	77812
112080	2950	361	3959	110631	17501	219280	32349
8616	2741	212	1319	10038	2431	76396	12872
4783	1220		1155	5894	1657	49634	4314
48893	1557	222	827	49621	5815	168635	26661
42001	5355	482	2051	45306	8779	458421	78218
68411	4516	201	2501	71032	17330	239310	22468
119341	10015	851	3255	125647	25485	783589	117089
39963	1414	55	2123	40311	6439	82777	10257
113647	6462	581	4897	116256	18160	484114	63970
19165	729	98	1874	18032	4627	183757	23662
-9317	3036	227	-1737	-4556	4468	127820	19286
39445	853		287	40011	3756	46284	17113
-49	100		50	2	102	2707	105
443	238		7	235	43	4855	257
340	11		0	351	220	1059	362
2093				2093	479	12371	2251
-6463			0	-6463	69	3401	341
159294	11429	906	5378	165949	31923	866320	127344
10			0	10	1	47	2
113178	4789	705	4331	113635	17557	594354	99809
-5758	3649	149	-1718	661	1785	52393	2371
47022	2841	53	2307	47108	7953	188754	19980
4863	149		458	4554	4629	30866	5187

主要统计指标解释

固定资产投资 即固定资产投资额是以货币表现的建造和购置固定资产活动的工作量，它是反映固定资产投资规模、速度、比例关系和使用方向的综合性指标。全社会固定资产投资按登记注册类型可分为国有、集体、个体、联营、股份制、外商、港澳台商、其他等。按照管理渠道，全社会固定资产投资总额分为城镇固定资产投资和农村固定资产投资两部分。其中城镇固定资产投资中包括房地产开发投资。

房地产开发投资 指各种登记注册类型的房地产开发公司、商品房建设公司及其他房地产开发单位和附属于其他法人单位实际从事房地产开发或经营的活动单位统一开发的包括统代建、拆迁还建的住宅、厂房、仓库、饭店、宾馆、度假村、写字楼、办公楼等房屋建筑物和配套的服务设施，土地开发工程（如道路、给水、排水、供电、供热、通讯、平整场地等基础设施工程）的投资；不包括单纯的土地交易活动。

施工项目 指报告期内曾进行建筑或安装工程施工活动的建设项目，包括报告期内新开工项目、报告期以前开工跨入报告期继续施工的项目以及报告期施过工并在报告期内全部建成投产或停缓建的项目。

全部建成投产项目 工业项目是指设计文件规定形成生产能力的主体工程及其相应配套的辅助设施全部建成，经负荷试运转，证明具备生产设计规定合格产品的条件，并经过验收鉴定合格或达到竣工验收标准，与生产性工程配套的生活福利设施可以满足生产的需要，正式移交生产的建设项目。非工业项目是指设计文件规定的主体工程和相应的配套工程全部建成，能够发挥设计规定的全部效益，经验收鉴定合格或达到竣工验收标准，正式移交使用的建设项目。

房屋建筑面积 指从房屋外墙线算起的各层平面面积的总和，包括可供使用的有效面积和房屋结构（如柱、墙）占用的面积。多层建筑按各层（包括地下室）面积总和计算。

住宅建筑面积 指施工和竣工房屋建筑面积中供居住用的施工和竣工房屋建筑面积。

施工面积 指报告期内施工的全部房屋建筑面积。包括本期新开工的面积、上期跨入本期继续施工的房屋面积、上期停缓建在本期恢复施工的房屋面积、本期竣工的房屋面积及本期施工后又停缓建的房屋面积。

竣工面积 指在报告期内房屋建筑按照设计要求已全部完工，达到住人和使用条件，经验收鉴定合格，正式移交使用单位的建筑面积。

房屋建筑面积竣工率 指一定时期内房屋竣工面积占同期房屋施工面积的比率。它是从房屋建筑施工速度的角度反映投资效果和建筑业经济效益的指标。

新增固定资产 指通过投资活动所形成的新的固定资产价值，包括已经建成投入生产或交付使用的工程价值和达到固定资产标准的设备、工具、器具的价值及应摊入的费用。它是以价值形式表示的固定资产投资成果的综合性指标，可以综合反映不同时期、不同部门、不同地区的固定资产投资成果。

建设项目投产率 指一定时期内全部建成投入生产项目个数与同期正式施工项目个数的比率。它是从项目建设速度的角度反映投资效果的指标。

固定资产交付使用率 指一定时期新增固定资产与同期完成投资额的比率。它是反映各个时期固定资产动用速度，衡量建设过程中投资效果的一个综合性指标。

建筑业统计单位 指从事房屋、构筑物建造和设备安装活动的法人企业。建筑业法人企业应同时具备的条件是：①依法成立，有自己的名称、组织机构和场所，能够承担民事责任；②独立拥有和使用资产，承担负债，有权与其他单位签订合同；③独立核算盈亏，能够编制资产负债表。④具有建筑业资质。

建筑业总产值（即自行完成施工产值） 是以货币表现的建筑安装企业在一定时期内生产的建筑业产品和服务的总和。建筑业总产值包括：

（1）建筑工程产值：指列入建筑工程预算内的各种工程价值。

（2）设备安装工程产值：指设备安装工程价值，不包括被安装设备本身价值。

（3）房屋、构筑物修理产值：指房屋、构筑物修理所完成的价值，但不包括被修理房屋、构筑物本身的价值和生产设备的修理价值。

（4）非标准设备制造产值：指加工制造没有定型的、非标准的生产设备的加工费和原材料价值，以及附属加工厂为本企业承建工程制作的非标准设备的价值。

房屋建筑施工面积 指在报告期内施过工的全部房屋建筑面积，包括本期新开工的房屋面积、上期施工跨入本期继续施工的房屋面积、上期停缓建在本期恢复施工的房屋面积、本期竣工的房屋面积及本期施工后又停缓建的房屋面积。

房屋建筑竣工面积 指在报告期内房屋建筑按照设计要求已全部完工，达到了住人和使用条件，经验收鉴定合格，正式移交使用单位的房屋建筑面积。

自有机械设备年末总台数 指归本企业所有，属于本企业固定资产的生产性机械设备年末总台数。包括施工机械、生产设备、运输设备以及其他设备。

自有机械设备年末总功率 指年末企业自有的直接用于工程施工的各种机械设备的台数，包括施工机械、生产设备、运输设备以及其他设备等列为在册固定资产的生产性机械设备年末总功率，按设定能力或查定能力计算。包括施工机械本身的动力和为该机械服务的单独动力设备，如电动机等。计算单位用千瓦，动力换算可按1马力=0.735千瓦折合成千瓦数。电焊机、变压器、锅炉不计算动力。

工程结算收入 指本企业承包工程实现的工程价款结算收入，以及向发包单位收取的除工程价款以外的按规定列作营业收入的各种款项，如临时设施费、劳动保险费、施工机械调迁费等以及向发包单位收取的各种索赔款。

营业利润 指企业从事生产经营活动所取得的利润。如亏损以“-”号表示。

企业总收入 指与企业生产经营直接有关的各项收入，包括工程结算收入和其他业务收入。计算公式为：

企业总收入=工程结算收入+其他业务收入

七、城市建设

7-1 城市主要经济指标

	单位	全市合计	市区合计	市区占全市比重（%）
人口、劳动力及土地面积				
年末总人口	万人	324.23	206.13	63.58
年平均人口	万人	323.07	205.44	63.59
常住人口	万人	370.55	266.66	71.96
年出生人口	人	38453	26623	69.24
年死亡人口	人	13311	7987	60.00
年末总户数	万户	109.59	73.24	66.83
年末单位从业人员数	万人	685673	597304	87.11
第一产业（农、林、牧、渔业）	万人	718	669	93.18
第二产业	万人	299999	259429	86.48
采矿业	万人	13162	13016	98.89
制造业	万人	105671	72342	68.46
电力、燃气及水的生产和供应业	万人	25319	23220	91.71
建筑业	万人	155847	150851	96.79
第三产业	万人	384956	337206	87.60
交通运输、仓储及邮政业	万人	24752	21127	85.35
信息传输、计算机服务和软件业	万人	9212	9100	98.78
批发和零售业	万人	29043	26543	91.39
住宿、餐饮业	万人	12103	10381	85.77
金融业	万人	25157	23248	92.41
房地产业	万人	28688	27200	94.81
租赁和商业服务业	万人	24151	23475	97.20
科学研究、技术服务和地质勘查业	万人	37962	37102	97.73
水利、环境和公共设施管理业	万人	17414	13623	78.23
居民服务和其他服务业	万人	785	785	100.00
教育	万人	68935	54704	79.36
卫生、社会保障和社会福利业	万人	32502	28636	88.11
文化、体育和娱乐业	万人	9672	9252	95.66
公共管理和社会组织	万人	64580	52030	80.57
城镇私营和个体从业人员	人	803985	665211	82.74
年末城镇登记失业人员数	人	17283	15604	90.29
行政区域土地面积	平方公里	13192.3	1042.96	7.91
建成区面积	平方公里	310.85	179.46	57.73
城市建设用地面积	平方公里	308	234	75.97
居住用地面积	平方公里	73.8	62.49	84.67
公共设施用地面积	平方公里	10.76	9.44	87.73
工业用地面积	平方公里	28.13	27.33	97.16

注：建成区面积为2015年度城镇土地变更调查数据，为《土地利用现状分类》城市（201）和建制镇（202）两类之和，由兰州市国土资源局提供。

7-1 城市主要经济指标（续一）

	单位	全市合计	市区合计	市区占全市比重（%）
综合经济				
地区生产总值（当年价格）	万元	22642318	18822489	83.13
第一产业增加值	万元	603568	224138	37.14
第二产业增加值	万元	7900955	6104787	77.27
第三产业增加值	万元	14137795	12493564	88.37
地区生产总值(2010年价格)	万元	20959920	17415468	83.09
人均地区生产总值	元	61207	70681	115.48
地区生产总值增长率	%	8.3	7.7	92.77
财政、金融、保险				
公共财政预算收入	万元	2154794	2011158	93.33
税收收入	万元	1584154	1482701	93.60
企业所得税	万元	138455	135098	97.58
个人所得税	万元	56634	55272	97.60
公共财政预算支出	万元	4241597	3555227	83.82
一般性公共服务支出	万元	501813	419987	83.69
科学技术支出	万元	45156	43042	95.32
教育支出	万元	740910	564546	76.20
文化体育与传媒支出	万元	69795	60540	86.74
医疗卫生支出	万元	371618	317595	85.46
节能保护支出	万元	104739	82485	78.75
城乡社区事务支出	万元	675652	626073	92.66
交通运输支出	万元	151360	104503	69.04
社会保障和就业支出	万元	390553	322511	82.58
住房保障支出	万元	134776	131598	97.64
年末金融机构各项存款余额	万元	86231121	72399076	83.95
其中：住户存款	万元	27962448	24547060	87.78
年末金融机构各项贷款余额	万元	84015554	54454577	64.81

7-1 城市主要经济指标（续二）

	单位	全市合计	市区合计	市区占全市比重（%）
工业				
工业企业数	个	357	204	57.14
内资企业	个	340	196	57.65
国有企业	个	12	11	91.67
私营企业	个	116	75	64.66
港、澳、台商投资企业	个	9	2	22.22
外商投资企业	个	8	6	75.00
工业总产值（当年价）	万元	21103200	14566600	69.03
内资企业	万元	19895200	13996100	70.35
国有企业	万元	1731600	1726500	99.71
私营企业	万元	3327000	2247000	67.54
港、澳、台商投资企业	万元	564600	61300	10.86
外商投资企业	万元	643400	509300	79.16
从业人员年平均人数	万人	13.49	9.52	70.57
流动资产合计	万元	10941900	6956500	63.58
固定资产合计	万元	8025300	4609700	57.44
主营业务收入	万元	16176600	11297520	69.84
主营业务成本	万元	12474000	7927500	63.55
主营业务税金及附加	万元	1978400	1954300	98.78
本年应交增值税	万元	683000	622500	91.14
利润总额	万元	144000	101600	70.56
年末邮政局（所）数	处	156	98	62.82
邮政业务收入	万元	42072		0.00
电信业务收入	万元	526469		0.00
固定电话年末用户数	万户	66.04		0.00
移动电话年末用户数	万户	534.93		0.00
3G移动电话用户	万户	55.68		0.00
互联网宽带接入用户数	万户	101.55		0.00
综合能源消费量	万吨/标准煤	1515		0.00
全社会用电量	万千瓦时	2817685.73	1195118.19	42.41
工业用电	万千瓦时	2193653.23	684071.67	31.18
城乡居民生活用电	万千瓦时	194779	164633.31	84.52

7-1 城市主要经济指标（续三）

	单位	全市合计	市区合计	市区占全市比重（%）
内外贸易、外经				
限额以上批发零售贸易业商品销售总额	万元	33467753	31946041.5	95.45
社会消费品零售总额	万元	12633456	11518187.3	91.17
限额以上批发零售企业数（法人数）	个	599	519	86.64
零售业	个	292	252	86.30
货物进口额（海关数）	万美元	83382		
货物出口额（海关数）	万美元	324053		
外商直接投资				
外商直接投资合同项目	个	9	5	55.56
当年实际使用外资金额	万美元	33753	31353	92.89
固定资产投资				
固定资产投资额（不含农村）	万元	19909541	12310429	61.83
房地产开发投资额	万元	3911500	2869227	73.35
住宅	万元	2502841	1828664	73.06
全年新增固定资产	万元	11912967	8118355	68.15
商品房屋销售面积	万平方米	883.93	688.07	77.84
住宅	万平方米	763.44	589.22	77.18
高档别墅公寓	万平方米	3.53	1.61	45.61
商品房屋销售额	万元	5703126	4617423	80.96
住宅	万元	4593558	3686870	80.26
高档别墅公寓	万元	38916	25931	66.63
待售面积	万平方米	237.23	193.92	81.74
教育、科技、文化、卫生				
学校数				
普通高等学校	所	23	23	100.00
中等职业教育学校	所	57	50	87.72
普通中学	所	197	118	59.90
小学	所	515	217	42.14
专任教师数				
普通高等学校	人	15988	15988	100.00
中等职业教育学校	人	2860	2498	87.34
普通中学	人	13995	9336	66.71
小学	人	14365	8943	62.26
在校学生数				
普通高等学校	人	424842	424842	100.00

7-1 城市主要经济指标（续四）

	单位	全市合计	市区合计	市区占全市比重（%）
高中阶段在校学生数	人	117857	90444	76.74
中等职业教育学校学生数	人	49045	45543	92.86
普通中学学生数	万人	16.69	11.45	68.60
小学学生数	万人	21.2	15.43	72.78
初中毕业生升学率	%	99.03	99.70	
成人高等学校在校学生数	人	4992	4992.00	100.00
体育场馆数	个	153	126	82.40
剧场、影剧院数	个	33	29	87.88
公共图书馆图书总藏量	千册	1060	1060	100.00
订销报刊杂志累计份数	千份	61344.83	48960.22	79.80
广播节目综合人口覆盖率	%	99.64	99.71	
电视节目综合人口覆盖率	%	99.7	99.93	
有线电视入户率	%	74	86.00	
医院、卫生院数	个	172	108	62.79
医院、卫生院床位数	张	24031	20549	85.51
医生数（执业医师+执业助理医师）	人	13133	11695	89.05
注册护士	人	13917	12694	91.21
社会保障				
居民消费价格指数（上年为100）	%	100.8		
城镇职工基本养老保险参保人数	人	717279	663620	92.52
城镇基本医疗保险参保人数	人	907263	853445	94.07
失业保险参保人数	人	567576	551275	97.13
社会福利院数	个	5	2	40.00
社会福利院床位数	张	562	350	62.28
社区服务设施数	个	454	434	95.59
城市社区综合服务设施覆盖率	%	100	100	100.00
城镇居民最低生活保障人数	人	55006	45339	82.43
社会治安				
交通事故死亡人数	人	213	92	43.2
交通事故损失额	万元	196	120	61.2
火灾事故死亡人数	人	4	4	100.0
火灾事故损失额	万元	791	419	53.0
刑事案件立案数	起	7141	5842	81.81
犯罪人数	人	4819	3689	76.55
青少年人数（年龄16-25周岁）	人	805	573	71.18

7-2 城市设

	2006	2007	2008	2009
建成区面积（平方公里）	168.52	175.81	206.58	198.43
城市人口密度（人/平方公里）	1249.00	1055.50	1367.00	1373.00
燃气普及率（%）	60.50	68.03	68.23	82.11
年末公用自来水生产能力（万立米/日）	139.00	139.30	161.25	159.16
地下水	10.00	10.00	14.22	14.94
全年供水总量（万立方米）	21437.00	21770.00	28669.68	27891.41
居民家庭用水	6983.00	7299.00	9910.72	9856.96
用水人口（万人）	187.00	190.33	194.29	195.16
道路长度（公里）	1136.00	344.00	857.00	969.00
道路面积（万平方米）	2214.00	1313.00	1635.00	1974.20
人均拥有道路面积（平方米）	10.81	6.69	7.65	9.23
排水管道长度（公里）	608.00	555.00	732.00	781.00
桥梁数（个）	162	177	192	210
污水年排放量（万立方米）	18716	21900	22207	25278
污水年处理量（万立方米）	10340	10967	13538	11345
污水日处理能力（万立方米）	36.0	46.0	44.0	44.0
污水处理率（%）	55.25	50.08	60.96	60.00
防洪堤长度（公里）	169.00	131.00	144.00	191.00
绿化覆盖面积（公顷）	4082.65	4413.65	5130.00	5737.00
建成区绿化覆盖率（%）	28.90	31.28	21.17	25.28
园林绿地面积（公顷）	3561.81	3892.81	4593.00	4651.00
公共绿地面积（公顷）	1511.88	1617.98	2026.00	1730.00
人均公共绿地面积（平方米）	8.75	8.89	9.47	8.09
公园个数（个）	14	14	15	17
公共汽（电）车营运车辆（辆）	2034	2016	2135	2130
标准运营台数（标台）	1997	2494	2553	2599
公共汽（电）车客运总量（万人次）	42678	47334	54226	58854
出租汽车（辆）	6358	6718	5616	6738

注：2007年道路长度、道路面积等市政设施数据为市政管理系统内数据，与往年数据不可比。

施水平

2010	2011	2012	2013	2014	2015	2016
196.26	196.97	198.67	207.00	282.20	310.86	310.85
1614.00	1613.00	9561.00	8931.00	5878.00	7274	7253
89.37	88.98	88.71	90.10	86.93	87.3	87.64
156.51	157.97	150.78	144.60	148.85	165.27	161.27
12.60	12.60	12.00	10.00	10.70	12.3	13.81
24275.92	29401.10	26827.67	21818.49	23902.57	27491.6	26441.37
9804.14	10132.90	9644.75	9337.83	10230.56	11082.04	10327.2
188.54	187.10	186.46	174.27	205.31	257.49	264.46
906.60	909.81	926.57	1093.22	1513.50	1678.95	1834.33
2161.50	2168.35	2218.89	2910.44	3545.53	4294.88	4536.73
10.89	10.97	11.18	14.79	16.56	16	16.57
724.00	765.49	832.39	1360.50	2311.01	2783.7	3028.7
199	202	205	206	254	337	375
22318	16097.3	19785	19285	19018	19971	18686
12845	10760	13401	14781	15881	17766	17743
44.0	44.5	71.9	71.9	75.1	77.6	70.7
60.00		67.73	82.03	83.51	88.96	94.95
180.00	180.00	180.00	235.20	260.12		
5495.00	4940.00	6548.00	7730.00	7919.36	8369.36	9311
25.02	25.08	30.01	34.52	26.46	25.2	26.69
4441.00	4471.00	5494.00	6584.00	7201.62	7742.59	7852.3
1714.00	1720.00	1762.00	2058.00	2333.13	2526.9	2586.3
8.63	8.70	8.88	10.46	10.90	9.41	9.52
14	14	14	16	25	29	29
2149	2163	2270	2745	2769	2739	2800
2666	2682	2924	3326	3115	3094	3162
61554	62050	3373	76428	77676	75004	80186
6738	6738	6738	7913	7591	8221	9583

7-3 工业废水排

	2005	2006	2007	2008	2009
工业废水					
工业废水排放量（万吨）	4352.00	4029.00	3725.00	3737.12	2945.18
化学需氧量（吨）	3583.00	3095.00	2112.00	2199.38	1834.62
氨氮（吨）	267.11	281.95	229.14	205.34	134.89
石油类（吨）	207.16	140.60	75.93	79.68	40.19
挥发酚（吨）	0.94	0.61	0.27	0.15	0.21
氰化物（吨）	0.59	0.11	0.21	0.13	0.10
砷（吨）	0.17	0.15	0.18	0.21	0.20
铅（吨）	1.04	1.23	1.20	0.28	0.14
镉（吨）	0.25	0.19	0.25	0.20	0.09
六价铬化合物（吨）	0.10	0.88	0.64	0.29	0.11
工业废气					
工业废气排放量（亿标立方米）	1338	1342	1766	1870	2070
二氧化硫排放量（吨）	60924	69947	64044	71865	70687
氮氧化物排放量（吨）		34349	37431	36644	43738
工业烟尘排放量（吨）		36457	27237	24084	19424
工业固体废物					
工业固体废物产生量（万吨）	160.54	258.39	412.41	372.41	485.82
工业固体废物处置量（万吨）	0.48	34.94	21.67	22.26	30.35
工业固体废物综合利用量（万吨）	152.31	181.66	344.60	290.75	364.88
工业固体废物贮存量（万吨）	4.64	41.78	54.39	59.42	102.00
生活污水					
城镇生活污水排放量（万立方米）	12375	12625	12740	13859	13923
城镇生活污水处理量（万立方米）	4839	5200	5002	5564	8555
城镇生活污水处理率（%）	39.10	41.19	39.26	40.15	61.45

注：2011年环境统计国家启动“十二五”环境统计系统，与“十一五”环境统计在统计口径、方法、范围等方面有所调整变动，故部分统计指标数据与往年不可比。

放处理情况

2010	2011	2012	2013	2014	2015
2529.10	4097.28	4624.55	4909.07	4563.49	4138.48
3103.38	4658.62	4348.47	4445.77	4005.99	3307.95
209.84	2431.58	2642.68	2723.12	2648.30	2656.1
28.42	86.57	68.79	87.85	93.53	541.15
0.17	8.40	0.39	0.79	3.14	1.75
0.12	0.02	0.03	0.02	0.02	0.02
0.12					0.001
0.05	0.09			0.01	0.009
0.04	0.02			0.01	0.004
0.12	0.15		0.01	0.01	0.006
1805	3183	3954	4068	3768	3576.57
69800	92722	68654	72148	67616	61240
45243	79722	83804	79915	66026	54079
21269	39710	33598	40109	64214	45209
507.31	604.55	627.88	624.58	638.62	607.75
29.17	43.39	23.19	14.75	7.22	7.4
413.23	561.15	603.04	608.17	628.73	598.4
82.19	0.04	1.65	1.66	2.67	2.07
15147	12000	13687		19018	19971
10636	9502	9670		15881	17766
70.22	79.19	70.65		83.51	88.96

7-3 工业废水排放处理情况（续一）

	2016
工业废水	
工业废水排放量（万吨）	3341.89
化学需氧量（吨）	899.96
氨氮（吨）	66.54
石油类（吨）	17.13
挥发酚（千克）	0.80
氰化物（千克）	0.04
砷（千克）	1.06
铅（千克）	1.37
镉（千克）	4.15
六价铬化合物（千克）	2.77
工业废气	
工业废气排放量（亿标立方米）	2566.45
二氧化硫排放量（吨）	19192.01
氮氧化物排放量（吨）	28557.87
工业烟尘排放量（吨）	15891.59
工业固体废物	
工业固体废物产生量（万吨）	291.05
工业固体废物处置量（万吨）	10.07
工业固体废物综合利用量（万吨）	280.72
工业固体废物贮存量（万吨）	0.55
生活污水	
城镇生活污水排放量（万立方米）	17530.51
城镇生活污水处理量（万立方米）	17342.91
城镇生活污水处理率（%）	98.93

注：注：2011年环境统计国家启动“十二五”环境统计系统，与“十一五”环境统计在统计口径、方法、范围等方面有所调整变动，故部分统计指标数据与往年不可比。

7-4 环境保护

	2016
工业废水排放量（万吨）	3341.89
工业废气排放量（亿立方米）	2566.45
工业二氧化硫产生量（吨）	108371.78
工业二氧化硫排放量（吨）	19192.01
工业氮氧化物产生量（吨）	54119.06
工业氮氧化物排放量（吨）	28557.87
工业烟（粉）尘产生量（吨）	3199993.62
工业烟（粉）尘排放量（吨）	15891.59
工业重金属产生量（吨）	
工业重金属排放量（吨）	
一般工业固体废物综合利用率（%）	96.46
污水处理率（%）	95.72
污水处理厂集中处理率（%）	95.72
生活垃圾无害化处理率（%）	40.4
空气质量达到及好于二级的天数（天）	243

注：2014年环境统计在统计口径、方法、范围等方面有所调整变动。

主要统计指标解释

年末自来水生产能力 指年底城建部门管理的自来水厂和自备水源的社会单位取水、净化、送水、出厂输水干管等环节的实际生产能力。

年末供水管道长度 指从送水泵到用户水表之间所有管道的长度。

全年供水总量 指公用自来水厂和自备水源的社会单位全年的供水总量，包括有效供水量及损失水量。

生活用水量 指居民日常生活与公共福利设施的用水量，包括居民、饮食店、旅馆、医院、理发店、浴池、洗衣店、游泳池、商店、学校、机关、部队等单位的用水量。

城市人口用水普及率 指城市用水人口数与城市人口总数之比。计算公式为：

用水普及率=城市用水人口数/城市人口总数×100%

全年供气总量 指全年售给各类用户的全部煤气量，包括工业用量、家庭用量和其他用量。

城市用气普及率 指使用煤气（包括人工煤气、液化石油气、天然气）的城市人口数与人口总数之比。计算公式为：

城市用气普及率=城市用气人口数/城市人口总数×100%

年底实有铺装道路长度 指除土路外，路面经过铺装宽度在3.5米以上的道路，包括高级、次高级道路和普通道路。

城市桥梁 指城市范围内，修建在河道上的桥梁和道路与道路立交、道路跨越铁路的立交桥及人行天桥。包括永久性桥和半永久性桥、不包括临时性桥、铁路桥、涵洞。

城市下水道总长度 指所有排水总管、干管、支管及暗渠、检查井、连接井进出水口等长度之和。

城市污水日处理能力 指污水处理厂每昼夜处理污水量的设计能力。

年末实有公共汽（电）车 指年底可参加营运的全部车辆数，包括营运车辆数和库存查封未参加营运的车辆。不包括非营运车辆，如架线车、油罐车、工程车、货车及其他专用车辆和借入的客运车辆。

城市园林绿地面积 指城市公共绿地、专用绿地、生产绿地、防护绿地、郊区风景名胜区的全部面积。

公共绿地 指供游览休息的各种公园、动物园、植物园、陵园以及花园、游园和供游览休息用的林荫道绿地、广场绿地，不包括一般栽植的行道树及林荫道的面积。

工业废水排放量 指经过企业厂区所有排放口排到企业外部的工业废水量。包括生产废水、外排的直接冷却水、超标排放的矿井地下水和与工业废水混排的厂区生活污水，不包括外排的间接冷却水（清污不分流的间接冷却水应计算在内）。

工业废水排放达标量 指各项指标都达到国家或地方排放标准的外排工业废水量，包括未经处理外排达标和经过处理后外排达标两部分。

工业废气排放量 指企业厂区内燃料燃烧和生产工艺过程中产生的各种排入空气的含有污染物的气体总量，按标准状态（273K，101325Pa）计算。

工业二氧化硫排放量 指企业在燃料燃烧和生产工艺过程中排入大气的二氧化硫数量。

烟尘排放量 指企业厂区内燃料燃烧产生的烟气中夹带的颗粒物数量。

工业粉尘排放量 指企业在生产工艺过程中排放的颗粒物重量，如钢铁企业的耐火材料粉尘、焦化企业的筛焦系统粉尘、烧结机的粉尘、石灰窑的粉尘、建材企业的水泥粉尘等。不包括电厂排入大气的烟尘。

工业固体废物产生量 指企业在生产过程中产生的固体状、半固体状和高浓度液体状废弃物的总量，包括危险废物、冶炼废渣、粉煤灰、沪渣、煤矸石、尾矿、放射性废物和其他废物等；不包括矿山开采的剥离废石和掘进废石（煤矸石和呈酸性或碱性的废石除外）。酸性或碱性废石指采掘的废石其流经水、雨淋水的PH值小于4或PH值大于10.5者。

工业固体废物处置量 指将固体废物焚烧或者最终置于符合环境保护规定要求的场所，并不再回取的工业固体废物量（包括当年处置往年的工业固体废物累计贮存量）。处置方法有填埋（其中危险废物应安全填埋）、焚烧、专业贮存场（库）封场处理、深层灌注、回填矿井等。

八、商业、物价

8-1 社会消费品零售总额

	社会消费品零售总额（万元）				构成（%）总额=100		
		市	县	县以下	市	县	县以下
1979	64608	53500	3259	4849	82.8	5.04	7.51
1980	79602	72573	2237	4792	91.2	2.81	6.02
1981	92916	84135	3280	5501	90.5	3.53	5.92
1982	98106	87569	4091	6446	89.3	4.17	6.57
1983	109073	99474	3567	6032	91.2	3.27	5.53
1984	166936	151828	15108		90.9	9.05	
1985	203181	177743	25438		87.5	12.52	
1986	238390	216103	22287		90.7	9.35	
1987	267759	237787	29972		88.8	11.19	
1988	366358	326329	40029		89.1	10.93	
1989	408412	365089	43323		89.4	10.61	
1990	354709	311443	43266		87.8	12.20	
1991	394014	354217	39797		89.9	10.10	
1992	493967	448676	45291		90.8	9.17	
1993	605588	564094	41494		93.1	6.85	
1994	770741	708005	31824	30912	91.9	4.13	4.01
1995	966709	888130	40517	38062	91.9	4.19	3.94
1996	1104678	1015253	49537	39888	91.9	4.48	3.61
1997	1218665	1129795	47545	41325	92.7	3.90	3.39
1998	1354030	1260477	47222	46331	93.1	3.49	3.42
1999	1474674	1373534	48077	53063	93.1	3.26	3.60
2000	1600561	1509263	39784	51514	94.3	2.49	3.22
2001	1738827	1639730	46915	52182	94.3	2.70	3.00
2002	1905594	1794946	57227	53421	94.2	3.00	2.80
2003	2065349	1926373	54154	54822	93.3	2.62	2.65
2004	2280165	2159442	59866	60857	94.7	2.63	2.67
2005	2566724	2427080	67019	72625	94.6	2.61	2.83
2006	2897169	2745380	73430	78359	94.8	2.53	2.70
2007	3375659	3203985	83606	88068	94.9	2.47	2.63
2008	3950438	3757344	94160	98934	95.1	2.38	2.50
2009	4697711	4476705	107783	113223	95.3	2.30	2.40
2010	5451055	4744277	706778		87.0	13.0	
2011	6397231	5603581	793649		87.6	12.4	
2012	7491157	6560692	930465		87.6	12.4	
2013	8438727	7391130	1047597		87.6	12.4	
2014	10568321	9300122	1268198		88.0	12.0	
2015	11521498	10138918	1382580		88	12.000	
2016	12633456	10653889	1979567		84.3	15.7	

8-1 社会消费品零售总额（续一）

	分行业社会消费品零售总额（万元）			构成（%）总额=100		
	批零贸易业	住宿和餐饮业	其他行业	批零贸易业	住宿和餐饮业	其他行业
1979	55977	2386	3245	86.64	3.69	5.02
1980	67896	3290	8416	85.29	4.13	10.57
1981	77210	4031	11675	83.10	4.34	12.57
1982	81043	3874	13189	82.61	3.95	13.44
1983	87159	4648	17267	79.91	4.26	15.83
1984	101189	5664	60083	60.62	3.39	35.99
1985	137567	17350	48264	67.71	8.54	23.75
1986	165123	21034	52233	69.27	8.82	21.91
1987	192654	23405	51700	71.95	8.74	19.31
1988	263426	32784	70148	71.90	8.95	19.15
1989	301917	33918	72577	73.92	8.30	17.77
1990	251581	34456	68672	70.93	9.71	19.36
1991	293871	33568	66575	74.58	8.52	16.90
1992	370852	49427	73688	75.08	10.01	14.92
1993	461105	58999	85484	76.14	9.74	14.12
1994	540727	111711	118303	70.16	14.49	15.35
1995	653752	127310	185647	67.63	13.17	19.20
1996	754505	140560	209613	68.30	12.72	18.98
1997	788732	186582	243351	64.72	15.31	19.97
1998	880561	180563	292906	65.03	13.34	21.63
1999	914579	201725	358370	62.02	13.68	24.30
2000	1084917	221303	294341	67.78	13.83	18.39
2001	1138362	232434	368031	65.47	13.37	21.17
2002	1244846	257582	403196	65.33	13.52	21.16
2003	1654686	273156	107507	80.12	13.23	5.21
2004	1845340	334777	100048	80.93	14.68	4.39
2005	2057580	413882	95262	80.16	16.12	3.71
2006	2307010	484796	105363	79.63	16.73	3.64
2007	2700054	555978	119627	79.99	16.47	3.54
2008	3208468	652704	89266	81.22	16.52	2.26
2009	3842104	764723	90884	81.79	16.28	1.93
2010	4568077	882978		83.00	17.00	
2011	5288752	1108479		83.00	17.00	
2012	6195624	1295533		83.00	17.00	
2013	7033071	1405656		83.00	17.00	
2014	10568321	8877389	1690931	84.00	16.00	
2015	9678058	1843440		84	16.00	
2016	10560442	2047318		83.80	16.20	

8–2 县区主要经济指标完成情况

	社会消费品零售总额（万元）	
	2016	比上年增长（%）
兰州市	12633456.3	9.65
城关区	6879572.6	9.47
七里河区	2153751.4	10.03
西固区	1223023.6	9.84
安宁区	1013910.8	10.07
红古区	247928.9	9.02
永登县	252221.1	10.01
皋兰县	203696.4	12.00
榆中县	365100.9	10.06
兰州新区	294250.5	7.12

8-3 星级住宿业和限额以上餐饮业经营情况

	法人企业数（个）	从业人员期末人数（人）	营业额（万元）	客房数（间）	床位数（个）	餐位数（位）	年末餐饮营业面积（平方米）
总计	**227**	**18297**	**358910.7**	**14278**	**23176**	**76286**	**373014.0**
住宿业	87	8630	195776.6	12952	20925	18635	85944.0
按住宿业行业小类分							
旅游饭店	48	6350	158819.0	7800	12803	15055	67237.0
一般旅馆	34	1928	31332.6	4553	7116	2190	7197.0
其他住宿业	5	352	5625.0	599	1006	1390	11510.0
按登记注册类型分							
内资企业	86	8276	186145.9	12591	20292	18227	83922.0
国有企业	15	2507	60630.4	2417	4101	6260	27915.0
集体企业	3	331	3439.4	428	785	340	1550.0
有限责任公司	33	3736	89165.5	5240	8327	7504	40068.0
国有独资公司	6	875	36570.5	1469	2238	1553	10473.0
其他有限责任公司	27	2861	52595.0	3771	6089	5951	29595.0
私营企业	35	1702	32910.6	4506	7079	4123	14389.0
私营独资企业	5	127	1867.1	422	710	812	6125.0
私营合伙企业	29	1465	29636.4	3918	6059	2911	7611.0
私营有限责任公司	1	110	1407.1	166	310	400	653.0
私营股份有限公司	1	354	9630.7	361	633	408	2022.0
外商投资企业	1	354	9630.7	361	633	408	2022.0
中外合资经营企业							
按控股情况分	29	4529	123772.2	5092	8354	9721	46313.0
国有控股	6	434	4532.6	729	1362	353	1755.0
集体控股	48	2762	49942.5	6183	9598	7423	34054.0
私人控股	1	354	9630.7	361	633	408	2022.0
外商控股	3	551	7898.6	587	978	730	1800.0
其他							
按经营形式分	78	7871	181109.9	10723	17646	17377	83094.0
独立门店	2	63	1697.4	325	325		
连锁门店	7	696	12969.3	1904	2954	1258	2850.0
其他							
按星级分	2	960	27101.4	723	1273	3080	10343.0
大型	17	3950	108141.1	4734	7461	5862	23016.0
中型	62	3634	59839.9	7248	11697	9580	52314.0
小型	6	86	694.2	247	494	113	271.0
微型	3	707	16913.8	704	1104	2810	19460.0
五星	12	2969	82685.7	2740	4510	4261	15185.0
四星	15	1822	32092.7	2450	4188	4105	17296.0
三星	3	160	1956.8	245	417	610	780.0
二星	1						9.0
一星	53	2972	62127.6	6813	10706	6849	33214.0
其他	42	2429	51403.2	5569	8721	4214	18397.0

8-3 星级住宿业和限额以上餐饮业经营情况（续一）

	法人企业数（个）	从业人员期末人数（人）	营业额（万元）	客房数（间）	床位数（个）	餐位数（位）	年末餐饮营业面积（平方米）
餐饮业	140	9667	163134.1	1326	2251	57651	287070.0
按餐饮业行业小类分							
正餐服务	133	7358	124904.3	740	1326	49296	236210.0
快餐服务	5	2237	37561.9	586	925	8005	49480.0
饮料及冷饮服务	1	37	262.2			150	980.0
咖啡馆服务	1	37	262.2			150	980.0
其他餐饮业	1	35	405.7			200	400.0
其他未列明餐饮业	1	35	405.7			200	400.0
按登记注册类型分							
内资企业	138	8178	134061.6	1326	2251	54351	275610.0
国有企业	3	631	7007.4	766	1275	4577	38831.0
有限责任公司	31	2164	31403.9	447	766	13347	63533.0
国有独资公司	1	6	465.6			84	600.0
其他有限责任公司	30	2158	30938.3	447	766	13263	62933.0
股份有限公司	8	425	10370.8			3018	17006.0
私营企业	95	4926	84856.1	113	210	33259	155540.0
私营独资企业	12	447	8556.8			3412	9587.0
私营合伙企业	80	4266	70799.5	113	210	28647	141653.0
私营有限责任公司	3	213	5499.8			1200	4300.0
私营股份有限公司	1	32	423.4			150	700.0
其他企业	1	65	521.8			300	960.0
港、澳、台商投资企业	1	65	521.8			300	960.0
港澳台商独资企业	1	1424	28550.7			3000	10500.0
外商投资企业	1	1424	28550.7			3000	10500.0
外资企业							
按控股情况分	5	662	8354.4	766	1275	5411	40631.0
国有控股	3	354	5766.6			1325	4406.0
集体控股	125	6950	114012.5	560	976	46059	221213.0
私人控股	1	65	521.8			300	960.0
港澳台商控股	1	1424	28550.7			3000	10500.0
外商控股	5	212	5928.1			1556	9360.0
其他							
按经营形式分	124	6277	109758.5	740	1326	43946	213414.0
独立门店	3	1649	31217.1			3856	13496.0
连锁总店	11	1741	22158.5	586	925	9849	54720.0
连锁门店	1	410	6533	60	150	900	7800
其他	6	640	6261			3006	10950

8-4 限额以上批发零售贸易业商品分类销售额

单位：万元

	销售合计		批发		零售	
	2015	2016	2015	2016	2015	2016
总计	**31348102**	**33734883.1**	**26663068**	**28694640.6**	**4685034.1**	**5040242.5**
通过互联网实现的商品销售	71969	87386.4	5591	17632.0	66378.2	69754.4
粮油、食品、饮料、烟酒类	3365442	4209746.2	3141951	3956005.9	223491.8	253740.3
粮油、食品类	224489	264012.4	183691	216201.8	40797.9	47810.6
粮油类	527132	688330.3	505126	655372.2	22005.5	32958.1
肉禽蛋类	793195	926006.5	787297	919957.8	5898	6048.7
水产品类	1472856	1983456.5	1451967	1956708.4	20888.4	26748.1
蔬菜类	161348	158810.5	139358	137950.1	21989.3	20860.4
干鲜果品类	72702	78267.3	50652	54895.2	22049.2	23372.1
饮料类	624525	613766.4	564883	561492.6	59641.9	52273.8
烟酒类	493233	493094.1	42997	45032.1	450236.1	448062.0
服装、鞋帽、针纺织品类	371633	371302.0	13881	10883.1	357752.1	360418.9
服装类	93296	93695.0	24439	29832.7	68857	63862.3
鞋帽类	28304	28097.1	4677	4316.3	23627	23780.8
针、纺织品类	94058	99335.2	35541	28034.8	58517.6	71300.4
化妆品类	284698	309556.8	71856	44527.3	212841.7	265029.5
金银珠宝类	130748	115126.0	33023	15172.7	97724.7	99953.3
日用品类	2865				2865.3	
洗涤用品类	11187		6613		4574.4	
儿童玩具类	10684	2339.0			10684.4	2339.0
五金、电料类	94	13295.0		7552.2	93.8	5742.8
体育、娱乐用品类	129045	11543.2	112326		16719.1	11543.2
书报杂志类	220	131512.6		113725.0	220.1	17787.6
电子出版物及音像制品类	253811	171.8	89547		164263.7	171.8
家用电器和音像器材类	1371220	254198.4	1191454	91186.5	179766.1	163011.9
中西药品类	1132093	1550160.4	1001123	1351918.2	130970.3	198242.2
西药类	155913	1298617.0	128278	1152840.7	27635.1	145776.3
中草药及中成药类	100979	169676.5	57438	140996.6	43541	28679.9
文化办公用品类	11593	87027.9	10381	46039.7	1211.7	40988.2
家具类	43218	89854.0	1662		41556.2	89854.0
通讯器材类	160046	239209.2	66077	149229.7	93968.9	89979.5
煤炭及制品类	113753	121545.4	109883	116865.4	3870	4680.0
木材及制品类	2469	3313.0	2469	3313.0		
石油及制品类	17081227	16834889.8	15748531	15528547.2	1332695.5	1306342.6
化工材料及制品类	2040929	1905605.0	2039953	1904362.3	976.5	1242.7
化肥类	307278	154762.6	307278	154762.6		
金属材料类	1904766	3380385.4	1904766	3380385.4		
建筑及装潢材料类	155108	142420.5	152084	139022.8	3024	3397.7
机电产品及设备类	617745	687338.7	603865	674092.1	13879.2	13246.6
农机类	2940	2992.6	2940	2992.6		
汽车类	2040694	2152781.5	422215	313446.0	1618479.9	1839335.5
种子饲料类	71179	49018.2	71179	49018.2		
棉麻类	13341	2764.9	13341	2764.9		
其他类	161074	158956.2	128762	118011.4	32312.1	40944.8

8–5 限额以上批发零售贸易业商品销售数量

	计量单位	购进量		销售量		期末库存量	
		2015年	2016年	2015年	2016年	2015年	2016年
大米（稻米）	千克	696514	4331159	581890	5284818	197400	357266
面粉（小麦面）	千克	512468	5397599	485213	5902183	204280	206272
杂粮	千克	25208654	28491939	24195437	28338092	1014317	1067592
食用植物油	千克	5933055	5804789	5280715	6628149	782583	158085
猪肉	千克	176322342	200009789	184408993	197614438	1695010	5395571
牛肉	千克	24548315	19501574	24582155	18472319	225980	1296818
羊肉	千克	21844248	24040704	22347414	22631408	205436	1628297
禽肉	千克		1355119		1381279		14522
鲜蛋	千克		2915769		3287720		22078
彩色电视机	台	150770	170905	181293	206864	1612	309
家用电冰箱	台	553	44364	518	72810	103	305
房间空调器	台	132443	145596	132350	151098	280	290
电脑（微型计算机）	台	127667	175032	125729	173358	3070	11290
汽车	辆	38576	122320	48037	132157	42617	48866
轿车	辆	8814	64793	8824	66686	670	5611
煤炭	吨						
汽油	吨						
柴油	吨						
钢材	吨	5143768	4747641	5138980	4686735	229344	325712
铜	吨	28797	7077	37347	7077		
铝	吨	126939	113848	126913	113766	115	104
水泥	吨	4020315	3630269	4020090	3600478	106323	104569
化学肥料	吨	1417832	1315083	1488193	1310851	2628	24333

8-6 限额以上批发和零售业

	法人企业数（个）	从业人员期末人数（人）	商品购进额	进口
总计	599	43723	29709999.6	374506.8
批发业	307	14687	26061140.6	266010.3
按批发行业小类分				
农、林、牧产品批发	4	190	58588.9	5418.8
谷物、豆及薯类批发	1	9	4063.2	
饲料批发	1	31	42078.7	
棉、麻批发	1	136	1323.0	
其他农牧产品批发	1	14	11124.0	5418.8
食品、饮料及烟草制品批发	63	3389	3968098.5	
米、面制品及食用油批发	4	213	34262.1	
糕点、糖果及糖批发	2	104	8424.0	
果品、蔬菜批发	34	877	1236515.3	
肉、禽、蛋、奶及水产品批发	8	198	2153152.5	
盐及调味品批发	1	730	10459.6	
营养和保健品批发	1	8	1834.1	
酒、饮料及茶叶批发	10	800	137887.0	
烟草制品批发	1	335	365240.7	
其他食品批发	2	124	20323.2	
纺织、服装及家庭用品批发	15	1106	206161.6	
纺织品、针织品及原料批发	3	39	7020.2	
服装批发	3	250	53410.7	
鞋帽批发	1	9	5718.8	
化妆品及卫生用品批发	2	144	41869.3	
厨房、卫生间用具及日用杂货批发	5	307	86839.9	
家用电器批发	1	357	11302.7	
其他家庭用品批发	8	963	287895.8	
文化、体育用品及器材批发	2	52	9618.7	
文具用品批发	2	398	159781.4	
图书批发	4	513	118495.7	
首饰、工艺品及收藏品批发	40	4094	1238481.2	
医药及医疗器材批发	31	3588	1119963.6	
西药批发	6	431	109370.3	
中药批发	3	75	9147.3	
医疗用品及器材批发	126	3205	19029784.3	260591.5
矿产品、建材及化工产品批发	14	249	229671.2	
煤炭及制品批发	16	945	13588227.2	139222.2
石油及制品批发	1	25	3088.0	
非金属矿及制品批发	55	1012	3563098.8	9039.9
金属及金属矿批发	16	332	128056.3	
建材批发	4	225	156849.8	
化肥批发	20	417	1360793.0	112329.4
其他化工产品批发	43	1587	1256465.7	
机械设备、五金产品及电子产品批发	2	5	1036.7	
农业机械批发	7	477	292737.1	
汽车批发	5	145	25409.0	
汽车零配件批发				
摩托车及零配件批发	4	49	7931.8	
五金产品批发	1	54	2129.0	
电气设备批发	7	104	37332.1	
计算机、软件及辅助设备批发	7	334	223349.4	
通讯及广播电视设备批发	10	419	666540.6	
其他机械设备及电子产品批发	8	153	15664.6	
其他批发业	4	107	6751.1	
再生物资回收与批发	4	46	8913.5	
其他未列明批发业	3	45	8893	

商品购进、销售、库存总额

单位：万元

商品销售额	批发额		零售额	期末商品库存额	年末零售营业面积（平方米）
		出口			
33467753.0	**27603683.1**	**151732.1**	**5864069.9**	**1710210.7**	**1850145.0**
28908643.7	**27314032.8**	**151732.1**	**1594610.9**	**1305003.3**	**402352.0**
61229.0	61229.0	10127.4		1974.4	260.0
4117.9	4117.9	4068.4		443.0	160.0
42391.2	42391.2			781.2	100.0
2354.9	2354.9			582.0	
12365.0	12365.0	6059.0		168.2	
4300970.6	3014876.3		1286094.3	110001.5	22262.0
42962.8	42962.8			7787.6	300.0
10528.5	10528.5			1590.3	300.0
1392245.3	977429.7		414815.6	6778.3	12466.0
2150149.9	1305397.1		844752.8	11828.2	5547.0
41036.6	41036.6			1608.4	
2405.1	2000.0		405.1	58.1	1430.0
166199.1	148930.7		17268.4	30051.0	2069.0
474460.8	474460.8			48678.3	
20982.5	12130.1		8852.4	1621.3	150.0
222708.4	219023.6	7735.5	3684.8	23609.8	1677.0
7895.3	7616.3	1833.1	279.0	261.2	280.0
61290.9	61290.9			12126.7	
5902.4	5902.4	5902.4			
43983.1	43983.1			4655.3	
87953.9	87711.9		242.0	1251.0	1150.0
15682.8	12519.0		3163.8	5315.6	247.0
299123.4	299084.7		38.7	44362.1	973.0
10217.7	10179.0		38.7	854.4	820.0
157197.6	157197.6			11153.9	73.0
131708.1	131708.1			32353.8	80.0
1371709.0	1299477.7		72231.3	118067.2	49633.0
1232697.8	1164029.0		68668.8	107530.5	48783.0
124230.8	124230.8			9438.9	850.0
14780.4	11217.9		3562.5	1097.8	
21293664.4	21262963.3	130877.2	30701.1	955644.1	306407.0
240071.5	240071.5			7758.6	10300.0
15617168.1	15616161.3	2619.9	1006.8	832055.9	3338.0
3294.8	3200.0		94.8	33.2	
3654285.5	3631451.9	7368.7	22833.6	96278.4	275635.0
136386.3	131910.1		4476.2	7216.1	14266.0
159269.0	157579.3		1689.7	3248.6	2000.0
1483189.2	1482589.2	120888.6	600.0	9053.3	868.0
1334930.4	1133069.7	1133.4	201860.7	49262.3	20710.0
1790.0	1790.0			25.0	200.0
297175.3	146104.5		151070.8	24430.4	9231.0
35932.4	31650.7		4281.7	3436.7	3322.0
10072.6	9259.9		812.7	556.1	400.0
1975.6	1975.6			483.2	110.0
39709.6	36977.0		2732.6	1973.8	455.0
273111.0	238068.9		35042.1	5537.3	790.0
675163.9	667243.1	1133.4	7920.8	12819.8	6202.0
24308.5	24308.5	1858.6		2081.9	430.0
12685.6	12685.6			1249.7	
11622.9	11622.9	1858.6		832.2	430.0
12010	12010	5106		149	400

8-6 限额以上批发和零售业

	法人企业数（个）	从业人员期末人数（人）	商品购进额	进口
按登记注册类型分				
内资企业	304	14339	26036039.4	266010.3
国有企业	6	632	391124.1	6458.9
集体企业	3	165	31496.9	
有限责任公司	82	5389	5925035.8	
国有独资公司	5	363	2953217.3	
其他有限责任公司	77	5026	2971818.5	
股份有限公司	11	1143	13069880.3	112329.4
私营企业	202	7010	6618502.3	147222.0
私营独资企业	4	168	4769.0	
私营合伙企业				
私营有限责任公司	191	6434	6479924.7	147222.0
私营股份有限公司	7	408	133808.6	
其他企业				
港、澳、台商投资企业	1	206	18937.3	
港澳台商独资企业	1	206	18937.3	
外商投资企业	2	142	6163.9	
外资企业	2	142	6163.9	
按控股情况分				
国有控股	31	3240	17387214.4	118788.3
集体控股	8	339	145905.9	
私人控股	235	8521	7315381.1	147222.0
港澳台商控股	1	206	18937.3	
外商控股	2	142	6163.9	
其他	30	2239	1187538.0	
按经营形式分				
独立门店	187	7949	6540230.1	118689.8
连锁总店	1	353	147266.2	
其他	118	6285	19347374.0	147320.5

商品购进、销售、库存总额（续一）

单位：万元

商品销售额				期末商品库存额	年末零售营业面积（平方米）
	批发额		零售额		
		出口			
28875523.5	27280912.6	151732.1	1594610.9	1304339.6	401652.0
503588.3	502189.2	7368.7	1399.1	50424.8	255091.0
34626.3	33669.0		957.3	3235.4	2000.0
6148993.8	5809850.3		339143.5	161582.2	67186.0
2963332.6	2963332.6			7358.6	500.0
3185661.2	2846517.7		339143.5	154223.6	66686.0
15035669.7	15035228.6	112959.4	441.1	830657.3	2700.0
7152645.4	5899975.5	31404.0	1252669.9	258439.9	74675.0
4795.0	4373.0		422.0	443.0	320.0
7006020.0	5755625.1	31404.0	1250394.9	250939.5	73275.0
141830.4	139977.4		1853.0	7057.4	1080.0
24739.1	24739.1			0.8	
24739.1	24739.1			0.8	
8381.1	8381.1			662.9	700.0
8381.1	8381.1			662.9	700.0
19521059.1	19518658.3	120328.1	2400.8	908797.1	258963.0
148830.1	147431.7		1398.4	6515.5	4000.0
7926874.5	6551154.9	31404.0	1375719.6	293283.3	81210.0
24739.1	24739.1			0.8	
8381.1	8381.1			662.9	700.0
1278759.8	1063667.7		215092.1	95743.7	57479.0
7017007.0	5886068.0	137997.1	1130939.0	289703.4	89318.0
144712.4	144712.4			11056.0	
21719073.0	21255401.1	13735.0	463671.9	983132.3	312966.0

8-6 限额以上批发和零售业

	法人企业数（个）	从业人员期末人数（人）	商品购进额	进口
零售业	**292**	**29036**	**3648859.0**	**108496.5**
按零售行业小类分				
综合零售	54	8563	519697.1	493.3
百货零售	36	7141	466655.1	
超级市场零售	14	1149	48404.3	
其他综合零售	4	273	4637.7	493.3
食品、饮料及烟草制品专门零售	34	1519	94051.0	
粮油零售	5	314	22046.9	
糕点、面包零售	4	242	7337.9	
果品、蔬菜零售	10	247	9060.0	
肉、禽、蛋、奶及水产品零售	2	64	2446.3	
营养和保健品零售	2	390	14069.3	
酒、饮料及茶叶零售	6	60	8317.9	
烟草制品零售	1	160	27625.0	
其他食品零售	4	42	3147.7	
纺织、服装及日用品专门零售	14	725	38401.5	
纺织品及针织品零售	1	58	2670.5	
服装零售	7	369	11390.4	
鞋帽零售	1	16	1877.4	
化妆品及卫生用品零售	3	218	19766.7	
钟表、眼镜零售	1	60	2197.0	
文化、体育用品及器材专门零售	15	593	156431.9	
文具用品零售	1	5	511.2	
体育用品及器材零售	1	7	503.0	
图书、报刊零售	6	413	22324.8	
珠宝首饰零售	3	31	130666.3	
工艺美术品及收藏品零售	4	137	2426.6	
医药及医疗器材专门零售	19	5989	225998.3	
药品零售	15	5899	198013.8	
医疗用品及器材零售	4	90	27984.5	
汽车、摩托车、燃料及零配件专门零售	94	8111	2331267.8	108003.2
汽车零售	88	5942	1400638.6	108003.2
汽车零配件零售	1	25	2937.6	
机动车燃料零售	5	2144	927691.6	
家用电器及电子产品专门零售	32	1675	252704.7	
家用视听设备零售	2	20	3287.9	
日用家电设备零售	7	719	161826.5	
计算机、软件及辅助设备零售	18	587	76865.5	
通信设备零售	3	328	9852.1	
其他电子产品零售	2	21	872.7	
五金、家具及室内装饰材料专门零售	21	1670	20328.9	
五金零售	2	33	1455.5	
灯具零售	1	4	4258.9	
家具零售	9	1542	5953.6	
木质装饰材料零售	4	25	3157.9	
陶瓷、石材装饰材料零售	4	61	4644.8	
其他室内装饰材料零售	1	5	858.2	
货摊、无店铺及其他零售业	9	191	9977.8	
货摊纺织、服装及鞋零售	1	15	690.0	
旧货零售	1	27	498.8	
生活用燃料零售	2	103	3919.4	

商品购进、销售、库存总额（续二）

单位：万元

商品销售总额	批发额	出口	零售额	期末商品库存额	年末零售营业面积（平方米）
4559109.3	289650.3		4269459.0	405207.4	1447793.0
937317.4	322.0		936995.4	40043.2	646651.0
854261.5	60.9		854200.6	30412.2	575419.0
73470.8	261.1		73209.7	7853.4	66642.0
9585.1			9585.1	1777.6	4590.0
110437.6	7378.1		103059.5	18435.6	37261.0
24579.1	1529.5		23049.6	2667.5	11974.0
8835.9			8835.9	211.8	2378.0
23803.1	1058.0		22745.1	484.7	17232.0
3023.9	724.4		2299.5	161.3	206.0
16556.2			16556.2	5501.7	4100.0
7820.9	2648.8		5172.1	683.3	808.0
22246.5			22246.5	8387.6	100.0
3572.0	1417.4		2154.6	337.7	463.0
50336.8	806.6		49530.2	11562.6	35698.0
3027.2	20.0		3007.2	1568.5	1200.0
15519.9	786.6		14733.3	5229.8	31438.0
1933.3			1933.3	244.8	600.0
26782.3			26782.3	1243.6	1860.0
2569.7			2569.7	3235.0	500.0
143685.8	82229.6		61456.2	84784.9	24220.0
495.9			495.9	23.4	39.0
650.0			650.0	28.9	110.0
21618.2			21618.2	4995.8	20020.0
75720.3	74857.0		863.3	73473.2	2450.0
45201.4	7372.6		37828.8	6263.6	1601.0
281185.1	7114.9		274070.2	38365.4	91731.0
248877.7	4138.9		244738.8	35447.9	86317.0
32307.4	2976.0		29331.4	2917.5	5414.0
2598998.6	156528.5		2442470.1	188122.5	262818.0
1581615.2	16607.8		1565007.4	166485.9	241438.0
3095.1			3095.1	237.4	80.0
1014288.3	139920.7		874367.6	21399.2	21300.0
316427.7	23928.8		292498.9	17349.7	122818.0
3367.7	2367.7		1000.0	310.8	330.0
161980.5	5360.1		156620.4	6673.2	111880.0
80530.4	12551.4		67979.0	7703.7	2715.0
69405.8	3039.1		66366.7	2552.7	7280.0
1143.3	610.5		532.8	109.3	613.0
98072.2	10012.5		88059.7	5994.6	196289.0
1485.0	1485.0			186.4	190.0
3932.7	3932.7			698.5	8000.0
83272.9	140.6		83132.3	4468.1	186455.0
3424.2	1031.7		2392.5	233.9	699.0
5096.9	2562.0		2534.9	361.5	890.0
860.5	860.5			46.2	55.0
22648.1	1329.3		21318.8	548.9	30307.0
644.5			644.5	55.9	800.0
472.8	472.8			26.4	12003.0
16420.7			16420.7	18.4	16650.0

8–6 限额以上批发和零售业

	法人企业数（个）	从业人员期末人数（人）	商品购进额	进口
按登记注册类型分				
内资企业	285	27324	3487972.6	108496.5
国有企业	5	344	12850.7	
集体企业	14	481	29779.4	
有限责任公司	78	13292	1391782.6	47745.2
国有独资公司	8	1266	283976.7	
其他有限责任公司	70	12026	1107805.9	47745.2
股份有限公司	9	2273	778465.2	18816.1
私营企业	174	10803	1269800.5	41935.2
私营有限责任公司	167	10602	1217052.3	35269.9
私营股份有限公司	3	166	49848.4	6665.3
其他企业	5	131	5294.2	
港、澳、台商投资企业	6	1062	159436.7	
港澳台商独资企业	5	995	137000.1	
外商投资企业	1	650	1449.7	
外资企业	1	650	1449.7	
按控股情况分				
国有控股	24	4018	1054896.6	18016.3
集体控股	14	481	29779.4	
私人控股	216	14371	1808521.3	52661.5
港澳台商控股	6	1062	159436.7	
外商控股	1	650	1449.7	
其他	31	8454	594775.3	37818.7
按经营形式分				
独立门店	222	17419	2068383.7	108496.5
连锁总店	18	6465	552526.4	
连锁门店	7	1807	183273.7	
其他	45	3345	844675.2	
按零售业态分				
有店铺零售	278	28734	3434812.5	108496.5
食杂店	4	35	4420.4	
便利店	9	1085	269199.7	493.3
超市	17	1012	20875.8	
大型超市	11	3224	186290.0	
百货店	30	4710	335891.3	
专业店	82	9904	1341533.8	7512.0
专卖店	106	6814	1215719.0	77305.2
家居建材商店	9	1394	7015.5	
购物中心	3	134	3930.3	
厂家直销中心	7	422	49936.7	23186.0
无店铺零售	14	302	214046.5	
网上零售	3	101	935.2	

商品购进、销售、库存总额（续三）

单位：万元

商品销售额	批发额	出口	零售额	期末商品库存额	年末零售营业面积（平方米）
4339675.4	289650.3		4050025.1	389800.5	1362439.0
20200.0	93.3		20106.7	1034.0	20310.0
30914.1	1434.8		29479.3	3851.8	33048.0
1770327.4	75632.1		1694695.3	132882.2	558924.0
330718.0	57069.0		273649.0	17216.3	26630.0
1439609.4	18563.1		1421046.3	115665.9	532294.0
832160.8	158854.1		673306.7	93634.4	138908.0
1678471.4	53001.0		1625470.4	158300.1	609463.0
1621415.8	50551.0		1570864.8	154587.8	599263.0
53834.3			53834.3	3343.9	9000.0
7601.7	635.0		6966.7	98.0	1786.0
201077.6			201077.6	14720.6	65354.0
179785.6			179785.6	12157.8	48283.0
18356.3			18356.3	686.3	20000.0
18356.3			18356.3	686.3	20000.0
1161090.9	141037.7		1020053.2	38580.5	99480.0
30914.1	1434.8		29479.3	3851.8	33048.0
2354534.8	132229.6		2222305.2	267017.1	809704.0
201077.6			201077.6	14720.6	65354.0
18356.3			18356.3	686.3	20000.0
793135.6	14948.2		778187.4	80351.1	420207.0
2906422.0	64708.6		2841713.4	242642.8	1003684.0
643441.1	83990.0		559451.1	36244.3	95364.0
167706.7	23.0		167683.7	9274.2	173730.0
841539.5	140928.7		700610.8	117046.1	175015.0
4352956.7	202733.6		4150223.1	325998.1	1438349.0
3991.6	1873.1		2118.5	1588.0	483.0
325711.3	57048.9		268662.4	14704.0	7402.0
23609.2	278.9		23330.3	3003.6	45347.0
241188.4	43.1		241145.3	18712.0	204223.0
693463.2	718.0		692745.2	21849.4	426478.0
1550436.3	120657.9		1429778.4	96479.5	228891.0
1374557.8	19628.0		1354929.8	152771.9	314816.0
84738.1	1167.3		83570.8	4258.7	182734.0
4530.2	356.2		4174.0	1772.8	22200.0
50730.6	962.2		49768.4	10858.2	5775.0
206152.6	86916.7		119235.9	79209.3	9444.0
39781.5	6279.1		33502.4	345.4	653.0

8-7 限额以上批发和

	法人企业数（个）	执行《2006年企业会计准则》企业数（个）	年初存货	流动资产合计
总计	**599**	**463**	**1845181.2**	**6390799.2**
批发业	**307**	**247**	**1364122.7**	**4616831.9**
按批发行业小类分				
农、林、牧产品批发	4	1	2125.0	25424.2
谷物、豆及薯类批发	1		187.5	1742.1
饲料批发	1	1	339.4	556.9
棉、麻批发	1		1251.4	21498.0
其他农牧产品批发	1		346.7	1627.2
食品、饮料及烟草制品批发	63	58	49929.1	281240.3
米、面制品及食用油批发	4	4	7067.8	18064.1
糕点、糖果及糖批发	2	2	1747.0	4482.7
果品、蔬菜批发	34	31	5069.2	48705.0
肉、禽、蛋、奶及水产品批发	8	8	6774.3	14615.8
盐及调味品批发	1	1	2110.9	49713.8
营养和保健品批发	1	1	167.5	452.4
酒、饮料及茶叶批发	10	8	7278.9	37379.2
烟草制品批发	1	1	17848.2	99129.1
其他食品批发	2	2	1865.3	8698.2
纺织、服装及家庭用品批发	15	13	23197.8	50823.1
纺织品、针织品及原料批发	3	3	637.9	3325.6
服装批发	3	1	10231.3	16655.2
鞋帽批发	1	1		3072.2
化妆品及卫生用品批发	2	2	3620.7	9703.9
厨房、卫生间用具及日用杂货批发				
家用电器批发	5	5	1290.9	10802.1
其他家庭用品批发	1	1	7417.0	7264.1
文化、体育用品及器材批发	8	6	35028.2	190580.3
文具用品批发	2	2	490.6	1920.7
图书批发	2	2	2256.4	129164.8
首饰、工艺品及收藏品批发	4	2	32281.2	59494.8
医药及医疗器材批发	40	30	104796.0	688086.3
西药批发	31	23	95699.1	602929.7
中药批发	6	5	8102.8	75427.3
医疗用品及器材批发	3	2	994.1	9729.3
矿产品、建材及化工产品批发	126	104	1105838.9	3002911.4
煤炭及制品批发	14	10	8367.6	144653.9
石油及制品批发	16	16	966042.6	1088110.2
非金属矿及制品批发	1	1	220.1	1296.5
金属及金属矿批发	55	46	109398.1	894418.0
建材批发	16	12	2413.0	370240.5
化肥批发	4	2	7241.4	39032.1
其他化工产品批发	20	17	12156.1	465160.2
机械设备、五金产品及电子产品批发	43	28	40445.5	368315.4
农业机械批发	2	2	19.0	55507.6
汽车批发	7	5	12373.5	149778.9
汽车零配件批发	5	2	2611.1	7001.2
摩托车及零配件批发				
五金产品批发	4	2	577.6	4859.9
电气设备批发	1	1	328.9	2852.7
计算机、软件及辅助设备批发	7	6	1709.9	8569.0
通讯及广播电视设备批发	7	2	10761.3	63239.1
其他机械设备及电子产品批发	10	8	12064.2	76507.0
其他批发业	8	7	2762.2	9450.9
再生物资回收与批发	4	4	2601.6	4401.0
其他未列明批发业	4	3	160.6	5049.9

零售业企业财务状况

单位：万元

应收帐款	存货	固定资产合计	固定资产原价	累计折旧	本年折旧	在建工程	资产总计
1370286.1	1688434.9	820686.2	1599371.7	812086.6	73373.4	171534.3	9495992.4
1150377.8	1263426.5	483338.2	931172.9	447837.7	45972.5	145644.0	6350247.9
4891.6	2227.8	6562.7	10157.6	3594.9	418.6		33411.7
697.4	614.1	51.3	137.2	85.9	17.2		1796.7
-444.9	781.5	6.0	35.2	29.2	6.0		562.9
3855.7	663.9	6116.9	9505.7	3388.8	370.9		29036.4
783.4	168.3	388.5	479.5	91.0	24.5		2015.7
22507.4	87019.0	49323.9	78684.3	29360.4	3466.9	572.6	416100.8
3715.4	9349.6	4850.9	6391.1	1540.2	45.2		23137.3
1317.1	1979.4	89.6	279.4	189.8	19.2		4804.4
7033.9	7000.4	18444.8	20427.1	1982.3	370.9	570.0	79195.6
1784.3	10742.1	675.9	754.0	78.1	37.6		15293.2
308.4	1794.1	10744.5	24228.6	13484.1	1179.1	2.1	72602.8
	58.1	4.0	26.9	22.9	1.8		456.8
6721.6	10728.7	1667.0	3369.9	1702.9	345.7		43459.8
	41612.3	12445.7	22206.0	9760.3	1371.5	0.5	168050.2
1626.7	3754.3	401.5	1001.3	599.8	95.9		9100.7
9411.3	18494.6	8040.9	10369.9	2329.0	170.7		61737.2
707.9	362.2	2042.9	2167.1	124.2	3.6		5368.9
845.3	7663.6	164.9	451.9	287.0	23.2		17132.6
1588.0		5.9	13.6	7.7	1.3		3085.6
3264.3	3985.3	498.8	615.3	116.5			10207.3
2465.8	1167.9	220.4	590.0	369.6	26.8		13097.2
540.0	5315.6	5108.0	6532.0	1424.0	115.8		12845.6
54854.1	34124.1	16637.7	31977.3	15339.6	287.0	39678.1	254156.8
252.4	542.3	33.1	130.4	97.3	10.5		1971.2
52482.6	3090.8	16112.3	30567.9	14455.6	46.7	39678.1	187883.3
2119.1	30491.0	492.3	1279.0	786.7	229.8		64302.3
308829.2	112546.7	24680.1	37557.8	12877.7	1849.0	20007.8	908591.3
260376.0	102315.9	20415.7	30421.5	10005.8	1377.1	19556.4	816884.7
42193.8	9150.6	3674.4	6158.1	2483.7	292.8	451.4	81369.3
6259.4	1080.2	590.0	978.2	388.2	179.1		10337.3
659123.0	959997.7	371065.8	748568.0	377505.2	38587.4	85359.7	4250775.3
36189.4	6687.7	5199.0	7183.2	1984.2	282.1		156868.3
38956.5	844085.9	320019.3	675881.0	355861.7	33745.2	46567.4	1549653.2
175.1	33.2	78.8	178.4	99.6	33.1		1390.8
181667.2	90956.3	16317.3	25207.5	8893.2	2334.4	64.3	1104786.4
131024.3	4397.2	10009.7	15748.3	5738.6	851.5	38728.0	905862.6
1315.5	3458.2	5704.5	7259.0	1554.5	1167.2		45491.6
269795.0	10379.2	13737.2	17110.6	3373.4	173.9		486722.4
87429.3	47440.8	6446.5	13212.5	6766.0	1157.6		415224.9
21361.6	19.0	39.3	227.8	188.5	156.0		58961.3
12820.8	24742.1	3309.1	6002.1	2693.0	499.4		175042.8
221.9	3408.8	263.1	587.5	324.4	22.4		7798.4
2737.8	567.3	220.9	336.4	115.5	8.2		5168.8
15.0	482.3	788.2	1404.8	616.6	140.0		3930.2
3839.5	2017.4	61.0	1232.4	1171.4	14.3		13374.4
19759.6	6332.6	508.3	716.9	208.6	77.0		63896.7
26673.1	9871.3	1256.6	2704.6	1448.0	240.3		87052.3
3331.9	1575.8	580.6	645.5	64.9	35.3	25.8	10249.9
1322.0	959.1	150.9	152.9	2.0	0.6		4551.9
2009.9	616.7	429.7	492.6	62.9	34.7	25.8	5698.0

8-7 限额以上批发和零售

	法人企业数（个）	执行《2006年企业会计准则》企业数（个）	年初存货	流动资产合计	应收帐款	存货
按登记注册类型分						
内资企业	304	244	1363290.8	4613730.0	1148937.4	1262373.0
国有企业	6	5	18952.5	112520.3	4733.3	43255.1
集体企业	3	1	4230.8	23564.1	3201.8	2967.3
有限责任公司	82	69	280700.9	1373319.5	235167.8	259140.0
国有独资公司	5	5	121647.2	296289.5	24403.0	108895.7
其他有限责任公司	77	64	159053.7	1077030.0	210764.8	150244.3
股份有限公司	11	10	849892.2	1110856.7	75652.2	733597.0
私营企业	202	159	209514.4	1993469.4	830182.3	223413.6
私营独资企业	4	3	98.2	596.3	110.7	432.1
私营合伙企业						
私营有限责任公司	191	150	205011.2	1733166.4	701324.3	216672.9
私营股份有限公司	7	6	4405.0	259706.7	128747.3	6308.6
其他企业						
港、澳、台商投资企业	1	1	13.6	26.5		1.5
港澳台商独资企业	1	1	13.6	26.5		1.5
外商投资企业	2	2	818.3	3075.4	1440.4	1052.0
外资企业	2	2	818.3	3075.4	1440.4	1052.0
按控股情况分						
国有控股	31	29	1006959.1	1642541.4	112215.9	906581.5
集体控股	8	5	12274.7	61774.5	8118.4	6329.0
私人控股	235	186	278943.3	2333676.9	919172.5	259124.7
港澳台商控股	1	1	13.6	26.5		1.5
外商控股	2	2	818.3	3075.4	1440.4	1052.0
其他	30	24	65113.7	575737.2	109430.6	90337.8
按经营形式分						
独立门店	187	152	362963.8	1792813.0	361706.6	368553.1
连锁总店	1	1	2129.6	111348.8	48947.1	2992.9
其他	118	93	999029.3	2707837.3	738604.8	889752.3

业企业财务状况（续一）

单位：万元

固定资产合计	固定资产原价	累计折旧	本年折旧	在建工程	资产总计
483226.7	930548.8	447325.1	45904.9	145644.0	6342767.1
14070.3	25167.9	11097.6	2426.8	0.5	208116.7
6586.3	10271.8	3685.5	385.7		32131.9
255082.3	465583.0	210500.7	25400.6	67759.1	1914103.8
207365.8	383408.7	176042.9	20325.8	46022.0	595978.1
47716.5	82174.3	34457.8	5074.8	21737.1	1318125.7
130171.5	326372.9	196201.4	13708.8	40746.5	1743928.0
77316.3	103153.2	25839.9	3983.0	37137.9	2444486.7
985.9	1005.6	19.7	8.2		1652.2
64505.5	89172.0	24669.5	3534.9	990.8	1893285.8
11824.9	12975.6	1150.7	439.9	36147.1	549548.7
39.7	232.5	192.8	29.9		4317.6
39.7	232.5	192.8	29.9		4317.6
71.8	391.6	319.8	37.7		3163.2
71.8	391.6	319.8	37.7		3163.2
374457.4	774093.6	399636.2	38056.5	89297.2	2760245.5
12297.8	19491.2	7193.4	1559.7	4841.1	77245.4
86828.4	119069.7	32244.3	4781.2	37614.3	2846864.5
39.7	232.5	192.8	29.9		4317.6
71.8	391.6	319.8	37.7		3163.2
9643.1	17894.3	8251.2	1507.5	13891.4	658411.7
294433.2	509783.6	215353.4	27116.1	51727.8	2784591.4
16093.8	30311.0	14217.2		39678.1	170048.8
172686.8	390787.5	218100.7	18827.5	54238.1	3390650.5

8-7 限额以上批发和零售

	法人企业数（个）	执行《2006年企业会计准则》企业数（个）	年初存货	流动资产合计	应收帐款	存货
零售业	292	216	481058.5	1773967.3	219908.3	425008.4
按零售行业小类分						
综合零售	54	39	40378.1	275499.3	23233.1	39234.7
百货零售	36	28	34281.1	230439.2	21602.7	31798.2
超级市场零售	14	9	4639.0	41969.7	1160.8	5667.8
其他综合零售	4	2	1458.0	3090.4	469.6	1768.7
食品、饮料及烟草制品专门零售	34	26	15150.9	47261.0	10935.9	15096.6
粮油零售	5	4	2440.1	15967.7	4761.1	1747.7
糕点、面包零售	4	2	131.5	1231.0	373.7	209.9
果品、蔬菜零售	10	8	594.0	3850.9	644.1	542.8
肉、禽、蛋、奶及水产品零售	2	1	12.9	313.8	155.2	21.4
营养和保健品零售	2	2	6381.8	14463.2	3980.5	5119.1
酒、饮料及茶叶零售	6	5	1066.3	3287.2	311.3	1072.3
烟草制品零售	1	1	4196.0	6532.8		6012.9
其他食品零售	4	3	328.3	1614.4	710.0	370.5
纺织、服装及日用品专门零售	14	5	9905.0	20927.1	3956.8	11743.7
纺织品及针织品零售	1		1375.4	2407.7	667.4	1602.5
服装零售	7	2	4308.5	7165.7	997.5	4752.9
鞋帽零售	1		234.3	800.0	555.2	244.8
化妆品及卫生用品零售	3	2	1154.6	4769.9	615.7	1121.4
钟表、眼镜零售	1	1	2796.7	5259.1	930.0	3981.2
文化、体育用品及器材专门零售	15	13	28457.7	393525.9	14425.9	83411.4
文具用品零售	1	1	48.6	667.4	476.7	3.6
体育用品及器材零售	1		318.7	699.4	231.5	371.8
图书、报刊零售	6	6	3351.9	17564.4	3910.3	3239.2
珠宝首饰零售	3	2	18427.8	361340.4	8528.9	73535.4
工艺美术品及收藏品零售	4	4	6310.7	13254.3	1278.5	6261.4
医药及医疗器材专门零售	19	14	26059.1	137166.6	62111.0	35861.0
药品零售	15	12	25972.6	120942.1	51979.2	33719.2
医疗用品及器材零售	4	2	86.5	16224.5	10131.8	2141.8
汽车、摩托车、燃料及零配件专门零售	94	76	270131.2	648400.6	50434.8	177578.6
汽车零售	88	70	248907.6	603515.3	49515.3	147129.1
汽车零配件零售	1	1	237.4	1176.3	918.4	237.4
机动车燃料零售	5	5	20986.2	43709.0	1.1	30212.1
家用电器及电子产品专门零售	32	23	83771.4	158778.2	47165.8	54797.8
家用视听设备零售	2	1	320.0	334.1	64.0	
日用家电设备零售	7	5	5359.9	41731.3	2871.2	6397.1
计算机、软件及辅助设备零售	18	12	73580.5	94079.9	38998.5	43862.6
通信设备零售	3	3	4484.5	21612.9	4832.9	4427.5
其他电子产品零售	2	2	26.5	1020.0	399.2	110.6
五金、家具及室内装饰材料专门零售	21	13	6481.5	65415.8	5031.7	6520.7
五金零售	2	2	33.0	1332.2	481.0	200.4
灯具零售	1	1	894.2	727.1		698.5
家具零售	9	7	5201.0	59418.8	2825.6	5177.1
木质装饰材料零售	4	1	76.8	822.0	131.8	83.3
陶瓷、石材装饰材料零售	4	1	228.0	2866.8	1443.2	315.2
其他室内装饰材料零售	1	1	48.5	248.9	150.1	46.2
货摊、无店铺及其他零售业	9	7	723.6	26992.8	2613.3	763.9
货摊纺织、服装及鞋零售	1	1	160.0	315.0		180.0
旧货零售	1	1	21.5	589.5	49.4	21.5
生活用燃料零售	2	1	111.1	16458.4	190.0	114.2

业企业财务状况（续二）

单位：万元

固定资产合计	固定资产原价	累计折旧	本年折旧	在建工程	资产总计
337348.0	668198.8	364248.9	27400.9	25890.3	3145744.5
76136.8	149906.7	73769.9	9976.3	1864.8	569136.9
72451.7	142878.9	70427.2	9146.2	1486.6	513396.7
2871.3	5918.0	3046.7	826.0	61.9	50881.1
813.8	1109.8	296.0	4.1	316.3	4859.1
8339.4	12599.9	4260.5	445.2	483.3	58348.3
2547.7	4188.0	1640.3	24.9	223.7	19110.1
796.7	1239.9	443.2	58.2	208.6	2326.8
2453.9	2961.2	507.3	40.2	51.0	7082.7
88.5	182.3	93.8	16.1		407.5
2150.2	3507.1	1356.9	269.0		17364.8
63.5	131.1	67.6	14.6		3606.9
21.8	130.4	108.6	12.7		6598.6
217.1	259.9	42.8	9.5		1850.9
1903.1	3231.0	1327.9	179.7	114.5	23521.6
254.4	368.9	114.5	15.7		2662.1
1270.5	1811.1	540.6	81.9	35.0	8665.9
12.6	12.6				935.4
311.2	691.0	379.8	48.5	79.5	5420.0
54.4	344.9	290.5	33.6		5313.5
10966.1	14762.9	3796.8	546.0	9.0	704620.3
0.8	15.9	15.1	0.1		668.2
113.9	113.9				813.4
4634.8	7295.6	2660.8	318.2	9.0	22232.4
4844.7	5414.3	569.6	176.3		665934.3
1371.9	1923.2	551.3	51.4		14972.0
7341.3	10377.0	4197.8	1198.3	67.4	160924.4
7199.2	10066.9	4029.8	1158.5	67.4	144557.8
142.1	310.1	168.0	39.8		16366.6
225979.0	464731.7	270988.7	14674.0	23286.5	1149289.0
89652.4	327460.8	237808.4	9886.4	8677.9	857646.4
27.0	57.6	30.6	5.6		1203.4
136299.6	137213.3	33149.7	4782.0	14608.6	290439.2
1717.1	4832.4	3115.3	240.1		373101.2
194.0	196.0	2.0			532.1
480.4	1162.8	682.4	88.6		56119.5
876.5	2832.3	1955.8	138.6		291400.4
119.9	510.3	390.4	12.1		23979.8
46.3	131.0	84.7	0.8		1069.4
3392.4	5001.9	1609.5	64.8	41.8	76513.6
1018.2	1018.2				3483.4
277.3	407.7	130.4			1556.0
863.0	2283.9	1420.9	60.4	41.8	63669.3
984.7	996.2	11.5	1.4		2250.2
196.6	228.7	32.1	1.8		5207.0
52.6	67.2	14.6	1.2		347.7
1572.8	2755.3	1182.5	76.5	23.0	30289.2
15.0	31.0	16.0	15.0		918.0
485.4	614.3	128.9	5.4		1093.3
473.3	1460.0	986.7	33.1		18048.9

8-7 限额以上批发和零售

	法人企业数（个）	执行《2006年企业会计准则》企业数（个）	年初存货	流动资产合计	应收帐款	存货
按登记注册类型分						
内资企业	285	210	468317.9	1719528.2	216757.4	410527.3
国有企业	5	4	483.1	2210.7	269.5	698.5
集体企业	14	8	2708.7	9005.1	1418.8	2191.4
有限责任公司	78	60	200694.5	577118.5	89921.8	127964.2
国有独资公司	8	8	15779.7	66733.4	3878.9	24494.0
其他有限责任公司	70	52	184914.8	510385.1	86042.9	103470.2
股份有限公司	9	8	41583.4	421813.9	12024.2	93110.6
私营企业	174	126	222658.3	708732.8	112628.6	186470.5
私营独资企业	4	4	347.4	831.2	251.7	367.4
私营有限责任公司	167	119	218599.4	686726.6	109659.6	182736.5
私营股份有限公司	3	3	3711.5	21175.0	2717.3	3366.6
其他企业	5	4	189.9	647.2	494.5	92.1
港、澳、台商投资企业	6	5	12403.6	51371.2	2968.0	14126.3
港澳台商独资企业	5	4	10684.6	45348.6	2849.3	11224.0
港、澳、台商投资股份有限公司	1	1	1719.0	6022.6	118.7	2902.3
外商投资企业	1	1	337.0	3067.9	182.9	354.8
外资企业	1	1	337.0	3067.9	182.9	354.8
按控股情况分						
国有控股	24	22	38887.8	115131.5	11848.6	43555.1
集体控股	14	8	2708.7	9005.1	1418.8	2191.4
私人控股	216	152	342418.5	1251798.6	161432.1	295236.1
港澳台商控股	6	5	12403.6	51371.2	2968.0	14126.3
外商控股	1	1	337.0	3067.9	182.9	354.8
其他	31	28	84302.9	343593.0	42057.9	69544.7
按经营形式分						
独立门店	222	172	315375.7	1061182.8	115696.6	220165.4
连锁总店	18	12	25739.9	93234.1	24431.3	34408.3
连锁门店	7	3	13657.6	67999.2	19388.2	11727.8
其他	45	29	126285.3	551551.2	60392.2	158706.9
大型	12	11	55523.3	211106.7	34097.3	68165.0
中型	109	85	290456.8	886398.2	93841.2	195155.9
小型	120	84	111992.9	286213.0	76087.2	84473.2
微型	51	36	23085.5	390249.4	15882.6	77214.3
按零售业态分						
有店铺零售	278	206	394252.5	1321966.7	171771.2	310873.9
食杂店	4	3	1439.3	8029.4	1049.1	342.2
便利店	9	5	14196.4	38661.3	684.8	24062.6
超市	17	10	1780.3	7668.6	1225.3	3240.3
大型超市	11	10	19767.9	95568.9	15197.8	18966.8
百货店	30	23	22044.7	182670.9	7341.5	19836.7
专业店	82	65	101404.2	377263.5	80189.4	85742.2
专卖店	106	79	218833.3	517068.1	56491.9	143901.3
家居建材商店	9	5	4904.4	59679.0	3633.0	4933.4
购物中心	3		1675.4	2965.7	788.2	1783.7
厂家直销中心	7	6	8206.6	32391.3	5170.2	8064.7
无店铺零售	14	10	86806.0	452000.6	48137.1	114134.5
网上商店	3	2	573.0	5073.6	777.6	374.5

业企业财务状况（续三）

单位：万元

固定资产合计	固定资产原价	累计折旧	本年折旧	在建工程	资产总计
323068.1	644475.2	354805.2	26112.8	23739.6	3070184.7
2148.5	2919.0	770.5	60.9		5475.1
7644.3	8515.1	870.8	24.6	971.0	18145.6
172859.8	197761.0	40339.9	9956.3	365.7	944409.0
122594.8	126202.9	17873.8	5038.0	9.0	278160.5
50265.0	71558.1	22466.1	4918.3	356.7	666248.5
68528.5	120224.1	69655.0	7160.1	15096.8	981145.5
70809.8	313845.4	243035.6	8880.7	7306.1	1119232.6
289.1	317.9	28.8			1120.3
68992.1	310105.0	241112.9	8760.7	7306.1	1094753.0
1528.6	3422.5	1893.9	120.0		23359.3
1077.2	1210.6	133.4	30.2		1776.9
14085.8	22021.3	7935.5	1232.8	2150.7	72297.8
10760.5	18010.2	7249.7	879.2	131.3	59264.1
3325.3	4011.1	685.8	353.6	2019.4	13033.7
194.1	1702.3	1508.2	55.3		3262.0
194.1	1702.3	1508.2	55.3		3262.0
153583.2	162237.1	40889.9	5882.7	14892.4	382821.8
7644.3	8515.1	870.8	24.6	971.0	18145.6
116820.3	395149.8	278329.5	16356.9	7500.9	2169292.1
14085.8	22021.3	7935.5	1232.8	2150.7	72297.8
194.1	1702.3	1508.2	55.3		3262.0
45020.3	78573.2	34715.0	3848.6	375.3	499925.2
158536.3	456873.6	298348.2	18864.8	10641.7	1576567.8
27150.7	29790.9	21761.7	1120.6	14745.3	158499.3
7259.8	7554.6	294.8	28.1	70.0	92620.8
144401.2	173979.7	43844.2	7387.4	433.3	1318056.6
200975.0	264981.0	97404.1	13486.5	15440.5	719659.3
100512.8	153740.5	53227.7	12294.5	8635.7	1197315.3
28256.0	239979.1	211723.1	1227.9	1791.1	527042.6
7604.2	9498.2	1894.0	392.0	23.0	701727.3
331366.2	660082.1	362114.0	27133.4	25867.3	2191130.9
759.2	1442.9	683.7	0.9	153.7	8939.1
118615.3	119005.0	14655.4	4788.1	337.5	247824.0
2225.5	2717.9	492.4	77.9	61.9	10905.2
11051.7	20436.1	9384.4	1510.8	332.7	129106.5
64206.3	129130.8	64924.5	8542.1	1341.3	440564.8
44628.1	61582.2	36086.5	3457.2	14676.7	549422.0
75321.8	305171.0	229849.2	6267.3	8302.0	686796.5
759.6	2154.8	1395.2	56.5	41.8	63969.7
375.4	531.1	155.7	56.9	35.0	3369.9
13423.3	17910.3	4487.0	2375.7	584.7	50233.2
5981.8	8116.7	2134.9	267.5	23.0	954613.6
763.5	959.6	196.1	31.6	23.0	5856.5

8-7 限额以上批发和零售

	流动负债合计	应付帐款	非流动负债合计	负债合计	所有者权益合计
总计	**4827765.9**	**1212188.5**	**622626.7**	**5427696.5**	**4068295.9**
批发业	3278319.1	881018.0	464343.9	3735055.3	2615192.6
按批发行业小类分					
农、林、牧产品批发	27226.4	16424.7	200.0	27426.4	5985.3
谷物、豆及薯类批发	1408.8	80.6		1408.8	387.9
饲料批发	86.7	-2307.1		86.7	476.2
棉、麻批发	24066.5	18651.2	200.0	24266.5	4769.9
其他农牧产品批发	1664.4			1664.4	351.3
食品、饮料及烟草制品批发	149105.8	30804.7	5745.6	154851.4	261249.4
米、面制品及食用油批发	20515.6	10412.9	79.8	20595.4	2541.9
糕点、糖果及糖批发	3913.4	1513.5		3913.4	891.0
果品、蔬菜批发	49741.4	2478.7	1324.3	51065.7	28129.9
肉、禽、蛋、奶及水产品批发	13002.7	1496.5	40.0	13042.7	2250.5
盐及调味品批发	10807.5	2955.7	4236.5	15044.0	57558.8
营养和保健品批发	323.3	117.3		323.3	133.5
酒、饮料及茶叶批发	35515.4	9752.9	65.0	35580.4	7879.4
烟草制品批发	7465.8	2032.7		7465.8	160584.4
其他食品批发	7820.7	44.5		7820.7	1280.0
纺织、服装及家庭用品批发	39840.6	15934.2	5901.2	45741.8	15995.4
纺织品、针织品及原料批发	1924.7	773.3	440.0	2364.7	3004.2
服装批发	14622.1	6247.5		14622.1	2510.5
鞋帽批发	2728.1	2429.8		2728.1	357.5
化妆品及卫生用品批发	8633.7	3879.5		8633.7	1573.6
厨房、卫生间用具及日用杂货批发					
家用电器批发	11165.8	1837.9		11165.8	1931.4
其他家庭用品批发	766.2	766.2	5461.2	6227.4	6618.2
文化、体育用品及器材批发	133418.7	82204.0	53009.1	186427.8	67729.0
文具用品批发	364.6	170.7		364.6	1606.6
图书批发	113886.5	75008.1	19095.9	132982.4	54900.9
首饰、工艺品及收藏品批发	19167.6	7025.2	33913.2	53080.8	11221.5
医药及医疗器材批发	656837.9	255699.3	980.0	657818.0	250773.3
西药批发	590131.8	223806.2	640.1	590772.0	226112.7
中药批发	59382.2	29680.0	339.9	59722.1	21647.2
医疗用品及器材批发	7323.9	2213.1		7323.9	3013.4
矿产品、建材及化工产品批发	1912545.6	406816.0	385064.3	2297610.1	1953165.2
煤炭及制品批发	139605.6	27477.0	4.4	139610.1	17258.2
石油及制品批发	546358.9	61268.8	52126.9	598485.9	951167.3
非金属矿及制品批发	903.1	829.3		903.1	487.7
金属及金属矿批发	687760.0	131424.1	58907.5	746667.5	358118.9
建材批发	264670.4	133828.9	148395.8	413066.2	492796.4
化肥批发	34085.4	223.0	872.2	34957.6	10534.0
其他化工产品批发	239162.2	51764.9	124757.5	363919.7	122802.7
机械设备、五金产品及电子产品批发	354364.5	69872.8	13421.1	360177.6	55047.3
农业机械批发	52961.3	17471.9		52961.3	6000.0
汽车批发	166342.7	2110.2	581.8	166924.5	8118.3
汽车零配件批发	4640.5	1256.0	306.5	4947.0	2851.4
摩托车及零配件批发					
五金产品批发	3523.2	3434.3		3523.2	1645.6
电气设备批发	2396.6	101.9		2396.6	1533.6
计算机、软件及辅助设备批发	7202.3	1743.1		7202.3	6172.1
通讯及广播电视设备批发	57904.4	19306.5	7608.0	57904.4	5992.3
其他机械设备及电子产品批发	59393.5	24448.9	4924.8	64318.3	22734.0
其他批发业	4979.6	3262.3	22.6	5002.2	5247.7
再生外资回收与批发	1757.5	1478.4	22.6	1780.1	2771.8
其他未列明批发业	-88093.2	-28583.8	-11970.6	-94715.7	-92159.7

业企业财务状况（续四）

单位：万元

实收资本	国家资本	集体资本	法人资本	个人资本	港澳台资本	外商资本
2199850.4	**891163.2**	**31373.7**	**817060.9**	**443283.7**	**14513.7**	**2455.2**
1426824.6	774206.2	25127.7	390366.1	236619.4	50.0	455.2
6867.7		5799.7		1068.0		
368.0				368.0		
500.0				500.0		
5799.7		5799.7				
200.0				200.0		
41078.4	15668.6		15833.2	9526.6	50.0	
1400.6	803.2		412.1	185.3		
1000.0				1000.0		
17046.4	48.0		12918.4	4080.0		
836.3				836.3		
8737.4	8737.4					
3323.0	260.0		1588.0	1425.0	50.0	
5820.0	5820.0					
2914.7			914.7	2000.0		
10474.1	440.0	340.0	4074.1	5620.0		
1543.1	440.0	340.0	643.1	120.0		
2550.0			50.0	2500.0		
200.0				200.0		
1500.0				1500.0		
1800.0			500.0	1300.0		
2881.0			2881.0			
19931.8	11369.0		2682.8	5880.0		
1562.8			1382.8	180.0		
12369.0	11369.0		300.0	700.0		
6000.0			1000.0	5000.0		
123005.5	3241.6	17000.0	47312.5	55451.4		
109918.6	480.0	17000.0	44472.5	47966.1		
11111.9	2761.6		2340.0	6010.3		
1975.0			500.0	1475.0		
1171078.6	733487.0	1988.0	297075.5	138528.1		
20271.8			14166.1	6105.7		
692956.8	672077.0	500.0	7747.4	12632.4		
500.0				500.0		
254639.4	60450.0		159858.9	34330.5		
132132.6			91873.1	40259.5		
9792.0		286.0	9500.0	6.0		
60786.0	960.0	1202.0	13930.0	44694.0		
49257.5	10000.0		19457.0	19345.3		455.2
6000.0				6000.0		
5810.0			4300.0	1510.0		
2850.0			1000.0	1850.0		
1767.5			132.0	1635.5		
1705.0			1705.0			
4960.0			2370.0	2590.0		
4050.0			1350.0	2700.0		
22115.0	10000.0		8600.0	3059.8		455.2
5131.0			3931.0	1200.0		
3411.0			3411.0			
-40112.6	-1167.2	1200.2	-48207.3	-11995.9	-2278.1	334.2

8-7 限额以上批发和零售

	流动负债合计	应付帐款	非流动负债合计	负债合计	所有者权益合计
按登记注册类型分					
内资企业	3271477.5	878957.4	464343.9	3728213.7	2614553.4
国有企业	23546.4	8436.6		23546.4	184570.3
集体企业	27741.6	21338.3	200.0	27941.6	4190.3
有限责任公司	1172439.6	249927.2	56683.2	1229122.9	684980.9
国有独资公司	249067.9	67269.6	41648.1	290716.0	305262.1
其他有限责任公司	923371.7	182657.6	15035.1	938406.9	379718.8
股份有限公司	485442.0	86768.3	35043.4	520485.4	1223442.6
私营企业	1562307.9	512487.0	372417.3	1927117.4	517369.3
私营独资企业	378.0	272.6	28.0	406.0	1246.2
私营合伙企业					
私营有限责任公司	1300372.2	364300.8	229393.5	1522157.9	371127.9
私营股份有限公司	261557.7	147913.6	142995.8	404553.5	144995.2
其他企业					
港、澳、台商投资企业	3214.2	258.4		3214.2	1103.4
港澳台商独资企业	3214.2	258.4		3214.2	1103.4
外商投资企业	3627.4	1802.2		3627.4	-464.2
外资企业	3627.4	1802.2		3627.4	-464.2
按控股情况分					
国有控股	868705.6	172792.9	85662.9	954368.5	1805877.0
集体控股	61129.5	23449.7	1247.0	62376.5	14868.9
私人控股	1784548.3	573904.5	375144.9	2152085.4	694779.1
港澳台商控股	3214.2	258.4		3214.2	1103.4
外商控股	3627.4	1802.2		3627.4	-464.2
其他	557094.1	108810.3	2289.1	559383.3	99028.4
按经营形式分					
独立门店	1470476.8	282669.7	81387.3	1544256.2	1240335.2
连锁门店	97047.1	62386.5	19095.9	116143.0	53905.8
其他	1707231.2	532397.8	363860.7	2071092.1	1319558.4
大型	686820.4	169152.0	60751.3	747571.7	606547.9
中型	1364798.7	386522.7	192102.7	1556901.6	1757429.1
小型	848943.9	159054.1	48464.8	889800.8	234885.1
微型	377756.1	166289.2	163025.1	540781.2	16330.5

业企业财务状况（续五）

单位：万元

实收资本	国家资本	集体资本	法人资本	个人资本	港澳台资本	外商资本
1426319.4	774206.2	25127.7	390366.1	236619.4		
32515.5	6368.0		26147.5			
6591.7		6585.7		6.0		
259594.1	85832.2	18442.0	130509.8	24810.1		
77900.0	52400.0		25500.0			
181694.1	33432.2	18442.0	105009.8	24810.1		
770543.0	682006.0		77728.0	10809.0		
357075.1		100.0	155980.8	200994.3		
640.0			360.0	280.0		
284412.3		100.0	138079.3	146233.0		
72022.8			17541.5	54481.3		
50.0					50.0	
50.0					50.0	
455.2						455.2
455.2						455.2
917253.9	773721.2		142326.5	1206.2		
15514.1		6585.7	7418.1	1510.3		
401766.6	485.0	1542.0	170860.5	228879.1		
50.0					50.0	
455.2						455.2
91784.8		17000.0	69761.0	5023.8		
335955.3	15616.2	4728.0	225639.0	89466.9	50.0	455.2
11369.0	11369.0					
1078500.3	747221.0	20399.7	164727.1	146152.5		
88404.6	34813.8	3000.0	27659.5	22931.3		
1022245.7	734391.2	15102.0	170881.7	101820.8	50.0	
254471.6	5001.2	7025.7	170541.5	71448.0		455.2
61702.7			21283.4	40419.3		

8-7 限额以上批发和零售

	流动负债合计	应付帐款	非流动负债合计	负债合计
零售业	**1549446.8**	**331170.5**	**158282.8**	**1692641.2**
按零售行业小类分				
综合零售	294598.3	125963.0	18070.6	307668.9
百货零售	277133.1	116732.6	5786.0	277919.1
超级市场零售	13533.4	9135.9	12267.7	25801.1
其他综合零售	3931.8	94.5	16.9	3948.7
食品、饮料及烟草制品专门零售	30639.7	15422.6	7029.8	37669.5
粮油零售	10045.0	2828.3	6365.0	16410.0
糕点、面包零食	1409.1	787.1		1409.1
果品、蔬菜零售	874.8	669.3	1.9	876.7
肉、禽、蛋、奶及水产品零售	216.1	216.1		216.1
营养和保健品零售	12364.3	9699.6	500.0	12864.3
酒、饮料及茶叶零售	2677.7	361.7	162.9	2840.6
烟草制品零售	2143.8	352.4		2143.8
其他食品零售	908.9	508.1		908.9
纺织、服装及日用品专门零售	18624.2	3830.7		18632.2
纺织品及针织品零售	1858.1	-888.3		1858.1
服装零售	8461.1	1811.5		8461.1
鞋帽零售	639.2	621.6		639.2
化妆用品及卫生用品零售	3045.8	408.1		3053.8
钟表、眼镜零售	4559.4	1877.8		4559.4
文化、体育用品及器材专门零售	79462.5	13721.4	103825.8	183288.3
文具用品零售	448.5	74.0		448.5
体育用品及器材零售	222.6	208.4		222.6
图书、报刊零售	18210.8	13207.5	3156.6	21367.4
珠宝首饰零售	58209.1	135.1	100669.2	158878.3
工艺美术品及收藏品零售	2371.5	96.4		2371.5
医药及医疗器材专门零售	118860.3	77451.4	4749.3	123609.6
药品零售	106080.1	68505.9	4749.3	110829.4
医疗用品及器材零售	12780.2	8945.5		12780.2
汽车、摩托车、燃料及零配件专门零售	797525.5	66350.5	19063.9	806493.0
汽车零售	645655.1	57171.1	19039.1	664379.5
汽车零配件零售	925.1	925.1	9.0	934.1
机动车燃料零售	150945.3	8254.3	15.8	141179.4
家用电器及电子产品专门零售	131766.7	18412.4	1558.7	133325.4
家用视听设备零售	79.7	29.7	60.0	139.7
日用家电设备零售	36625.0	9662.4	23.9	36648.9
计算机、软件及辅助设备零售	75461.7	5785.8	29.4	75491.1
通信设备零售	19254.6	2641.2	1445.4	20700.0
其他电子产品零售	345.7	293.3		345.7
五金、家具及室内装饰材料专门零售	60351.4	5680.0	3974.0	64325.4
五金零售	2773.7	322.0		2773.7
灯具零售	198.0			198.0
家具零售	55781.4	5734.6	3974.0	59755.4
木质装饰材料零售	50.4	-699.4		50.4
陶瓷石材装饰材料零售	1250.8	26.3		1250.8
其他室内装饰材料零售	297.1	296.5		297.1
货摊、无店铺及其他零售业	17618.2	4338.5	10.7	17628.9
货摊纺织、服装及鞋零售	568.0	40.0		568.0
旧货零售	1239.4	46.3	0.7	1240.1
生活用燃料零售	7355.1	1269.7		7355.1

业企业财务状况（续六）

单位：万元

所有者权益合计	实收资本						
		国家资本	集体资本	法人资本	个人资本	港澳台资本	外商资本
1453103.3	773025.8	116957.0	6246.0	426694.8	206664.3	14463.7	2000.0
261468.0	82527.8	4120.0	2948.4	22269.2	49779.6	1410.6	2000.0
235477.6	77180.5	4120.0	2307.5	17943.5	49398.9	1410.6	2000.0
25080.0	4490.7			4125.7	365.0		
910.4	856.6		640.9	200.0	15.7		
20678.8	11463.1	1667.6	207.4	2223.0	7365.1		
2700.1	1075.0	467.6	207.4		400.0		
917.7	950.0			50.0	900.0		
6206.0	2323.3			1209.9	1113.4		
191.4	173.1			163.1	10.0		
4500.5	4551.2				4551.2		
766.3	605.5			300.0	305.5		
4454.8	1200.0	1200.0					
942.0	585.0			500.0	85.0		
4889.4	6967.5	7.5		3950.0	2010.0	1000.0	
804.0	1000.0			1000.0			
204.8	2687.5	7.5		2170.0	510.0		
296.2	280.0			280.0			
2366.2	1500.0			500.0		1000.0	
754.1	1000.0				1000.0		
521332.0	157695.4	1827.4	1000.0	72874.0	81994.0		
219.7	200.0				200.0		
590.8	518.0			518.0			
865.0	2100.9	1827.4			273.5		
507056.0	149771.5			71251.0	78520.5		
12600.5	5105.0		1000.0	1105.0	3000.0		
37314.8	29604.3		383.7	18022.6	11198.0		
33728.4	27548.0			17980.0	9568.0		
3586.4	2056.3		383.7	42.6	1630.0		
342796.0	241681.6	108674.5	1280.0	82400.8	37515.9	11810.4	
193266.9	137957.1	5150.0	1280.0	82200.8	37515.9	11810.4	
269.3	200.0			200.0			
149259.8	103524.5	103524.5					
239775.8	225442.2		250.0	215501.5	9690.7		
392.4	253.0			188.0	65.0		
19470.6	7666.2			6742.5	923.7		
215909.3	214613.0		250.0	206461.0	7902.0		
3279.8	2210.0			2110.0	100.0		
723.7	700.0				700.0		
12188.2	13997.9			7653.7	6101.5	242.7	
709.7	700.0			200.0	500.0		
1358.0	1000.0			1000.0			
3913.9	7243.2			5849.0	1151.5	242.7	
2199.8	1204.7			604.7	600.0		
3956.2	3800.0				3800.0		
50.6	50.0				50.0		
12660.3	3646.0	660.0	176.5	1800.0	1009.5		
350.0	300.0			300.0			
-146.8	182.6		176.5		6.1		
10693.8	663.4	660.0			3.4		

8-7 限额以上批发和零售

	流动负债合计	应付帐款	非流动负债合计	负债合计
按登记注册类型分				
内资企业	1498087.4	311225.5	158282.8	1641281.8
国有企业	4612.9	720.2	210.2	4846.1
集体企业	13007.5	935.3	751.2	13758.7
有限责任公司	621249.8	130168.0	40889.5	662135.1
国有独资公司	160274.2	18543.7	3145.7	163419.9
其他有限责任公司	460975.6	111624.3	37743.8	498715.2
股份有限公司	196325.8	39224.6	105700.1	292221.2
私营企业	662439.4	139734.8	10730.3	667867.2
私营独资企业	280.4	280.4		280.4
私营有限责任公司	644936.3	138887.2	10730.3	650364.1
私营股份有限公司	17222.7	567.2		17222.7
其他企业	452.0	442.6	1.5	453.5
港、澳、台商投资企业	49099.6	18519.2		49099.6
港澳台商独资企业	41320.4	18378.2		41320.4
港、澳、台商投资股份有限公司	7779.2	141.0		7779.2
外商投资企业	2259.8	1425.8		2259.8
外资企业	2259.8	1425.8		2259.8
按控股情况分				
国有控股	209461.0	26747.4	9715.7	209395.0
集体控股	13007.5	935.3	751.2	13758.7
私人控股	923923.1	181355.7	127628.4	1046249.1
港澳台商控股	49099.6	18519.2		49099.6
外商控股	2259.8	1425.8		2259.8
其他	351695.8	102187.1	20187.5	371879.0
按经营形式分				
独立门店	1036459.9	201938.9	44946.1	1081356.5
连锁总店	89984.5	52250.9	3571.9	83751.7
连锁门店	69844.9	29464.2	1136.5	65981.4
其他	353157.5	47516.5	108628.3	461551.6
大型	377936.9	106071.9	5046.9	373179.1
中型	861804.0	182529.6	41882.1	898686.2
小型	233181.8	38271.0	10648.9	243607.2
微型	76524.1	4298.0	100704.9	177168.7
按零售业态分				
有店铺零售	1413560.1	319739.2	57613.8	1456085.5
食杂店	2138.3	485.9	5047.0	7185.3
便利店	141219.4	6481.3	27.4	141246.8
超市	3919.8	1130.8	185.8	4105.6
大型超市	66756.8	40933.8	12225.9	73982.7
百货店	233401.2	89781.4	5774.6	239175.8
专业店	371829.1	96431.4	7787.9	369570.1
专卖店	509143.2	78181.0	19691.2	528792.9
家居建材商店	56056.4	5439.0	3974.0	60030.4
购物中心	2148.9	-790.2		2148.9
厂家直销中心	26947.0	1664.8	2900.0	29847.0
无店铺零售	135886.7	11431.3	100669.0	236555.7
网上商店	682.0	54.1		682.0

业企业财务状况（续七）

单位：万元

所有者权益合计	实收资本	国家资本	集体资本	法人资本	个人资本	港澳台资本	外商资本
1428902.9	753562.1	116957.0	6246.0	423694.8	206664.3		
629.0	391.7	180.9	207.4		3.4		
4386.9	4446.9		4404.9		42.0		
282273.9	212051.8	116776.1	1383.7	76857.8	17034.2		
114740.6	105691.9	105691.9					
167533.3	106359.9	11084.2	1383.7	76857.8	17034.2		
688924.3	193937.1			75151.0	118786.1		
451365.4	341542.2		250.0	271686.0	69606.2		
839.9	331.5				331.5		
444388.9	336110.7		250.0	267986.0	67874.7		
6136.6	5100.0			3700.0	1400.0		
1323.4	1192.4				1192.4		
23198.2	17463.7			3000.0		14463.7	
17943.7	13653.3			3000.0		10653.3	
5254.5	3810.4					3810.4	
1002.2	2000.0						2000.0
1002.2	2000.0						2000.0
173426.8	118317.8	115757.0	207.4	2020.0	333.4		
4386.9	4446.9		4404.9		42.0		
1123043.0	564449.9		633.7	363984.8	199831.4		
23198.2	17463.7			3000.0		14463.7	
1002.2	2000.0						2000.0
128046.2	66347.5	1200.0	1000.0	57690.0	6457.5		
495211.3	256585.5	12547.2	5061.6	115922.7	107590.3	13463.7	2000.0
74747.6	26636.3		302.3	18030.6	7303.4	1000.0	
26639.4	8446.0	11.9		7700.0	734.1		
856505.0	481358.0	104397.9	882.1	285041.5	91036.5		
346480.2	171562.6	103464.5		26621.9	40065.6	1410.6	
298629.1	172066.3	12515.0	1248.4	91805.6	51444.2	13053.1	2000.0
283435.4	264040.4	977.5	4997.6	229068.2	28997.1		
524558.6	165356.5			79199.1	86157.4		
735045.4	415228.0	116957.0	5862.3	152745.2	123199.8	14463.7	2000.0
1753.8	937.3	422.3		500.0	15.0		
106577.2	105847.4	103164.5	348.5	889.9	1444.5		
6799.6	4408.3	20.0		3939.2	449.1		
55123.8	8660.6	700.0		6550.0		1410.6	
201389.0	70396.4	4007.5	2776.4	12570.0	49042.5		2000.0
179851.9	91091.7	1797.2	1250.0	59918.8	28125.7		
158003.6	119804.6	6845.5	1487.4	59878.3	38783.0	12810.4	
3939.3	7491.7			5349.0	1900.0	242.7	
1221.0	1380.0			1380.0			
20386.2	5210.0			1770.0	3440.0		
718057.9	357797.8		383.7	273949.6	83464.5		
5174.5	4070.0				4070.0		

8-7 限额以上批发和零售

	营业收入	主营业务收入	营业成本	主营业务成本
总计	32328678.1	32150439.9	30889218.6	30760866.5
批发业	28084280.5	27970969.4	27151985.8	27055686.6
按批发行业小类分				
农、林、牧产品批发	60739.8	60739.8	58595.6	58595.6
谷物、豆及薯类批发	4117.9	4117.9	3716.9	3716.9
饲料批发	42391.2	42391.2	41636.5	41636.5
棉、麻批发	1865.7	1865.7	1761.8	1761.8
其他农牧产品批发	12365.0	12365.0	11480.4	11480.4
食品、饮料及烟草制品批发	4123065.4	4114127.7	3637631.9	3620241.5
米、面制品及食用油批发	38307.4	37845.6	33048.1	33042.8
糕点、糖果及糖批发	9680.0	9680.0	8174.7	8174.7
果品、蔬菜批发	1347654.0	1342381.9	1237531.0	1221438.2
肉、禽、蛋、奶及水产品批发	2104295.0	2104295.0	1902562.1	1902562.1
盐及调味品批发	37623.2	36156.7	10504.2	10459.6
营养和保健品批发	2056.8	2056.8	1856.5	1856.5
酒、饮料及茶叶批发	154847.4	154487.8	136150.4	135790.7
烟草制品批发	407961.1	406699.2	289196.4	288439.8
其他食品批发	20640.5	20524.7	18608.5	18477.1
纺织、服装及家庭用品批发	200136.7	200065.3	183542.6	183508.2
纺织品、针织品及原料批发	8841.7	8841.7	5884.2	5884.2
服装批发	51520.2	51520.2	47047.7	47047.7
鞋帽批发	5902.4	5902.4	5718.8	5718.8
化妆品及卫生用品批发	41386.2	41386.2	39421.6	39421.6
厨房、卫生间用具及日用杂货批发				
家用电器批发	79082.1	79010.7	75815.3	75780.9
其他家庭用品批发	13404.1	13404.1	9655.0	9655.0
文化、体育用品及器材批发	237212.0	237212.0	215181.0	215181.0
文具用品批发	10928.3	10928.3	10102.6	10102.6
图书批发	113712.6	113712.6	97415.7	97415.7
首饰、工艺品及收藏品批发	112571.1	112571.1	107662.7	107662.7
医药及医疗器材批发	1265150.5	1258358.3	1182083.5	1181490.2
西药批发	1138505.5	1132451.1	1069561.0	1069474.3
中药批发	112868.5	112145.5	101728.3	101227.3
医疗用品及器材批发	13776.5	13761.7	10794.2	10788.6
矿产品、建材及化工产品批发	20983002.7	20886922.3	20700228.9	20622175.9
煤炭及制品批发	207581.5	207581.5	203955.1	203955.1
石油及制品批发	15848745.9	15754447.1	15655967.4	15578510.1
非金属矿及制品批发	2816.0	2816.0	2252.8	2252.8
金属及金属矿批发	3193070.4	3191436.7	3162798.5	3162202.8
建材批发	137042.5	137042.5	124831.5	124831.5
化肥批发	143332.2	143304.4	139406.6	139406.6
其他化工产品批发	1450414.2	1450294.1	1411017.0	1411017.0
机械设备、五金产品及电子产品批发	1191717.4	1190288.0	1154203.9	1153975.8
农业机械批发	2953.0	2953.0	2641.7	2641.7
汽车批发	289328.8	289289.9	280610.5	280602.5
汽车零配件批发	34432.4	34399.0	33235.7	33235.7
摩托车及零配件批发				
五金产品批发	9417.8	9417.8	8537.2	8537.2
电气设备批发	2664.7	2664.7	2451.9	2451.9
计算机、软件及辅助设备批发	34382.0	34382.0	32955.5	32955.5
通讯及广播电视设备批发	233233.5	233233.5	219431.3	219431.3
其他机械设备及电子产品批发	585305.2	583948.1	574340.1	574120.0
其他批发业	23256.0	23256.0	20518.4	20518.4
再生物资回收与批发	12685.6	12685.6	12356.2	12356.2
其他未列明批发业	10570.4	10570.4	8162.2	8162.2

业企业财务状况（续八）

单位：万元

营业税金及附加	主营业务税金及附加	其他业务利润	销售费用	管理费用	税金
100769.0	94182.6	66957.1	732994.1	379408.7	7573.1
86179.7	80680.8	29983.7	476858.6	282280.4	3493.9
140.2	140.2	1374.0	1559.9	1204.7	6.9
0.2	0.2		268.4	150.2	
4.0	4.0	750.7	459.2	21.7	0.4
133.3	133.3	623.3	206.4	854.5	
2.7	2.7		625.9	178.3	6.5
65643.6	65471.3	4436.4	220588.2	130531.0	953.6
2857.6	2857.6	15.7	1760.0	446.7	
18.1	18.1	289.0	1297.6	256.5	
2368.5	2366.5	253.2	54500.6	41378.6	104.5
2827.2	2826.7		127407.0	69008.2	6.5
489.9	346.2	1278.1	11766.5	5656.9	376.9
9.2	9.2	1.1		335.7	
289.3	289.2	2094.0	11967.9	2444.4	45.4
56774.9	56748.9	505.3	10474.9	10632.2	420.3
8.9	8.9		1413.7	371.8	
694.2	694.2		9345.8	4050.8	228.9
423.4	423.4		510.1	655.5	130.0
110.8	110.8		4116.7	103.8	31.9
			173.7	94.3	
27.5	27.5		1333.6	334.8	15.5
34.9	34.9		2486.1	205.4	
97.6	97.6		725.6	2657.0	51.5
79.4	79.4		7914.5	14855.6	1.6
10.7	10.7		507.0	134.4	
2.1	2.1		4184.1	12298.1	
66.6	66.6		3223.4	2423.1	1.6
1647.2	1635.7	7191.0	34957.3	20938.8	621.5
1390.8	1379.3	7181.7	28218.5	18154.8	538.6
187.6	187.6		4866.7	2262.7	82.9
68.8	68.8	9.3	1872.1	521.3	
16947.9	11665.7	16346.5	179769.6	99477.6	1163.4
86.8	86.8		918.0	1321.4	7.6
14600.0	9358.1	16017.8	151848.7	75684.9	232.0
14.7	14.7		889.7	60.8	
689.7	649.4	312.2	12957.4	7963.1	561.4
392.9	392.9		2544.4	10561.2	62.6
80.2	80.2	16.5	3595.3	1118.7	196.4
1083.6	1083.6		7016.1	2767.5	103.4
971.3	938.9	635.8	20586.0	10685.3	515.8
1.6	1.6		15.4	120.5	
236.3	236.3	635.8	3912.1	3452.1	91.1
16.9	16.9		794.2	262.7	17.1
121.4	121.4		161.3	197.1	
1.3	1.3			80.3	
47.0	47.0		413.9	704.2	3.5
249.9	249.9		9169.0	1798.1	26.2
296.9	264.5		6120.1	4070.3	377.9
55.9	55.4		2137.3	536.6	2.2
21.8	21.3		213.6	145.3	0.8
34.1	34.1		1923.7	391.3	1.4

8-7 限额以上批发和零售

	营业收入	主营业务收入	营业成本	主营业务成本
按登记注册类型分				
内资企业	28053442.7	27940131.6	27127810.5	27031511.3
国有企业	437197.9	435038.9	316029.9	314677.6
集体企业	27330.7	27330.7	26741.2	26741.2
有限责任公司	7823002.2	7732385.1	7405020.7	7316293.0
国有独资公司	4854646.1	4771067.5	4575181.0	4500097.6
其他有限责任公司	2968356.1	2961317.6	2829839.7	2816195.4
股份有限公司	13067679.3	13057371.4	13138602.2	13136217.1
私营企业	6698232.6	6688005.5	6241416.5	6237582.4
私营独资企业	4880.0	4840.0	4097.8	3087.8
私营合伙企业				
私营有限责任公司	6552624.7	6544971.6	6105919.3	6103095.2
私营股份有限公司	140727.9	138193.9	131399.4	131399.4
其他企业				
港、澳、台商投资企业	22993.1	22993.1	18447.5	18447.5
港澳台商独资企业	22993.1	22993.1	18447.5	18447.5
外商投资企业	7844.7	7844.7	5727.8	5727.8
外资企业	7844.7	7844.7	5727.8	5727.8
按控股情况分				
国有控股	19288411.5	19189715.8	18918409.9	18839045.8
集体控股	127864.7	127794.3	123886.5	123875.0
私人控股	7410923.6	7397580.2	6919753.1	6902863.9
港澳台商控股	22993.1	22993.1	18447.5	18447.5
外商控股	7844.7	7844.7	5727.8	5727.8
其他	1226242.9	1225041.3	1165761.0	1165726.6
按经营形式分				
独立门店	8790790.4	8697506.9	8024838.7	7932271.1
连锁总店	101227.4	101227.4	85152.7	85152.7
其他	19164411.4	19144383.8	19016254.2	19012522.6
大型	5807375.6	5718123.2	5405324.4	5328974.3
中型	19422197.7	19400136.9	19096242.3	19078312.1
小型	2761407.2	2759860.3	2560874.8	2559084.4
微型	93300.0	92849.0	89544.3	89315.8

业企业财务状况（续九）

单位：万元

营业税金及附加	主营业务税金及附加	其他业务利润	销售费用	管理费用	税金
86056.7	80557.9	29983.7	471618.8	281728.8	3491.5
56985.7	56919.5	505.3	11547.6	11747.4	427.5
134.7	134.7	622.5	380.0	933.9	11.9
13849.2	9728.3	10491.0	201108.1	62668.4	2027.7
10764.8	6798.5	7667.0	130648.4	26492.5	373.0
3084.4	2929.8	2824.0	70459.7	36175.9	1654.7
3523.7	2383.4	7768.2	19257.2	66102.2	82.5
11563.4	11392.0	10596.7	239325.9	140276.9	941.9
38.6	36.6	253.2	59.4	240.5	
11381.1	11211.7	3505.6	236785.6	132603.8	771.9
143.7	143.7	6837.9	2480.9	7432.6	170.0
91.4	91.3		3658.0		
91.4	91.3		3658.0		
31.6	31.6		1581.8	551.6	2.4
31.6	31.6		1581.8	551.6	2.4
71836.8	66521.0	16917.0	180854.9	113712.2	1918.2
244.7	244.0	639.8	2770.6	1966.4	12.7
12832.5	12661.1	10901.3	256739.1	148887.9	1130.8
91.4	91.3		3658.0		
31.6	31.6		1581.8	551.6	2.4
1142.7	1131.8	1525.6	31254.2	17162.3	429.8
76371.8	72196.4	11575.0	354410.2	142088.5	1287.9
2.1	2.1		3553.6	11907.1	
9788.7	8465.2	16314.7	117030.9	128284.8	2206.0
68485.7	63879.8	15658.8	165327.4	57466.9	696.0
15206.2	14525.5	12837.6	182769.9	162396.6	2297.9
2167.1	1989.2	1477.3	127879.0	55166.8	481.9
320.7	286.3	10.0	882.3	7250.1	18.1

8–7 限额以上批发和零售

	营业收入	主营业务收入	营业成本	主营业务成本
零售业	**4244397.6**	**4179470.5**	**3737232.8**	**3705179.9**
按零售行业小类分				
综合零售	810669.1	778621.1	661633.5	653429.4
百货零售	727779.3	695821.0	591061.4	582897.9
超级市场零售	72340.5	72250.8	60964.6	60924.0
其他综合零售	10549.3	10549.3	9607.5	9607.5
食品、饮料及烟草制品专门零售	104692.2	104463.6	87184.1	86306.6
粮油零售	24468.7	24282.5	21806.2	21627.5
糕点、面包零售	11448.6	11448.6	8281.7	7586.1
果品、蔬菜零售	19754.3	19711.9	17681.6	17678.4
肉、禽、蛋、奶及水产品零售	2879.0	2879.0	2612.0	2612.0
营养和保健品零售	15876.0	15876.0	11061.4	11061.4
酒、饮料及茶叶零售	7803.4	7803.4	6813.6	6813.6
烟草制品零售	19014.1	19014.1	15732.7	15732.7
其他食品零售	3448.1	3448.1	3194.9	3194.9
纺织、服装及日用品专门零售	48276.3	48152.1	34628.7	34628.7
纺织品及针织品零售	2587.3	2587.3	2023.2	2023.2
服装零售	14954.0	14954.0	9705.3	9705.3
鞋帽零售	1933.3	1933.3	1877.4	1877.4
化妆品及卫生用品零售	26192.4	26068.2	19061.0	19061.0
钟表、眼镜零售	2104.9	2104.9	1467.7	1467.7
文化、体育用品及器材专门零售	80701.4	80370.4	68508.9	68472.8
文具用品零售	588.0	588.0	482.5	482.5
体育用品及器材零售	650.0	650.0	588.0	588.0
图书、报刊零售	18995.5	18694.0	15277.3	15241.2
珠宝首饰零售	53970.3	53970.3	47486.1	47486.1
工艺美术品及收藏品零售	6497.6	6468.1	4675.0	4675.0
医药及医疗器材专门零售	266690.4	266690.2	209962.5	208288.9
药品零售	237322.2	237322.0	187383.6	185710.0
医疗用品及器材零售	29368.2	29368.2	22578.9	22578.9
汽车、摩托车、燃料及零配件专门零售	2570150.7	2543462.1	2363486.5	2343433.5
汽车零售	1590317.2	1579090.5	1480188.7	1477121.7
汽车零配件零售	3095.1	3095.1	2887.2	2887.2
机动车燃料零售	976738.4	961276.5	880410.6	863424.6
家用电器及电子产品专门零售	307233.2	305037.3	271490.4	271372.2
家用视听设备零售	3367.7	3367.7	2947.9	2947.9
日用家电设备零售	136585.8	134389.9	116862.5	116744.3
计算机、软件及辅助设备零售	105408.6	105408.6	94259.0	94259.0
通信设备零售	60727.8	60727.8	56548.0	56548.0
其他电子产品零售	1143.3	1143.3	873.0	873.0
五金、家具及室内装饰材料专门零售	35745.3	32514.0	23558.2	22468.0
五金零售	1485.0	1485.0	1379.5	1379.5
灯具零售	932.7	932.7	815.0	815.0
家具零售	23949.1	20717.8	13157.1	12071.9
木质装饰材料零售	3424.1	3424.1	2994.7	2994.7
陶瓷、石材装饰材料零售	5093.9	5093.9	4374.3	4369.3
其他室内装饰材料零售	860.5	860.5	837.6	837.6
货摊、无店铺及其他零售业	20239.0	20159.7	16780.0	16779.8
货摊纺织、服装及鞋零售	644.5	644.5	517.0	517.0
旧货零售	363.9	284.6	269.5	269.5
生活用燃料零售	14716.4	14716.4	11775.2	11775.2

业企业财务状况（续十）

单位：万元

营业税金及附加	主营业务税金及附加	其他业务利润	销售费用	管理费用	税金
14589.3	13501.8	36973.4	256135.5	97128.3	4079.2
6221.0	6088.2	22704.3	76452.5	23326.2	2299.9
5649.7	5592.2	20731.2	70955.5	20809.8	2289.0
536.5	461.2	1973.1	5092.2	2188.4	5.1
34.8	34.8		404.8	328.0	5.8
244.8	231.9	323.2	8966.9	5736.9	39.7
40.9	28.0		1897.2	467.0	13.4
57.0	57.0	246.9	1700.5	1073.3	10.6
28.8	28.8	13.4	807.0	1227.3	
0.3	0.3		23.5	220.8	
79.5	79.5		2585.8	1700.6	
29.9	29.9	62.9	73.4	60.9	3.9
			1695.1	954.7	11.8
8.4	8.4		184.4	32.3	
305.1	305.1	294.3	7393.5	2217.1	265.1
6.4	6.4		462.6	86.6	
151.2	151.2	70.0	3246.1	1094.3	263.5
1.0	1.0		52.4	0.2	
141.7	141.7	224.3	3239.7	824.2	1.4
4.5	4.5		392.6	191.0	0.2
245.4	226.2	1309.4	2358.5	3574.2	13.9
1.6	1.6			20.5	
0.7	0.7			45.5	
5.8	5.8	36.1	1536.2	1894.5	13.8
196.6	196.6		330.8	1414.9	0.1
40.7	21.5	1273.3	491.5	198.8	
985.9	985.8	31.9	40913.5	8179.2	13.3
876.2	876.1	31.9	38469.4	6265.5	12.9
109.7	109.7		2444.1	1913.7	0.4
4848.0	3989.9	8962.0	92496.6	35432.4	1309.3
2798.7	2631.6	7771.5	43067.6	29649.9	936.8
3.2	3.2	204.7	170.4	8.0	3.2
2046.1	1355.1	985.8	49258.6	5774.5	369.3
740.3	740.3	873.7	19170.2	13452.6	130.6
9.0	9.0		8.0	137.7	
373.6	373.6		13081.6	3856.5	0.9
194.8	194.8	873.7	4938.6	8122.4	5.0
136.2	136.2		1112.5	1129.2	124.7
26.7	26.7		29.5	206.8	
865.9	859.2	2474.6	7203.5	4754.0	4.6
2.0	2.0		74.8	37.1	0.3
38.2	38.2		15.9	16.5	
708.3	708.3	2435.7	6907.5	4401.4	3.2
91.3	91.3			197.4	
25.0	18.3	38.9	194.6	82.7	
1.1	1.1		10.7	18.9	1.1
132.9	75.2		1180.3	455.7	2.8
60.0	2.3			23.2	
2.2	2.2		43.3	48.6	
69.8	69.8		719.7	231.9	2.8

8-7 限额以上批发和零售

	营业收入	主营业务收入	营业成本	主营业务成本
按登记注册类型分				
内资企业	4030135.9	3972905.6	3556507.7	3525770.9
国有企业	19489.4	19303.2	18749.5	18693.2
集体企业	25370.6	25291.3	23478.9	23478.9
有限责任公司	1679594.6	1655122.5	1483891.2	1468785.3
国有独资公司	327000.1	321932.9	278463.8	270645.4
其他有限责任公司	1352594.5	1333189.6	1205427.4	1198139.9
股份有限公司	725538.5	716296.9	644139.6	639212.9
私营企业	1574149.1	1550940.4	1381556.9	1370912.2
私营独资企业	3037.5	3037.5	2575.2	2575.2
私营有限责任公司	1516888.9	1494145.0	1327989.3	1317344.6
私营股份有限公司	54222.7	53757.9	50992.4	50992.4
其他企业	5993.7	5951.3	4691.6	4688.4
港、澳、台商投资企业	201895.3	194890.2	170422.0	169141.3
港澳台商独资企业	177934.3	171109.0	148644.6	147363.9
港、澳、台商投资股份有限公司	23961.0	23781.2	21777.4	21777.4
外商投资企业	12366.4	11674.7	10303.1	10267.7
外资企业	12366.4	11674.7	10303.1	10267.7
按控股情况分				
国有控股	1120858.7	1103066.7	1003583.9	986279.2
集体控股	25370.6	25291.3	23478.9	23478.9
私人控股	2164235.8	2137675.8	1910129.8	1897808.3
港澳台商控股	201895.3	194890.2	170422.0	169141.3
外商控股	12366.4	11674.7	10303.1	10267.7
其他	719670.8	706871.8	619315.1	618204.5
按经营形式分				
独立门店	2699430.8	2656722.8	2411779.2	2395402.0
连锁总店	591101.3	585107.2	502165.5	495590.6
连锁门店	148115.3	138498.9	118343.8	117193.1
其他	805750.2	799141.6	704944.3	696994.2
大型	1522622.6	1485395.5	1315455.4	1291894.7
中型	2177741.8	2151042.5	1933479.4	1925876.4
小型	435851.0	434850.3	392353.4	392160.0
微型	108182.2	108182.2	95944.6	95248.8
按零售业态分				
有店铺零售	4084537.6	4019640.0	3597578.7	3565526.0
食杂店	3749.1	3749.1	3560.0	3437.6
便利店	322187.8	317379.7	277260.1	269474.6
超市	22954.6	22863.1	19796.0	19753.8
大型超市	235179.4	221745.7	191597.6	188831.5
百货店	570798.5	552160.3	464230.2	458798.3
专业店	1476007.2	1462820.9	1328373.5	1317383.1
专卖店	1366142.7	1354634.2	1245437.8	1241608.8
家居建材商店	25485.3	22254.0	14972.2	13887.0
购物中心	4090.3	4090.3	3183.3	3183.3
厂家直销中心	57942.7	57942.7	49168.0	49168.0
无店铺零售	159860.0	159830.5	139654.1	139653.9
网上商店	481.7	452.2	75.4	75.2

业企业财务状况（续十一）

单位：万元

营业税金及附加	主营业务税金及附加	其他业务利润	销售费用	管理费用	税金
13653.6	12566.1	30492.6	236551.0	92118.8	4028.6
33.6	33.6	31.2	225.5	676.0	10.1
39.5	39.5	252.2	685.0	944.4	11.6
4817.6	4708.1	15419.5	104375.4	35336.7	1493.7
652.2	652.2	36.1	22419.4	7913.3	277.3
4165.4	4055.9	15383.4	81956.0	27423.4	1216.4
3170.3	2439.0	2958.1	37702.7	8987.2	1968.5
5572.3	5325.6	11831.6	92911.7	45850.2	544.7
10.9	10.9		37.9	244.8	
5449.6	5205.7	11366.9	91417.7	45057.1	496.3
111.8	109.0	464.7	1456.1	548.3	48.4
20.3	20.3		650.7	324.3	
929.2	929.2	5824.5	17635.2	4367.8	47.0
903.3	903.3	5644.7	16722.6	3783.1	
25.9	25.9	179.8	912.6	584.7	47.0
6.5	6.5	656.3	1949.3	641.7	3.6
6.5	6.5	656.3	1949.3	641.7	3.6
2623.6	1932.6	2458.3	58323.7	11879.8	415.1
39.5	39.5	252.2	685.0	944.4	11.6
8098.1	7845.9	14244.2	115555.3	63788.6	1817.2
929.2	929.2	5824.5	17635.2	4367.8	47.0
6.5	6.5	656.3	1949.3	641.7	3.6
2892.4	2748.1	13537.9	61987.0	15506.0	1784.7
9866.2	9529.9	27971.5	129043.4	63594.8	1908.6
2062.0	1371.0	1224.6	56866.5	5147.4	162.3
602.3	599.8	7312.3	18050.3	4302.8	407.9
2058.8	2001.1	465.0	52175.3	24083.3	1600.4
5034.1	4340.5	13761.0	122656.0	22098.9	2506.5
7911.0	7614.2	19856.1	114193.3	51578.3	1408.7
1323.1	1245.2	3002.8	17170.2	20165.4	158.2
321.1	301.9	353.5	2116.0	3285.7	5.8
14137.1	13107.3	36943.9	250141.0	87252.1	4078.8
8.4	8.4		227.5	86.2	
645.9	645.9	13.4	21072.2	7198.4	260.7
117.4	116.5		695.4	1244.0	9.1
892.9	803.1	12607.6	27591.7	4561.5	397.5
5286.2	5231.2	10164.0	50885.8	18057.3	2053.3
3652.9	2921.3	3486.8	86731.1	17207.5	261.9
2686.8	2534.3	8541.1	51769.8	32661.4	992.7
704.8	704.8	2130.8	6841.1	4244.7	2.4
49.7	49.7		583.2	164.0	44.5
92.1	92.1	0.2	3743.2	1827.1	56.7
452.2	394.5	29.5	5994.5	9876.2	0.4
9.8	9.8	29.5	248.1	18.6	

8-7 限额以上批发和零售

指标名称	财务费用			资产减值损失
		利息收入	利息支出	
总计	112013.6	16672.4	73985.9	1572.4
批发业	59652.3	14984.0	57783.9	414.1
按批发行业小类分				
农、林、牧产品批发	117.2	1.8	55.6	
谷物、豆及薯类批发	33.1	0.4	13.5	
饲料批发	0.5	1.0		
棉、麻批发	73.0			
其他农牧产品批发	10.6	0.4	42.1	
食品、饮料及烟草制品批发	−1308.3	3874.8	1348.9	154.3
米、面制品及食用油批发	166.0	0.6	0.4	6.5
糕点、糖果及糖批发	30.5			
果品、蔬菜批发	1488.1	33.4	1208.4	48.1
肉、禽、蛋、奶及水产品批发	−5.4	41.3	35.9	
盐及调味品批发	−479.7	497.2		84.9
营养和保健品批发	0.3			
酒、饮料及茶叶批发	470.7	5.2	104.2	14.8
烟草制品批发	−3296.1	3297.1		
其他食品批发	317.3			
纺织、服装及家庭用品批发	1035.4	−6.7	534.3	247.1
纺织品、针织品及原料批发	330.4			243.0
服装批发	13.2	76.1	7.5	
鞋帽批发	−107.9	−108.1	0.2	
化妆品及卫生用品批发	242.8			
厨房、卫生间用具及日用杂货批发				
家用电器批发	293.3	11.0	272.3	4.1
其他家庭用品批发	263.6	14.3	254.3	
文化、体育用品及器材批发	289.3	339.1	532.1	
文具用品批发	−1.0	1.3	0.1	
图书批发	−245.2	337.4	35.6	
首饰、工艺品及收藏品批发	535.5	0.4	496.4	
医药及医疗器材批发	11853.9	604.8	6460.6	1484.5
西药批发	11059.2	558.8	5737.8	1277.8
中药批发	674.1	45.8	685.3	206.7
医疗用品及器材批发	120.6	0.2	37.5	
矿产品、建材及化工产品批发	44705.7	9935.3	46493.8	−1504.9
煤炭及制品批发	1172.1	775.0	1398.3	25.0
石油及制品批发	25327.3	6324.8	31200.0	714.5
非金属矿及制品批发	−25.2	25.3	0.1	
金属及金属矿批发	9691.8	2015.0	6708.6	−2376.9
建材批发	5844.3	13.0	5638.5	61.3
化肥批发	332.5	4.8	103.8	55.3
其他化工产品批发	2362.9	777.4	1444.5	15.9
机械设备、五金产品及电子产品批发	2909.6	230.4	2324.7	33.1
农业机械批发	194.5	5.7	190.5	
汽车批发	635.2	86.0	176.7	
汽车零配件批发	1.0	50.9	36.4	
摩托车及零配件批发				
五金产品批发	0.8	0.6		
电气设备批发	129.7			
计算机、软件及辅助设备批发	76.1	0.8	21.0	
通讯及广播电视设备批发	839.2	0.9	825.1	
其他机械设备及电子产品批发	1033.1	85.5	1075.0	33.1
其他批发业	49.5	4.5	33.9	
再生物资回收与批发	1.0	0.5	0.9	
其他未列明批发业	48.5	4.0	33.0	

业企业财务状况（续十二）

单位：万元

公允价值变动收益	投资收益	营业利润	营业外收入	补贴收入
1773.5	71415.7	210615.2	13984.0	1858.9
1631.9	4806.4	36775.4	7885.8	1188.9
	62.9	−191.6	2119.7	262.1
		−50.9	93.0	36.0
		269.3	5.0	5.0
	62.9	−477.1	2000.6	200.0
		67.1	21.1	21.1
15.1	3525.5	73420.2	279.2	76.8
−0.4	0.1	41.2	0.1	
		−97.4	1.6	
15.5	15.0	10369.6	25.9	13.7
		2505.9	31.0	31.0
	510.4	10110.9	104.0	10.0
		−144.9		
		3509.9	79.4	
	3000.0	47204.7	37.0	22.1
		−79.7	0.2	
		1220.6	35.3	7.4
		795.1	7.4	7.4
		128.0		
		23.5	2.0	
		25.9	7.2	
		242.8	18.7	
		5.3		
		−1107.8	884.7	
		174.6	0.3	
		57.8	883.4	
		−1340.2	1.0	
	40.1	12225.1	896.5	11.1
		8843.1	885.3	2.9
	40.1	2982.5	11.1	8.2
		399.5	0.1	
1616.8	791.0	−52268.4	3383.4	767.5
		102.9	149.3	3.0
	−518.7	−74047.1	1833.8	690.3
		−376.8	5.0	
1616.8	394.3	3418.7	347.8	37.4
	917.4	−6275.7	51.3	6.2
	−2.0	−1241.6	930.2	9.4
		26151.2	66.0	21.2
	386.9	3519.0	210.8	5.0
		−20.7		
	386.2	868.8	73.9	
		121.9		
		400.0		
		1.5		
		185.3	6.7	5.0
	0.7	1746.6		
		215.6	130.2	
		−41.7	76.2	59.0
		−52.3	43.5	43.5
		10.6	32.7	15.5

8-7 限额以上批发和零售

	财务费用	利息收入	利息支出	资产减值损失
按登记注册类型分				
内资企业	59660.2	14976.6	57787.7	414.1
国有企业	-3158.8	3312.4	90.5	-97.2
集体企业	161.1	8.5	96.2	
有限责任公司	12264.1	7112.6	13574.6	-540.1
国有独资公司	-551.4	5319.0	4919.2	-16.0
其他有限责任公司	12815.5	1793.6	8655.4	-524.1
股份有限公司	25015.9	510.8	25536.3	72.2
私营企业	25377.9	4032.3	18490.1	979.2
私营独资企业	18.6	0.1	12.5	10.0
私营合伙企业				
私营有限责任公司	17181.5	3808.4	10208.8	969.2
私营股份有限公司	8177.8	223.8	8268.8	
港、澳、台商投资企业				
其他企业	-2.4	0.2	-2.6	
港澳台商独资企业	-2.4	0.2	-2.6	
外商投资企业	-5.5	7.2	-1.2	
外资企业	-5.5	7.2	-1.2	
按控股情况分				
国有控股	23463.1	9740.0	32408.3	-1500.2
集体控股	566.6	14.5	273.7	
私人控股	30620.4	4162.3	21016.1	1846.2
港澳台商控股	-2.4	0.2	-2.6	
外商控股	-5.5	7.2	-1.2	
其他	5010.1	1059.8	4089.6	68.1
按经营形式分				
独立门店	17187.6	8340.9	13977.9	-1770.3
连锁总店	-316.1	316.1		
其他	42652.9	6327.0	43806.0	2184.4
大型	1033.5	8310.7	8001.3	6.7
中型	41686.5	4704.7	36218.1	2328.3
小型	9879.3	1530.5	6222.7	-1931.0
微型	7053.0	438.1	7341.8	10.1

业企业财务状况（续十三）

单位：万元

公允价值变动收益	投资收益	营业利润	营业外收入	补贴收入
1631.9	4806.4	36019.4	7812.8	1188.9
	3000.0	47169.2	163.5	29.5
	60.9	-336.8	2000.6	200.0
1616.8	1330.6	132429.2	2601.2	423.7
	1.4	112128.1	935.5	386.6
1616.8	1329.2	20301.1	1665.7	37.1
	917.4	-182108.1	762.2	139.8
15.1	-502.5	38865.9	2285.3	395.9
13.5	13.5	442.1	8.0	1.0
1.6	-516.0	47330.3	1901.0	389.9
		-8906.5	376.3	5.0
		798.6	26.5	
		798.6	26.5	
		-42.6	46.5	
		-42.6	46.5	
1616.8	4475.4	-12247.2	1616.9	572.7
	60.9	-869.1	2939.7	212.3
15.1	-117.1	42875.4	2740.5	398.9
		798.6	26.5	
		-42.6	46.5	
	387.2	6260.3	515.7	5.0
1631.9	4417.3	185706.9	3456.1	551.3
		928.0	2.0	
	389.1	-149961.7	4427.7	637.6
	3377.4	113134.2	1545.1	375.5
1616.4	1057.3	-73039.5	3658.6	386.7
	356.7	8410.7	2657.7	420.5
15.5	15.0	-11730.0	24.4	6.2

8-7 限额以上批发和零售

	财务费用	利息收入	利息支出	资产减值损失
零售业	**52361.3**	**1688.4**	**16202.0**	**1158.3**
按零售行业小类分				
综合零售	3413.3	688.2	2501.7	169.3
百货零售	3176.7	687.7	2508.6	169.3
超级市场零售	100.7	0.4	-23.2	
其他综合零售	135.9	0.1	16.3	
食品、饮料及烟草制品专门零售	240.6	14.5	60.8	79.7
粮油零售	38.7	1.9	19.0	
糕点、面包零售	10.4		2.0	
果品、蔬菜零售	54.4		37.3	
肉、禽、蛋、奶及水产品零售	7.4			
营养和保健品零售	54.9			79.7
酒、饮料及茶叶零售	9.3	0.2	2.5	
烟草制品零售	63.7	12.4		
其他食品零售	1.8			
纺织、服装及日用品专门零售	37.0	165.8	177.1	
纺织品及针织品零售	3.3			
服装零售	22.4	-0.2	1.9	
鞋帽零售				
化妆品及卫生用品零售	-103.1	166.0	60.8	
钟表、眼镜零售	114.4		114.4	
文化、体育用品及器材专门零售	7007.8	1.7	54.1	426.0
文具用品零售				
体育用品及器材零售	0.2			
图书、报刊零售	0.3	1.6	0.8	
珠宝首饰零售	6897.1	0.1		426.0
工艺美术品及收藏品零售	110.2		53.3	
医药及医疗器材专门零售	1198.2	97.7	301.8	31.3
药品零售	1198.7	96.0	301.8	23.7
医疗用品及器材零售	-0.5	1.7		7.6
汽车、摩托车、燃料及零配件专门零售	38135.4	633.4	12129.2	411.6
汽车零售	16926.8	644.7	9772.9	411.6
汽车零配件零售	2.6	2.6		
机动车燃料零售	21206.0	-13.9	2356.3	
家用电器及电子产品专门零售	1618.2	76.6	287.2	39.2
家用视听设备零售	4.1			
日用家电设备零售	256.4	72.7	10.4	0.2
计算机、软件及辅助设备零售	80.0	3.9	64.3	39.0
通信设备零售	1275.8		210.6	
其他电子产品零售	1.9		1.9	
五金、家具及室内装饰材料专门零售	692.9	10.5	678.5	1.2
五金零售	0.1			
灯具零售				
家具零售	676.4	10.5	678.5	
木质装饰材料零售	9.0			
陶瓷、石材装饰材料零售	7.3			
其他室内装饰材料零售	0.1			1.2
货摊、无店铺及其他零售业	17.9		11.6	
货摊纺织、服装及鞋零售				
旧货零售				
生活用燃料零售	7.4		2.6	

业企业财务状况（续十四）

单位：万元

公允价值变动收益	投资收益	营业利润	营业外收入	补贴收入
141.6	**66609.3**	**173839.8**	**6098.2**	**670.0**
166.6	16091.4	56024.6	1607.8	15.3
	16091.4	52360.6	1395.6	0.6
166.6		3625.7	210.8	14.7
		38.3	1.4	
0.3	53.6	2415.4	699.8	486.6
0.3		341.3	395.7	384.2
		325.7	41.9	40.8
		−44.8	58.9	57.4
		15.0		
	53.6	367.7	198.7	
		816.3		
		567.9	4.6	4.2
		26.3		
		3721.2	11.9	
			1.0	
		765.9	7.6	
		2.3		
		3029.2	3.3	
		−65.3		
−25.8	36238.1	34793.0	15.3	
		83.4		
		15.6		
		281.5	0.1	
−25.8	36238.1	33431.1	15.2	
		981.4		
		7092.5	216.7	
		4778.0	216.7	
		2314.5		
	14216.0	68710.3	2586.3	44.0
	14216.0	32244.5	2441.7	44.0
		23.7		
		36442.1	144.6	
0.5	10.2	740.8	857.2	101.2
	2.0	263.0		
0.5	8.2	2163.3	186.0	101.2
		−2217.0	11.1	
		526.1	660.1	
		5.4		
		−1330.4	41.6	22.4
		−8.5	2.0	
		47.1		
		−1901.6	27.9	10.7
		131.7		
		410.0	2.0	2.0
		−9.1	9.7	9.7
		1672.4	61.6	0.5
		44.3		
		0.3	10.3	0.5
		1912.4	45.0	

8-7 限额以上批发和零售

	财务费用	利息收入	利息支出	资产减值损失
按登记注册类型分				
内资企业	51992.3	1443.2	15917.6	1158.3
国有企业	8.8	-1.2	7.8	
集体企业	183.4	0.7	178.9	
有限责任公司	30323.6	709.7	7868.9	323.1
国有独资公司	20014.4	7.7	1146.0	
其他有限责任公司	10309.2	702.0	6722.9	323.1
股份有限公司	10944.6	116.7	3008.0	461.7
私营企业	10530.1	617.3	4853.0	373.5
私营独资企业	2.9			
私营有限责任公司	9943.4	576.3	4264.8	373.5
私营股份有限公司	583.8	41.0	588.2	
其他企业	1.8		1.0	
港、澳、台商投资企业	324.3	199.6	284.4	
港、澳、台商独资企业	64.3	188.8	21.7	
港、澳、台商投资股份有限公司	260.0	10.8	262.7	
外商投资企业	44.7	45.6		
外资企业	44.7	45.6		
按控股情况分				
国有控股	21995.5	68.9	3047.1	39.0
集体控股	183.4	0.7	178.9	
私人控股	23434.2	844.7	8411.7	843.2
港澳台商控股	324.3	199.6	284.4	
外商控股	44.7	45.6		
其他	6379.2	528.9	4279.9	276.1
按经营形式分				
独立门店	22223.1	1025.8	13524.3	529.7
连锁总店	1593.5	249.8	936.5	23.7
连锁门店	-182.2	308.2	50.7	132.3
其他	28726.9	104.6	1690.5	472.6
大型	24135.9	521.3	4586.5	190.8
中型	18923.3	739.5	10081.6	532.4
小型	2355.8	424.5	1522.2	7.9
微型	6946.3	3.1	11.7	427.2
按零售业态分				
有店铺零售	45405.7	1685.1	16200.5	724.7
食杂店	20.5	0.3	19.0	
便利店	20160.9	5.8	1171.4	
超市	139.8	0.4	47.1	
大型超市	-224.1	315.4	-30.3	133.9
百货店	3395.5	372.5	2475.9	35.4
专业店	8666.7	373.0	5178.6	61.5
专卖店	11304.0	605.3	5648.1	493.9
家居建材商店	675.5	10.5	677.6	
购物中心	13.8	1.3	1.9	
厂家直销中心	1253.1	0.6	1011.2	
无店铺零售	6955.6	3.3	1.5	433.6
网上商店	56.7			

业企业财务状况（续十五）

单位：万元

公允价值变动收益	投资收益	营业利润	营业外收入	补贴收入
141.6	66609.3	166112.6	5849.0	646.9
		−182.0	156.2	152.8
		39.4	12.0	0.5
166.9	13819.2	54719.6	1693.7	252.4
		15976.2	57.2	
166.9	13819.2	38743.4	1636.5	252.4
−25.8	51315.5	71420.7	1291.6	
0.5	1474.6	39809.9	2695.5	241.2
		165.8		
0.5	1474.6	39113.8	2670.2	235.7
		530.3	25.3	5.5
		305.0		
		8216.8	238.7	23.1
		7816.4	211.9	23.1
		400.4	26.8	
		−489.6	10.5	
		−489.6	10.5	
	3.2	40969.5	673.8	384.2
		39.4	12.0	0.5
−25.3	52712.7	97728.4	3282.4	258.0
		8216.8	238.7	23.1
		−489.6	10.5	
166.9	13893.4	27375.3	1880.8	4.2
167.4	30284.6	93965.2	4302.4	185.8
	2.0	24918.2	402.5	57.4
	7.2	6945.3	685.1	168.6
−25.8	36315.5	48011.1	708.2	258.2
	15084.2	66545.7	1691.0	101.2
166.9	15418.0	69418.5	3380.7	403.2
0.5	−131.0	2496.4	993.7	150.4
−25.8	36238.1	35379.2	32.8	15.2
167.4	30371.2	141133.7	6076.7	670.0
		−31.2	62.8	62.8
		14289.4	112.6	98.2
		963.0	57.5	15.3
166.9		10865.3	772.0	
	16091.4	45270.5	799.1	0.5
	8600.0	41585.7	919.8	108.7
0.5	5679.8	28194.1	3319.6	373.8
		−1953.0	27.9	10.7
		91.1	1.0	
		1858.8	4.4	
−25.8	36238.1	32706.1	21.5	
		73.3		

8-7 限额以上批发和零售业企业财务状况（续十六）

单位：万元

	利润总额	应交所得税	应付职工薪酬（本年贷方累计发生额）	应交增值税
总计	190040.8	40673.1	777356.8	698049.7
批发业	14152.7	20926.3	207359.1	609463.3
按批发行业小类分				
农、林、牧产品批发	1844.4	420.8	652.9	53.2
谷物、豆及薯类批发	13.6	4.3	43.0	
饲料批发	274.3	2.4	102.8	33.5
棉、麻批发	1470.2	391.3	445.0	
其他农牧产品批发	86.3	22.8	62.1	19.7
食品、饮料及烟草制品批发	66263.8	14038.5	36990.1	54470.7
米、面制品及食用油批发	35.9		416.0	111.7
糕点、糖果及糖批发	-95.8	20.5	630.3	137.4
果品、蔬菜批发	6736.4	545.4	2626.3	20807.2
肉、禽、蛋、奶及水产品批发	506.0	101.9	580.8	24945.7
盐及调味品批发	9473.0	1431.3	9941.2	3442.7
营养和保健品批发	-144.9		55.4	67.4
酒、饮料及茶叶批发	2631.0	521.7	5352.0	4883.9
烟草制品批发	47193.9	11417.2	16658.3	
其他食品批发	-71.7	0.5	729.8	74.7
纺织、服装及家庭用品批发	410.3	97.9	2748.2	2164.4
纺织品、针织品及原料批发	-35.5	4.8	138.8	24.6
服装批发	134.7	46.4	1200.2	993.6
鞋帽批发	25.5	1.2	29.2	
化妆品及卫生用品批发	31.6	7.9	294.5	18.1
厨房、卫生间用具及日用杂货批发				
家用电器批发	254.8	37.6	950.6	203.1
其他家庭用品批发	-0.8		134.9	925.0
文化、体育用品及器材批发	-223.1	30.7	5888.5	-488.3
文具用品批发	174.9	26.4	144.4	29.0
图书批发	941.2	2.8	2988.4	17.4
首饰、工艺品及收藏品批发	-1339.2	1.5	2755.7	-534.7
医药及医疗器材批发	12951.6	2619.5	19140.3	11126.1
西药批发	9812.8	1819.8	16657.2	9407.0
中药批发	2742.3	698.7	2184.1	1565.6
医疗用品及器材批发	396.5	101.0	299.0	153.5
矿产品、建材及化工产品批发	-69599.3	2784.4	133271.8	537510.2
煤炭及制品批发	-548.9	52.0	778.9	113.2
石油及制品批发	-64989.3	3229.4	90850.5	519433.8
非金属矿及制品批发	-376.8	0.5	99.5	99.9
金属及金属矿批发	3740.7	794.9	4834.8	29410.6
建材批发	-7174.6	-1486.4	34151.4	-18983.8
化肥批发	-316.5	2.0	968.2	161.6
其他化工产品批发	66.1	192.0	1588.5	7274.9
机械设备、五金产品及电子产品批发	2470.7	894.8	8136.3	4420.5
农业机械批发	11.2		21.7	14.5
汽车批发	1420.1	365.4	2257.9	1782.9
汽车零配件批发	116.9	0.8	365.9	94.9
摩托车及零配件批发				
五金产品批发	400.0	37.4	177.5	128.9
电气设备批发	1.5	0.5	150.7	11.1
计算机、软件及辅助设备批发	192.0	35.3	399.8	160.3
通讯及广播电视设备批发	1684.1	428.5	1307.0	1983.6
其他机械设备及电子产品批发	-1355.1	26.9	3455.8	244.3
其他批发业	34.3	39.7	531.0	206.5
再生物资回收与批发	-8.9	38.8	349.0	60.2
其他未列明批发业	43.2	0.9	182.0	146.3

8–7 限额以上批发和零售业企业财务状况（续十七）

单位：万元

	利润总额	应交所得税	应付职工薪酬（本年贷方累计发生额）	应交增值税
按登记注册类型分				
内资企业	13548.8	20679.7	204095.2	608479.8
国有企业	47363.9	11563.2	17383.6	75.9
集体企业	1610.5	391.3	521.7	10.2
有限责任公司	123897.2	6755.8	144170.7	504050.4
国有独资公司	105050.4	2951.5	79701.6	500670.8
其他有限责任公司	18846.8	3804.3	64469.1	3379.6
股份有限公司	−167208.8	127.5	14761.8	19722.7
私营企业	7886.0	1841.9	27257.4	84620.6
私营独资企业	424.1		235.2	
私营合伙企业				
私营有限责任公司	16351.5	3513.3	25438.6	85194.0
私营股份有限公司	−8889.6	−1671.4	1583.6	−573.4
其他企业				
港、澳、台商投资企业	824.2	226.1	2151.6	732.9
港澳台商独资企业	824.2	226.1	2151.6	732.9
外商投资企业	−220.3	20.5	1112.3	250.6
外资企业	−220.3	20.5	1112.3	250.6
按控股情况分				
国有控股	−4266.1	16778.2	157599.7	505243.8
集体控股	1834.5	449.1	1287.0	386.3
私人控股	9354.5	2303.6	34122.1	94860.9
港澳台商控股	824.2	226.1	2151.6	732.9
外商控股	−220.3	20.5	1112.3	250.6
其他	6625.9	1148.8	11086.4	7988.8
按经营形式分				
独立门店	171362.1	16659.2	127370.6	561714.5
连锁总店	930.0		2801.2	17.4
其他	−158240.2	4241.9	76787.3	47590.5
大型	106393.7	13740.8	111271.2	503896.0
中型	−82998.4	7160.4	50112.1	93295.2
小型	3229.6	1691.2	44493.5	12851.0
微型	−12472.2	−1666.1	1482.3	−578.9

8-7 限额以上批发和零售业企业财务状况（续十八）

单位：万元

	利润总额	应交所得税	应付职工薪酬（本年贷方累计发生额）	应交增值税
零售业	**175888.1**	**19746.8**	**569997.7**	**88586.4**
按零售行业小类分				
综合零售	55086.5	11495.2	28507.1	16792.3
百货零售	51458.2	11178.8	24924.2	16063.7
超级市场零售	3589.4	315.6	2656.2	627.3
其他综合零售	38.9	0.8	926.7	101.3
食品、饮料及烟草制品专门零售	2907.5	604.7	5432.2	692.6
粮油零售	734.3	166.3	541.7	177.9
糕点、面包零售	365.0	60.2	981.7	188.6
果品、蔬菜零售	123.4	3.5	570.6	0.2
肉、禽、蛋、奶及水产品零售	15.0		214.0	17.8
营养和保健品零售	562.2	202.3	1506.9	263.3
酒、饮料及茶叶零售	509.1	29.2	117.4	43.9
烟草制品零售	572.5	143.1	1442.5	
其他食品零售	26.0	0.1	57.4	0.9
纺织、服装及日用品专门零售	3682.1	8.1	2958.1	1559.9
纺织品及针织品零售	6.2		291.1	51.8
服装零售	743.8	0.7	1523.6	805.5
鞋帽零售	2.4	0.3	68.0	11.2
化妆品及卫生用品零售	3010.9	7.1	772.2	651.3
钟表、眼镜零售	−70.3		291.7	37.5
文化、体育用品及器材专门零售	34855.6	144.1	2553.9	152.0
文具用品零售	83.4		11.8	6.5
体育用品及器材零售	15.6	3.0	27.6	
图书、报刊零售	319.4		1870.1	11.3
珠宝首饰零售	33451.5		96.7	1.3
工艺美术品及收藏品零售	985.7	141.1	547.7	132.9
医药及医疗器材专门零售	7100.2	1329.1	14879.6	7070.4
药品零售	4801.9	754.2	14095.7	6293.4
医疗用品及器材零售	2298.3	574.9	783.9	777.0
汽车、摩托车、燃料及零配件专门零售	69026.8	5277.2	439683.2	60052.1
汽车零售	35739.8	3964.5	29277.8	14075.6
汽车零配件零售	23.7		95.4	30.9
机动车燃料零售	33263.3	1312.7	410310.0	45945.6
家用电器及电子产品专门零售	3034.7	307.4	59865.2	1713.9
家用视听设备零售	146.0	36.5	31.2	8.3
日用家电设备零售	2129.1	35.9	4273.8	1084.1
计算机、软件及辅助设备零售	589.2	191.1	54533.1	517.9
通信设备零售	166.0	42.9	931.9	101.0
其他电子产品零售	4.4	1.0	95.2	2.6
五金、家具及室内装饰材料专门零售	−1539.2	83.6	14965.9	62.0
五金零售	−6.5	1.3	131.0	5.3
灯具零售	47.1		12.9	
家具零售	−1901.6	34.5	14417.9	31.8
木质装饰材料零售	131.7		127.5	2.4
陶瓷、石材装饰材料零售	189.5	47.7	264.2	21.4
其他室内装饰材料零售	0.6	0.1	12.4	1.1
货摊、无店铺及其他零售业	1733.9	497.4	1152.5	491.2
货摊纺织、服装及鞋零售	44.3		36.0	6.0
旧货零售	10.6	1.0	65.4	
生活用燃料零售	1957.3	496.3	904.2	423.5

8–7 限额以上批发和零售业企业财务状况（续十九）

单位：万元

	利润总额	应交所得税	应付职工薪酬（本年贷方累计发生额）	应交增值税
按登记注册类型分				
内资企业	168087.9	17888.0	563706.5	84960.0
国有企业	–23.8	0.3	369.2	55.5
集体企业	49.5	3.2	1285.3	139.3
有限责任公司	53806.5	6521.8	65203.2	57855.1
国有独资公司	14403.2	496.3	8955.0	423.1
其他有限责任公司	39403.3	6025.5	56248.2	57432.0
股份有限公司	72149.8	2867.3	407834.3	5039.4
私营企业	41972.0	8495.2	88550.9	21870.5
私营独资企业	172.8	36.6	93.8	8.3
私营有限责任公司	41258.4	8282.2	87451.8	21233.1
私营股份有限公司	540.8	176.4	1005.3	629.1
其他企业	133.9	0.2	463.6	0.2
港、澳、台商投资企业	8279.2	1858.8	5899.9	3650.9
港澳台商独资企业	7919.0	1766.8	5377.9	3450.0
港、澳、台商投资股份有限公司	360.2	92.0	522.0	200.9
外商投资企业	–479.0		391.3	–24.5
外资企业	–479.0		391.3	–24.5
按控股情况分				
国有控股	38208.1	2188.3	417994.8	47330.4
集体控股	49.5	3.2	1285.3	139.3
私人控股	99627.3	10172.6	102060.5	29613.9
港澳台商控股	8279.2	1858.8	5899.9	3650.9
外商控股	–479.0		391.3	–24.5
其他	30203.0	5523.9	42365.9	7876.4
按经营形式分				
独立门店	96174.9	15964.7	77929.2	75481.2
连锁总店	23196.3	586.1	412121.2	5547.4
连锁门店	6533.3	2051.9	6117.9	2187.1
其他	49983.6	1144.1	73829.4	5370.7
大型	64636.4	5561.0	436831.0	56851.7
中型	71988.6	12981.3	70221.9	27631.7
小型	4596.9	1017.7	62042.7	3714.0
微型	34666.2	186.8	902.1	389.0
按零售业态分				
有店铺零售	140299.1	19171.6	517024.2	87632.0
食杂店	31.3	0.1	77.4	0.8
便利店	12739.1	4.3	6993.3	190.9
超市	659.8	34.8	1086.4	63.4
大型超市	10258.3	3250.1	11213.1	4182.8
百货店	44971.1	8376.5	17669.7	12841.4
专业店	40255.5	4391.5	431645.8	56009.9
专卖店	30526.3	2861.9	31910.9	12817.3
家居建材商店	–1963.2	32.5	14309.3	28.7
购物中心	89.1		470.1	51.8
厂家直销中心	2731.8	219.9	1648.2	1445.0
无店铺零售	35589.0	575.2	52973.5	954.4
网上商店	68.3	1.4	201.9	16.0

8-8 星级住宿业和限额以

	法人企业数（个）	执行《2006企业会计准则》企业数（个）	年初存货	流动资产合计	应收帐款	存货
总计	227	184	10974.4	217751.4	23544.1	11722.7
住宿业	87	70	5822.4	164802.3	14445.1	4372.0
按住宿业行业小类分						
旅游饭店	48	41	3255.5	117870.4	11655.1	2881.9
一般旅馆	34	25	2509.7	15448.1	2338.5	1303.7
其他住宿业	5	4	57.2	31483.8	451.5	186.4
按登记注册类型分						
内资企业	86	69	5740.7	163617.6	14301.8	4290.3
国有企业	15	12	1530.8	36369.5	1503.0	1109.3
集体企业	3	3	55.2	2832.3	-15.1	53.0
有限责任公司	33	29	1642.1	95943.1	11062.6	1985.6
国有独资公司	6	6	490.8	18271.0	1069.3	515.4
其他有限责任公司	27	23	1151.3	77672.1	9993.3	1470.2
私营企业	35	25	2512.6	28472.7	1751.3	1142.4
私营独资企业	5	5	270.6	777.1	7.2	32.8
私营有限责任公司	29	19	2213.5	27432.0	1737.3	1081.1
私营股份有限公司	1	1	28.5	263.6	6.8	28.5
外商投资企业	1	1	81.7	1184.7	143.3	81.7
中外合资经营企业	1	1	81.7	1184.7	143.3	81.7
按控股情况分						
国有控股	29	25	2582.8	96503.7	3230.3	2088.0
集体控股	6	6	86.4	3883.9	-14.3	81.0
私人控股	48	35	2895.8	51400.1	8299.8	1948.6
外商控股	1	1	81.7	1184.7	143.3	81.7
其他	3	3	175.7	11829.9	2786.0	172.7
按经营形式分						
独立门店	78	64	4090.4	152940.4	11071.1	3999.2
连锁门店	2	1	5.4	572.7	42.6	1.8
其他	7	5	1726.6	11289.2	3331.4	371.0
按星级分						
五星	3	3	663.0	17699.5	578.0	443.4
四星	12	11	1218.2	58612.3	7322.0	1114.1
三星	15	14	895.1	22788.4	2872.1	767.9
二星	3	2	81.8	754.7	65.0	73.9
其他	53	39	2964.3	64947.4	3608.0	1972.7

上餐饮业企业财务状况

单位：万元

固定资产合计	固定资产原价	累计折旧	本年折旧	在建工程	资产总计
279076.6	431487.6	154195.2	12236.5	29594.0	644763.8
201854.4	337084.7	135230.3	9173.3	22034.8	485172.1
173877.0	294633.1	120756.1	7371.1	20141.3	404453.8
22630.4	35876.9	13246.5	1578.7	120.2	43447.9
5347.0	6574.7	1227.7	223.5	1773.3	37270.4
189116.8	305966.5	116849.7	8188.7	22034.8	471249.7
30459.8	81120.1	50660.3	2333.3	1328.4	70761.6
3811.0	11483.8	7672.8	305.7		6659.7
120438.6	172364.0	51925.4	4866.0	14301.7	318803.8
97720.6	127426.4	29705.8	3108.7		127216.8
22718.0	44937.6	22219.6	1757.3	14301.7	191587.0
34407.4	40998.6	6591.2	683.7	6404.7	75024.6
5413.3	5469.9	56.6	5.9	3.0	6917.7
28855.9	35163.7	6307.8	625.5	6401.7	67067.4
138.2	365.0	226.8	52.3		1039.5
12737.6	31118.2	18380.6	984.6		13922.4
12737.6	31118.2	18380.6	984.6		13922.4
137864.5	230420.9	92556.4	6158.8	2843.4	256405.7
6181.7	14901.4	8719.7	472.8	120.0	11985.4
40773.3	52689.2	11915.9	1172.8	19062.7	186488.5
12737.6	31118.2	18380.6	984.6		13922.4
4297.3	7955.0	3657.7	384.3	8.7	16370.1
192173.3	323042.6	130869.3	8844.8	22026.1	460216.8
126.0	289.4	163.4	19.7		1973.7
9555.1	13752.7	4197.6	308.8	8.7	22981.6
19423.0	57772.5	38349.5	877.5		38298.4
42929.8	86490.4	43560.6	2508.7	18855.9	160881.1
23565.8	44200.1	20634.3	3465.5	11.7	84291.9
952.1	1701.5	749.4	-49.1	1273.7	3041.9
114983.7	146920.2	31936.5	2370.7	1893.5	198658.8

8-8 星级住宿业和限额以

	法人企业数（个）	执行《2006企业会计准则》企业数（个）	年初存货	流动资产合计
餐饮业	**140**	**114**	**5152.0**	**52949.1**
按餐饮业行业小类分				
正餐服务	133	107	4355.5	44541.5
快餐服务	5	5	769.3	8215.8
饮料及冷饮服务	1	1	26.2	55.0
咖啡馆服务	1	1	26.2	55.0
其他餐饮业	1	1	1.0	136.8
其他未列明餐饮业	1	1	1.0	136.8
按登记注册类型分				
内资企业	138	112	4474.1	48803.1
国有企业	3	3	119.1	1644.0
有限责任公司	31	20	692.1	4858.1
国有独资公司	1			29.9
其他有限责任公司	30	20	692.1	4828.2
股份有限公司	8	7	187.3	5002.4
私营企业	95	81	3404.0	36437.3
私营独资企业	12	11	232.6	1532.4
私营有限责任公司	80	68	3154.1	34273.1
私营股份有限公司	3	2	17.3	631.8
其他企业	1	1	71.6	861.3
港、澳、台商投资企业	1	1	9.8	83.1
港澳台商独资企业	1	1	9.8	83.1
外商投资企业	1	1	668.1	4062.9
外资企业	1	1	668.1	4062.9
按控股情况分				
国有控股	5	3	119.1	1706.9
集体控股	3	3	179.8	1518.1
私人控股	125	102	4071.2	45387.7
港澳台商控股	1	1	9.8	83.1
外商控股	1	1	668.1	4062.9
其他	5	4	104.0	190.4
按经营形式分				
独立门店	124	99	3680.1	42484.6
连锁总店（总部）	3	2	766.0	4605.7
连锁门店	11	11	705.9	5858.8
其他	1	1	668.1	4062.9
大型	9	7	999.6	5088.5
中型	119	97	3429.2	43403.9
小型	11	9	55.1	393.8
微型	11	9	55.1	393.8

上餐饮业企业财务状况（续一）

单位：万元

应收帐款	存货	固定资产合计	固定资产原价	累计折旧	本年折旧	在建工程	资产总计
9099.0	7350.7	77222.2	94402.9	18964.9	3063.2	7559.2	159591.7
8006.1	6998.9	39946.6	53366.2	15203.8	2066.2	7344.9	105031.7
1059.1	328.4	36519.4	40183.6	3664.2	992.1	214.3	53612.0
32.6	22.4	310.9	389.0	78.1	4.0		365.9
32.6	22.4	310.9	389.0	78.1	4.0		365.9
1.2	1.0	445.3	464.1	18.8	0.9		582.1
1.2	1.0	445.3	464.1	18.8	0.9		582.1
8282.9	7160.4	75806.2	90710.5	16688.5	2801.4	7344.9	149576.6
276.6	143.6	35906.1	37180.5	1274.4	694.1		38535.7
932.7	644.1	6897.6	10402.6	3505.0	487.6		18498.3
3.2		0.2	0.2				30.1
929.5	644.1	6897.4	10402.4	3505.0	487.6		18468.2
179.7	159.4	1657.7	4020.6	2362.9	256.9	1048.5	8974.8
6857.8	6137.1	31321.8	39063.8	9526.2	1342.8	6296.4	82348.1
458.7	190.9	3854.8	5371.9	1517.1	214.3		5833.4
6381.6	5928.7	26899.9	32561.8	7446.1	1096.2	6296.4	74902.9
17.5	17.5	567.1	1130.1	563.0	32.3		1611.8
36.1	76.2	23.0	43.0	20.0	20.0		1219.7
	2.2	4.0	35.4	31.4	1.6		94.0
	2.2	4.0	35.4	31.4	1.6		94.0
816.1	188.1	1412.0	3657.0	2245.0	260.2	214.3	9921.1
816.1	188.1	1412.0	3657.0	2245.0	260.2	214.3	9921.1
279.8	146.6	36475.0	37749.4	1274.4	694.1		39176.9
297.7	191.1	2005.1	2969.7	964.6	84.0		4995.6
7678.7	6707.3	37106.5	49422.9	14100.6	1987.1	7344.9	103612.6
	2.2	4.0	35.4	31.4	1.6		94.0
816.1	188.1	1412.0	3657.0	2245.0	260.2	214.3	9921.1
26.7	115.4	219.6	568.5	348.9	36.2		1791.5
7928.3	6331.9	38728.7	51189.4	14244.9	1970.0	7344.9	100386.4
816.1	292.1	1420.1	4402.4	2982.3	333.3	214.3	10487.9
354.6	726.7	37073.4	38811.1	1737.7	759.9		48717.4
816.1	188.1	1412.0	3657.0	2245.0	260.2	214.3	9921.1
481.3	1026.1	44695.2	47991.1	3295.9	1100.4		57395.8
7738.5	6115.4	30930.7	42547.5	13401.0	1692.1	7344.9	91635.0
63.1	21.1	184.3	207.3	23.0	10.5		639.8
63.1	21.1	184.3	207.3	23.0	10.5		639.8

8-8 星级住宿业和限额以

	流动负债合计	应付帐款	非流动负债合计	负债合计	所有者权益合计
总计	238451.8	34081.9	183286.3	421738.3	223025.5
住宿业	186863.2	18616.4	171005.3	357868.7	127303.4
按住宿业行业小类分					
旅游饭店	165406.1	12786.5	129538.8	294945.1	109508.7
一般旅馆	19773.2	5340.2	11466.5	31239.7	12208.2
其他住宿业	1683.9	489.7	30000.0	31683.9	5586.5
按登记注册类型分					
内资企业	183018.3	18427.8	162464.3	345482.8	125766.9
国有企业	24116.5	4323.7	13085.7	37202.3	33559.3
集体企业	5802.4	328.3	1757.3	7559.7	-900.0
有限责任公司	126128.7	9500.0	127301.3	253430.0	65373.8
国有独资公司	29601.1	2952.1	92460.3	122061.4	5155.4
其他有限责任公司	96527.6	6547.9	34841.0	131368.6	60218.4
私营企业	26970.7	4275.8	20320.0	47290.8	27733.8
私营独资企业	2286.8	229.5	5.0	2291.8	4625.9
私营有限责任公司	23954.9	3673.6	20315.0	44270.0	22797.4
私营股份有限公司	729.0	372.7		729.0	310.5
外商投资企业	3844.9	188.6	8541.0	12385.9	1536.5
中外合资经营企业	3844.9	188.6	8541.0	12385.9	1536.5
按控股情况分					
国有控股	62246.4	8250.8	135996.2	198242.7	58163.0
集体控股	8661.4	1848.0	1757.3	10418.7	1566.7
私人控股	102575.7	6410.4	22919.9	125495.7	60992.8
外商控股	3844.9	188.6	8541.0	12385.9	1536.5
其他	9534.8	1918.6	1790.9	11325.7	5044.4
按经营形式分					
独立门店	174407.0	14503.1	163026.8	337434.0	122782.8
连锁门店	1862.0	1052.2		1862.0	111.7
其他	10594.2	3061.1	7978.5	18572.7	4408.9
按星级分					
五星	9586.1	572.3	32389.1	41975.2	-3676.8
四星	93918.0	4506.9	20467.1	114385.1	46496.0
三星	34025.1	3824.8	5017.2	39042.3	45249.6
二星	1595.2	41.3	80.0	1675.2	1366.7
一星					
其他	47738.8	9671.1	113051.9	160790.9	37867.9

上餐饮业企业财务状况（续二）

单位：万元

实收资本						
	国家资本	集体资本	法人资本	个人资本	港澳台资本	外商资本
239626.5	132754.3	7868.3	46523.4	40718.5	80.0	11682.0
163696.8	96031.3	7467.3	29737.3	20188.5		10272.4
138951.8	85088.4	5665.9	24735.6	13189.5		10272.4
20272.7	6770.6	1801.4	4901.7	6799.0		
4472.3	4172.3		100.0	200.0		
151182.7	93789.6	7467.3	29737.3	20188.5		
42444.7	41902.7		542.0			
5697.6		5697.6				
84313.1	51886.9	1769.7	20379.9	10276.6		
32515.6	32515.6					
51797.5	19371.3	1769.7	20379.9	10276.6		
18727.3			8815.4	9911.9		
3776.0			60.0	3716.0		
14751.3			8755.4	5995.9		
200.0				200.0		
12514.1	2241.7					10272.4
12514.1	2241.7					10272.4
89304.1	87694.6		692.0	917.5		
7763.5		7463.5	300.0			
50256.0	6095.0	3.8	26745.3	17411.9		
12514.1	2241.7					10272.4
3859.1			2000.0	1859.1		
159527.7	95981.3	6867.3	29587.3	16819.4		10272.4
150.0				150.0		
4019.1	50.0	600.0	150.0	3219.1		
8950.6	8408.6		542.0			
52485.1	26221.9		7512.8	8478.0		10272.4
44163.4	21181.8	5097.6	15130.5	2753.5		
1426.3	1240.0		186.3			
56671.4	38979.0	2369.7	6365.7	8957.0		

8-8 星级住宿业和限额以

	流动负债合计	应付帐款	非流动负债合计	负债合计	所有者权益合计
餐饮业	51588.6	15465.5	12281.0	63869.6	95722.1
按餐饮业行业小类分					
正餐服务	41184.3	14412.1	11676.0	52860.3	52171.4
快餐服务	10272.7	961.7	605.0	10877.7	42734.3
饮料及冷饮服务	91.3	91.3		91.3	274.6
咖啡馆服务	91.3	91.3		91.3	274.6
其他餐饮业	40.3	0.4		40.3	541.8
其他未列明餐饮业	40.3	0.4		40.3	541.8
按登记注册类型分					
内资企业	48934.8	15336.8	11830.1	60764.9	88811.7
国有企业	3714.2	692.6	2.5	3716.7	34819.0
有限责任公司	4819.7	1130.4	3336.0	8155.7	10342.6
国有独资公司	10.1	8.0		10.1	20.0
其他有限责任公司	4809.6	1122.4	3336.0	8145.6	10322.6
股份有限公司	3341.7	1023.1	430.5	3772.2	5202.6
私营企业	36891.2	12380.2	8018.3	44909.5	37438.6
私营独资企业	1342.5	518.6	20.0	1362.5	4470.9
私营有限责任公司	34768.2	11817.8	7928.2	42696.4	32206.5
私营股份有限公司	780.5	43.8	70.1	850.6	761.2
其他企业	168.0	110.5	42.8	210.8	1008.9
港、澳、台商投资企业	2.9			2.9	91.1
港澳台商独资企业	2.9			2.9	91.1
外商投资企业	2650.9	128.7	450.9	3101.8	6819.3
外资企业	2650.9	128.7	450.9	3101.8	6819.3
按控股情况分					
国有控股	3744.2	700.6	2.5	3746.7	35430.2
集体控股	944.5	522.5	3021.5	3966.0	1029.6
私人控股	42523.7	13911.2	8806.1	51329.8	52282.8
港澳台商控股	2.9			2.9	91.1
外商控股	2650.9	128.7	450.9	3101.8	6819.3
其他	1722.4	202.5		1722.4	69.1
按经营形式分					
独立门店	40004.9	14202.6	11418.3	51423.2	48963.2
连锁总店	2866.2	185.3	450.9	3317.1	7170.8
连锁门店	8717.5	1077.6	411.8	9129.3	39588.1
其他	2650.9	128.7	450.9	3101.8	6819.3
大型	11456.0	2424.6	603.7	12059.7	45336.1
中型	37432.5	12894.5	11224.4	48656.9	42978.1
小型	49.2	17.7	2.0	51.2	588.6
微型	49.2	17.7	2.0	51.2	588.6

上餐饮业企业财务状况（续三）

单位：万元

实收资本	国家资本	集体资本	法人资本	个人资本	港澳台资本	外商资本
75929.7	**36723.0**	**401.0**	**16786.1**	**20530.0**	**80.0**	**1409.6**
36419.7	723.0	401.0	15965.7	19330.0		
38989.6	36000.0		500.0	1000.0	80.0	1409.6
200.0				200.0		
200.0				200.0		
320.4			320.4			
320.4			320.4			
74440.1	36723.0	401.0	16786.1	20530.0		
36550.5	36550.5					
8909.7	70.0	5.0	3208.2	5626.5		
20.0	20.0					
8889.7	50.0	5.0	3208.2	5626.5		
4109.7		246.0	2863.7	1000.0		
24828.2	102.5	150.0	10672.2	13903.5		
2092.0		50.0	709.0	1333.0		
22108.3	102.5	100.0	9863.2	12042.6		
627.9			100.0	527.9		
42.0			42.0			
80.0					80.0	
80.0					80.0	
1409.6						1409.6
1409.6						1409.6
37161.7	36570.5		591.2			
351.0		251.0	100.0			
36597.4	152.5	150.0	15994.9	20300.0		
80.0					80.0	
1409.6						1409.6
330.0			100.0	230.0		
33510.0	723.0	401.0	13886.0	18500.0		
1689.6			200.0		80.0	1409.6
40730.1	36000.0		2700.1	2030.0		
1409.6						1409.6
42746.0	36000.0	246.0	3500.0	3000.0		
31372.8	703.0	155.0	12904.8	17530.0	80.0	
401.3	20.0		381.3			
401.3	20.0		381.3			

8-8 星级住宿业和限额以

	营业收入	主营业务收入	营业成本	主营业务成本
总计	355664.2	354617.9	187638.8	187119.6
住宿业	193994.8	193244.2	97056.0	96855.0
按住宿业行业小类分				
旅游饭店	157825.3	157518.5	78367.0	78351.7
一般旅馆	31444.2	31004.0	14799.8	14614.1
其他住宿业	4725.3	4721.7	3889.2	3889.2
按登记注册类型分				
内资企业	184364.1	183613.5	95352.1	95151.1
国有企业	59666.1	59480.1	32207.7	32205.7
集体企业	3439.4	3439.4	1369.5	1369.5
有限责任公司	88392.7	88101.3	47870.9	47702.2
国有独资公司	36580.4	36458.5	29211.1	29205.6
其他有限责任公司	51812.3	51642.8	18659.8	18496.6
私营企业	32865.9	32592.7	13904.0	13873.7
私营独资企业	1869.2	1849.2	671.3	656.3
私营有限责任公司	29589.6	29441.7	12749.9	12734.6
私营股份有限公司	1407.1	1301.8	482.8	482.8
外商投资企业	9630.7	9630.7	1703.9	1703.9
中外合资经营企业	9630.7	9630.7	1703.9	1703.9
按控股情况分				
国有控股	122987.2	122679.3	67802.3	67794.8
集体控股	4531.6	4431.6	1939.9	1939.9
私人控股	48946.7	48604.0	21207.2	21013.7
外商控股	9630.7	9630.7	1703.9	1703.9
其他	7898.6	7898.6	4402.7	4402.7
按经营形式分				
独立门店	179345.1	178594.5	91368.9	91167.9
连锁门店	1680.4	1680.4	299.6	299.6
其他	12969.3	12969.3	5387.5	5387.5
按星级分				
五星	15949.5	15949.5	6389.8	6389.8
四星	82695.6	82658.6	34496.0	34495.7
三星	32249.5	32089.7	19931.5	19931.5
二星	1956.8	1956.8	1331.1	1331.1
一星				
其他	61143.4	60589.6	34907.6	34706.9

上餐饮业企业财务状况（续四）

单位：万元

营业税金及附加	主营业务税金及附加	其他业务利润	销售费用	管理费用	税金
11140.5	11016.7	3693.7	85563.9	60366.8	1721.3
6736.5	6680.5	2091.4	43180.3	46322.6	1313.8
5353.9	5320.3	1826.1	34144.3	40989.7	962.0
1270.4	1248.0	265.3	8497.5	4646.3	273.9
112.2	112.2		538.5	686.6	77.9
6643.9	6587.9	2091.4	39491.4	41866.9	1132.2
2576.3	2542.4	175.7	13737.9	13635.6	180.5
77.8	77.8		658.7	1068.9	156.2
2761.8	2740.0	1830.8	17863.7	21953.7	727.0
815.4	815.4	116.4	1464.5	6094.4	307.2
1946.4	1924.6	1714.4	16399.2	15859.3	419.8
1228.0	1227.7	84.9	7231.1	5208.7	68.5
80.5	80.5		171.5	604.3	
1117.7	1117.4	84.9	6366.3	4455.9	68.5
29.8	29.8		693.3	148.5	
92.6	92.6		3688.9	4455.7	181.6
92.6	92.6		3688.9	4455.7	181.6
4626.6	4592.7	1725.4	25425.5	28402.6	565.6
156.8	156.8		658.7	1601.1	256.8
1729.2	1707.1	366.0	12579.5	9738.8	292.4
92.6	92.6		3688.9	4455.7	181.6
131.3	131.3		827.7	2124.4	17.4
6041.7	5985.7	2068.0	39431.0	44397.1	1074.2
49.9	49.9	23.4	1075.5	604.6	125.0
644.9	644.9		2673.8	1320.9	114.6
850.7	850.7		3253.4	6151.1	
2996.7	2963.4		21897.6	24772.1	637.7
906.8	906.8	646.1	6408.6	4918.3	116.5
44.3	44.3		242.3	211.9	0.4
1938.0	1915.3	1445.3	11378.4	10269.2	559.2

8-8 星级住宿业和限额以

	营业收入	主营业务收入	营业成本	主营业务成本
餐饮业	161669.4	161373.7	90582.8	90264.6
按餐饮业行业小类分				
正餐服务	123439.7	123144.0	74709.0	74390.8
快餐服务	37561.8	37561.8	15486.5	15486.5
饮料及冷饮服务	262.2	262.2	123.7	123.7
咖啡馆服务	262.2	262.2	123.7	123.7
其他餐饮业	405.7	405.7	263.6	263.6
其他未列明餐饮业	405.7	405.7	263.6	263.6
按登记注册类型分				
内资企业	132596.9	132301.2	78049.6	77731.4
国有企业	7007.3	7007.3	3473.1	3473.1
有限责任公司	30482.3	30361.3	20310.9	20073.1
国有独资公司	465.6	465.6	465.6	395.6
其他有限责任公司	30016.7	29895.7	19845.3	19677.5
股份有限公司	10542.5	10542.5	5482.4	5477.0
私营企业	84141.4	83966.7	48433.2	48358.2
私营独资企业	8447.8	8447.8	6246.2	6246.2
私营有限责任公司	70193.8	70019.1	38322.6	38247.6
私营股份有限公司	5499.8	5499.8	3864.4	3864.4
其他企业	423.4	423.4	350.0	350.0
港、澳、台商投资企业	521.8	521.8	229.3	229.3
港澳台商独资企业	521.8	521.8	229.3	229.3
外商投资企业	28550.7	28550.7	12303.9	12303.9
外资企业	28550.7	28550.7	12303.9	12303.9
按控股情况分				
国有控股	8354.3	8354.3	4733.9	4663.9
集体控股	5766.6	5766.6	3045.9	3045.9
私人控股	112549.5	112253.8	66061.1	65819.9
港澳台商控股	521.8	521.8	229.3	229.3
外商控股	28550.7	28550.7	12303.9	12303.9
其他	5926.5	5926.5	4208.7	4201.7
按经营形式分				
独立门店	108410.1	108114.4	66067.0	65748.8
连锁总店	31217.1	31217.1	13539.8	13539.8
连锁门店	22042.2	22042.2	10976.0	10976.0
其他	28550.7	28550.7	12303.9	12303.9
大型	25554.0	25554.0	12140.3	12140.3
中型	105829.8	105534.1	64839.0	64590.8
小型	1734.9	1734.9	1299.6	1229.6
微型	1734.9	1734.9	1299.6	1229.6

上餐饮业企业财务状况（续五）

单位：万元

营业税金及附加	主营业务税金及附加	其他业务利润	销售费用	管理费用	税金
4404.0	4336.2	1602.3	42383.6	14044.2	407.5
3669.3	3601.5	1344.5	29871.8	10539.1	163.9
711.9	711.9		12314.2	3375.2	229.6
13.0	13.0	125.5	197.6	8.5	
13.0	13.0	125.5	197.6	8.5	
9.8	9.8	132.3		121.4	14.0
9.8	9.8	132.3		121.4	14.0
3847.8	3780.0	1602.3	34715.0	11742.5	407.5
175.3	175.3		2910.1	1050.6	221.3
734.8	733.8	1148.8	6286.5	2649.1	63.7
4.0	4.0		62.0	4.6	
730.8	729.8	1148.8	6224.5	2644.5	63.7
182.5	182.5	11.9	3778.6	885.8	2.8
2751.8	2685.0	441.6	21680.6	7147.3	119.7
282.6	271.1		503.4	996.0	13.5
2423.8	2368.5	441.6	19934.7	5951.5	105.9
45.4	45.4		1242.5	199.8	0.3
3.4	3.4		59.2	9.7	
11.7	11.7		168.7	161.9	
11.7	11.7		168.7	161.9	
544.5	544.5		7499.9	2139.8	
544.5	544.5		7499.9	2139.8	
184.5	184.5		2972.1	1066.2	221.3
143.7	143.7	315.6	2159.8	444.7	
3404.7	3336.9	585.8	28643.0	9310.9	172.2
11.7	11.7		168.7	161.9	
544.5	544.5		7499.9	2139.8	
114.9	114.9	700.9	940.1	920.7	14.0
3261.1	3193.3	1602.3	25010.2	10091.1	177.6
650.9	650.9		8564.7	2340.7	
492.0	492.0		8808.7	1612.4	229.9
544.5	544.5		7499.9	2139.8	
760.4	760.4	700.9	10267.1	1721.4	243.6
3070.2	3003.9	901.4	24444.7	10044.8	157.9
28.9	27.4		171.9	138.2	6.0
28.9	27.4		171.9	138.2	6.0

8-8 星级住宿业和限额以上餐饮业企业财务状况（续六）

单位：万元

	财务费用	利息收入	利息支出	资产减值损失	公允价值变动收益	投资收益	营业利润	营业外收入	补贴收入
总计	5867.2	528.7	4063.3	43.9	27.1	-884.1	4398.6	13939.3	252.5
住宿业	4714.6	359.8	3460.0	23.3	15.0	-890.3	-4748.9	13021.2	246.8
按住宿业行业小类分									
旅游饭店	4329.6	348.8	3357.7	6.0		-915.3	-6130.6	12825.5	234.6
一般旅馆	380.3	7.4	102.3	17.3	15.0	25.0	1891.2	6.5	10.0
其他住宿业	4.7	3.6					-509.5	189.2	2.2
按登记注册类型分									
内资企业	4706.8	359.8	3460.0	23.3	15.0	-890.3	-4430.7	13021.2	246.8
国有企业	-260.5	304.8	-31.1	3.6		83.8	-2093.5	781.3	
集体企业	4.1	-1.3	-1.7				260.4	0.3	
有限责任公司	3644.0	55.1	3415.3	2.4		-999.1	-6689.8	12209.5	236.8
国有独资公司	3571.8	35.8	3385.8	2.4			-4579.2	239.9	227.2
其他有限责任公司	72.2	19.3	29.5			-999.1	-2110.6	11969.6	9.6
私营企业	1319.2	1.2	77.5	17.3	15.0	25.0	4092.2	30.1	10.0
私营独资企业	121.4			10.0	5.0	5.0	220.2	17.6	
私营有限责任公司	1195.1	0.5	77.5	7.3	10.0	20.0	3822.0	12.5	10.0
私营股份有限公司	2.7	0.7					50.0		
外商投资企业	7.8						-318.2		
中外合资经营企业	7.8						-318.2		
按控股情况分									
国有控股	3308.3	355.0	3354.7	6.0		83.8	-6443.1	1038.4	229.4
集体控股	4.7	-0.3	-1.7				170.4	10.6	
私人控股	1383.9	4.8	103.8	17.3	15.0	-1006.1	1407.4	11970.1	15.7
外商控股	7.8						-318.2		
其他	9.9	0.3	3.2			32.0	434.6	2.1	1.7
按经营形式分									
独立门店	4627.7	358.3	3411.0	23.3	15.0	-914.1	-7295.5	13019.1	245.1
连锁门店	9.0		2.5			23.8	-317.7		
其他	77.9	1.5	46.5				2864.3	2.1	1.7
大型	-36.9		-36.9	3.6		83.8	-2101.1	62.6	
中型	1023.5	314.7	3.3	2.4		-1022.9	3460.4	11954.7	10.9
小型	3728.0	45.0	3493.6	17.3	15.0	48.8	-6216.7	1003.9	235.9
微型		0.1					108.5		
按星级分									
五星	23.0	1.0	3.4				-718.5	53.6	
四星	1097.2	6.1	-37.0	3.6		-939.1	-3506.3	11947.9	8.7
三星	121.3	4.6	1.5	2.4			-39.4	763.0	1.7
二星	7.0	0.7	4.4	7.3	10.0	20.0	142.9	0.1	
一星									
其他	3466.1	347.4	3487.7	10.0	5.0	28.8	-627.6	256.6	236.4

8-8 星级住宿业和限额以上餐饮业企业财务状况（续七）

单位：万元

	财务费用	利息收入	利息支出	资产减值损失	公允价值变动收益	投资收益	营业利润	营业外收入	补贴收入
餐饮业	**1152.6**	**168.9**	**603.3**	**20.6**	**12.1**	**6.2**	**9147.5**	**918.1**	**5.7**
按餐饮业行业小类分									
正餐服务	1215.8	40.0	603.1	19.2	12.1	6.2	3481.4	838.3	5.7
快餐服务	-63.1	129.2		1.4			5735.7	77.9	
饮料及冷饮服务	0.2		0.2				-80.8		
咖啡馆服务	0.2		0.2				-80.8		
其他餐饮业	-0.3	-0.3					11.2	1.9	
其他未列明餐饮业	-0.3	-0.3					11.2	1.9	
按登记注册类型分									
内资企业	1273.4	40.9	603.3	20.6	12.1	6.2	3013.9	901.8	5.7
国有企业	10.5	-1.5	0.7	1.4			-613.7	61.6	
有限责任公司	67.9	2.8	34.1				460.8	236.6	
国有独资公司									
其他有限责任公司	67.9	2.8	34.1				460.8	236.6	
股份有限公司	14.2	7.5	1.0	0.2	0.1	0.2	212.2	0.1	
私营企业	1180.4	31.9	566.9	19.0	12.0	6.0	2953.9	601.4	5.7
私营独资企业	15.0	0.4	12.2				414.6	2.5	2.5
私营有限责任公司	1165.3	31.5	554.7	19.0	12.0	6.0	2391.7	598.9	3.2
私营股份有限公司	0.1						147.6		
其他企业	0.4	0.2	0.6				0.7	2.1	
港、澳、台商投资企业							-49.8		
港澳台商独资企业							-49.8		
外商投资企业	-120.8	128.0					6183.4	16.3	
外资企业	-120.8	128.0					6183.4	16.3	
按控股情况分									
国有控股	10.5	-1.5	0.7	1.4			-543.7	61.6	
集体控股	13.0	1.7	13.5				-40.5	25.9	
私人控股	1239.5	39.3	579.9	19.2	12.1	6.2	3866.4	814.3	5.7
港澳台商控股							-49.8		
外商控股	-120.8	128.0					6183.4	16.3	
其他	10.4	1.4	9.2				-268.3		
按经营形式分									
独立门店	1023.3	39.7	603.3	19.2	12.1	6.2	3004.1	834.5	5.2
连锁总店	-114.8	128.0					6235.8	16.3	
连锁门店	244.1	1.2		1.4			-92.4	67.3	0.5
其他	-120.8	128.0					6183.4	16.3	
大型	590.9	1.6	362.3	1.4			42.2	61.6	
中型	663.5	39.2	240.4	9.0	2.0	1.0	2768.9	835.2	1.2
小型	19.0	0.1	0.6	10.2	10.1	5.2	153.0	5.0	4.5
微型	19.0	0.1	0.6	10.2	10.1	5.2	153.0	5.0	4.5

8-8 星级住宿业和限额以上餐饮业企业财务状况（续八）

单位：万元

	利润总额	应交所得税	应付职工薪酬（本年贷方累计发生额）
总计	15897.0	6359.9	66519.7
住宿业	8092.7	4330.0	33285.6
按住宿业行业小类分			
旅游饭店	6441.1	3474.0	25634.0
一般旅馆	1981.5	830.2	6433.1
其他住宿业	-329.9	25.8	1218.5
按登记注册类型分			
内资企业	8410.9	4330.0	31190.1
国有企业	-1612.2	424.7	7572.4
集体企业	312.3		1068.2
有限责任公司	5667.7	3069.7	16110.9
国有独资公司	-4365.1	1558.9	4865.9
其他有限责任公司	10032.8	1510.8	11245.0
私营企业	4043.1	835.6	6438.6
私营独资企业	-20.5	2.8	370.0
私营有限责任公司	4020.3	832.8	5734.0
私营股份有限公司	43.3		334.6
外商投资企业	-318.2		2095.5
中外合资经营企业	-318.2		2095.5
按控股情况分			
国有控股	-5729.7	2078.9	17421.5
集体控股	209.0		1554.1
私人控股	13496.4	2182.8	10387.6
外商控股	-318.2		2095.5
其他	435.2	68.3	1826.9
按经营形式分			
独立门店	5142.4	3426.5	30401.1
连锁门店	23.8		383.3
其他	2926.5	903.5	2501.2
大型			
中型	-2259.0	0.4	2175.3
小型	15371.4	2695.2	16522.9
微型	-5114.3	1634.4	14465.0
按星级分	94.6		122.4
五星			
四星	-880.5	3.1	2661.4
三星	8410.3	1334.0	11734.1
二星	659.0	237.7	7295.4
一星	142.9	5.4	577.9
其他	-239.0	2749.8	11016.8

8-8 星级住宿业和限额以上餐饮业企业财务状况（续九）

单位：万元

	利润总额	应交所得税	应付职工薪酬（本年贷方累计发生额）
餐饮业	**7804.3**	**2029.9**	**33234.1**
按餐饮业行业小类分			
正餐服务	2135.4	462.2	30364.8
快餐服务	5731.4	1562.5	2712.8
饮料及冷饮服务	-80.8	2.5	76.4
咖啡馆服务	-80.8	2.5	76.4
其他餐饮业	18.3	2.7	80.1
其他未列明餐饮业	18.3	2.7	80.1
按登记注册类型分			
内资企业	1723.4	473.1	32697.5
国有企业	-560.5		2061.1
有限责任公司	152.0	50.3	13010.6
国有独资公司			18.0
其他有限责任公司	152.0	50.3	12992.6
股份有限公司	415.4	16.0	1764.2
私营企业	1714.7	406.8	15850.7
私营独资企业	-71.2	76.3	1112.3
私营有限责任公司	1638.3	313.2	14189.2
私营股份有限公司	147.6	17.3	549.2
其他企业	1.8		10.9
港、澳、台商投资企业	-49.8		238.9
港澳台商独资企业	-49.8		238.9
外商投资企业	6130.7	1556.8	297.7
外资企业	6130.7	1556.8	297.7
按控股情况分			
国有控股	-490.5		2125.7
集体控股	-68.6		1223.3
私人控股	2583.0	454.7	28596.8
港澳台商控股	-49.8		238.9
外商控股	6130.7	1556.8	297.7
其他	-300.5	18.4	751.7
按经营形式分			
独立门店	1659.9	410.6	26947.2
连锁总店	6183.1	1598.6	1285.2
连锁门店	-38.7	20.7	5001.7
其他	6130.7	1556.8	297.7
大型	-441.1	56.2	6583.3
中型	1887.1	416.9	25935.8
小型	227.6		417.3
微型	227.6		417.3

8–9 各种物价总指数

（上年=100）

	居民消费价格总指数	商品零售价格指数	农产品收购价格指数
1979	100.8	100.9	
1980	105.1	105.3	
1981	101.8	101.7	
1982	101.0	101.1	
1983	100.4	100.0	
1984	102.7	101.5	
1985	112.7	113.0	
1986	105.7	106.0	
1987	109.8	109.8	
1988	124.5	125.1	
1989	116.1	116.3	
1990	101.3	99.5	
1991	106.3	105.6	
1992	107.2	106.0	
1993	115.7	113.2	112.0
1994	123.1	121.9	124.0
1995	119.0	115.5	124.1
1996	110.2	105.7	95.4
1997	103.5	101.5	104.4
1998	99.6	98.5	87.8
1999	96.9	97.5	97.3
2000	99.3	99.0	108.5
2001	102.1	99.1	102.4
2002	99.3	98.8	89.9
2003	100.9	99.2	107.5
2004	101.1	101.0	
2005	100.6	98.8	
2006	101.7	100.3	
2007	105.3	103.1	
2008	107.2	107.2	
2009	99.6	100.5	
2010	103.8	103.9	
2011	105.4	105.4	
2012	102.4	102.4	
2013	103.5	102.7	
2014	102.2	101.8	
2015	101.3	100.6	
2016	100.8	100.7	

8–10 居民消费价格分类指数

（上年=100）

	2000	2003	2004	2005	2006	2007	2008
居民消费价格总指数	99.3	100.9	101.1	100.6	101.7	105.3	107.2
食品	97.2	103.4	105.1	101.9	104.3	112.3	117.3
粮食	92.9	100.6	114.8	101.7	105.6	105.8	106.2
油脂	79.4	112.3	110.9	98.2	96.8	124.5	141.2
肉禽及其制品	97.4	98.3	113.6	103.5	99.4	129.3	127.2
蛋	82.6	94.2	127.7	103.9	99.8	127.1	102.1
水产品	103.4	101.4	113.3	103.8	102.3	104.7	114.2
菜	105.7	130.1	87.8	105.9	117.7	104.1	115.5
干鲜瓜果	101.1	99.1	103.0	102.1	117.5	99.7	109.4
烟酒		99.0	99.2	96.7	100.3	101.5	104.8
衣着	109.0	95.4	97.8	91.0	86.5	93.7	100.0
家庭设备用品及维修服务	96.2	97.5	98.7	98.7	100.6	103.9	105.6
医疗保健和个人用品	95.6	103.3	101.0	104.6	108.0	109.7	104.6
交通和通信	92.0	99.8	94.1	97.5	98.3	98.4	98.3
交通工具	95.3	97.7	98.9	100.3	101.7	103.2	100.6
通讯工具	89.5	74.2	76.3	81.3	80.2	69.5	70.9
通信服务		96.2	79.3	97.5	100.1	100.4	100.0
娱乐教育文化用品及服务	91.1	98.6	98.4	101.3	101.0	100.0	101.2
教材及参考书	117.6	101.6	106.4	104.6	97.1	91.2	102.7
文化娱乐用品	100.5	96.9	98.3	100.1	101.2	99.4	99.9
居住	105.9	101.9	102.8	103.9	103.4	102.9	102.3

8–10 居民消费价格分类指数（续一）

（上年=100）

	2009	2010	2011	2012	2013	2014	2015
居民消费价格总指数	99.6	103.8	105.4	103.0	103.5	102.2	101.3
食品	103.6	109.7	113.2	105.5	107.3	104.4	101.2
粮食	105.1	135.2	113.7	101.1	106.2	104.6	101.5
油脂	85.1	105.8	111.5	105.4	99.8	97.9	100.4
肉禽及其制品	93.3	102.1	121.4	105.2	104.6	100.6	103.4
蛋	102.5	110.6	119.3	99.6	107.8	111.7	93.0
水产品	107.0	107.2	110.6	105.4	103.8	101.8	98.6
菜	119.6	113.6	109.3	111.9	111.4	105.1	105.9
干鲜瓜果	111.0	106.9	120.4	103.8	103.8	116.5	93.3
烟酒	102.9	105.8	105.3	104.2	100.1	99.2	101.0
衣着	98.6	98.3	97.7	101.3	101.6	103.7	103.1
家庭设备用品及维修服务	101.0	99.1	99.3	100.3	100.6	101.5	100.3
医疗保健和个人用品	100.8	103.8	101.8	101.9	101.2	100.6	101.0
交通和通信	97.0	98.5	99.7	99.9	100.3	99.8	98.9
交通工具	97.7	98.7	100.0	100.0	100.0	100.0	100.0
通讯工具	70.2	81.4	97.0	98.9	98.8	98.6	99.2
通信服务	100.0	100.0	100.0	100.0	100.0	100.0	100.0
娱乐教育文化用品及服务	102.5	99.5	100.8	99.3	100.9	101.5	100.2
教材及参考书	96.1	108.5	115.0	100.0	100.0	100.1	100.2
文化娱乐用品	100.6	100.5	100.1	99.5	100.4	100.1	99.4
居住	89.4	103.3	107.0	100.7	103.7	99.7	103.9

8-10 居民消费价格分类指数（续二）

（上年=100）

	2016
居民消费价格总指数	100.8
一、食品烟酒	101.8
食品	102.4
粮食	100.6
鲜菜	106.5
畜肉类	104.5
其中：猪肉	109.2
牛肉	100.7
羊肉	93.2
水产品	101.6
蛋类	97.3
奶类	100.3
鲜瓜果	95.2
烟酒	100.2
其中：烟草	100.5
二、衣着	101.6
三、居住	100.5
四、生活用品及服务	100.2
五、交通和通信	99.2
1.交通	98.8
2.通信	99.7
六、教育文化和娱乐	99.9
1.教育	100.0
2.文化娱乐	99.7
七、医疗保健	101.2
八、其他用品和服务	101.1

注：自2016年起，居民消费价格指标体系发生变化

8–11 居民消费价格指数

（上年=100）

	居民消费价格指数
居民消费价格总指数	**100.8**
食品	102.4
粮食	100.6
薯类	117.6
蛋	
水产品	
菜	106.2
鲜菜	106.5
调味品	100.9
茶及饮料	99.7
茶叶	100.0
干鲜瓜果	97.7
烟酒	100.2
烟草	100.5
酒	99.9
衣着	101.6
服装	103.0
衣着加工服务费	102.1
家具	100.7
室内装饰品	101.4
床上用品	100.0
家庭日用杂品	100.1
医疗保健	101.2
西药	102.2
交通和通信	99.2
交通	98.8
交通工具	100.0
通信	99.7
通信工具	99.0
通信服务	100.0
教育	100.0
教育服务	100.0
书报杂志	101.5
旅游	99.1
居住	100.5
自有住房	100.9

注：自2016年起，居民消费价格指标体系发生变化

8-12 商品零售价格指数

（上年=100）

	商品零售价格指数
商品零售价格总指数	**100.7**
食品类	102.1
粮食	100.5
薯类	117.6
水产品	101.8
菜	106.2
调味品	100.7
干鲜瓜果	97.7
饮料、烟酒	100.1
茶及饮料	99.7
烟草	100.5
服装鞋帽类	101.4
服装	103.1
鞋帽袜	97.9
纺织品类	100.1
床上用品	100.0
家用电器及音像器材	98.6
家庭设备	99.6
文娱用耐用消费品	96.2
专业音像器材	99.5
文化办公用品	100.4
日用品	100.1
日用百货	100.3
其他日用品	99.8
体育娱乐用品	103.4
交通、通信用品	99.7
交通运输机械	100.0
通信器材	99.4
家具	100.7
化妆品	100.6
中西药品及医疗保健用品	102.6
西药	102.2
保健器具及用品	106.3
教材及参考书	100.1
书报杂志	101.5
燃料	97.3
建筑材料及五金电料	100.1

注：自2016年起，居民消费价格指标体系发生变化

主要统计指标解释

社会消费品零售总额 指国民经济各行业直接售给城乡居民和社会集团的消费品总额。这是反映各行业通过多种商品流通渠道向居民和社会集团供应的生活消费品总量，是研究国内零售市场变动情况、反映经济景气程度的重要指标。

社会消费品零售总额 包括：（1）售给城乡居民作为生活用的商品和修建房屋用的建筑材料；（2）售给社会集团的各种办公用品和公用消费品；（3）售给机关、团体、学校、部队、企业、事业单位的职工食堂和旅店（招待所）附设专门供本店旅客食用，不对外营业的食堂的各种食品、燃料；企业、单位和国营农场直接售给本单位职工和职工食堂的自己生产的产品；（4）售给部队干部、战士生活用的粮食、副食品、衣着品、日用品、燃料；（5）售给来华的外国人、华侨、港澳台同胞的消费品；（6）居民自费购买的中、西药品、中药材及医疗用品；（7）报社、出版社直接售给居民和社会集团的报纸、图书、杂志，集邮公司出售的新、旧纪念邮票、特种邮票、首日封、集邮册、集邮工具等；（8）旧货寄售商店自购、自销部分的商品；（9）煤气公司、液化石油气站售给居民和社会集团的煤气灶具和罐装液化石油气；不包括售给国民经济各部门企业、事业单位（包括国有经济的农场）生产经营用的各种原材料、燃料、设备、工具等和售给批发零售贸易业、餐饮业作为转卖用的商品，旧货寄售商店受托寄售卖出的商品，服务业的营业收入，邮局出售邮票的收入，自来水、电力、煤气生产（供应）单位的产品供应收入，也不包括农民之间的商品销售。

批发零售贸易业商品购、销、存总额 指各种登记注册类型的批发、零售贸易业企业（单位）以本企业（单位）为总体的商品购进、销售、库存总额。

商品购进总额 指从本企业（单位）以外的单位和个人购进（包括从境外直接进口）作为转卖或加工后转卖的商品总额。它反映批发零售贸易业从国内、国外市场上购进商品的总量。商品购进总额包括：（1）从工农业生产者购进的商品；（2）从出版社、报社的出版发行部门购进的图书、杂志和报纸；（3）从各种登记注册类型的批发零售贸易企业（单位）购进的商品；（4）从其他单位购进的商品，如从机关、团体、企业等单位购进的剩余物资，从餐饮业、服务业购进的商品，从海关、市场管理部门购进的缉私和没收的商品，从居民手中收购的废旧商品等；（5）从国（境）外直接进口的商品。不包括企业（单位）为自身经营用和未通过买卖行为而收入的商品以及销售退回、商品升溢等。

商品销售总额 指对本企业（单位）以外的单位和个人出售（包括对境外直接出口）的商品总额。它反映批发零售贸易业在国内市场上销售商品以及出口商品的总量。商品销售总额包括：（1）售给城乡居民和社会集团消费用的商品；（2）售给工业、农业、建筑业、运输邮电业、批发零售贸易业、餐饮业、服务业等作为生产、经营使用的商品；（3）售给批发零售贸易业作为转卖或加工后转卖的商品；（4）对国（境）外直接出口的商品。不包括出售本企业（单位）自用的废旧包装用品；未通过买卖行为付出的商品；经本单位介绍，由买卖双方直接结算，本单位只收取手续费的业务；购货退出的商品以及商品损耗和损失等。

批发零售贸易业库存 指报告期末各种登记注册类型的批发零售贸易企业（单位）已取得所有权的商品。它反映批发零售贸易企业（单位）的商品库存情况和对市场商品供应的保证程度。期末库存包括：（1）存放在批发零售贸易业经营单位（如门市部、批发站、经营处）仓库、货场、货柜和货架中的商品；（2）挑选、整理、包装中的商品；（3）已记入购进而尚未运到本单位的商品，即发货单或银行承兑凭证已到而货未到的部分；（4）寄放他处的商品，如因购货方拒绝承付而暂时存放在购货方的商品和已办完加工成品收回手续而未提回的商品；（5）委托其他单位代销（未作销售或调出）尚未售出的商品；（6）代其他单位购进尚未交付的商品。不包括所有权不属于本单位的商品，拨付除批发零售贸易业以外的其他行业所属独立核算加工厂等加工生产尚未收回成品的商品、代国家物资储备部门保管的商品等。

库存总额采用的计算价格是：农副产品采购单位按购进价计算；批发单位按进货价计算；零售单位按核算价格计算，即按什么价格核算就按什么价格计算。

消费品市场成交额 指从事消费品交易的商品市场的全部商品成交金额。消费品市场包括农副产品市场和工业消费品市场。

商品零售价格 指数是反映城乡商品零售价格变动趋势的一种经济指数。零售物价的调整变动直接影响到城乡居民的生活支出和国家财政收入，影响居民购买力和市场供需平衡，影响消费与积累的比例。因此，计算零售价格指数，可以从一个侧面对上述经济活动进行观察和分析。

居民消费价格指数 是反映一定时期内城乡居民所购买的生活消费品价格和服务项目价格变动趋势和程度的相对数，是对城市居民消费价格指数和农村居民消费价格指数进行综合汇总计算的结果。利用居民消费价格指数，可以观察和分析消费品的零售价格和服务价格变动对城乡居民实际生活费支出的影响程度。

工业品出厂价格指数 是反映全部工业产品出厂价格总水平的变动趋势和程度的相对数，包括工业企业售给本企业以外所有单位的各种产品和直接售给居民用于生活消费的产品。通过工业品出厂价格指数能观察出厂价格变动对工业总产值的影响。

九、财政、金融

9–1 财政收入

单位：万元

	财政收入	公共财政预算收入	增值税	营业税	企业所得税	上划中央增值税、消费税收入
1994	158204	88841	21010	29482	6132	69363
1995	186819	100866	23055	36131	7963	85953
1996	208080	119915	23633	45585	7081	88165
1997	231957	134178	26525	52192	8389	97779
1998	254583	150415	28794	56681	9406	104168
1999	267742	169540	27113	60673	16055	98202
2000	273425	166061	28781	66193	14353	107364
2001	347000	196111	33546	71218	18566	150889
2002	388905	210615	37123	90082	7358	178290
2003	729368	205660	21219	75850	7971	349323
2004	845186	249521	24031	84757	10948	421051
2005	961312	289256	23790	103951	14596	416381
2006	1061856	331417	25586	123385	18088	534057
2007	1340643	466256	33588	139944	23123	531790
2008	1524443	508618	35550	173450	33069	599240
2009	2548033	570385	87798	153147	36392	
2010	3041332	727579	101434	192306	43517	
2011	3506307	864897	96466	225601	63866	
2012	4060754	1037303	103850	272035	77186	
2013	3948217	1244956	125849	342964	79587	
2014	4674809	1523299	200393	381938	99058	
2015	5938067	1851917	239829	431860	140048	2504777
2016	6067450	2154794	452089	239810	138455	1434457

注：自2003年后财政体制调整，收入范围重新划分，与往年不可比；财政收入为地区财政收入。

9–2 财政支出

单位：万元

	公共财政预算支出	基本建设	农业支出	文教、卫生支出	行政管理费
1994	102846	6964	6932	25157	12900
1995	117743	5343	8285	27984	13937
1996	143837	11061	9680	32282	16929
1997	156669	11227	12375	36072	19177
1998	186051	23178	12015	31311	21443
1999	195471	13779	16711	50030	25104
2000	212701	18112	15438	56190	26312
2001	314756	75198	10499	69702	32313
2002	340254	50674	9485	79570	36569
2003	365731	28185	6827	92190	38870
2004	409025	35602	8593	106628	45737
2005	502206	36411	10004	133481	52876
2006	631321	54676	19276	166322	67078

注：2007年财政支出科目变动，部分指标无数据。

9-3 公共财政预算收入

单位：万元

	2007	2008	2009	2010	2011	2012	2013	2014	2015	2016
收入总计	466256	508618	570385	727579	864897	1037303	1244956	1523299	1851917	2154794
税收收入	344345	431291	483827	581002	699729		983678	1210190	1446701	1584154
增值税	33588	35550	87798	101434	96466	103850	125849	200393	239829	452089
营业税	139944	173450	153147	192306	225601	272035	342964	381938	431860	239810
企业所得税	23123	33069	36392	43517	63866	77186	79587	99058	140048	138455
个人所得税	9917	13817	16422	21579	25422	27876	30181	38340	50858	56634
资源税	1806	2364	1053	1533	1427	1364	1659	1817	2796	1617
城市维护建设税	56368	65902	80260	94490	100901	119971	134495	159318	222497	201214
房产税	29883	36997	37709	38995	43107	53326	56210	64241	83397	97333
印花税	11408	15852	21364	24716	22570	29060	39021	35137	39151	46717
城镇土地使用税	12566	13039	14126	12521	43680	49831	49563	53680	61279	63187
土地增值税	3401	19508	248	10357	20962	22447	35180	54162	68733	120055
车船使用税	1101	2633	5464	7339	8958	13249	18603	24295	29010	32198
耕地占用税	2041	1338	7070	3148	4775	4432	12069	18452	10477	14300
契税	19297	17874	22781	29084	42034	42163	58294	79356	66766	120540
烟叶税				3	2		3	3		5
非税收入	121911	77327	86558	146577	165168	220513	261278	313109	405216	570640
专项收入	30380	33658	37283	46780	50081	56129	68089	74015	162745	202464
行政性收费收入	17012	17638	19585	29053	44300	51418	53114	61366	58165	73141
罚没收入	10821	9580	11121	11779	15872	22063	27556	36493	43549	62575
国有资本经营收入			3765	50905	19055	37074	31157	11911	832	20

9–4 公共财政预算支出

单位：万元

	2003	2004	2005	2006
支出总计	**365731**	**409025**	**502206**	**631321**
基本建设支出	28185	35602	36411	54676
企业挖潜改造资金	22076	5095	12746	9867
地质勘探费				
科技三项费用	2345	3569	5206	7009
流动资金				
农业支出	6827	8593	10004	19276
林业支出	7223	7868	9047	11776
水利气象支出	7635	6599	10661	14447
工业交通等部门事业费	1059	1576	1645	1747
流通部门事业费	254	292	430	536
文体、广播事业费	10139	10624	13419	16962
教育支出	61438	71816	91528	111219
科学支出	1571	1762	2161	2543
医疗卫生支出	20613	22426	26373	35598
其他部门的事业费	12769	18702	17016	20766
抚恤和社会福利救济费	19023	19815	24735	30485
行政事业单位离退休支出	549	481	542	570
社会保障补助支出	28630	27884	47617	49560
国防支出	18	38	17	57
行政管理费	38870	45737	52876	67078
外交外事支出	78	113	110	192
公检法司支出	25536	29579	36585	46360
城市维护费	30541	45287	50979	65896
政策性补贴支出	4562	805	834	3156
支援不发达地区支出	4790	4997	4132	4184
海域开发建设和场地使用费支出		60	15	10
车辆税费支出		6		147
债务利息支出		15	84	36
专项支出	11121	14339	18112	23498
其他支出	19879	25345	28897	33657

9–5 公共财政预算支出

单位：万元

	2008	2009	2010	2011	2012	2013	2014	2015	2016
支出总计	**995551**	**1198342**	**1469264**	**1751935**	**2025976**	**2423426**	**2801041**	**3440019**	**4241597**
一般公共服务	147991	150832	164577	191937	270651	391780	542923	470881	501813
国防					224	1467	389	124	1024
公共安全					163637	172709	184720	223819	308008
教育	230436	269714	295364	339636	403815	429490	514802	671067	740910
普通教育	179405	209232	222959	259615	309585	237675	388165	483052	538385
职业教育	19529	21123	21652	29066	30761	3792	40803	47911	51238
教育费附加安排的支出	22239	29024	37458	38875	50002	34784	67352	86367	86033
科学技术					27991	30475	31618	41362	45156
文化体育与传媒	21662	24567	31667	40698	43910	51481	56385	59315	69795
文化	9282	12155	17073	14860	18695	6194	22234	26399	36286
体育	3832	4108	3608	7510	9947	1581	8801	7741	7781
广播影视	4086	4276	4268	4366	6623	1568	10123	12015	10288
社会保障和就业	123990	202626	148461	221973	205137	276882	274106	326832	390553
财政对社会保险基金的补助	38549	26446	31650	77279	52607	25956	82083	104935	165891
就业补助	15210	18755	22705	22837	25873	26146	44653	47637	39336
城市居民最低生活保障	26272	29981	33206	42639	36952	44006	37615	30488	31194
农村最低生活保障	3595	6171	7488	13329	11647	16088	15361	16740	19351
医疗卫生	76675	108026	125120	172782	171908	211656	257520	317352	371618
医疗保障	38726	54377	63315	84615	85246	47678	130094	148846	158627
疾病预防控制	4477	4762	3792	5971				42343	12122
节能环保	17834	32468	75531	63347	78637	82492	96708	173156	104739
污染防治	8997	13461	46206	35749	33777	25512	48082	39360	32179
城乡社区事务	112333	101510	149730	179934	220596	202564	228069	380286	675652
城乡社区公共设施	36637	21125	47479	34864	65622	19546	30080	92414	136535
城乡社区环境卫生	30141	33108	37404	45381	54246	43273	70685	96757	108568
农林水事务	65634	93703	139150	135491	166182	171220	175391	279445	347807
交通运输	15788	20897	24051	46537	54236	61352	66171	79279	151360
资源勘探电力信息等事务					59422	96197	78248	54318	76718
商业服务业等事务					21766	13914	24638	20933	50652
金融监管等事务支出					1106	245	11666	30	
国土资源气象等事务					25248	33488	39417	31028	49135
住房保障支出					48690	56855	65684	100205	134776
粮油物资储备事务					3111	2382	1888	3281	7782
国债还本付息支出					4942	1712	2569	1609	15793
其他支出	55562	32662	32912	46350	54767	135065	148129	205697	198060

9–6 财政收入占地区生产总值比重

	财政收入（万元）	公共财政预算收入（万元）	地区生产总值（万元）	财政收入占地区生产总值比重（%）	公共财政预算收入占地区生产总值比重（%）
1978	43324	43324	218046	19.87	19.87
1979	41304	41304	245354	16.83	16.83
1980	40941	40941	256769	15.94	15.94
1981	38085	38085	240147	15.86	15.86
1982	39192	39192	258193	15.18	15.18
1983	43014	43014	294926	14.58	14.58
1984	46913	46913	354068	13.25	13.25
1985	48931	48931	435029	11.25	11.25
1986	55930	55930	507941	11.01	11.01
1987	61396	61396	561061	10.94	10.94
1988	72020	72020	643008	11.2	11.2
1989	84728	84728	736867	11.5	11.5
1990	92072	92072	778938	11.82	11.82
1991	100512	100512	852297	11.79	11.79
1992	111908	111908	1005752	11.13	11.13
1993	147391	147391	1267176	11.63	11.63
1994	158204	88841	1724940	9.17	5.15
1995	186819	100866	2104288	8.88	4.79
1996	208080	119915	2250126	9.25	5.33
1997	231957	134178	2374204	9.77	5.65
1998	254583	150415	2525504	10.08	5.96
1999	267742	169540	2674592	10.01	6.34
2000	273425	166061	3003209	9.1	5.53
2001	347000	196111	3416836	10.16	5.74
2002	388905	210615	3814070	10.2	5.52
2003	729368	205660	4336504	16.82	4.74
2004	845186	249521	5002500	16.9	4.99
2005	961312	289256	5670437	16.95	5.1
2006	1061856	331417	6384705	16.63	5.19
2007	1340643	466256	7327581	18.30	6.36
2008	1524443	508618	8462811	18.01	6.01
2009	2548033	570385	9259821	27.52	6.16
2010	3041332	727579	11003898	27.64	6.61
2011	3506307	864352	13600299	25.78	6.36
2012	4060754	1037303	15638163	25.97	6.63
2013	3948217	1244956	18289800	21.59	6.81
2014	4674809	1523299	20009389	23.36	7.61
2015	5938067	1851917	20959920	28.33	8.84
2016	6067450	2154794	22642318	26.80	9.52

9-7 县区级财政收支

单位：万元

	财政收入	财政支出
城关区	357697	509397
七里河区	179686	323749
西固区	132230	277372
安宁区	128209	206802
红古区	26206	136249
永登县	45158	232839
皋兰县	39149	159727
榆中县	59329	293804
兰州新区	138746	375353

9-8 财政用于教育的支出

单位：万元

年份	预算内用于教育的支出	教育事业费	教育基建投资	城市教育费附加支出	支援不发达地区资金用于教育的支出
1990	9875	7782	304	1147	27
1991	10452	7785	272	1661	24
1992	10584	8939	335	543	23
1993	13911	10270	309	2221	25
1994	19322	15480	456	2704	34
1995	20994	16718	229	3482	20
1996	25426	19434	844	4676	28
1997	28737	21946	553	5526	53
1998	33001	27139	903	4941	18
1999	37128	32048	615	4409	56
2000	43296	36769	312	6147	68
2001	55505	47863	466	7120	56
2002	63548	53516	1816	8162	54
2003	72023	61438	1757	8776	52
2004	85864	72192	1176	12466	30
2005	108284	91528	1610	15120	26
2006	129103	111219	851	16983	50

注：2007年财政支出科目变动，部分指标无数据。

9-9 城乡居民储蓄存款余额

单位：万元

	年末余额			年增加额		
	总计	城镇	农户	总计	城镇	农户
1987		134603	16491			4540
1988		154610	20182		20007	3691
1989	239247	215032	24215		60422	4033
1990	313850	282550	31300	74603	67518	7085
1991	409783	369398	40385	95933	86848	9085
1992	553872	501435	52437	144089	132037	12052
1993	716426	645629	70769	162554	144194	18332
1994	966770	874658	92112	250344	229029	21343
1995	1371564	1254593	116971	404794	379935	24859
1996	1726708	1578672	148036	355144	324079	31065
1997	1952386	1781451	170935	225678	202779	22899
1998	2339629	2146265	193364	387243	364814	22429
1999	2641568	2432391	209177	301939	286126	15813
2000	2979869	2750275	229524	338301	317884	20347
2001	3435122	3188167	246955	455253	437892	17431
2002	3942836	3659052	283784	507714	470885	36829
2003	4683830	4368966	314864	740994	709914	31080
2004	5254624	4904195	350429	570794	535229	35565
2005	5817105	5411754	405351	562481	507559	54922
2006	6877518	6394031	483487	1060413	982277	78136
2007	7105169	6496569	608600	227651	102538	125113
2008	9071007	8238267	832740	1965838	1741698	224140
2009	10899721	9756259	1143462	1828714	1517992	310722
2010	12959451	11447080	1512371	2059730	1690821	368909
2011	14801626	12874600	1927026	1842175	1427520	414655
2012	17431811	15155843	2275968	2630185	2281243	348942
2013	20215573	17164666	3050907	2783762	2008823	774939
2014	22629407	19127978	3501429	2413834	1963312	450522
2015	24772602	20789312	3983290	2143194	1673152	470042
2016	26475755	21533332	4942423	1703153	744020	959133

9–10 金融机构信贷收支情况

单位：万元

	2006	2007	2008	2009
各项存款合计	**16155138**	**17911232**	**21562875**	**26211979**
企业存款	6299763	6964986	8371077	10202250
财政存款	542669	733203	984565	749611
机关团体存款	869524	1087582	1155573	1513563
储蓄存款	6877518	7105169	9071007	10899721
城镇	6394031	6496569	8238267	9756259
农村	483487	608600	832740	1143462
各项贷款合计	11889019	13465829	15202583	20071912
短期贷款	3948769	4387461	4874030	6629302
工业贷款	952707	1208778	1694122	2011697
商业贷款	725864	918432	858861	958152
建筑业贷款	167623	116599	101438	213910
农业贷款	246172	228994	263046	344274
乡镇企业贷款	218592	207146	253624	404546
三资企业贷款	23222	79675	39306	57550
私营企业及个体贷款	166721	175770	174632	231581
其他短期贷款	1447868	1452067	1489002	2407593
中期流动资金贷款				
中长期贷款	7256317	8550894	9607244	12049886
基本建设贷款	5477250	6197262	6738981	7919199
技术改造贷款	211448	317415	337210	383610
其他中长期贷款	489068	2036218	2531053	3747077
信托贷款				
融资租赁	2298	2298	1453	1453
委托贷款	35290	35340		
票据融资	641731	485478	718548	1389827
各项垫款	4615	4358	1307	1445
现金收入	21021326	24891712	29423896	30127405
现金支出	20251898	23933353	28288102	28865381
货币投资（投放+回笼）	−769428	−958359	−1135794	−1262024

9-11 金融机构人民币信贷收支情况

单位：万元

	2010	2011
各项存款合计	**32358448**	**38335471**
单位存款	10861878	21884124
个人存款		14880995
储蓄存款	12959451	14801626
保证金存款		439
结构性存款		78930
财政性存款	580740	980766
临时性存款		100806
委托存款	138267	163573
其他存款	2192151	325207
各项贷款合计	**23592799**	**29178762**
短期贷款	6417978	7261536
个人贷款及透支	689170	909305
单位普通贷款及透支	5392809	5888186
普通并购贷款		
银团贷款	550871	13950
贸易融资	208329	441596
境外筹资转贷款		8500
中长期贷款	16275358	19721700
个人贷款	1539026	2001166
单位普通贷款	14185310	16969720
普通并购贷款		
银团贷款	550871	750747
贸易融资	150	67
信托贷款		
融资租赁	156911	844093
委托贷款		
票据融资	742019	1350731
各项垫款	534	534

9-12 金融机构人民币信贷收支表

单位：万元

	2012	2013	2014
各项存款	**45892564**	**55228650**	**66175146**
单位存款	26365051	32269278	39962220
活期存款	13806316	16793153	20959911
定期存款	7572234	8352861	9441782
通知存款	1073772	1363730	1125898
保证金存款		3797981	5404514
个人存款	17712064	21176559	23696181
储蓄存款	17431811	20348324	22629407
保证金存款	3425	4546	19687
结构性存款	276828	823689	1047087
财政性存款	1072597	839649	1749401
临时性存款	107636	92216	76898
委托存款	227509	340454	181355
其他存款	407707	510495	509090
金融债卷	398390	598416	598969
中长期借款		103288	195000
应付及暂收款	1274744	1714055	2058021
应付利息	530715	747254	830066
同业往来	1463497	438111	1293200
系统内资金往来			
外汇买卖	49929	207044	301351
结售汇	49471	201028	300434
各项准备	890798	1298549	1570063
贷款损失准备	779919	1168527	1360331
所有者权益	2168543	3125569	4248738
实收资本	1304807	1650305	2105103
其他	-5721443	-10580783	-10705915

9-12 金融机构人民币信贷收支表（续一）

单位：万元

	2012	2013	2014
各项贷款	**36728523**	**47177122**	**56127233**
境内贷款	36728462	46786345	56127116
短期贷款	9835047	14478835	15420684
个人贷款及透支	1576271	2568541	3530164
个人消费贷款	241005	403926	693840
单位普通贷款及透支	7541378	10873065	11261370
经营贷款	7458193	10765478	11181885
固定资产贷款	71009	85271	69817
普通并购贷款			
银团贷款	24700	6900	2000
贸易融资	687197	1030329	627149
境外筹资转贷款	5500		
中长期贷款	23088349	28548248	34578330
个人贷款	2595035	3426488	4597850
个人消费贷款	1836056	2434819	3436789
单位普通贷款	19489566	23210392	28180472
经营贷款	2726742	3434102	3579030
固定资产贷款	46762824	19776291	24601442
普通并购贷款		423065	19700
银团贷款	1003681	1403786	1773167
贸易融资	67	7	7141
境外筹资转贷款		84509	
融资租赁	1791344	2599266	3717480
票据融资	2013200	1143253	2342400
贴现	2013200	1143253	2342400
各项垫款	522	16743	68222
境外贷款	61	390777	117
有价证券	1358653	1625040	2855225
股权及其他投资	808962	837935	1322551
应收及预付款	393168	702553	789855
应收利息	200831	278761	370401
同业往来	244602	215102	2520995
系统内资金往来	5900655	332731	592515
外汇买卖	59620	206790	308313
结售汇	57335	200781	303403
固定资产	703296	790636	939707
库存现金	174102	220791	236300
投资性房地产	45441	24199	41880

9-13 金融机构人民币信贷收支表

单位：万元

	2015	2016
一、各项存款	78031226	86231121
（一）境内存款	78019616	86173648
1.住户存款	26085399	27962448
（1）活期存款	9087283	9625648
（2）定期及其他存款	16998115	18336800
2.非金融企业存款	34371548	37250847
（1）活期存款	17658466	21216841
（2）定期及其他存款	16713082	16034006
3.广义政府存款	14414700	16021147
（1）财政性存款	879493	2627434
（2）机关团体存款	13535207	13393713
4.非银行业金融机构存款	3147970	4939207
（二）境外存款	11610	57473
二、金融债券	738090	1268640
其中：境外发行		
三、卖出回购资产	643870	202200
四、借款及非银行业金融机构拆入	294961	241907
五、联行往来（净）	2883797	8208391
六、应付及暂收款	2315619	2358809
七、各项准备	2049177	2957214
八、所有者权益	5620518	5980663
其中：实收资本	2652907	2945529
九、其他	-8214995	-7102275

注：2015年中国人民银行总行对金融机构人民币信贷收支表表式及统计指标口径进行了调整。

9-13 金融机构人民币信贷收支表（续一）

单位：万元

	2015	2016
一、各项贷款	68920175	84015554
（一）境内贷款	68919527	83995386
1.住户贷款	9622072	10707538
（1）短期贷款	3556652	3348498
消费贷款	893938	1015930
经营贷款	2662714	2332567
（2）中长期贷款	6065420	7359040
消费贷款	4385880	5684584
经营贷款	1679540	1674457
2.非金融企业及机关团体贷款	59297456	73287849
（1）短期贷款	14388224	15313944
（2）中长期贷款	36584776	48640453
（3）票据融资	3715575	4625180
（4）融资租赁	4467220	4354644
（5）各项垫款	141660	353628
3.非银行业金融机构贷款		
（二）境外贷款	648	20168
二、债券投资	10509168	7568484
其中：境外债券		
三、股权及其他投资	1081747	6417295
四、买入返售资产	1997504	398232
五、存放非银行业金融机构款项	1	2
六、联行往来（净）		
其中：境内存放二级准备金	3067959	3317811
七、金银占款		
八、外汇买卖	11415	
九、应收及预付款	751708	857448
十、投资性房地产	1243	281
十一、固定资产	1089302	1089374

注：2015年中国人民银行总行对金融机构人民币信贷收支表表式及统计指标口径进行了调整。

主要统计指标解释

财政收入　指国家财政参与社会产品分配所取得的收入，是实现国家职能的财力保证。财政收入所包括的内容几经变化，目前主要包括：

（1）各项税收：包括增值税、营业税、消费税、土地增值税、城市维护建设税、资源税、城市土地使用税、印花税、个人所得税、企业所得税、关税、农牧业税和耕地占用税等。

（2）专项收入：包括征收排污费收入、征收城市水资源费收入、教育费附加收入等。

（3）其他收入：包括基本建设贷款归还收入、基本建设收入、捐增收入等。

（4）国有企业亏损补贴：这项为负收入，冲减财政收入。

财政支出国家财政将筹集起来的资金进行分配使用，以满足经济建设和各项事业的需要，主要包括：

（1）一般公共服务支出：反映政府提供一般公共服务的支出。

（2）外交支出：反映政府外交事务支出。包括外交行政管理，驻外机构、对外援助、国际组织、对外合作与交流、外界勘界联检等方面的支出。人大、政协、政府及所属各总部门（除国家领导人、外交部门）的出国费、招待费列相关功能科目。不在本科目反映。

（3）国防支出：反映政府用于现役部队、国防后备力量、国防动员等方面的支出。

（4）公共安全支出：反映政府维护社会公共安全方面的支出。有关事务包括武装警察、公安、国家安全、检察、法院、司法行政、监狱、劳教、国家保密。

（5）教育支出：反映政府教育事务支出。有关具体事务包括教育行政管理、学前教育、小学教育、初中教育、普通高中教育、普通高等教育、初等职业教育、中专教育、技校教育、职业高中教育、高等职业教育、广播电视教育、留学生教育、特殊教育、干部继续教育、教育机关服务等。

（6）科学技术支出：反映用于科学技术方面的支出。

（7）文化体育与传媒支出：反映政府在文化、文物、体育、广播影视、新闻出版等方面的支出。

（8）社会保障和就业支出：反映政府在社会保障与就业方面的支出。有关事项包括社会保障和就业管理事务、民政管理事务、财政对社会保险基金的补助、补充全国社会保障基金、行政事业单位离退休、企业关闭破产补助、就业补助、城市居民最低生活保障、其他城镇社会救济、自然灾害生活救助、红十字事务等。

（9）社会保险基金支出：反映政府由社会保险基金列支的各项支出，包括基本养老保险基金支出、失业保险基金支出、基本医疗保险基金支出、工伤保险基金支出等。特别说明：在将社会保险基金包括在内的统计政府支出时，应将财政对社会保险基金的补助以及由财政承担的社会保险缴款予以扣除，以免重复计算。

（10）医疗卫生支出：反映政府医疗卫生方面的支出。具体包括医疗卫生管理事务支出、医疗服务支出、医疗保障支出、疾病预防控制支出、卫生监督支出、妇幼保健支出、农村卫生支出等。

（11）环境保护支出：反映政府环境保护支出。具体包括：环境保护管理事务支出、环境监测与监察支出、污染治理支出、自然生态保护支出、天然林保护工程支出、退牧还草支出、已垦草原退耕还草支出等。

（12）城乡社区事务支出：反映政府城乡社区事务支出。具体包括：城乡社区事务管理支出、城乡社区规划与管理支出、城乡社区公共设施支出、城乡社区住宅支出、城区社区环境卫生支出、建设市场管理与监督支出等。

（13）农林水事务：反映政府农林水事务支出。具体包括：农林支出、林业支出、水利支出、扶贫支出、农业综合开发支出等。

（14）交通运输：反映政府交通运输方面的支出。包括公路运输支出、水路运输支出、铁路运输支出、民用航空运输支出等。

（15）工业商业金融等事务支出：反映政府工业、商业、金融等事务支出。具体包括：采掘业支出、制造业支出、建筑业支出、电力支出、邮政电信支出、旅游业支出、涉外发展支出、粮油事务支出、商业流通事务支出、安全生产支出、国有资产监管支出、中小企业发展支出、清洁生产支出等。

（16）其他支出：反映不能划分到上述功能科目的其他政府支出。

（17）转移性支出：反映政府的转移支付以及不同性质资金之间的调拨支出。

信贷资金 指金融机构以信用方式积聚和分配的货币资金。金融机构信贷资金的来源有各项存款、对国际金融机构负债、流通中货币、银行自有资金及当年结益等；信贷资金的运用有各项贷款、黄金占款、外汇占款、财政借款及在国际金融机构中的资产等。

存款 指企业、机关、团体或居民根据资金必须收回的原则，把货币资金存入银行或其他信用机构保管并取得一定利息的一种信用活动形式。根据存款对象的不同可划分为企业存款、财政存款、机关团体存款、基本建设存款、城镇储蓄存款、农村存款等科目。它是银行信贷资金的主要来源。

贷款 指银行或其他信用机构根据资金必须归还的原则，按一定利率，为企业、个人等提供资金的一种信用活动形式。我国银行贷款分为流动资金贷款、固定资产贷款、城乡个体工商户贷款以及农业贷款等科目。

十、劳动、工资

10-1 城镇非私营单位从业人员劳动报酬和在岗职工工资

单位：万元

	单位从业人员工资总额	在岗职工工资总额			
			国有单位	城镇集体单位	其他
工资总额	4625079	4033688	2385479	61973	1586237
按国民经济行业分					
农、林、牧、渔业	4355	4168	3354	314	499
采矿业	67456	67456			67456
制造业	628514	597325	59790	14334	523202
电力、热力、燃气及水生产和供应业	409992	385171	329603	364	55203
电力、热力生产和供应业	385326	360765	328177	364	32224
燃气生产和供应业	12086	11841			11841
水的生产和供应业	12580	12565	1427		11138
建筑业	798243	495351	111415	20277	363660
房屋建筑业	480466	277498	37936	7735	231827
批发和零售业	128798	119476	10933	4249	104295
批发业	49465	47750	8562	2436	36752
零售业	79334	71726	2371	1813	67542
交通运输、仓储和邮政业	129979	114204	25484	2069	86651
道路运输业	70108	66838	9399	1065	56375
住宿和餐饮业	44663	38189	10016	1415	26759
住宿业	31244	27909	9609	1345	16955
餐饮业	13419	10280	407	70	9804
信息传输、软件和信息技术服务业	60090	50793	27189		23603
电信、广播电视和卫星传输服务	49098	40054	26311		13744
金融业	183486	144623	61322	2796	80505
房地产业	144116	127314	16420	886	110007
租赁和商务服务业	125184	99419	68235	5926	25257
科学研究、技术服务业	319358	298671	203430	467	94774
研究和试验发展	78949	76855	72175		4680
专业技术服务业	218121	199665	109700	467	89498
水利、环境和公共设施管理业	95823	88053	81749		6304
居民服务、修理和其他服务业	3870	3850	2829	105	915
教育	635526	621127	612898	2574	5655
卫生和社会工作	248969	207090	195858	5020	6212
卫生	242958	201118	189885	5020	6212
文化、体育和娱乐业	64885	60488	54056	1176	5255
新闻和出版业	16242	16038	13204	560	2274
广播、电视、电影和影视录音制作业	22246	19066	17218		1848
文化艺术业	20454	19512	18364	616	532
公共管理、社会保障和社会组织	531774	510922	510899		23

注：不包括铁路民航

10-2 城镇非私营单位从业人员平均劳动报酬和在岗职工平均工资

单位：元

	单位从业人员平均劳动报酬	在岗职工平均工资			
			国有单位	城镇集体单位	其他
职工平均工资	64551	67011	77889	42327	56189
按国民经济行业分组					
农、林、牧、渔业	60072	64018	61208	61647	95962
采 矿 业	47622	47622			47622
制 造 业	58707	59889	57481	55527	60297
电力、热力、燃气及水生产和供应业	68326	68396	68180	63860	69829
电力、热力生产和供应业	68591	68661	68189	63860	74297
燃气生产和供应业	76250	76250			76250
水的生产和供应业	56087	56192	66056		55138
建筑业	52187	53262	59240	42290	50789
房屋建筑业	52073	53213	61929	36764	49499
批发和零售业	44793	45153	42030	27684	46728
批发业	51499	51936	45124	37302	55270
零售业	41430	41663	33678	21203	43214
交通运输、仓储和邮政业	52983	54587	58531	33430	54161
道路运输业	50117	51581	48673	26103	53079
住宿和餐饮业	36474	38473	38300	34757	38765
住宿业	41437	41551	38557	34925	44129
餐饮业	28522	32663	37112	31818	31869
信息传输、软件和信息技术服务业	66412	66783	80874		56686
电信、广播电视和卫星传输服务	65463	65768	81253		50837
金融业	73713	77478	90002	35250	72758
房地产业	49465	51068	64067	44693	49675
租赁和商务服务业	52162	55948	60788	28073	55563
科学研究、技术服务业	86437	87631	83556	44885	97161
研究和试验发展	77943	78904	80305		64243
专业技术服务业	90304	91506	85105	44885	100393
水利、环境和公共设施管理业	56656	63835	63034		75595
居民服务、修理和其他服务业	49485	49865	54511	95727	37818
教育	92451	97563	98084	95727	62660
卫生和社会工作	77883	83371	86137	106416	42117
卫生	78139	83804	86703	68581	42117
文化、体育和娱乐业	66926	69275	73965	33132	47774
新闻和出版业	76684	77503	90712	20833	65711
广播、电视、电影和影视录音制作业	64764	66156	69272		44425
文化艺术业	69667	73463	74946	71605	43975
公共管理、社会保障和社会组织	83173	89233	89237		46600

10-3 城镇非私营在岗职工平均工资及指数

	平均货币工资（元）				指数（上年=100）			
	合计	国有单位	城镇集体单位	其他单位	合计	国有单位	城镇集体单位	其他单位
1979	834	839	632		110.32	107.56	109.34	
1980	872	912	674		104.56	108.7	106.65	
1981	908	935	672		104.13	102.52	99.7	
1982	939	972	683		103.41	103.96	101.64	
1983	987	1025	707	562	105.11	105.45	103.51	
1984	1226	1256	994	665	124.21	122.54	140.59	118.33
1985	1388	1433	1088	829	113.21	114.09	109.46	124.66
1986	1562	1634	1105	1827	112.54	114.03	101.56	220.39
1987	1700	1773	1222	1831	108.83	108.51	110.59	100.22
1988	2010	2081	1531	2331	118.24	117.31	125.29	127.31
1989	2248	2332	1706	2472	111.84	112.06	111.43	106.05
1990	2507	2618	1866	2928	111.52	112.26	109.38	118.45
1991	2664	2799	2058	2746	106.26	106.91	110.29	93.78
1992	3031	3216	2289	3078	113.78	114.9	111.22	112.09
1993	3241	3434	2462	3109	106.93	106.78	107.56	101.01
1994	4618	4849	3588	5039	142.49	141.21	145.74	162.08
1995	5564	5776	4336	7785	120.49	119.12	120.85	154.49
1996	6188	6402	4981	8176	111.21	110.84	114.88	105.02
1997	6578	6820	5085	8712	106.3	106.53	102.09	106.56
1998	6828	6971	5785	7454	103.8	102.21	113.77	85.56
1999	7836	8071	6466	8031	114.76	115.78	111.77	107.74
2000	9147	9239	8622	9257	116.73	114.47	133.34	115.27
2001	10452	10608	8124	11266	114.27	114.82	94.22	121.7
2002	11861	12412	7558	11610	113.48	117.01	93.03	103.05
2003	13489	13860	9056	13664	113.73	111.67	119.82	117.69
2004	14854	15363	9289	13713	110.12	110.84	102.57	100.36
2005	16960	17839	11386	15209	114.18	116.12	122.58	110.91
2006	19090	21276	13598	16244	112.56	119.27	119.43	106.81
2007	22569	25081	13570	19666	118.22	117.88	99.79	121.07
2008	26118	28506	17547	22914	115.73	113.66	129.31	116.52
2009	28995	32260	20504	23393	111.02	113.17	116.85	102.09
2010	33966	36978	25891	28947	117.14	114.62	126.27	123.74
2011	38965	41816	31636	33858	114.72	113.08	122.19	116.97
2012	44492	48081	33889	38538	114.18	114.98	107.12	113.82
2013	48017	52375	34370	44514	107.92	108.93	101.42	115.51
2014	54005	60571	37996	48810	112.47	115.65	110.55	109.65
2015	60330	70847	42259	53178	111.71	116.97	111.22	108.95
2016	67011	77889	42327	56189	111.07	109.94	100.16	105.66

主要统计指标解释

职工工资总额 指各单位在一定时期内直接支付给本单位全部职工的劳动报酬总额。工资总额的计算原则应以直接支付给职工的全部劳动报酬为根据。各单位支付给职工的劳动报酬以及其他根据有关规定支付的工资，不论是计入成本的还是不计入成本的，不论是按国家规定列入计征奖金税项目的，还是未列入计征奖金税项目的，不论是以货币形式支付的还是以实物形式支付的，均包括在工资总额内。

职工平均工资 指企业、事业、机关单位的职工在一定时期内平均每人所得的货币工资额。它表明一定时期职工工资收入的高低程度，是反映职工工资水平的主要指标。计算公式为：

职工平均工资=报告期实际支付的全部职工工资总额/报告期全部职工平均人数

城镇单位从业人员劳动报酬 指各单位在一定时期内直接支付给本单位全部从业人员的劳动报酬总额。包括在岗职工工资总额和其他从业人员的劳动报酬总额。

十一、教育、科技文化

11-1 平均每万人在校学生数

单位：人

年份	平均每万人口中在校学生数		
	大学生	中学生	小学生
1957	63	196	1184
1962	82	189	1057
1965	63	258	1585
1970	65	617	1322
1975	40	747	1618
1978	53	853	1819
1979	58	790	1778
1980	71	749	1724
1981	82	643	1577
1982	67	662	1458
1983	70	699	1297
1984	83	705	1252
1985	100	720	1197
1986	117	728	1123
1987	117	692	1057
1988	121	636	1002
1989	118	560	981
1990	112	533	952
1991	108	525	925
1992	113	518	933
1993	132	484	900
1994	130	472	1004
1995	144	484	1029
1996	148	500	1058
1997	153	507	1083
1998	160	519	1078
1999	186	544	1042
2000	249	586	1002
2001	308	634	961
2002	688	655	917
2003	660	682	877
2004	526	726	842
2005	580	688	810
2006	537	709	803
2007	546	687	794
2008	622	645	728
2009	1049	628	684
2010	1103	615	673
2011	1158	580	646
2012	1210	573	633
2013	1468	562	631
2014	1497	554	633
2015	1494	528	646
2016	1501	516	656

11-2 各类学校基本情况

单位：人

	学校（所）	毕业生数	招生数	在校学生数	教职工数	专任教师数
总计						
普通高等学校	23	117889	132304	424842	23381	15998
普通中等专业学校	40	19686	13258	43233	3134	2378
中等技术学校						
中等师范学校						
普通中学	197	58088	55824	166932	16516	13995
高中	62	24118	22898	68812	8055	5242
初中	135	33970	32926	98120	8461	8753
中等职业学校	11	882	1260	3064	405	347
技工学校						
小学	515	33349	37584	211993	13333	14365
特殊教育学校	4	44	33	465	135	122
幼儿园	815	39284	45720	112767	13071	7509
成人中等专业学校	6	2513	1301	2748	210	135
成人高等学院	4	3174	1869	4992	484	362
民办高等院校	7	16054	13726	55205	4201	3029

11-3 各类学校女生和女教师数

单位：人

	2007	2008	2009	2010	2011	2012	2013	2014	2015	2016
女生数										
普通中学	103684	101116	98886	96392	91122	89978	88235	86390	82547	81601
职业中学	5552	9683	8590	7530	8002	7346	1655	776	1364	1432
小学	117373	109625	103369	101854	97821	95288	94906	95080	97198	98990
女学生占学生总数（%）										
普通中学	48.08	48.62	48.6	48.46	48.62	48.83	48.86	48.47	48.53	48.88
职业中学	62.03	62.01	59.84	56.43	56.6	56.89	53.96	51.56	47.63	46.74
小学	47.1	46.72	46.64	46.8	46.84	46.77	46.81	46.73	46.73	46.69
女教师										
普通中学	6215	6629	6785	6990	7069	7650	7273	7539	7566	7722
职业中学	434	541	550	528	525	473	172	174	211	194
小学	8379	8513	8557	8812	9022	8915	8890	9092	9134	9569
女教师占教师数（%）										
普通中学	48.16	49.38	50.28	50.61	51.51	50.5	52.24	53.17	54.18	55.18
职业中学	60.44	57.98	57.96	58.8	54.92	53.57	47.12	47.54	54.81	55.91
小学	59.43	60.29	61.94	61.41	61.65	61.99	62.5	63.76	64.85	66.61

11-4 分县区学校基本情况

	兰州市	城关区	七里河区	西固区	安宁区	红古区	永登县	皋兰县	榆中县	兰州新区
小学										
学校个数（个）	515	83	61	31	17	25	119	24	116	39
在校学生数（个）	211993	72226	34758	21498	16420	9392	21178	6721	21488	8312
招生数（人）	37584	12839	6050	3727	3317	1577	3853	1093	3575	1553
毕业生数（人）	33349	11233	5353	3513	2012	1537	3579	1186	3658	1278
专任教师数（人）	14365	3431	2252	1552	942	766	2004	731	2070	617
小学学龄人口入学率（%）	100.00	100.00	100.00	100.00	100.00	100.00	100.00	100.00	100.00	100.00
普通中学										
学校个数（个）	197	47	22	26	14	9	32	12	27	8
初中在校学生数（人）	98120	33259	13927	10273	7686	4408	10153	3908	11335	3171
招生数（人）	32926	11499	4604	3453	2632	1495	3465	1222	3570	995
毕业生数（人）	33970	10900	4625	3663	2575	1547	3561	1338	4649	1112
初中学龄人口入学率（%）	100.00	100.00	100.00	100.00	100.00	100.00	100.00	100.00	100.00	100.00
高中在校学生数（人）	68812	19933	7853	9333	4822	2960	8496	3101	8538	3776
招生数（人）	22898	6491	2509	3220	1674	1060	2837	906	2892	1309
毕业生数（人）	24118	7399	2908	3121	1547	898	3798	868	2407	1172
普通中学专任教师数（人）	13995	4082	1730	1753	1043	728	1595	781	1646	637
特殊教育学校										
学校个数	4	2	0	0	0	0	1	0	1	0
在校学生数	465	332	1	24	21	0	45	18	24	0
毕业生数	44	37	2	0	3	0	0	2	0	0
幼儿园										
园数（所）	815	276	149	80	64	20	90	20	66	50
班数（个）	4377	1480	755	415	342	142	474	122	418	229
幼儿数（人）	112767	38720	18729	10078	9046	4721	11479	3040	11069	5885
教职员工数（人）	13071	5250	2459	1568	1173	416	760	222	732	491

11-5 科技成果情况

	1995	2000	2008	2009	2010	2011	2012	2013	2014	2015	2016
基本情况（项）	**79**	**106**	**621**	**531**	**714**	**674**	**809**		**334**	**538**	**864**
鉴定项目数	14	41	523	465	704	674	709	501	34	78	81
登记项目数	14	41	621	531	714	659	809	479	334	538	864
奖励项目数	51	24	137	141		156	136	59			198
成果水平（项）	**14**	**41**	**532**	**471**	**714**	**662**	**721**		**222**	**379**	**495**
国际领先		2	19	6	9	11	11	2	4	5	2
国际先进		3	81	94	111	121	132	34	12	18	2
国内领先	3	11	343	321	501	459	490	261	16	48	10
国内先进	5	16	87	49	91	71	77	68	3	7	5
其他	6	9	2	1	7	0	11	114	187	301	476
应用领域（项）	**13**	**21**	**160**	**204**	**273**	**181**	**190**		**121**	**194**	**240**
工业（交通、邮电、建筑、地质）	9	15	71	57	74	58	49	101	33	56	54
农业（林、牧、渔）	6	6	89	152	199	123	141	75	88	138	186

11-6 专利申请及授权情况

单位：项

	申请量			授权量		
	2014	2015	2016	2014	2015	2016
总计	**4288**	**5703**	**7488**	**2139**	**2914**	**3505**
按种类分						
发明专利	2071	2416	3083	589	848	867
实用新型	2059	3019	4002	1392	1930	2334
外观设计	158	268	403	158	136	304
按对象分						
大专院校	1045	1314	2559	554	814	1153
科研单位	766	1180	1281	354	653	679
工矿企业	870	1156	1498	679	764	826
机关团体	85	106	160	78	77	94
个人	1522	1947	1982	474	606	753

11-7 图书、杂志、报刊出版数量

	2007	2008	2009	2010	2011	2012	2013	2014	2015	2016
图书出版										
种数（种）	1282	1282	1301	1311	1350	1410	2906	2410	3412	3508
出版（种）	1120	1122	1200	1268	1297	1350	1520	1319	2161	2165
总印数（万册）	7591	7593	8890	9260	9502	9350	6573	5312	6650	7576
总印张（千印张）	473125	473165	598160	612100	613510	612820	573771	455834	566554	613445
杂志出版										
种数（种）	132	132	134	134	135	134	133	133	131	131
总印数（万册）	13260	13270	13890	13890	13920	13910	11038	10871	9672	9561
总印张（千印张）	512850	512890	589900	589900	590100	589996	559045	542126	525365	520776
报纸出版										
种数（种）	56	56	60	68	68	68	61	61	61	61
总印数（万份）	35575	35596	41000	48686	48720	48700	51548	50982	50828	50207
总印张（千印张）	776250	776295	8431000	924000	924600	924650	1103325	1060569	1044639	1037892

11-8 文化事业基本情况

	1995	2000	2008	2009	2010	2011	2012	2013	2014	2015	2016
文化事业机构数（个）	**30**	**28**	**24**	**24**	**16**	**16**	**31**	**31**	**32**	**32**	**32**
文化部门	30	28	24	24	16	16	31	31	32	32	32
文化事业人员数（人）	**735**	**1159**	**569**	**1187**	**1187**	**1187**	**1113**	**1113**	**1167**	**1167**	**1277**
文化部门		1159	569	1187	1187	1187	1113	1113	1167	1167	1277
各类文化艺术事业单位数（个）	**30**	**28**	**24**	**24**	**16**	**16**	**31**	**31**	**32**	**32**	**32**
文化馆、艺术馆	10	1	9	9	9	9	9	9	9	9	9
公共图书馆	9	1	9	9	8	8	8	8	8	8	8
博物馆	3	2	4	4	4	6	9	9	10	11	11
电影院	8	20	7	7	7	8	12	18			31
艺术表演场所	2	2	2	2	2	1	1	1	1	1	2
艺术表演团体	4	4	2	4	4	4	4	4	4	4	1

11-9 广播电视事业基本情况

	2008	2009	2010	2011	2012	2013	2014	2015	2016
广播电台（座）	1	1	1	1	1	1	1	1	1
中短波广播发射和转播台（座）	1	1	1	1	1	1	1	1	1
中短波广播发射功率（千瓦）	10	10	10	10	10	10	10	10	10
发射台及转播台（座）	10	16	15	8	9	9	9	9	9
发射机功率（千瓦）	28.6	24.45	26.31	25	28	28	28	28	28
节目（套）	7	6	6	3	3	3	3	3	3
广播电台平均每日播出时间（时、分）	21:00:00	12:10:00		19:25:00			19:10:00	19:10:00	19:10:00
制作广播节目（小时）									
新闻节目	02:20	02:00	02:00	02:50	02:20:00	02:40:00	02:30:00	02:40:00	02:40:00
专题节目	02:05	01:25	03:00:00	02:30:00	02:30:00	03:30:00	03:50:00	03:50:00	03:50:00
教育节目	00:50	00:18	05:00:00	01:00:00	01:00:00	01:00:00	01:00:00	01:00:00	01:00:00
文艺节目	04:05	00:41	04:00:00	08:00:00	08:00:00	08:00:00	08:00:00	08:00:00	08:00:00
服务节目	01:12	00:37	11:00:00	08:00:00	11:00:00	10:00:00	11:00:00	11:00:00	11:00:00
县广播电视台（座）	9	3	3	7					
广播人口覆盖率（%）	97	98.27	98.27	98.56	98.58	98.6	98.6	98.6	99.64
电视台（座）	1	1		1	1	1	1	1	1
发射台及转播台（座）	10	7	8	1	1	9	9	9	9
发射机功率（千瓦）	26.5	27.06	26.5	20	20	20	20	20	20
节目（套）	9	9	8	4	4	4	4	4	4
电视台平均每日播出时间（时、分）	20:00:00	11:23:00	11:00	24:00:00	24:00:00	19:00:00	19:00:00	19:00:00	19:00:00
制作电视节目（小时）									
新闻节目	01:31	00:27	02:00:00	02:45:00	03:12:00	03:30:00	03:10:00	03:10:00	03:10:00
专题节目	01:01	00:14	03:00:00	01:05:00	01:07:00	01:05:00	01:00:00	01:00:00	01:00:00
文艺节目	00:52	00:03	04:00:00	00:50:00		01:20:00	00:30:00	00:30:00	00:30:00
服务节目	00:46	00:06	11:00:00	02:35:00	03:00:00	02:50:00	02:50:00	02:50:00	02:50:00
电视人口覆盖率（%）	97.5	98.54	98.55	98.55	98.55	98.55	98.55	98.55	99.7

11-10 文化产业基本情况

单位：亿元、人、%

	2010	2011	2012	2013	2014	2015	2016	比上年增长
文化产业增加值	19.70	24.89	32.85	40.79	50.22	48.17	56.71	17.73
文化产业增加值占GDP比重	1.79	1.83	2.10	2.23	2.51	2.30	2.50	8.70
文化产业法人单位机构数	871	918	1041	2584	3283	3173	3194	0.66
从业人员	22856	30526	29060	46491	49709	48513	54301	11.93
资产总计	152.98	122.08	132.56	198.53	230.69	213.53	236.48	10.75

主要统计指标解释

普通高等学校 指按照国家规定的设置标准和审批程序批准举办，通过国家统一招生考试，招收高中毕业生为主要培养对象，实施高等教育的全日制大学、独立设置的学院和高等专科学校、短期职业大学。

成人高等学校 指按照国家有关规定审批，招收通过全国成人高教统一招生考试的具有高中毕业或同等学历的在职从业人员，利用脱产、半脱产、业余或函授等多种形式对其实施高等学历教育，培养高等教育专科或本科毕业水平的专门人才，修业年限、课程设置和总学时数均按高等学历教育要求付诸实施的学校。包括广播电视大学、职工高等学校、农民高等学校、管理干部学院、教育学院、独立设置的函授学院等。

小学学龄儿童入学率 指调查范围内已入学学习的学龄儿童占校内外学龄儿童总数（包括弱智儿童，不包括盲聋哑儿童）的比重。计算公式为：

小学学龄儿童入学率＝已入学的小学学龄儿童数／校内外小学学龄儿童总数×100%

科技活动 指在自然科学、农业科学、医药科学、工程与技术科学、人文与社会科学领域（简称科学技术领域）中，与科技知识的产生、发展、传播和应用密切相关的有组织的活动。可分为研究与试验发展（R&D）、研究与试验发展成果应用及相关的科技服务三类活动。

科技活动人员 指直接从事科技活动、以及专门从事科技活动管理和为科技活动提供直接服务的人员。累计从事科技活动的实际工作时间占全年制度工作时间10%及以上的人员。（1）直接从事科技活动的人员包括：在独立核算的科学研究与技术开发机构、高等学校、各类企业及其他事业单位内设的研究室、实验室、技术开发中心及中试车间（基地）等机构中从事科技活动的研究人员、工程技术人员、技术工人及其它人员；虽不在上述机构工作，但编入科技活动项目（课题）组的人员；科技信息与文献机构中的专业技术人员；从事论文设计的研究生等。（2）专门从事科技活动管理和为科技活动提供直接服务的人员包括：独立核算的科学研究与技术开发机构、科技信息与文献机构、高等学校、各类企业及其他事业单位主管科技工作的负责人，专门从事科技活动的计划、行政、人事、财务、物资供应、设备维护、图书资料管理等工作的各类人员，但不包括保卫、医疗保健人员、司机、食堂人员、茶炉工、水暖工、清洁工等为科技活动提供间接服务的人员。

科学家与工程师 指科技活动人员中具有高、中级技术职称（职务）的人员和不具有高、中级的技术职称（职务）的大学本科及以上学历人员。

专业技术人员 指从事专业技术工作和专业技术管理工作的人员，即企事业单位中已经聘任专业技术职务从事专业技术工作和专业技术管理工作的人员，以及未聘任专业技术职务，现在专业技术岗位上工作的人员。包括工程技术人员，农业技术人员，科学研究人员，卫生技术人员，教学人员，经济人员，会计人员，统计人员，翻译人员，图书资料、档案、文博人员，新闻出版人员，律师、公证人员，广播电视播音人员，工艺美术人员，体育人员，艺术人员及企业政治思想工作人员，共十七个专业技术职务类别。

科技活动经费筹集 指从各种渠道筹集到的计划用于科技活动的经费，包括政府资金、企业资金、事业单位资金、金融机构贷款、国外资金和其他资金等。

政府资金 指从各级政府部门获得的计划用于科技活动的经费，包括科学事业费、科技三项费、科研基建费、科学基金、教育等部门事业费中计划用于科技活动的经费以及政府部门预算外资金中计划用于科技活动的经费等。

企业资金 指从自有资金中提取或接受其他企业委托的，科研院所和高校等事业单位接受企业委托获得的，计划用于科研和技术开发的经费。不包括来自政府、金融机构及国外的计划用于科技活动的资金。

金融机构贷款 指从各类金融机构获得的用于科技活动的贷款。

科技活动经费内部支出 指报告年内用于科技活动的实际支出包括劳务费、科研业务费、科研管理费，非基建投资购建的固定资产、科研基建支出以及其他用于科技活动的支出。不包括生产性活动支出、归还贷款支出及转拨外单位支出。

劳务费 指以货币或实物形式直接或间接支付给从事科技活动人员的劳动报酬及各种费用。包括各种形式的工资、津贴、奖金、福利、离退休人员费用、人民助学金等。

固定资产购建费 指报告年内使用非基建投资购建的固定资产和用于科研基建投资的实际支出额，即固定资产实际支出和科研基建投资实际完成额之和。固定资产是指长期使用而不改变原有实物形态的主要物资设备、图书资料、实验材料和标本以及其他设备和家具、房屋、建筑物。

新产品 指采用新技术原理、新设计构思研制、生产的全新产品，或在结构、材质、工艺等某一方面比原有产品有明显改进，从而显著提高了产品性能或扩大了使用功能的产品。既包括政府有关部门认定并在有效期内的新产品，也包括企业自行研制开发，未经政府有关部门认定，从投产之日起一年之内的新产品。

文化事业机构 指从事专业文化工作和为专业文化工作服务的独立建制的单位。不包括这些单位另外举办独立核算的其他机构和各部门的业余文化组织。

艺术表演团体 指从事戏曲、音乐、舞蹈、杂技等专业艺术表演，有独立帐户的单位，不包括半工半艺、半农半艺和民间职业剧团。

电影放映单位 指具有放映机器设备、固定或不固定的放映场所与专职或兼职的放映技术人员，经有关部门登记批准，经常为一定的观众对象放映电影的机构。包括经批准对外开放进行营业、并与电影发行放映管理机构分帐的专用放映单位和军委系统租片单位。

艺术表演观众人数（人次） 指售票、包场演出或民族地区免费演出的艺术表演观众人次数，不包括彩排审查和内部观摩演出的观看人次数。

十二、卫生、司法

12-1 卫生机构数

单位：个

年份	总计	医院	卫生院	门诊部、所	专科防治所、站	卫生防疫机构	妇幼保健所、站	医学科学研究机构
1979	758	141	85	590	3	11	9	1
1980	787	141	85	620	2	11	9	1
1981	827	145	85	653	4	11	9	1
1982	842	145		666	4	11	9	1
1983	870	145		696	4	11	9	1
1984	881	146		705	5	12	9	1
1985	839	116		685	5	9	7	1
1986	874	119	86	713	7	10	7	1
1987	903	128	87	731	8	10	7	1
1988	848	121	86	682	8	10	7	1
1989	895	125	87	723	8	10	7	1
1990	874	130	86	697	8	11	8	1
1991	882	129	86	706	7	11	8	1
1992	875	133	70	695	7	11	8	1
1993	956	151	70	755	8	13	8	2
1994	955	164	86	741	8	14	8	2
1995	957	165	85	740	8	14	8	2
1996	233	177		6	7	13	8	2
1997	243	179		153	7	13	8	2
1998	242	174		107	7	13	8	2
1999	241	170		201	7	13	8	2
2000	241	170		231	7	13	8	2
2001	238	171		194	7	13	8	2
2002	286	94	84	57	4	11	10	2
2003	295	101	84	59	3	11	10	2
2004	295	100	80	62	3	11	10	2
2005	285	99	71	86	2	11	10	2
2006	290	97	71	58	2	12	10	2
2007	1646	91	69	51	2	12	10	2
2008	1456	91	69	46	2	11	10	2
2009	1534	90	69	39	2	11	10	2
2010	2257	94	69	34	2	11	10	2
2011	2362	96	71	30	2	11	10	2
2012	2359	98	68	31	2	11	10	2
2013	2288	98	67	30	2	11	10	2
2014	2393	98	69	899	2	11	10	2
2015	2385	95	69	898	2	11	10	2
2016	2408	105	67	890	2	11	10	1

注：卫生机构包括村卫生室。

12-2 卫生机构人数

单位：人

年份	总计	卫生技术人员	医生				护师、护士	每千人口医生数
				中医师	西医师	中、西医师		
1979	18993	13754	5421	759	2448	2214	2657	2.58
1980	19769	14438	6083	820	3559	1704	2930	2.84
1981	20898	15727	6454	435	3887	2132	2696	2.99
1982	21657	16195	6581	437	3807	2337	2829	2.97
1983	22582	16810	6994	500	4108	2386	2924	3.14
1984	23170	17329	7106	480	4000	2493	3584	3.15
1985	21468	16009	6784	522	4005	2182	3398	2.97
1986	22244	16594	6916	486	4071	2261	3519	2.96
1987	23090	17547	7403	691	4361	2255	3745	3.12
1988	23448	17949	7405	850	5444	1111	4624	3.06
1989	23680	17832	7699	988	5646	941	4942	3.12
1990	24295	18655	8326	1240	5978	969	5162	3.31
1991	24911	18964	8403	1196	5980	1080	5214	3.3
1992	25476	19467	8790	1239	6257	1151	5586	3.4
1993	27343	20906	9432	1299	6731	1105	5995	3.61
1994	27615	20923	9351	1416	6635	1137	6123	3.52
1995	28085	21344	9585	1410	6753	1240	6321	3.54
1996	24102	17581	7197	1029	5304	755	5627	2.61
1997	24378	17622	7195	1002	5288	776	5510	2.57
1998	24145	17527	7143	968	5210	857	5563	2.16
1999	23699	17125	6926	964	5124	728	5572	3.23
2000	21958	16650	6860	960	5092	705	5579	2.96
2001	21849	16778	6903	916	5203	661	5809	1.93
2002	20600	16319	6604				5996	2.19
2003	21138	16746	6818				5980	2.24
2004	20989	16485	6703				5876	2.75
2005	22387	18738	7951				6922	2.58
2006	25353	20651	8801				7310	2.82
2007	25778	20573	8890				7361	2.78
2008	25419	20721	8971				7427	2.79
2009	27312	22372	9440				8269	2.92
2010	29769	24388	10060				9195	3.11
2011	33448	26363	10745				10230	2.97
2012	34558	27914	11308				10943	3.07
2013	35326	28489	11349				11595	3.12
2014	39063	30859	12252				12967	3.34
2015	39758	30967	12354				13107	3.35
2016	40835	32153	13123				13917	3.54

12-3 卫生机构床位数

单位：张

	总计	医院	卫生院	疗养院、所	其他卫生事业机构	每千人口医院床位数
1979	9442	8975	697	100		3.79
1980	9678	9117		100	100	3.75
1981	9895	9197		100	100	3.76
1982	10291	9678		100	100	3.81
1983	10567	9780		100	100	3.88
1984	10840	10056		100	113	3.89
1985	9711	9199	648		160	4.02
1986	10033	9395	621		159	4
1987	10508	9874	627	113	162	4.16
1988	10921	10329	616		150	1.27
1989	11303	10869	625	20	150	4.6
1990	11772	11181	645	30	150	4.5
1991	12450	11711	643	30	150	4.6
1992	12650	11990	693	30	150	4.9
1993	13552	12974				5.2
1994	13743	13219	720			5.2
1995	14098	13467	855		181	5.3
1996	13786	13589			170	4.9
1997	13857	13628			205	4.9
1998	14263	14113			150	5.9
1999	14192	13947			201	4.88
2000	14164	13862			195	4.8
2001	14373	14032			203	4.78
2002	14921	13720	1043		52	4.56
2003	15366	14484	1060		58	5.05
2004	16260	14484	1016		58	4.32
2005	14825	13303	917		871	4.79
2006	15658	13877	977		965	5
2007	17045	13624	2260			4.27
2008	24207	13071	8149			4.06
2009	21873	13728	1113			4.24
2010	25498	15788	1128			4.35
2011	25411	17292	1152			4.76
2012	27545	18734	1202			5.16
2013	23614	20281	1160			5.57
2014	24873	21577	1176			5.89
2015	22774	21230	1179			5.75
2016	26538	22822	1209			6.16

12–4　医院、卫生院诊疗人次及入院人数

	诊疗人次（万人次）	门、急诊	入院人数（万人）	每百诊次的入院人数（人）	每百门、急诊次的入院人数（人）
医院、卫生院合计	**1090.62**	**1033.47**	**62.18**	**5.7**	**6.02**
县及县以上医院合计	1014.2	960.67	60.23	5.94	6.27
卫生部门	862.02	817.14	52.13	6.07	6.4
集体所有制	37.9	35.06	0.28	0.74	0.8
其他医院	18.91	15.45	1.29	6.82	8.35
卫生院	76.42	72.8	1.95	2.55	2.68

12–5 各县区医院、卫生院基本情况

	医院、卫生院（个）	医院、卫生院床位数（张）	医院、卫生院技术人员数（人）
兰州市	712	24031	22273
城关区	47	12491	13432
七里河区	28	5002	3476
西固区	17	1543	1506
安宁区	6	485	396
红古区	10	1028	919
永登县	27	1405	1043
皋兰县	8	431	394
榆中县	29	1646	1107

12–6 各县区卫生机构基本情况

	卫生机构数（个）	医院	卫生机构床位数（张）	每千人口床位数（张）	卫生机构技术人员（人）
兰州市	2408	105	26538	7.16	32153
城关区	698	46	12984	9.95	18193
七里河区	368	20	6260	10.98	5983
西固区	193	8	1574	4.28	2139
安宁区	158	6	695	2.46	1108
红古区	80	6	1322	9.38	1259
永登县	383	12	1543	3.5	1355
皋兰县	123	1	511	3.29	589
榆中县	405	6	1649	3.72	1527

12–7 社会福利事业单位基本情况

	院数（个）	工作人员（人）	床位（张）	收养人员（人）
合计	32	1104	7153	2430
社会福利事业单位	31	1080	7058	2394
社会福利院	5	186	562	386
儿童福利院	1	176	360	276
社会福利精神病院	1	98	150	157
城镇、乡村集体办养老院	1	24	95	36

12-8 工会组织情况

年份	工会基层组织数（个）	已建立工会组织的基层单位的职工与会员人数（万人）				工会专职干部人员数（人）
		职工人数	女职工	会员人数	女会员	
2001	1077	36.04		34	14.81	848
2002	997	45.14	16.13	35	15.25	839
2003	2456	30.36	11.58	35	10.88	894
2004	648	24.08	10.8	34	10.2	864
2005	3850	37.9	14.86	36.21	13.89	1316
2006	2261	42.73	18.75	39.03	17.79	978
2007	2790	51.28	19.85	39.15	19.03	299
2008	3189	60.32	23.45	48.5	22.46	850
2009	2490	64.74	23.61	62.93	23.09	1020
2010	2949	69.09	26.73	68	26.44	696
2011	3819	69.99	27.98	69.06	27.68	1045
2012	4602	71.05	29.35	70.01	29.08	1153
2013	5022	75.35	29.94	73.78	29.8	1167
2014	5387	71.67	28.36	70.01	27.97	1277
2015	5670	6654	27.14	64.88	26.78	1123
2016	5857	68.82	28	66.53	27.19	1072

12-9 优抚救济对象得到国家抚恤、补助、救助人员情况

	2000	2008	2009	2010	2011	2012	2013	2014	2015	2016
抚恤人数（人）	82669	354	314	6244	7761	9400	10080	10687	11228	11812
烈属定期抚恤人数	49258	141	142	121	122	117	115	102	101	89
牺牲病故定期抚恤人数		94	172	144	130	130	138	78	77	147
革命伤残人员抚恤人数	847	2615	2263	2167	2130	2172	2314	2302	2340	2373
优抚对象定补人数	2038		4093	5				8141	8644	9203
在乡复员军人	348	653	1555	1302	779	716	629	545	463	395
在乡退伍军人	1955	1854	716	593	223	234	243	271	278	284
其他人员	578		387	1912	4377	6031	6641	22	25	40
社会救助对象（万人）		173641	171968	208353	245170	203472	313624	408152	416600	279588
临时救助对象（万人次）	14.94			16019	8761	8067	7798	3848	8066	24576
农村对象		2947	3997	3997	4132	4121		96561	94300	91.77
集中供养五保户	123732	241	214	265	282	286	315	324	263	276
救济灾民人数（万人）		19.43	8.17	18	24.8	18	10.7	11.57	10.57	8.38
灾民生活救济费支出（万元）		2153.8	1595	1115	1494	1910	1906	2062	2139	1396.9

12-10 各县区城乡居民最低生活保障情况

单位：人

	城镇低保人数（人）	传统“三无”对象	城镇保障资金（万元）	农村低保人数（人）	农村保障资金（万元）
兰州市	55006	571	26053.2	87348	16389.1
城关区	11090	214	5242.1	684	12.8
七里河区	12663	81	6257.3	3003	578.4
西固区	4627	62	2509	2715	766.3
安宁区	2931	20	1463.7	0	0
红古区	14028	43	6225	2691	588
永登县	2969	19	1547.7	30120	6336.3
皋兰县	3580	129	1495.8	7498	1244
榆中县	3118	3	1312.6	40637	6863.3

12-11 各县区城镇社区服务和农村服务网络情况

	城镇社区服务设施数（个）	社区工作人员数（人）
兰州市	454	9065
城关区	178	3778
七里河区	87	1807
西固区	77	1225
安宁区	67	1585
红古区	26	329
永登县	12	200
皋兰县	3	62
榆中县	4	82

注:1、城镇社区服务设施数包括正在拆迁及租借数。
2、社区工作人员数包括两委及专干。
3、社区服务志愿者组织数和人数由兰州市精神文明办提供。

12–12 律师、公证及调解基本情况

	2006	2007	2008	2009	2010	2011	2012	2013	2014	2015	2016
公证情况											
公证处（个）	9	9	9	9	9	9	9	9	9	9	9
公证员（人）	45	38	76	59	72	81	95	91	94	99	104
取得公证员资格	31	34	32	38	34	35	35	31	36	39	36
办理国内公证（件）	11253	13020	15428	17203	19277	19367	21150	17800	19704	22708	22858
民事	5798	6792	8250	9457	10916	12347	12785	11550	12314	19338	19415
经济合同	5455	6228	7178	7746	8361	7020	8365	6250	7390	3370	3443
办理涉外公证（件）	4093	5520	5853	5413	5823	6783	5943	5300	5629	5520	5570
人民调解工作											
司法助理员（人）	99	116	255	269	170	295	289	268	268	217	251
调解委员会（个）	2049	2049	2080	3081	1923	1937	1992	1996	1978	1947	1646
调解人员（人）	10523	11933	11678	11698	9536	10761	11390	11570	10915	10901	8459
调解纠纷（件）	6328	4986	5559	5964	9236	16580	23794	17517	31153	33079	35089
律师工作											
律师事务所（个）	57	55	60	68	74	85	90	90	98	102	106
律师人员（人）	460	468	500	568	630	650	750	763	817	884	1036
专职	435	443	469	535	595	611	699	715	762	840	986
兼职	25	25	31	33	35	39	51	48	43	44	50

主要统计指标解释

医院 指设有固定床位，能收容病人住院并能为病人提供医疗、护理服务的医疗机构，包括县及县以上医院、农村乡卫生院和其他医院三部分。医院按所属性质不同分为卫生部门、工业及其他部门和集体经济单位三类。县及县以上医院按业务性质不同分为综合医院和专科医院。

卫生技术人员 指卫生事业机构支付工资的全部职工中现任职务为卫生技术工作的专业人员，包括中医师、西医师、中西医结合高级医师、护师、中药师、西药师、检验师、其他技师、中医士、西医生、护士、助产士、中药剂士、西药剂士、检验士、其他技士、其他中医、护理员、中药剂员、西药剂员、检验员和其他初级卫生技术人员。

医生 指经卫生部门审查合格，从事医疗工作的专业人员。分为中医医生和西医医生。包括卫生技术人员中的中医师、西医师、中西医结合高级医师、中医士、西医士和其他中医。

社会福利事业单位 指集中收养社会孤老、残、幼的机构，包括由民政部门管理的社会福利院、儿童福利院、精神病人福利院和城镇集体举办的福利院及农村集体举办的敬老院。

社会福利事业单位收养人数 包括民政部门管理和城镇、农村集体举办的社会福利事业单位中收养的老人、少年儿童、缺乏生活自理能力的残疾人员和精神病人。

社会福利企业单位 指以安置城镇有一定劳动能力的盲、聋、哑和肢体残疾人员就业为目的，享受国家减免税待遇的国有或集体企业。包括福利工厂、福利商业和服务业、假肢厂和安置农场等单位。

律师 指受聘参加法律顾问处工作，担任法律顾问、刑（民）事代理人、刑事辩护人，办理非诉讼事件、解答法律询问，代写法律事务文书等主要从事律师业务的专职法律工作者和兼职律师。

公证人员 指在国家公证机关依法办理公证事务的司法人员，包括公证员、助理公证员和在公证处工作的其他人员。

办理公证文书 指公证处在一定时期内办结的公证文书件数。公证文书按司法部规定或批准的格式制作，包括国内公证和涉外公证两部分。国内公证分为经济合同公证和民事法律关系公证两大类。

调解人员 指在人民调解委员会担负调解民间一般民事纠纷和轻微违法行为引起纠纷的工作人员，包括调解委员会的委员和调解小组的调解员。

调解民间纠纷 指调解委员会依照法律规定，根据自愿原则，用说服教育的方法调解民间发生的有关民事权利和义务的争执，促成当事双方达到协议和谅解，解决纠纷。包括婚姻家庭纠纷，财产权益纠纷等，不包括法院受理调解的民事案件数。

离休、退休、退职人员 指正式办理了离休、退休、退职手续，并享受相应的离休、退休、退职待遇的人员。

保险福利费用 指企业、事业、机关单位在工资以外实际支付给职工和离休、退休、退职人员个人以及用于集体的劳动保险和福利费用。

十三、人民生活

13-1 人民物质文化生活情况

	1995	2000	2007	2009	2010	2011	2012	2013	2014	2015	2016
就业											
每一农村劳动力负担人数（人）	2.00	2.00	2.00	2.0	2.0	2.0	2.15	1.5	1.6	1.5	1.44
每一城镇就业者负担人数（人）	1.87	1.81	1.97	1.99	2.05	2.22	2.13	2.14	1.9	1.84	1.95
城镇登记失业率（%）	2.60	1.50	3.20	3.09	3.12	2.72	1.63	1.71	1.77	1.77	2.17
收入											
农村居民家庭人均纯收入（元）	1142	2005	3103	4001	4587	5252	6224	7114	8067	9621	10391
城市居民人均可支配收入（元）	3539	5850	10271	12761	14062	15953	18443	20767	23030	27088	29661
从业人员人均劳动报酬（元）	5564	9147	22152	28569	33340	37754	43658	46621	51928	58967	64551
人均消费水平（元）											
全体居民	3265	4096	8171	9343	10267	11802	12041				
农村居民	1663	2198	4134	4829	5136	5922	6063		7279	7940	8717
城镇居民	4714	5667	10785	12026	13321	14794	14168	15749	17236	20156	22893
储蓄											
城乡居民年底储蓄存款余额（亿元）	137.16	297.99	710.52	1089.97	1295.95	1480.16	1743.18	2021.56	2262.94	2608.54	2796.24
平均每人储蓄存款余额（元）	5113	10306	22452	32763	40052	45781	54067	62875	70356	81035	86242
住房面积（平方米）											
农村平均每人居住面积	17.21	17.29	22.37	24.26	24.00	24.00	31.00	33.99	31.00	32.42	32.86
城市平均每人使用面积	8.81	12.10	17.00	17.76	18.46	18.42	19.08	22.45	33.50	34.67	36.18
交通											
城市每万人拥有出租车（辆）	53.00	55.00	32.00	20.25	20.38	20.84	20.95		20.71	22.26	29.56
城市每万人拥有公共车辆（辆）	3.00	5.00	10.00	10.24	10.21	10.31	11.95		7.56	7.42	8.64
城市公用事业											
自来水普及率（%）	96.90	94.68	98.61	96.25	94.96	94.61					95.63
用气普及率（%）	41.90	66.18	68.03	82.11	89.37	88.98	88.71	90.1	86.93	87.3	87.64
人均园林绿地面积（平方米）	3.02	2.56	8.29	8.09	8.63	8.7	8.88	10.46	10.9	9.41	9.52
文化											
城镇每百户有彩色电视机（台）	87.00	110.00	114.00	107	108.33	104.65	105.33	99.73	105.03	107	109.61
农村每百户有彩色电视机（台）	39.00	85.00	97.69	111	112.16	111.81	105.12	111.14	116.33	110.8	113.80
广播综合人口覆盖率（%）	98.00	97.00	98.26	98.27	98.27	98.56	98.58	98.60	98.60	99.00	99.64
电视综合人口覆盖率（%）	97.00	98.00	98.40	98.54	98.55	98.55	98.55	98.55	98.55	99.00	99.70
教育											
学龄儿童入学率（%）	99.80	99.30	99.84	99.99	99.99	99.99	99.99	99.99	100.00	100.00	100.00
每万人口中在校大学生数（人）	144.00	249.00	546.00	674	704	808	1210	1468	1497	1494	1501
卫生											
每千人有医院病床数（张）	5.30	4.80	4.27	4.24	7.05	7.02	5.49	5.57	5.89	5.75	6.16
每千人有医生数（人）	3.54	2.96	2.78	2.92	3.11	2.97	3.11	3.12	3.34	3.35	3.54

13-2 城镇居民家庭生活基本情况

	每一城市就业者负担人数（人）	城镇居民人均生活费收入（元）	城镇居民人均可支配收入（元）	城镇居民人均消费性支出（元）	食品	人均居住面积（平方米）
1979		378.00		356.40		
1980	1.94	488.08		413.52	237.36	
1981	1.74	487.80		463.68	253.92	
1982	1.71	514.20		476.28	273.60	
1983	1.70	530.40		513.00	301.80	
1984	1.69	636.84		594.60	345.60	
1985	1.75	731.28		705.48	368.88	
1986	1.76	862.56		820.68	428.28	
1987	1.78	942.96		914.76	474.24	
1988	1.76	1142.76		1240.92	592.92	
1989	1.79	1322.04		1249.80	693.60	
1990	1.79	1431.60		1238.16	703.68	
1991	1.84	1660.20		1479.12	818.76	8.07
1992	1.80	1883.04	2027.85	1606.92	884.40	8.26
1993	1.74	2280.36	2462.58	2029.20	1031.76	8.18
1994	1.87	2873.28	3085.44	2625.96	1396.68	8.68
1995	1.87	3278.28	3539.92	3118.20	1677.00	8.81
1996	1.98	3565.34	3804.41	3307.47	1752.06	8.90
1997	2.17		3906.48	3196.66	1694.04	10.33
1998	2.22		4553.86	3567.21	1776.16	10.77
1999	2.04		5127.50	4505.61	1914.41	13.60
2000	1.72		5850.17	5047.60	1926.57	12.10
2001	1.56		6324.68	5238.47	2004.06	12.19
2002	2.05		6554.74	5688.24	2097.67	14.51
2003	2.04		7094.29	5679.21	2175.57	15.04
2004	1.81		7683.24	6483.06	2449.55	15.67
2005	2.02		8529.12	7180.55	2569.86	16.69
2006	2.14		9417.63	7468.95	2662.32	17.98
2007	1.97		10271.18	8049.75	3013.61	17.00
2008	2.02		11676.77	9033.70	3429.79	17.63
2009	1.99		12760.66	9653.36	3696.28	17.80
2010	2.05		14061.84	10930.39	4244.25	18.46
2011	2.22		15952.57	12352.09	4714.47	18.42
2012	2.13		18442.76	14167.9	5281.28	19.08
2013	2.14		20766.76	15748.61	5691.5	22.45
2014			23030.1	18852.64	6069.98	33.5
2015			27088	20155.89	6277.57	34.67
2016	0.51		29661	22893.10	4570.40	36.18

注：2002年以后人均居住面积口径为使用面积,1997年后取消城市居民人均生活费收入指标。

13-3　城镇居民家庭收入情况

单位：元/人

	1995	2000	2008	2009	2010	2011	2012	2013	2014	2015	2016
家庭总收入	3539.94	5882.09	12319.04	13683.62	15228.14	17313.98	19823.45	22060.72	25768.31	28865.79	31564.98
人均可支配收入	3539.92	5850.17	11676.77	12760.66	14061.84	15952.57	18442.76	20766.76	23030.1	27088.01	29661.41
工资性收入	2514.17	4155.74	8012.27	8992.39	9623.8	11037.25	12457.39	13746.88	14135.32	15127.88	16577.12
工资及补贴收入	2467.05	3716.82	7772.89	8765.4	9263.72	10432.66	12201.85	13628.55	13629.99	14493.78	15855.13
其他劳动收入	50.12	131.54	239.38	226.99	360.08	604.59	255.54	118.33	505.33	634	721.99
经营净收入	26.61	221.23	485.05	486.04	350.12	663.36	864.84	991.53	945.59	689.08	768.50
财产净收入	44.33	32.77	37.9	44.56	87.48	228.18	432.99	532.33	3161.57	3567.09	3851.18
利息收入	34.80	10.68	17.27	25.49	36.11	17.56	28.27	38.97	51.71	26.63	98.20
红利收入	7.50	9.81	0.69	0.36	14.63	0.2	0.21	5.58	2.15	91.97	89.28
出租房屋净收入	2.03		19.87	18.71	35.47	194.24	400.23	479.9	927.49	1214.48	1410.57
知识产权收入						6.72		0.14			
其他财产净收入		12.29				8.91	4.29	6.59	1.7	-5.74	73.78
转移净收入	901.98	1332.99	3783.82	4160.63	5166.74	5385.19	6068.23	6786.98	7525.83	7703.96	8464.62
养老金或离退休金	740.31	1169.61	3417.11	3816.04	4753.55	4925.55	5473.51	6031.71	6584.80	7405.61	8079.44
社会救济收入			91.55	105.77	118.79	114.08	143.04	63.83	49.24	72.25	106.73
赡养收入	74.39	50.61	28.74	36.92	40.08	83.38	79.98	139.01	138.45	193.89	302.27
捐赠收入	24.34	38.62	148.56	113.65	155.98	177.02	253.39	77.13			3.77
出售资产所得	0.28	3.49			2.99	23.35	0.16	0.14	43.05	11.89	576.07
借贷收入	611.28	1622.21	2224.72	2196.59	5963.94	4189.45	7329.23	1268.14	973.13	619.59	1011.33
提取储蓄存款	506.40	1188.00	2168.54	2108.31	5890.93	4026.01	6399.28	1175.45	827.75	441.93	822.01
借入款	92.47	270.42	33.66	47.34	47.38	71.7	478.32	81.2	75.71	83.84	110.66

13-4 城镇居民家庭支出情况

单位：元/人

	1995	2000	2008	2009	2010	2011	2012	2013	2014	2015	2016
家庭总支出	3555.40	5962.14	10765.59	11852.16	13459.1	15882.49	19301.41	19377.46	23669.08	25591.24	28232.17
消费支出	3118.24	5047.60	9033.7	9653.36	10930.39	12352.09	14167.9	15748.61	18852.65	20155.89	22893.10
服务消费支出			2474.47	2591.94	2837.86	3213.91	3739.78				6569.33
购房与建房支出	205.09	307.09	28.92	50.23	7.3	517.55	2063.35	628.79	386.71	56.89	276.55
转移性支出	236.59	407.22	1143.93	1290.56	1459.73	1711.59	1802.72	1856.83	914.32	965.49	1130.10
交纳的个人收入税	0.02	0.93	21.92	12.28	47.29	30.58	38.55	51.73	60.56	42.54	50.53
社会保障支出			558.86	848.94	1055.9	1270.76	1254.19	1096.05	679.23	776.78	949.52
赡养支出	73.73	79.54	209.77	193.6	253.27	324.36	264.35	227.31	77.65	76.89	53.23
捐赠支出	144.15	293.82	844.34	1033.24	1072.97	1214.44	1394.42	1255.46	12.61	14.4	895.79
购买彩票			3.38	3.95	0.81	5.05	4.65	4.94	6.09	3.82	10.48
各种非储蓄性保险性支出	0.20	14.37	44.88	31.77	36.89	107.87	80.78	268.16	124.94	10.05	68.22
财产性支出			0.19	9.07	5.8	30.5	13.24	47.17	3.41	8.34	4.89
借贷支出	495.39	879.01	3465.27	3728.96	7580.92	5155.83	7332.78	2068.55	1473.54	1431.26	991.23

13-5 城镇居民家庭分组收入情况

单位：元/人

	低收入户	较低收入户	中间收入户	较高收入户	高收入户
家庭总收入	**17175.09**	**25264.46**	**31314.58**	**39358.00**	**56845.00**
可支配收入	14144.31	24100.43	30176.87	37824.36	54428.94
工资性收入	8533.82	14514.99	18388.32	19956.96	27138.81
工资及补贴收入	8420.67	14136.97	17939.38	19129.16	24971.90
其他劳动收入	113.15	378.02	448.44	827.80	2166.91
经营净收入	1900.59	563.04	398.46	253.21	163.09
财产净收入	1562.85	3944.01	4851.50	4471.04	5635.00
利息收入	55.56	37.47	65.53	157.09	235.67
出租房屋收入	451.80	2236.29	2500.49	1288.14	585.41
转移净收入	2147.04	5078.39	6538.60	13143.15	21492.03
养老金或离退休金	1564.28	4861.91	6340.77	12959.56	20747.68
社会救济收入	243.58	152.81	39.28	10.59	1.26
赡养收入	70.35	145.84	349.62	365.19	784.23
其他转移性收入	129.13	153.69	154.88	146.18	233.22
出售资产所得	69.70	28.18	476.30	443.13	2469.66
借贷性所得	800.00	542.40	903.99	755.07	2434.30
提取储蓄存款	413.37	451.33	578.41	755.07	2424.05
借入款	357.72	77.50			
收回借出款	19.15				
收回储蓄性保险本					
住房贷款					

13-6 城镇居民家庭分组支出情况

单位：元/人

	低收入户	较低收入户	中间收入户	较高收入户	高收入户
家庭总支出	17510.37	23146.61	29162.35	33330.34	46883.90
消费支出	12708.19	19363.91	24625.42	28309.85	37076
服务消费支出	3434.70	6102.12	6511.25	9110.45	9932.15
食品烟酒	4252.93	6235.97	8081.27	8432.99	9896.33
衣着	1071.32	1519.28	2388.98	2102.92	2593.24
居住	2647.26	3663.90	4647.65	5575.14	8424.59
生活用品及服务	698.20	1128.13	1987.49	2334.62	2390.06
交通通信	1588.75	2302.73	2459.21	2362.55	4338.77
教育文化娱乐	1443.60	3087.73	2521.00	3883.44	4192.12
医疗保健	800.78	1071.75	1645.81	2645.69	4186.70
其他用品和服务	205.35	354.41	894.00	972.51	1054.20
购置资产支出	96.65	1.20	92.42	6.68	1625.11
购房	12.30				1578.88
建房	83.96	0.32	3.89	6.68	33.94
转移性支出	391.31	976.50	1058.11	1496.77	2306.24
交纳的个人收入税	0.24	20.68	32.12	77.92	172.78
购买彩票	2.14	6.30	1.16	45.59	5.56
赡养支出	6.59	27.08	18.36	108.22	156.63
其他非储蓄性商业保险		0.47		1.80	4.91
其他转移性支出	25.24	49.76	50.32	41.79	16.37
财产性支出		0.44			31.02
社会保障支出	377.52	865.11	963.23	1192.90	1763.36
借贷性支出	643.07	746.93	1190.83	1138.04	1502.39

13-7 城镇居民家庭人均全年购买商品量

单位：公斤/人

	低收入户	较低收入户	中间收入户	较高收入户	高收入户
大米	19.04	25.35	22.96	23.14	23.59
面粉	32.89	34.52	36.15	29.59	39.26
食用植物油	10.25	12.30	12.16	13.07	13.68
猪肉	10.15	10.93	13.64	14.41	15.59
牛肉	1.96	2.94	3.48	4.16	4.74
羊肉	2.16	2.74	3.29	4.29	5.08
鸡	2.79	3.85	3.86	4.50	4.85
鸭	0.05	0.08	0.15	0.13	0.13
鲜蛋	8.20	10.78	10.38	13.41	13.94
鱼	2.30	2.91	4.25	5.59	6.65
虾	0.23	0.50	0.92	1.29	1.26
鲜菜	90.90	127.60	128.98	154.79	175.85
白酒	1.12	1.51	3.04	1.83	0.76
果酒	0.32	0.10	0.36	0.18	0.49
啤酒	3.17	3.09	3.95	2.52	2.53
鲜瓜果	47.82	71.10	82.27	87.77	107.93
糕点	2.39	3.95	4.35	5.50	5.99
奶类	19.13	27.42	30.52	41.70	60.09
水(吨)	25.56	29.89	37.24	48.42	61.34
电(千瓦时)	410.70	483.79	698.75	847.86	876.66

13-8 城镇居民家庭消费品每百户拥有量

	低收入户	较低收入户	中间收入户	较高收入户	高收入户
家用汽车（辆）	26	14	28	19	23
摩托车（辆）	22	13	5	7	7
助力车（辆）	15	8	6	5	4
洗衣机（台）	98	100	102	102	101
电冰箱（台）	88	101	103	101	100
微波炉（台）	37	47	73	79	87
彩色电视机（台）	118	107	109	110	104
空调器（台）	6	4	9	19	21
淋浴热水器（台）	56	52	78	78	86
消毒碗柜（台）	0	1	2	3	6
洗碗机（台）	0	0	1	2	0
家用电脑（台）	43	69	66	75	79
摄像机（架）	0	1	4	10	17
照相机（架）	6	20	34	27	51
钢琴（架）					
其他中高档乐器（件）	2	1	9	5	11
组合音响（套）	10	4	9	11	14
健身器材（套）	1	3	2	4	5
固定电话（部）	48	45	50	64	75
移动电话（部）	245	257	239	228	210
接入互联网的移动电话（部）	91	109	131	110	110
接入有线电视网络的电视机（台）	76	83	86	92	88
接入互联网的计算机（台）	35	53	61	67	65

13-9 城镇居民家庭人均全年购买的主要商品数量

	1995	2000	2008	2009	2010	2011	2012	2013	2014	2015	2016
粮食（千克）	101.81	79.88			93.73	80.39	81.21	86.12	86.67	91.15	129.36
鲜菜（千克）	133.06	186.66	114.60	116.76	134.96	123.85	123.73	102.85	112.24	118.41	130.14
食用植物油（千克）	8.40	9.28	12.78	12.65	12.26	10.54	11.28	14.28	14.21	13.66	12.07
猪肉（千克）	15.14	14.54	11.21	12.98	13.79	13.05	15.46	14.02	13.25	13.52	12.57
牛羊肉（千克）	2.82	4.19	4.21	53.51	5.05	4.00	3.50	5.12	5.34	5.44	6.59
家禽（千克）	3.33	4.28	3.32	3.52	3.82	5.61	5.63	4.70	5.29	5.11	5.70
鲜蛋（千克）	9.19	9.12	9.74	9.77	9.97	9.85	10.66	9.69	9.4	10.74	10.94
水产品（千克）	5.82	4.85	4.37	4.77	5.09	4.47	4.48	5.68	5.52	5.98	5.62
酒（千克）	3.91	5.71	3.41	4.40	4.86	4.96	6.27	6.05	17.85	4.14	5.05
服装（件/人）	4.69	6.11	6.55	7.84	8.03	7.74	8.12				
衣着材料（元/人）	62.35	23.40	14.54	16.28	17.74	16.66	14.64	8.35	8.31	9.98	11.26
鞋类（双）	2.38	2.61	2.56	2.87	2.73	2.81	2.98	2.58	3.05	2.57	2.91

13-10 城镇居民家庭平均每百户年底耐用消费品拥有量

	1995	2000	2008	2009	2010	2011	2012	2013	2014	2015	2016
家用电脑（台）		28	41.58	42.86	46	60.47	65	48.53	52.59	60.59	66.26
钢琴（台）		18	1.32	1.33	1.33	1	2.33				
微波炉（台）		48	46.86	53.82	54.33	50.5	52.33	57	54.89	56.87	64.65
空调器（台）		9	8.58	6.64	6	7.97	10.67	11.2	11.22	12	11.80
洗衣机（台）	272	288	95.38	97.34	98	96.35	97.67	96.47	98.23	100.42	100.41
电冰箱（台）	223	256	90.43	93.69	94.67	92.36	95	92.2	94.4	96.16	98.37
彩色电视机（台）	262	441	106.93	107.31	108.33	104.65	105.33	99.73	105.03	107.07	109.61
照相机（台）	92	138	25.08	28.57	28	25.58	29.33	33	30.7	28.41	27.55
汽车（台）			2.31	1.66	2.33	6.31	8	8	12.27	16.21	21.87

13-11 农村居民家庭基本情况

	1995	2000	2009	2010	2011	2012	2013	2014	2015	2016
调查户数（户）	849	655	1020	1020	550	550	422	343	343	341
平均每户常住人口（人）	4.86	4.44	4.14	4.14	3.97	3.95	4.03	4.11	3.89	3.87
平均每户整半劳动力（人）		2.91	2.75	2.77			2.79	2.52	2.76	2.67
平均每个劳动力负担人口（含本人）（人）	2	2	2	2			1.5	1.6	1.41	1.44
平均每人年总收入（元）	1603	2569	4905	5567	6271	7598	8733	10785	11843.95	13364
平均每人年可支配收入（元）	1143	2005	4001	4587	5252	6224	7114	8067	9621	10391
平均每人年现金收入（元）	1245	1973	4349	4904	5823	7010	8437	9932	11253	12985
平均每人年总支出（元）	1615	2046	4255	4740	5572	6687	8277	11182	12188	13250
平均每人全年现金支出（元）	1204	1703	3690	4130	5211	6387	7918	9714	10718.21	11821

13-12 农村居民家庭生活基本情况

	人均纯收入（元）	人均生活费支出（元）	人均居住面积（平方米）
1979	92.17	79.17	
1980	96.03	82.17	
1981	99.38	91.1	
1982	107.55	88.31	
1983	181.6	142.75	5.56
1984	261.27	201.45	10.22
1985	352.77	269.54	9.93
1986	385.85	333.1	11.97
1987	411.65	356.64	13.29
1988	461	412.41	14
1989	490	452.46	14.1
1990	563	460.39	17.2
1991	603	521.48	15.7
1992	650	531.16	17.4
1993	723	575.83	16.27
1994	882	748.2	16.52
1995	1142	1121.29	17.21
1996	1366	1219	17.4
1997	1563	1190	18.12
1998	1738	1168.87	19.59
1999	1923.66	1137.29	16.91
2000	2005	1409.97	17.21
2001	2134	1444.24	16.59
2002	2268	1494.02	16.69
2003	2397.63	1540.08	24.74
2004	2550	1872	20.34
2005	2712.69	1693.49	22.32
2006	2898.31	2136.65	21.94
2007	3102.64	2420.03	22.37
2008	3502.73	2842.78	22.9
2009	4001.04	3317.33	24.26
2010	4587	3686	25
2011	5252	4331	24
2012	6224	5019	31
2013	7114.08	6186.26	33.99
2014	8067.3	7130.27	31
2015	9621	7939.80	32.42
2016	10390.70	8717.22	32.86

13-13 农村居民家庭总收入

单位：元

	1995	2000	2009	2010	2011	2012	2013	2014	2015	2016
总收入	1602.61	2568.79	4904.8	5567	6271.00	7597.87	8732.82	10785.18	11843.95	13364.26
工资性收入	307.58	731.89	1947.46	2226	2642.90	3316.22	3815.07	4141.60	4674.45	5053.49
在非企业组织中的劳动收入	72.43	308.20	339.34	366	284.01	354.46				
在本地企业中得到的收入	201.47	270.20	993.97	1183	1790.23	2211.61				
外出从业收入		105.83	614.16	678	568.67	750.15				
经营性收入	1206.98	1653.66	2482.48	2767	2964.24	3432.82	3614.40	5114.38	5435.90	6401.91
农业收入	709.05	929.62	1787.12	1985	2149.00	2578.75	2507.07	3066.23	3013.78	2932.63
林业收入	7.12	1.30	7.21	13	31.62	42.38	16.52	6.94	11.81	23.18
牧业收入	173.47	121.21	278.81	314	147.87	158.16	310.16	484.20	506.12	563.20
渔业收入			1.32			0.06	0.44			0.01
工业收入	12.16	25.32	9.94	16	5.32				16.92	42.78
建筑业收入	29.59	99.65	24.00	398	33.23	11.53	29.59	22.81	16.92	25.66
运输业、邮电业收入	71.86	155.44	150.73	176	223.28	271.61	228.66	339.72	313.74	420.17
批发和零售业、住宿和餐饮业	50.74	44.18	111.88	105	224.46	287.74	412.30	1028.20	1374.03	2144.66
社会服务业收入	22.51	39.60	42.37	47	82.80	40.84	73.35	113.58	138.29	191.67
其他家庭经营收入	129.33	229.64	56.80	53	56.83	36.70	36.30	33.39	38.81	43.03
转移性收入	61.93	83.38	250.68	291	333.30	434.63	689.71	1409.90	1593.78	1740.55
财产性收入	26.13	99.86	224.18	283	331.36	414.20	613.64	119.30	139.82	168.31
平均每人可支配收入	1143	2005.02	4001.04	4587	5252.13	6224.32	7114.08	8067.30	9621	10390.70
工资性收入	307.58	731.89	1947.46	2226	2642.90	3316.22	3815.07	4352.61	4674.45	5053.49
在非企业组织劳动得到收入	72.43	308.20	339.34	366	284.01	354.46				
在本乡地域劳动得到收入	201.47	270.20	993.97	1183	1790.23	2211.61				
外出从业得到收入		105.83	614.16	678	568.67	750.15				
经营净收入		1068.13	1589.63	1806	1963.50	2067.67	2171.16	2439.31	3438.00	3662.28
第一产业净收入		702.72	1259.70	1430	1453.45	1690.04	1664.60		2388.83	2345.59
第二产业净收入		98.84	24.39	41	25.53	9.30	2.27		7.56	56.39
第三产业净收入		266.57	305.54	334	484.52	368.33	504.29		1041.60	1260.30
财产净收入		97.08	224.18	283	331.36	414.20	613.64	697.61	131.90	157.11
转移净收入		75.91	239.76	272	314.77	426.24	514.21	577.77	1376.65	1517.82
现金纯收入			3666.20	4182	4966.54	5824.06	6893.89			
实物纯收入			334.83	406	285.59	400.25	220.19			

13-14 农村居民家庭总支出

单位：元

	1995	2000	2009	2010	2011	2012	2013	2014	2015	2016
总支出	1615.08	2045.87	4254.63	4740	5572	6686.70	8276.9	11181.74	12187.60	13249.66
生产经营费用支出	388.99	432.74	747.71	811	798	1072.21	1172.97	1676.12	1763.04	2473.05
农业生产支出	261.87	277.75	515.65	558	620	734.35	814.13	883.34	848.76	860.82
林业生产支出	2.13	1.04	5.08	8	20	30.23	16.4	7.40	9.19	10.45
牧业生产支出	68.69	60.29	181.97	204	69	108.15	164.33	202.59	166.16	149.39
渔业生产支出		0.84	0.1			0.03	1	0.29	0.49	
工业生产支出	0.97	2.36	0.23					4.79	8.11	0.09
建筑业生产支出	2.81	23.77	8.29	8	13	2.14	3.08	4.79	8.11	6.19
运输业、邮电业支出	31.54	53.63	22.53	25	24	62.68	41.9	65.49	65.39	92.61
批发和零售业住宿、餐饮业支出	6.88	3.09	3.3	3	42	120.70	95.83	497.27	653.5	1325.97
居民服务修理和其他服务业	4.1	3.88	0.93	2	3	7.78	8.65	4.87	7.87	23.45
其他家庭经营支出	9.93	5.31	7.24	1	6	6.02	0.78	0.17		0.49
购置资产及非经常性转移支出	49.9	63.52	64.95	85	78	101.46	461.96	1496.91	2092.75	1621.52
缴纳税金	22.15	10.75	2.32		1	0.12				0.01
生活消费支出	1108.63	1409.97	3317.33	3686	4331	5018.93	6186.26	7130.27	7939.80	8717.22
财产性支出		2.78	11.66	5		8.91	0.98	4.40	7.92	11.20
转移性支出	37.91	110.84	106.49	152	364	485.08	445.1	188.88	217.13	222.73

13–15　农村居民家庭平均每人生活消费支出

单位：元

	2000	2009	2010	2011	2012	2013	2014	2015	2016
生活消费支出	1409.97	3317.33	3686	4331	5018.93	6186.26	7130.27	7939.80	8717.22
按消费类别分									
食品烟酒	611.96	1405.63	1624	1831	2052.16	2374.44	2513.22	2720.99	2868.09
其他食品	115.37	162.87	199	216	256.30	246.56			
在外饮食	36.48	176.8	196	220	274.42	292.65			
衣着	105.63	245.09	305	413	476.14	526.39	498.63	589.84	661.63
居住	236.62	539.44	622	695	931.95	1196.14	1564.09	1720.17	1665.48
生活用品及服务	63.69	180.15	197	267	318.36	366.78	361.58	419.85	477.52
交通和通讯	55.43	308.34	290	367	423.95	542.39	782.97	841.93	1031.29
教育文化娱乐	170.48	341.63	334	215	339.48	467.47	681.14	840.70	1153.81
医疗保健	119.41	234.82	250	452	382.50	536.74	544.91	651.93	712.41
其他用品和服务	46.74	62.22	63	90	94.40	175.92	183.72	154.40	146.99
其他用品	7.47	33.77	38	69	71.89	125.94	82.91	89.22	80.94
其他服务	39.27	9.26	25	21	22.51	49.45	100.81	65.19	66.05
现金消费支出	1141.94	2900.76	3256	4030	4760.18	5888.1	5732.94	6508.03	7314.09
食品烟酒	360.97	989.09	1194	1531	1794.17	2084.81	2030.52	2271.36	2499.98
衣着	105.61	245.09	305	413	476.14	525.67	498.63	589.84	661.58
居住	219.62	539.42	622	695	931.19	1193.44	783.02	850.32	750.64
家庭设备用品及服务	63.67	180.14	197	267	318.36	364.21	356.70	413.87	470.50
医疗保健	119.41	234.82	250	452	382.50	536.03	426.69	549.10	601.01
交通通讯	55.43	308.34	290	367	423.95	542.39	773.27	841.91	1031.29
文教娱乐用品及服务	170.48	341.63	334	215	339.48	466.17	681.14	840.54	1153.68
其他商品及服务	46.74	62.22	63	90	94.40	175.39	182.98	151.09	145.40
其他用品	7.47	33.77	38	69	71.88	125.94	82.91	85.90	80.59
其他服务	39.27	28.45	25	21	22.51	49.45	100.07	65.19	64.82

13-16 农村居民家庭平均每人生活消费支出构成

单位：%

	2000	2009	2010	2011	2012	2013	2014	2015	2016
生活消费支出	100.00	100.00	100.00	100.00	100.00	100.00	100.00	100.00	100.00
按消费类别分									
食品	43.4	42.37	44.06	42.27	40.89	38.38	35.25	34.27	32.90
其他食品	18.85	4.91	5.40	4.99	5.11	3.99			
在外饮食	5.96	5.33	5.32	5.08	5.47	4.73			
衣着	7.49	7.39	8.27	9.54	9.49	8.51	6.99	7.43	7.59
居住	16.78	16.26	16.87	16.05	18.57	19.34	21.94	21.67	19.11
家庭设备用品及服务	4.52	5.43	5.34	6.16	6.34	5.93	5.07	5.29	5.48
医疗保健	8.47	7.08	6.78	10.44	7.62	8.68	10.98	10.60	8.17
交通和通讯	3.93	9.29	7.87	8.47	8.45	8.77	9.55	10.59	11.83
文教娱乐用品及服务	12.09	10.30	9.06	4.96	6.76	7.56	7.64	8.21	13.23
其他商品和服务	3.31	1.88	1.71	2.07	1.88	2.84	2.58	1.94	1.69
商品性支出	0.53	1.02	1.03	1.59	1.43	2.04	1.16	1.12	55.06
服务支出	2.79	0.28	0.68	0.48	0.45	0.80	1.41	0.82	44.94
现金消费支出	100.00	100.00	100.00	100.00	100.00	100.00	78.56	100.00	100.00
食品烟酒	31.61	34.10	36.67	37.99	37.69	35.41	27.82	34.90	34.18
衣着	9.25	8.45	9.37	10.25	10.00	8.93	6.83	9.06	9.05
居住	19.23	18.60	19.10	17.24	19.56	20.27	10.73	13.07	10.26
家庭设备用品及服务	5.58	6.21	6.05	6.62	6.69	6.19	4.88	6.36	6.43
医疗保健	10.46	8.10	7.68	11.21	8.04	9.10	9.29	8.44	8.22
交通通讯	4.85	10.63	8.91	9.11	8.91	9.21	10.60	12.94	14.10
文教娱乐用品及服务	14.93	11.78	10.26	5.33	7.13	7.92	9.33	12.92	15.77
其他商品及服务	4.09	2.14	1.93	2.23	1.98	2.98	2.50	2.32	1.99
其他用品	0.65	1.16	1.17	1.71	1.51	2.14	1.13	1.32	55.42
其他服务	3.44	0.98	0.77	0.52	0.47	0.84	1.37	1.00	44.58

13–17 农村居民家庭平均每人主要消费品消费量

	1995	2000	2009	2010	2011	2012	2013	2014	2015	2016
粮食（原粮）（千克）	196.8	216.24	182.45	182.45	147.96	150.52	138.63	159.81	163.16	143.02
蔬菜（千克）	110.07	35.64	62.43	62.43	53.12	41.47	59.49	68.42	64.04	72.72
食油（千克）	14.26	5.46	5.45	5.45	7.65	8.21	10.69	14.83	15.65	9.73
猪牛羊肉（千克）	17.88	12.56	16.64	18.84	13.94	11.68	16.1	17.24	19.45	17.47
家禽（千克）	1.01	0.21	1.42	1.42	1.8	1.86	2.07	2.58	2.82	2.72
蛋类及蛋制品（千克）	3.72	2.03	3.23	3.23	4.18	4.96	4.73	5.23	7.64	6.91
水产品（千克）	0.88	0.56	0.96		0.97	1.08	0.92	1.08	0.8	1.13
食糖（千克）	0.86	1.08	1.2	1.2	0.97	1.32	2.06	2.2	2.19	2.97
酒（千克）	3.55	4.96	7.49	7.49	8.04	9.17	7.87	10.28	8.79	9.80

13–18 农村居民家庭平均每百户年底耐用消费品拥有量

	1995	2000	2008	2009	2010	2011	2012	2013	2014	2015	2016
自行车（辆）	131.22	150.96	104.41	104.22		76.83	75.77	23.46			
空调机（台）			2.16	1.86	1.57	1.7	0.9	0.95	1.17	1.17	1.47
洗衣机（台）	48.6	66.6	90.2	96.27	96.67	96.21	98.58	89.34	92.13	92.13	95.60
家用电冰箱（台）	4.86	8.88	37.54	44.02	40.78	56.08	66.65	62.8	67.64	68.22	75.44
摩托车（辆）	4.86	4.44	30.2	32.94	39.22	32.62	40.66	44.08	62.39	60.35	58.54
黑白电视机（台）	63.18	48.84	10.88	4.41	4.51	1.3	0.95				
彩色电视机（台）	24.3	62.16	111.37	110.59	112.16	111.81	105.12	111.14	116.33	110.79	113.80
影碟机（台）		28.70	46.67	44.61		32.34	25.35				
中高档乐器（台）			1.08	1.08		0.06	0.97	0.24			0.29
照相机（架）	4.86	4.44	9.02	11.47	6.76	6	7.09	2.37	4.08	4.66	4.11

13-19 农村居民家庭平均每户年末生产性固定资产原值

单位：元

	1995	2000	2008	2009	2010	2011	2012	2013	2014	2015	2016
合计	2037	5473	7512	8869	9311						1235.44
役畜、产品畜	468	620	965	1267.34	1213.02	328.9	471.09	573.6		311	80.90
大中型铁木农具	146	289	297	291.12	434.7	483.77	478.33	744.81			0.00
农林牧渔业机械	262	1498	2529	2628.15	2587.5	2618	2723.3	4240.45		4290	1154.54
工业机械	32	141	66	18.67	12.42						0.00
运输机械	796	1133	694	1084.72	1035	1245	2883.8	2142.86		2239	0.00

13-19 农村居民家庭期末农业生产性固定资产原价（续一）

单位：元

	2016
期末农业生产性固定资产原价	4579.82
农业固定资产原价	1767.34
生产性用房及建筑物	456.91
役畜	80.90
农业设施	71.85
农业机械	1154.54
林业固定资产原价	0
生产性用房及建筑物	0
机械设备	0
牧业固定资产原价	524.14
生产性用房及建筑物	190.05
产品畜	334.09
渔业固定资产原价	0
农林牧渔服务业固定资产原价	0

13-20 农村居民家庭平均每百户拥有主要生产性固定资产数量

	1995	2000	2008	2009	2010	2011	2012	2013	2014	2015	2016
汽车（辆）	1.88	4.05	2.65	3.43	2.16	2.88	5.19				
大中型拖拉机（台）	2.12	1.05	2.35	3.04	7.16	5.24	6.88	4.03	3.21	4.08	3.52
小型和手扶拖拉机（台）	18.61	32.7	33.33	34.02	35.1	25.86	28.56	46.45	52.19	57.73	53.56
机动脱粒机（台）	0.59	0.45	2.55	0.88	0.69	1.15	5.88	5.21	3.79	3.5	4.05
胶轮大车（辆）	4.48	16.26	1.96	2.06	1.47	4.82	2.04				
农用水泵（台）	0.24	1.6	4.22	4.02	4.22	1.64	2.83		0.58		
役畜（头）	25.44	36.0	20.29	21.86	24.8	8.57	7.59	3.55	5.54	3.79	3.75
产品畜（头）	8.24	9.12	29.22	25.59	30.88	15.87	19.45	60.19	229.15	10.79	91.47

13-21 农村住户建房和居住情况

	1995	2000	2009	2010	2011	2012	2013	2014	2015	2016
建房情况（户均）										
年内新建房屋面积（平方米）	1.35	2.99	2.82	1.33	1.6	2.90	0.83	0.58	0.31	1.32
年内新建房屋价值（元）	406.35	430.54	1688.5	892.74	1162.23	2214.24	1314.29	1107.87	1020.4	853.91
砖木结构面积（平方米）		1.08	1.7	1.01	0.23	1.27				
钢筋混凝土结构面积（平方米）		1.78	1.04	0.23	1.36	1.61	0.83			
居住情况（户均）										
年末住房面积（平方米）	77.47	83.94	100.44	97.77	108.03	125.28	147.36	129.72	134.45	133.35
砖木结构面积（平方米）	26.68	41.78	48.93	51.05	42.13	57.93	45.25			
钢筋混凝土结构面积（平方米）	4.33	22.4	33.91	33.40	59.32	54.27	82.71			
年末住房价值（元）	6270	6622	41281	40646	66305	102512	133600	133917	200157	208557
人均指标										
平均每人年末居住住房面积（平方米）	17.21	17.21	24.26	24.00	27	31.41	33.99	30.95	31.46	32.86
平均每人年内新建房屋面积（平方米）	0.28	0.65	0.68	0.66	0.4	0.72	0.21	0.24	0.04	0.41

13-21 农村住户建房和居住情况（续一）

	单位	2016
期末拥有房屋情况		
期末拥有房屋面积	**平方米**	**33.68**
自有现住房面积	平方米	32.84
出租住房面积	平方米	0.64
出租商用建筑物面积	平方米	
偶尔居住房面积	平方米	0.14
空宅或其他用途房面积	平方米	0.07
期末拥有房屋价值	**万元**	**3.53**
自有现住房市场价估计值	万元	3.22
出租住房市场价估计值	万元	0.21
出租商用建筑物市场价估计值	万元	
偶尔居住房市场价估计值	万元	0.05
空宅或其他用途房市场价估计值	万元	0.05
期末拥有房屋市场价月租金	**元**	**82.30**
自有现住房市场价月租金	元	73.51
出租住房市场价月租金	元	8.79
出租商用建筑物市场价月租金	元	

13–22 各县区家庭户的住房面积

	调查户户数（户）	调查户人数（人）	人均现住房建筑面积（平方米/人）
兰州市	**830**	**2893**	**32.86**
城关区	139	417	44.28
七里河区	103	346	25.06
西固区	101	295	45.78
安宁区	68	213	
红古区	69	239	45.94
永登县	110	431	31.47
皋兰县	110	437	29.72
榆中县	130	515	33.39

13–23 各县区农民人均可支配收入

单位：元/人

	2005	2007	2009	2010	2011	2012	2013	2014	2015	2016
兰州市	**2713**	**3102**	**4001**	**4587**	**5252**	**6224**	**7114**	**8067**	**9621**	**10391**
城关区	7373	8774	10942	12381	14176	16274	18431	20919	19252	20780
七里河区	4274	4898	6108	6905	7899	9558	10825	12297	14365	15506
西固区	4727	5358	6741	7587	8702	10128	11466	13014	14290	15448
安宁区	4732	5435	6961	7869	9034	10514	11963			
红古区	4630	5309	6615	7480	8505	10155	11485	12977	15023	16180
永登县	2071	2374	3106	3524	4053	4899	5642	6382	8287	8974
皋兰县	2113	2448	3207	3705	4257	5083	5758	6512	8375	9076
榆中县	1866	2084	2748	3156	3582	4263	4910	5558	8100	8763

注：2015年开始，农民收入称为人均可支配收入

主要统计指标解释

城镇居民家庭总收入 指被调查城市居民家庭调查户中生活在一起的所有家庭成员在调查期得到的工资性收入、经营性收入、财产性收入、转移性收入的总和，不包括出售财物和借贷收入。

城镇居民家庭可支配收入 指被调查的城市居民家庭可用于最终消费支出和其它非义务性支出以及储蓄的总和，即居民家庭可以用来自由支配的收入。它是家庭总收入扣除经营性支出、交纳的个人所得税、个人交纳的社会保障费以及调查户的记账补贴后的收入。

城市居民家庭消费性支出 指被调查的城市居民家庭用于本家庭日常生活的全部支出，包括食品、衣着、居住、家庭设备用品及服务、医疗保健、交通和通信、娱乐教育文化服务、其它商品和服务八大类等。包括用于赠送的商品或服务。不包括罚没、丢失款和缴纳的各种税款（如个人所得税、牌照税、房产税等），也不包括个体劳动者生产经营过程中发生的各项费用。

城镇居民家庭全部收入 指被调查城市居民家庭全部实际收入，包括经常或固定得到的收入和一次性收入。不包括周转性收入，如提取银行存款、向亲友借款、收回借出款以及其他各种暂收款。

农村居民家庭纯收入 指农村常住居民家庭总收入中，扣除从事生产和非生产经营费用支出、缴纳税款和上交承包集体任务金额以后剩余的，可直接用于进行生产性、非生产性建设投资、生活消费和积蓄的那一部分收入。农村居民家庭纯收入包括从事生产性和非生产性的经营收入，在外人口寄回带回和国家财政救济、各种补贴等非经营性收入；既包括货币收入，又包括自产自用的实物收入。但不包括向银行、信用社和向亲友借款等属于借贷性的收入。

农村居民家庭生活消费支出 指农村常住居民家庭用于日常生活的全部开支，是反映和研究农民家庭实际生活消费水平高低的重要指标。

十四、市州主要经济指标

14-1 地区生产总值

单位：亿元、%

	地区生产总值	第一产业增加值	第二产业增加值	第三产业增加值	地区生产总值构成	第一产业增加值	第二产业增加值	第三产业增加值
全国	744127	63671	296236	384221	100.00	8.56	39.81	51.63
全省	7152.04	973.47	2491.53	3687.04	100.00	13.61	34.84	51.55
兰州市	2264.23	60.36	790.09	1413.78	100.00	2.67	34.89	62.44
嘉峪关市	153.4	4.44	60.32	88.65	100.00	2.89	39.32	57.79
金昌市	207.82	20.72	104.14	82.96	100.00	9.97	50.11	39.92
白银市	442.21	61.98	178.11	202.12	100.00	14.02	40.28	45.71
天水市	590.51	100.39	189.98	300.14	100.00	17.00	32.17	50.83
酒泉市	577.93	87.19	202.22	287.9	100.00	15.09	34.99	49.82
张掖市	399.94	102.42	110.13	187.39	100.00	25.61	27.54	46.85
武威市	461.73	108.27	170.74	182.72	100.00	23.45	36.98	39.57
定西市	331.08	78.75	75.44	176.89	100.00	23.79	22.79	53.43
陇南市	339.89	73.86	73.32	192.72	100.00	21.73	21.57	56.70
平凉市	367.30	103.00	91.06	173.24	100.00	28.04	24.79	47.17
庆阳市	597.83	85.49	287.98	224.36	100.00	14.30	48.17	37.53
临夏州	230.11	38.37	46.33	145.41	100.00	16.67	20.13	63.19
甘南州	135.95	29.12	21.85	84.98	100.00	21.42	16.07	62.51

14-2 地区生产总值指数

单位：%

	地区生产总值	第一产业增加值	第二产业增加值	第三产业增加值
全　国	106.7	103.3	106.1	107.8
全　省	107.6	105.5	106.8	108.9
兰州市	108.3	106.0	104.3	110.9
嘉峪关市	107.3	105.6	103.1	113.4
金昌市	106.4	105.3	105.8	107.8
白银市	107.4	105.2	105.9	109.7
天水市	108.6	105.9	108.8	109.3
酒泉市	106.5	106.2	105.4	107.4
张掖市	108.0	105.5	107.9	109.3
武威市	108.5	106.3	109.0	109.3
定西市	107.0	105.0	108.3	107.4
陇南市	108.4	105.5	107.7	109.9
平凉市	107.0	105.8	105.6	108.5
庆阳市	108.2	105.7	108.8	108.1
临夏州	108.3	106.0	108.2	108.9
甘南州	105.6	105.1	108.2	105.1

14–3 工业、投资主要指标

单位：亿元、%

	全部工业增加值		规模以上工业增加值		建筑业增加值		固定资产投资总额	
	总量	增速	总量	增速	总量	增速	总量	增速
全　国	247860	6.0		6.0	49522	6.6	596501.00	8.10
全　省	1729.0	6.4	1565.40	6.2	776.35	7.7	9534.10	10.50
兰州市	526.83	2.8	502.00	2.6	267.12	7.3	1990.95	10.38
嘉峪关市	50.14	2.7	48.74	2.6	10.19	7.3	160.40	11.30
金昌市	72.55	5.3	70.01	5.2	31.99	7.5	229.11	–7.83
白银市	125.18	5.5	112.77	5.3	53.26	7.2	528.38	11.36
天水市	126.84	9.7	104.16	9.8	70.02	7.3	671.18	11.35
酒泉市	130.9	4.4	107.95	3.6	72.4	7.5	1215.68	10.05
张掖市	70.62	8.4	59.57	8.4	41.15	7.1	349.72	11.80
武威市	112.31	9.9	88.52	10.1	60.74	7.4	689.22	11.15
定西市	43.41	9.4	29.42	9.5	32.03	7.1	621.20	11.86
陇南市	44.01	7.9	38.62	7.8	29.31	7.4	654.02	10.74
平凉市	48.64	4.4	42.75	4.0	42.42	7.3	670.75	11.24
庆阳市	255.23	9.0	247.63	9.0	41.66	7.5	1200.87	11.10
临夏州	25.87	8.9	14.51	7.6	20.46	7.3	331.91	11.10
甘南州	18.21	8.4	10.80	8.5	3.64	7.1	208.83	12.13

14-4 消费、财政收入主要指标

单位：亿元、%

	社会消费品零售总额		财政收入		一般公共预算收入		一般公共预算支出	
	总量	增速	总量	增速	总量	增速	总量	增速
全　国	332316	10.4						
全　省	3184.39	9.5			786.81	8.80	3152.72	6.57
兰州市	1263.35	9.7	606.75	2.18	215.48	16.35	424.16	23.3
嘉峪关市	60.00	9.2	40.68	2.2	17.10	12.10	24.28	-3.30
金昌市	82.92	9.1	45.30	2.80	20.75	7.20	57.46	10.14
白银市	193.64	9.0	56.29	10.48	28.72	12.66	161.04	23.07
天水市	288.66	10.0	135.70	23.12	42.21	15.05	251.56	12.34
酒泉市	193.30	9.5	102.52	1.90	36.25	8.10	129.68	17.70
张掖市	160.90	9.0	58.26	10.01	27.10	16.87	145.78	18.06
武威市	178.15	9.6	50.73	16.78	31.10	22.47	176.01	2
定西市	117.66	9.6	47.24	10.00	25.10	3.07	200.51	1.34
陇南市	99.50	9.6	53.84	4.56	26.69	10.78	208.44	6.68
平凉市	194.16	9.4	51.59	7.20	26.55	9.90	172.90	7.20
庆阳市	223.11	9.4	137.32	-7.10	42.8	-22.8	215.23	3.80
临夏州	83.68	10.0	31.64	10.38	18.21	15.74	197.84	12.68
甘南州	45.32	9.0	16.92	7.60	9.85	7.40	149.48	3.90

14–5 城乡人民收入

单位：元、%

	城镇居民人均可支配收入		农村居民人均可支配收入		居民消费价格	
	总量	增速	总量	增速	指数	涨幅
全　国	33616	7.8	12363	8.2	102.0	2.0
全　省	25694	8.1	7457	7.5	101.3	1.3
兰州市	29661	9.5	10391	8.0	100.8	0.8
嘉峪关市	33540	9.2	16462	7.1	101.2	1.2
金昌市	32074	8.1	12284	7.2	101.3	1.3
白银市	25313	8.0	7613	7.9	101.7	1.7
天水市	22684	9.0	6499	8.2	102.0	2.0
酒泉市	30072	8.2	14596	7.3	102.2	2.2
张掖市	21503	9.3	11646	7.6	101.5	1.5
武威市	23612	8.8	9784	7.5	101.4	1.4
定西市	20815	8.6	6289	8.0	101.9	1.9
陇南市	20504	8.4	5859	8.4	101.3	1.3
平凉市	23446	9.1	7008	7.8	101.6	1.6
庆阳市	25300	8.0	7480	7.7	101.3	1.3
临夏州	17911	8.5	5680	8.3	101.2	1.2
甘南州	21327	8.5	6414	8.2	101.6	1.6

十五、全国主要指标对比

15-1 地区生产总值

单位：亿元、%

	地区生产总值		第一产业增加值		第二产业增加值		建筑业增加值		第三产业增加值	
	累计	增速	累计	增速	累计	增速	累计	增速	累计	增速
直辖市										
北　京	24899.3	6.7	129.58	-8.8	4774.38	5.6	1023.51	7.7	19995.3	7.1
上　海	27466.15	6.8	109.47	-6.6	7994.34	1.2	875.81	3.1	19362.34	9.5
天　津	17885.39	9.0	220.22	3	8003.87	8	786.89	7.6	9661.3	10
重　庆	17558.76	10.7	1303.24	4.6	7755.16	11.3	1714.63	15.1	8500.36	11
省会城市										
兰　州	2264.23	8.3	60.36	6.0	790.09	4.3	267.12	7.3	1413.78	10.9
*西　安	6257.18	8.5	232.01	3.8	2197.81	8.6	818.82	6.5	3827.36	8.8
西　宁	1248.16	9.8	39.15	5.2	595.64	10.6	116.42	16.3	613.37	9.3
银　川	1617.28	8.1	58.61	4.3	825.46	6.6	221.93	3.0	733.21	10.3
乌鲁木齐	--	7.6	--	3.0	--	1.7	--	10.1	--	10.4
*成　都	12170.23	7.7	474.94	4.0	5232.02	6.7	782.24	5.5	6463.27	9.0
贵　阳	3157.7	11.7	137.14	5.9	1218.79	12.1	--	--	1801.77	11.9
昆　明	4300.43	8.5	200.51	6.0	1660.46	7.6	621.65	13.5	2439.46	9.3
呼和浩特	3173.59	7.7	113.49	3.0	884.43	8.7	--	--	2175.67	7.7
南　宁	3703.39	7.0	400.67	3.9	1427.16	5.8	364.02	6.4	1875.57	8.5
福　州	6197.77	8.5	492.65	4.1	2598.31	7.0	621.46	7.3	3106.81	10.7
*广　州	19610.94	8.2	240.04	-0.2	5925.87	6.0	--	--	13445.03	9.4
海　口	1257.67	7.7	67.68	3.3	233.56	5.8	98.98	10.9	956.43	8.5
*哈尔滨	6101.6	7.3	691.2	6.1	1896.7	6.7	612.6	9.8	3513.8	7.9
*沈　阳	--	--	--	--	--	--	--	--	--	--
*武　汉	11912.61	7.8	390.62	3.4	5227.05	5.7	--	--	6294.94	9.9
*南　京	10503.02	8.0	252.51	1.0	4117.2	5.3	--	--	6133.31	10.2
*长　春	5928.5	7.8	323.5	3.7	2926.2	7.0	467.4	8.1	2678.8	9.4
杭　州	11050.49	9.5	304.84	1.9	3977.39	4.7	400.11	0.7	6768.26	13.0
*济　南	6536.12	7.8	317.31	4.1	2368.9	6.9	--	--	3849.91	8.7
南　昌	4354.99	9.0	181.77	3.9	2307.24	8.3	--	--	1865.98	10.3
长　沙	9323.7	9.4	370.95	3.0	4513.23	7.3	790.95	6.5	4439.52	12.4
合　肥	6274.3	9.8	270.2	2.2	3189.2	8.9	629.1	5.4	2814.8	11.6
太　原	2955.6	7.5	38.22	2.6	1068.04	7.3	--	--	1849.34	7.7
郑　州	7994.16	8.4	156.35	3.0	3780.68	5.9	467.27	7.6	4057.14	11.1
石家庄	5857.8	6.8	480.9	0.9	2638	4.4	--	--	2738.9	10.3
其他城市										
*大　连	--	6.5	--	--	--	--	--	--	--	--
苏　州	15475.09	7.5	221.81	-1	7277.46	5.4	--	--	7975.82	9.7
无　锡	9210.02	7.5	135.19	2	4346.78	6.8	369.68	4.3	4728.05	8.6
*厦　门	3784.25	7.9	23.45	-6	1558.62	5.7	254.81	6.7	2202.18	9.8
*深　圳	19492.6	9.0	6.29	-4	7700.43	7.0	525.32	9	11785.88	10.4
*青　岛	10011.29	7.9	371.01	3	4160.67	6.7	515.55	6.9	5479.61	9.2
*宁　波	8541.1	7.1	304.6	2	4239.6	6.5	477.1	2.4	3996.9	8.1
威　海	3212.2	8.0	229.34	4	1463.35	6.9	--	--	1519.51	9.7
烟　台	6925.66	8.1	467.51	4	3461.66	8.2	348.19	6.8	2996.49	8.6

注：加*号为副省级城市。

15–2 工业

单位：亿元、%

	工业增加值		规模以上工业总产值		规模以上工业增加值	
	累计	增速	累计	增速	累计	增速
直辖市						
北　京	3884.86	5	17609.37	2.8	--	5.1
上　海	7145.02	1	31082.72	0.8	--	1.1
天　津	7238.7	8.3	29443	5.7	--	8.4
重　庆	6040.53	10.2	24051.56	10.2	--	10.3
省会城市						
兰　州	526.83	2.8	2087.2	-5.8	502	2.6
*西　安	1396.69	9.5	4659.33	10.1	1178.39	9.9
西　宁	479.39	9.3	--	10.1	--	9.3
银　川	603.74	8.0	201.56	5.2	533.06	8.5
乌鲁木齐	--	-0.4	--	--	--	--
*成　都	4508.59	6.9	--	--	--	7.4
贵　阳	771.33	9.9	2832.27	11.6	780.82	9.9
昆　明	1039.41	4.5	3042.67	3.0	--	4.5
呼和浩特	--	--	--	--	--	9.1
南　宁	1063.14	5.6	3537.05	8.8	1028.55	5.7
福　州	1982.8	6.9	--	--	1983.02	7.7
*广　州	5369.4	6.2	19556.25	6.5	4877.85	6.5
海　口	134.92	2.4	499.13	1.1	124.17	2.2
*哈尔滨	1285.4	5.4	3950	--	1001.6	5.0
*沈　阳	--	--	--	--	--	-19.7
*武　汉	--	--	--	5.8	--	5.0
*南　京	3581.72	4.8	13026.9	1.0	3050.55	4.8
*长　春	2470.3	6.9	9278	8.6	2332.2	8.3
杭　州	3578.67	5.2	12611.92	1.2	2983.91	5.6
*济　南	--	--	--	--	--	7.3
南　昌	1708.3	9.0	--	--	1611.5	9.2
长　沙	3727.18	7.5	11551.9	8.5	3253.03	7.9
合　肥	2562.6	9.8	--	--	2269.13	9.9
太　原	--	--	--	--	571.81	7.0
郑　州	3315.06	5.7	15531.27	7.1	3215.4	6.0
石家庄	--	--	--	--	2190.3	4.6
其他城市						
*大　连	--	--	--	--	--	7.6
苏　州	--	--	30679.49	1.1	6365.29	4.8
无　锡	3977.58	7	15084.26	3.8	3075.49	5.8
*厦　门	1318.35	5.5	--	--	1264.79	5.4
*深　圳	7190.86	6.8	26870.53	5.7	7199.47	7
*青　岛	3653.33	6.7	18280	7.1	--	7.5
*宁　波	3766.6	7	14440.2	4.4	2799.1	7.3
威　海	--	--	--	--	--	7.3
烟　台	3113.93	8.3	16747	8.6	--	9

15–3 固定资产投资

单位：亿元、%

	固定资产投资额		房地产开发投资额		工业投资	
	累计	增速	累计	增速	累计	增速
直辖市						
北京	8461.69	5.9	4045.45	–4.3	--	--
上海	6755.88	6.3	3709.03	6.9	979.56	2.3
天津	14629.22	12	2300.01	22.9	3827.57	5.0
重庆	17361.12	12.1	3725.95	–0.7	5663.73	13.5
省会城市						
兰州	1990.95	10.38	391.15	15.38	405.64	11.26
*西安	5191.36	2.0	1955.82	6.8	949.27	–12.0
西宁	1399.3	10.0	316.5	12.9	405.99	–18.9
银川	1723.31	11.8	474.94	16.1	717.46	18.9
乌鲁木齐	--	0.0	--	--	--	--
*成都	8370.5	14.3	2638.9	6.5	2246.2	41.0
贵阳	3380.73	20.5	927.32	–7.7	661.53	13.5
昆明	3920.07	12.1	1530.5	5.5	629.53	–2.5
呼和浩特	1849.2	14.2	520.52	2.3	357.42	10.2
南宁	3824.73	13.6	854	30.0	999.6	4.0
福州	5184.36	6.8	1679.44	21.6	1397.55	13.0
*广州	5703.59	8.0	2540.85	18.9	713.92	–5.4
海口	1271.73	25.7	551.09	20.7	38.27	63.4
*哈尔滨	5040.1	9.7	512.1	–12.0	1720.9	–0.5
*沈阳	1631.6	–69.4	709.7	–46.9	433.6	–79.5
*武汉	7093.17	–2.6	2517.44	–2.5	2117.05	–16.3
*南京	5533.56	2.0	1845.6	29.2	1761.65	–14.4
*长春	4659	10.5	596.6	17.9	2310	10.0
杭州	5842.42	5.1	2606.41	5.4	883.95	–5.0
*济南	3974.3	13.7	1163.9	14.8	1237.4	7.8
南昌	4540.26	13.5	674.6	39.0	1625.86	4.7
长沙	6693.32	13.9	1260.55	26.5	2073.63	10.7
合肥	6501.17	11.1	1352.59	7.4	2195.01	13.7
太原	2027.71	0.1	681.9	12.9	375.36	–16.7
郑州	6998.6	11.3	2778.9	38.9	1485.3	0.9
石家庄	5916	5.4	2663.9	6.3	1036.3	5.1
其他城市						
*大连	1436.36	–68.5	535.17	–40.4	373.01	–74.0
苏州	5648.49	–7.8	2163.24	16	1982.29	–9.9
无锡	4795.25	2.0	1033.62	4.2	2045.54	7.1
*厦门	--	--	765.8	–1.1	397.72	12.1
*深圳	4078.16	23.6	1756.52	32	691.57	17.1
*青岛	7454.7	13.7	1369.1	22	3512	11.6
*宁波	4961.4	10.1	1270.3	3.4	1469.9	–2.0
威海	2879.35	13.2	215.07	31.3	--	--
烟台	5297.22	13.5	551.02	9.2	2273.36	28.3

15-4 进出口

单位：亿元、%

	进出口总额		出口总额		进口总额	
	累计	增速	累计	增速	累计	增速
直辖市						
北　京	18625.25	-6.1	3418.14	0.7	15207.11	-7.5
上　海	28664.37	2.7	12105.45	-0.5	16558.92	5.2
天　津	6775.93	-4.5	2918.08	-8.1	3857.85	-1.6
重　庆	4115.1	-10.8	2652.73	-22.4	1462.37	22.1
省会城市						
兰　州	277.05	--	220.35	--	56.7	--
*西　安	1828.46	3.8	946.75	15.5	881.7	-6.4
西　宁	85.08	-25.4	75.6	-23.2	9.49	-39.3
银　川	163.47	13.1	31.66	3.1	131.81	15.2
乌鲁木齐	323.73	-10.6	277.73	-6.9	46	-27.9
*成　都	2713.4	11.0	1450.5	-2	1262.9	30.9
贵　阳	--	--	--	--	--	--
昆　明	--	--	--	--	--	--
呼和浩特	--	--	--	--	--	--
南　宁	416.23	14.2	211.13	4.3	205.1	26.6
福　州	2082.2	1.8	1406.8	8.9	675.4	-10.2
*广　州	8566.92	3.1	5187.05	3	3379.87	3.3
海　口	258.18	-4.6	52.23	-12.7	205.95	-2.3
*哈尔滨	--	--	--	--	--	--
*沈　阳	--	--	--	--	--	--
*武　汉	1570.1	-10.2	905.8	-4.1	664.3	-17.5
*南　京	3315.33	0.3	1952.28	0.2	1363.04	1
*长　春	--	--	--	--	--	--
杭　州	4485.97	8.7	3313.8	6.7	1172.17	14.6
*济　南	639.7	13	408	9.6	231.7	19.5
南　昌	619.7	-12.2	379.75	-27.9	239.95	34.2
长　沙	746.75	-7.3	502.31	-6.5	244.44	-8.8
合　肥	--	--	--	--	--	--
太　原	879.38	32.6	549.71	34.1	329.67	30.1
郑　州	3645.66	2.5	2100.62	7.7	1545.04	3.8
石家庄	--	--	--	--	--	--
其他城市						
*大　连	--	--	--	--	--	--
苏　州	18066.38	-4.7	10812.21	-4	7254.17	-5.7
无　锡	4610	8.5	2832.26	8.1	1777.73	9.1
*厦　门	5091.55	-1.4	3094.22	-6.7	1997.33	8.2
*深　圳	26307.01	-4.4	15680.4	-4.5	10626.61	-4.2
*青　岛	4350.67	-0.2	2821.91	0.2	1528.76	-0.8
*宁　波	6262.1	0.9	4359.4	1.4	1902.7	6.5
威　海	1190.5	13	786.1	0	404.4	51.1
烟　台	2901.88	-5.4	1641.19	-5.9	1260.69	-4.8

15–5 社会消费品零售总额与财政

单位：亿元、%

	社会消费品零售总额		公共财政预算收入		公共财政预算支出	
	累计	增速	累计	增速	累计	增速
直辖市						
北 京	11005.08	6.5	5081.26	7.5	6406.67	11.7
上 海	10946.57	8	6406.13	16.1	6918.94	11.7
天 津	5635.81	7.2	2723.46	10	3700.68	6.3
重 庆	7271.35	13.2	2227.9	7.1	4001.9	4.9
省会城市						
兰 州	1263.35	9.7	215.48	16.35	424.16	23.3
*西 安	3730.7	9.6	641.1	11.1	942.5	2.8
西 宁	513.07	11.1	75.22	9.7	287.81	2.8
银 川	514.19	7.7	173.13	13	329.49	14.4
乌鲁木齐	--	7.5	369.67	0.3	417.56	-6.5
*成 都	5647.4	10.4	1175.4	7	1597.2	9.5
贵 阳	1195.34	12.7	366.32	4.4	525.61	4.4
昆 明	2310.09	12.1	530	5.5	689.14	9.1
呼和浩特	1481.46	9.5	269.7	9.0	420.86	16.7
南 宁	1980.36	10.8	312.76	5.3	587.07	10.9
福 州	3763.14	11.6	598.91	11.7	831.24	14.5
*广 州	8706.49	9.0	1393.85	5.2	1943.68	12.5
海 口	653.89	9.8	115.51	11.2	206.17	20.5
*哈尔滨	3744.2	10.3	376.2	7.5	876.9	6.3
*沈 阳	3985.9	2.5	620.9	2.4	829.4	2.6
*武 汉	5610.59	10	1322.1	10.1	--	--
*南 京	5088.2	10.9	1142.6	12	1173.79	12.3
*长 春	2650.3	9.8	415.5	7	770.6	0.6
杭 州	5176.2	10.5	1402.38	13.2	1404.31	16.4
*济 南	3764.8	10.4	641.2	9.9	741	12.5
南 昌	1868	11.8	402.18	3.3	587.69	8.2
长 沙	4117.4	11.6	743.7	3.4	1026.33	--
合 肥	2445.7	12.0	614.85	7.6	859.9	11.3
太 原	1666.24	8.1	282.69	3.1	424.07	0.9
郑 州	3665.83	11.3	1011.2	14.3	1321.6	19.1
石家庄	2975.2	10.5	410.7	9.5	739.7	8.4
其他城市						
*大 连	3410.12	10.4	611.9	5.5	870.3	-4.4
苏 州	4936.79	10.7	1730.04	10.8	1617.16	5.9
无 锡	3119.56	9.6	875	5.4	867.66	5.6
*厦 门	1283.46	9.8	647.94	8.6	758.64	16.5
*深 圳	5512.76	8.1	3136.42	15	4178.04	18.6
*青 岛	4104.9	10.5	1100	10.3	1352.8	10.6
*宁 波	3667.6	10.3	1114.5	10.5	1289.3	2.8
威 海	1456.73	11.1	260.5	10.2	338.6	0.1
烟 台	2976.07	11.1	577.11	8.6	679.26	5.6

15-6 金融

单位：亿元、%

	金融机构（含外资）人民币存款余额		储蓄存款余额（住户存款）		金融机构（含外资）人民币贷款余额	
	累计	增速	累计	增速	累计	增速
直辖市						
北　京	132791.91	--	28012.03	--	56618.87	--
上　海	103163.94	4897.4	--	--	53985.1	5894.3
天　津	--	--	--	--	--	--
重　庆	31216.45	11.1	13399.44	9.8	24785.19	10.7
省会城市						
兰　州	8623.11	10.51	2796.24	7.2	8401.56	21.9
*西　安	19073.96	7.2	7035.81	7.1	15282.65	11.4
西　宁	3756.01	4.2	1267.18	5.8	4633.43	10.8
银　川	3343.4	9.7	1391.35	6.6	4076.57	11.6
乌鲁木齐	7406.6	6	2295.69	6.4	5287.2	6.7
*成　都	31433.69	6.7	10807.56	8.9	25009.2	13.8
贵　阳	9928.3	13.2	2486.07	10.4	9153.2	16.2
昆　明	12676.24	6.8	4124.64	7.5	13553.33	13.2
呼和浩特	6178.83	15.2	1866.01	10.8	7051.84	16.1
南　宁	8901.72	7.8	2924.55	8.3	9423.79	14.5
福　州	12076.5	11	3871.26	10	12124.69	14.0
*广　州	45937.34	10.5	16216.69	27.2	28885.54	10.5
海　口	4851.25	22.7	1445.49	14.6	4178.05	14.4
*哈尔滨	9804	1.2	4671.9	6.9	9048.7	6.6
*沈　阳	14242.8	2.7	6145.5	--	12569.6	10.8
*武　汉	21792.8	14.4	--	--	19386.3	21.0
*南　京	27633.55	6.7	6532.82	5.8	21681.28	19.0
*长　春	11034.5	12	4218.1	11.2	9921.8	11.0
杭　州	32514.64	12.1	8313.13	10.7	25464.83	13.7
*济　南	15032.8	10.9	4279.9	8.3	11370.2	17.5
南　昌	--	--	--	--	--	--
长　沙	--	--	4872.73	11.9	--	--
合　肥	13150.95	19.9	3281.26	8.7	11550.6	19.9
太　原	11070.04	4.5	4026.03	10	10103.36	11.9
郑　州	19000.74	12.2	6297.63	10.6	15422.39	21.8
石家庄	11077.9	13	5348.2	9.8	7175.9	17.2
其他城市						
*大　连	14179.48	7.3	5277.66	3.3	11004.8	4.2
苏　州	25864.26	9.3	7913.85	7.6	21924.44	14.2
无　锡	14101.4	10.9	4867.43	4.9	10382.93	11.3
*厦　门	9188.49	9.8	2032.86	6.3	7744.99	15.3
*深　圳	59562.25	10.7	10391.14	9.7	35165.46	24.6
*青　岛	14007	--	5326	--	11892	--
*宁　波	16196	5.2	5689.4	7.3	15806.8	5.6
威　海	2965.23	11.4	--	--	1875.04	5.9
烟　台	7161.22	--	3977.12	--	4530.19	--

15-7 城乡人民收入与支出

单位：元、%

	城镇居民人均可支配收入		城镇居民人均消费性支出		农村居民人均可支配收入	
	累计	增速	累计	增速	累计	增速
直辖市						
北 京	57275	8.4	38256	4.4	22310	8.5
上 海	54305	8.9	57692	8.9	25520	10.0
天 津	37110	8.8	28345	8.1	20076	8.6
重 庆	29610	8.7	21031	6.5	11549	9.9
省会城市						
兰 州	29661	9.5	22893.1	13.58	10391	8.0
*西 安	35630	7.4	--	--	15191	8.0
西 宁	27539	9.1	--	--	9678	9.2
银 川	30477.8	7.8	--	--	12036.7	8.0
乌鲁木齐	34200	8.2	--	--	16400	9.2
*成 都	35902	8.1	--	--	18605	9.4
贵 阳	29502	8.3	--	--	12967	8.8
昆 明	36739	8.2	--	--	12555	9.7
呼和浩特	40220	7.7	--	--	14517	7.6
南 宁	30728	7.7	--	--	11398	9.5
福 州	37832.78	8.2	26392.07	6.3	16346.5	7.5
*广 州	50941	9.0	--	--	21449	11.0
海 口	30775	7.9	23780	9.0	12679	9.0
*哈尔滨	33190	7.1	24340.1	6.0	14438.9	8.0
*沈 阳	39135	6.8	27655	6.9	14445	7.1
*武 汉	39737	9.1	--	--	19152	8.1
*南 京	49997	8.4	29772.1	7.1	21156	8.6
*长 春	31069	6.8	24096.3	3.8	12576	7.0
杭 州	52185	8.0	--	--	27908	8.5
*济 南	43052	7.9	28537	8.4	15346	7.8
南 昌	34618.65	8.4	--	--	14952.37	9.2
长 沙	43294	8.3	--	--	25448	7.8
合 肥	34852	9.0	--	--	17059	8.4
太 原	29632	6.9	--	--	14591	7.1
郑 州	33214	6.8	--	--	18426	7.6
石家庄	30459	9.1	--	--	12345	7.9
其他城市						
*大 连	--	--	--	--	--	--
苏 州	54341	7.8	33305	7.0	27691	8.3
无 锡	48628	7.8	--	--	26158	8.3
*厦 门	46254	8.6	30867	6.7	16300	6.8
*深 圳	--	--	--	--	--	--
*青 岛	43598	8.0	28285	8.6	17969	7.4
*宁 波	51560	7.7	31584	6.5	28572	7.9
威 海	39363	8.3	25639	9.0	17573	7.7
烟 台	38744	7.9	25737	9.9	11651	9.1

15-8 价格指数与职工工资

单位：元、%

	居民消费价格总指数		城镇非私营单位在岗职工年平均工资
	累计	增速	累计
直辖市			
北 京	101.4	1.4	92477（含私营）
上 海	103.2	3.2	78045（社平工资）
天 津	102.1	2.1	87806
重 庆	101.8	1.8	67386
省会城市			
兰 州	100.8	0.8	67011
*西 安	100.9	0.9	69611
西 宁	102.1	2.1	64421
银 川	101.7	1.7	70840
乌鲁木齐	101.5	1.5	71923
*成 都	102.2	2.2	77093
贵 阳	101.1	1.1	70535
昆 明	101.7	1.7	68375
呼和浩特	101.4	1.4	56213
南 宁	101.4	1.4	68560
福 州	102.3	2.3	67630
*广 州	102.7	2.7	89096
海 口	103	3	62030
*哈尔滨	101.8	1.8	62583
*沈 阳	101.7	1.7	67444
*武 汉	102.4	2.4	71963
*南 京	102.7	2.7	90191
*长 春	101.4	1.4	68434
杭 州	102.6	2.6	87153
*济 南	102.7	2.7	77012
南 昌	102.1	2.1	65812
长 沙	101.9	1.9	77782
合 肥	102.6	2.6	71054
太 原	101.2	1.2	64820
郑 州	102.3	2.3	61149
石家庄	101.6	1.6	60566
其他城市			
*大 连	101.9	1.9	73764
苏 州	102.7	2.7	79870
无 锡	102.3	2.3	78145（从业人员）
*厦 门	101.7	1.7	63138
*深 圳	102.4	2.4	89757
*青 岛	102.5	2.5	76616
*宁 波	102.1	2.1	61342
威 海	101.8	1.8	57812
烟 台	101.8	1.8	64219

中国统计出版社最新图书简目

（仅供参考，以实际出版为准）

统计资料

中国统计年鉴 中国统计摘要 中国发展报告
中国经济普查年鉴 国际统计年鉴 金砖国家联合统计手册
中国-东盟国家统计手册 中国农村统计年鉴 中国县域统计年鉴
中国城市统计年鉴 中国对外直接投资统计公报 中国地区经济监测报告
中国贸易外经统计年鉴 中国零售和餐饮连锁企业统计年鉴 中国商品交易市场统计年鉴
大中型批发零售和住宿餐饮企业统计年鉴 中国农产品价格调查年鉴 中国住户调查年鉴
中国价格统计年鉴 中国能源统计年鉴 全国农产品成本收益资料汇编
中国环境统计年鉴 中国建筑业统计年鉴 国外资源、能源和环境统计资料汇编
中国工业统计年鉴 中国城乡建设统计年鉴 中国县城建设统计年鉴
中国城市建设统计年鉴 中国科技统计年鉴 中国房地产统计年鉴
中国证券期货统计年鉴 中国劳动统计年鉴 中国第三产业统计年鉴
工业企业科技活动资料 中国社会统计年鉴 中国高技术产业统计年鉴
中国人才资源统计报告 中国教育统计年鉴 中国人口和就业统计年鉴
文化及相关产业统计概览 中国文化及相关产业统计年鉴 中国教育经费统计年鉴
中国民族统计年鉴 中国残疾人事业统计年鉴 中国民政统计年鉴
中国乡镇街道行政区域简册 中国基本单位统计年鉴 中国妇女儿童状况统计资料（英）

省级综合统计年鉴系列

北京 天津 河北 山西 内蒙古 辽宁 吉林 黑龙江 上海 江苏 浙江 安徽 福建 江西 山东 河南 湖北 湖南
广东 广西 海南 重庆 四川 贵州 云南 西藏 陕西 甘肃 青海 宁夏 新疆 新疆生产建设兵团

市(县)级综合统计年鉴系列

滨海新区 石家庄 唐山 邯郸 保定 沧州 邢台 廊坊 承德 衡水 秦皇岛 张家口 太原 大同 阳泉 长治 晋城
朔州 晋中 运城 忻州 临汾 吕梁 呼和浩特 呼和浩特新城区 鄂尔多斯 包头 沈阳 大连 长春 吉林 延吉 四平
通化 松原 哈尔滨 齐齐哈尔 黑龙江垦区 上海浦东新区 南京 无锡 徐州 常州 苏州 南通 连云港 淮安 盐城
扬州 镇江 泰州 宿迁 江阴 丹阳 海门 杭州 宁波 温州 嘉兴 湖州 绍兴 金华 衢州 舟山 台州 丽水 合肥
安庆 马鞍山 福州 厦门 宁德 漳州 龙岩 南昌 九江 上饶 新余 抚州 萍乡 赣州 吉安 景德镇 济南 青岛 潍坊
枣庄 日照 滕州 郑州 洛阳 平顶山 三门峡 商丘 信阳 济源 汝州 武汉 十堰 荆州 宜昌 荆门 咸宁 长沙 广州
深圳 惠州 东莞 汕尾 南宁 柳州 桂林 来宾 河池 防城港 海口 三亚 成都 贵阳 黔南 毕节 昆明 西安 咸阳
延安 宝鸡 安康 铜川 汉中 榆林 兰州 庆阳 银川 乌鲁木齐 兵团一师 兵团十师

调查年鉴系列

天津 山西 内蒙古 辽宁 吉林 上海 福建 江西 河南 湖北 湖南 广西 重庆 四川 云南 甘肃 宁夏 新疆

统计方法应用/实用手册

实用SAS统计分析教程 马克威统计分析与数据挖掘应用案例 统计公文知识问答
乡镇统计人员岗位知识培训系列教材：辅助调查员岗位基础知识 乡镇统计人员岗位基础知识
县级统计人员岗位知识培训系列教材：Excel在统计工作中的应用 简明统计分析
地市级统计人员岗位知识培训系列教材：统计报告与演示 Excel在统计工作中的应用

统计通俗读物/统计科普图书

国家统计局核心统计指标变迁 货架上的统计 账本里的统计

重点图书

砥砺奋进的五年——从十八大到十九大 新编英汉汉英统计大词典 中华医学统计百科全书
新常态下的中国服务业：理论与实践 新动能新产业发展报告-2017
挑大学选专业2018—考研择校指南 挑大学选专业2018—高考志愿填报指南